上海清算所
SHANGHAI CLEARING HOUSE

中央对手清算：理论发展和中国实践

马贱阳 ◎ 编著

中国金融出版社

责任编辑：黄海清　丁　芊
责任校对：刘　明
责任印制：丁淮宾

图书在版编目（CIP）数据

中央对手清算：理论发展和中国实践／马贱阳编著. -- 北京：中国金融出版社，2025. 8. -- ISBN 978 -7 -5220 -2835 -4

Ⅰ. F832. 2

中国国家版本馆 CIP 数据核字第 2025UC8555 号

中央对手清算：理论发展和中国实践
ZHONGYANG DUISHOU QINGSUAN：LILUN FAZHAN HE ZHONGGUO SHIJIAN

出版发行　中国金融出版社
社址　北京市丰台区益泽路 2 号
市场开发部　(010)66024766，63805472，63439533（传真）
网 上 书 店　www. cfph. cn
　　(010)66024766，63372837（传真）
读者服务部　(010)66070833，62568380
邮编　100071
经销　新华书店
印刷　北京九州迅驰传媒文化有限公司
尺寸　169 毫米×239 毫米
印张　23. 625
字数　396 千
版次　2025 年 8 月第 1 版
印次　2025 年 8 月第 1 次印刷
定价　98. 00 元
ISBN 978 -7 -5220 -2835 -4

编委会

序言一[①]

党的二十大、中央金融工作会议对稳慎扎实推进人民币国际化作出重要部署。银行间市场清算所股份有限公司（以下简称上海清算所）将立足监管所期、市场所需、自身所长，主动融入全球金融治理，加大跨境联通布局，提升专业服务能力，统筹开放与安全，全力支持金融市场制度型开放与人民币国际化协同发展。

深刻认识金融市场高水平开放对推进人民币国际化的重要促进作用

人民币国际化自 2009 年起步以来持续推进，支付功能、投融资功能、储备货币功能、计价货币功能等都有显著提升，但与其他主要国际货币相比还存在一定差距，尤其是在统筹金融市场高水平开放、支持促进人民币国际化方面还存在较大空间。

国际经验表明，一国金融市场的高水平开放与本国货币的国际化紧密关联、不可或缺。金融市场开放不仅能够向境外主体提供安全稳健、体量与流动性充足的金融资产，与贸易项下货币国际化形成良性循环，更重要的是，可积极争取全球资源配置、风险管理、资产定价及规则标准等领域的话语权，为实体经济参与国际合作竞争保驾护航。

① 马贱阳：《积极发挥金融基础设施功能作用，助力推进人民币国际化》，原载于《当代金融家》2024 年第 7 期，此文略有修改。

近年来，在中国人民银行等监管部门统筹指导下，我国金融市场对外开放取得长足发展，尤其是作为金融市场重要组成部分的银行间债券市场，在高水平开放方面成效显著，市场规模超140万亿元，已搭建形成较为完善的开放框架。从发行人维度看，熊猫债覆盖服务外国政府、国际开发机构、境外金融机构及非金融企业等各类发行人，发行放量、交易活跃。从投资者维度看，合格境外机构投资者（QFII）/人民币合格境外机构投资者（RQFII）、直接入市、“债券通”北向通等渠道依次打开。据最新数据，超过千家境外机构进入银行间债券市场，持仓余额超4万亿元。从环境建设维度看，我国债券先后纳入全球三大债券指数，涉及境外投资者的税收、外汇、评级、绿色债券标准等制度都在不断优化。

其中，包括交易、支付清算、托管结算等在内的金融基础设施体系，连接发行人投资者、贯通境内外市场，成为金融市场对外开放的枢纽。下一步推进金融市场制度型开放的战略目标，对金融基础设施机构的国际同业网络建设、国际标准规则制定、国际合作自主可控等在内的多方面能力水平，都提出更高要求，也是金融市场高水平对外开放的关键所在。统筹加强金融基础设施建设、提升其服务金融市场高水平开放质效，也将对进一步促进人民币国际化起到重要推动作用。

上海清算所作为重要金融基础设施在推动金融市场高水平开放方面取得积极成效

近年来，上海清算所肩负落实政策传导与响应市场需求的双重使命，秉承“国际化、专业化、数字化”发展理念，在联通境内外市场、服务市场需求构筑新竞争优势、深度参与国际金融治理等多维度齐发力，为高水平服务金融市场对外开放、稳慎扎实推进人民币国际化筑牢基础。

铺路搭桥、联通内外，打造安全高效的金融开放枢纽

立足银行间市场中央对手清算机构（CCP）与债券登记托管结算机构的双重定位，上海清算所充分发挥清算和托管“双支柱”组合拳效应，打造覆盖广泛的金融基础设施跨境联通网络，为金融开放及人民币国际化发展提供有力支点。债券业务上加强境内外市场连接。与欧清银行合作推出“玉兰债”业务，服务境内发行人走到国际市场进行人民币等各币种的发债融资，纳入欧清银行三方担保品、实现税务抵免优惠政策落地，有力支持了人民币资产国际化发展；与香港金融管理局债务工具中央结算系统（CMU）合作服务“债券通”南北双向通车，打通金融基础设施跨境双向互联托管通路，在“北向通”下先后优化券款对付结算模式，支持循环结算、灵活结算周期安排、结算失败线上报备，在“南向通”下推出一级市场认购、跨境担保品管理、涉税支持等增值服务。截至 2024 年第一季度末，“北向通”境外投资者在上海清算所持仓余额 3379.18 亿元，“南向通”内地投资者通过上海清算所持有离岸债券余额 4195.83 亿元、0.4 亿港元；与卢森堡证券交易所开展“绿债信息通”合作，为绿色债券发行人提供境内外同步信息披露服务。衍生品业务上实现 CCP 跨境联通赋能。基于境外投资者对人民币债券资产配置增长衍生的流动性管理和风险对冲需求，联合香港交易所、外汇交易中心推出“互换通”，建立 CCP 互联、实现交易清算一体化安排，为境外投资者参与利率衍生品市场、进行高效风险管理提供便捷渠道，并推出 IMM 合约、历史起息合约、合约压缩等系列优化措施。自业务落地以来，入市境外投资者达 58 家，市场占比超 10%，累计交易量超 1.7 万亿元，有效提升了人民币债券及衍生工具的国际影响力。

主动布局、务实创新，探索支持跨境人民币清算结算新业态新场景

跨境贸易自由便利化仍是人民币国际化发展的重要基石。上海清

算所聚焦大宗商品贸易这一人民币跨境收付增长较快领域，逐步打通业务发展堵点，探索出金融服务大宗商品跨境人民币清算结算的创新路径。汇聚市场合力支持大宗商品现货交易。推出大宗商品清算通，整合贯穿大宗商品现货贸易的交易流、资金流、货物流，为产业链实体企业的大宗商品现货交易提供规范高效的资金清结算服务，并陆续推出基于清算通的供应链金融服务、数字人民币清结算服务等增值服务，目前已对接6家现货平台、24家合作仓库，服务近9000家实体企业，承接化工、有色、黑色、农产品、新能源、油气6个行业共计52个业务品种的40万余笔现货交易，交割数量近3亿吨，清算金额超1.8万亿元。试点探索服务大宗商品跨境清结算新场景。积极推进清算通跨境人民币清结算业务落地准备，以海南自贸港等国家重点支持区域为试点，会同境内外银行通过人民币跨境支付系统（CIPS）为实体企业的大宗商品跨境贸易提供安全高效的跨境人民币清结算服务，进一步延伸金融基础设施服务至大宗商品领域，丰富完善跨境服务网络布局。同时，探索创设涵盖主体准入、业务流程、风险控制等全流程大宗商品跨境贸易清算标准，构建支持境内外银行自由贸易账户、多功能自由贸易账户、非居民账户等多类型账户清结算体系，灵活适应跨境贸易场景。

把握机遇、开放引领，在国际金融治理舞台上发出中国声音

上海清算所把积极参与国际金融治理摆在突出位置。深入参与制定国际行业规则标准。推动全球中央对手方协会（CCPG）制定并发布全球清算行业国际标准——《CCPG量化披露实务标准》（“上海清算标准”），用于规范全球CCP公开披露业务运行和风险管理等关键量化信息，目前覆盖全球市场规模99%的58家主要CCP已遵守“上海清算标准”进行量化信息披露，包括美国、加拿大、德国、英国、日本等国的全球系统重要性基础设施，制度性影响日益显著。夯实国

际化等效监管基础。推动与主要金融市场的跨境监管认证，弥合司法辖区之间法律制度的差异，成为境内第一家获得欧盟“第三国中央对手方”认证、香港自动化交易服务—中央对手方认证、英国合格中央对手方（QCCP）临时资质的金融基础设施。同时，积极服务人民银行与美国商品期货交易委员会（CFTC）协商监管合作谅解备忘录，并成功推动实现美国机构合规持续参与业务。高标准对接国际实践。作为国内首家获监管认可的 QCCP，率先按照《金融市场基础设施原则》（PFMI）等国际标准开展量化信息披露，推动以人民币计价的衍生品集中清算数据纳入全球清算行业信息统计，提升我国场外衍生品市场信息透明度。

以金融基础设施的新担当新作为助推人民币国际化迈上新台阶

一是更主动地融入全球，输出与国际市场制度安排顺畅衔接的“中国标准”。

在国际金融规则体系中的话语权是一国经济金融综合实力的集中体现，掌握金融话语权是推进高水平开放、人民币国际化的必经之路。上海清算所将高度重视国际金融组织和行业协会作用，发挥CCPG、国际资本市场协会（ICMA）、亚太中央证券存管机构协会（ACG）、亚洲证券业与金融市场协会（ASIFMA）成员优势，积极开展国际交流、争取国际支持。全力巩固和提升 CCPG 立足上海发挥作用，保障我国在国际中央对手清算行业治理中的话语权与影响力，推动国际行业协会建立与人民币国际地位相匹配的风险计量标准。扩大“玉兰债”品牌效应，在离岸债券市场增加我国制度标准供给，汇聚境内中介机构合理输出服务资源，改变国际市场债券发行仅适用境外标准的局面，提升我国在境外市场的整体影响力。

二是更广泛地联通内外，打造服务金融高水平开放的“一点接入”关键通道。

金融基础设施作为提高市场运行效率、强化服务经济发展、防控金融风险的关键节点，是各国金融市场竞争的制高点。统筹提升我国金融市场整体国际竞争力，可对内加强与境内交易前台、同业托管后台的联通，提升交易平台与清算平台的数据传输效率，研究推动更多种类债券产品纳入 CCP 清算担保品范围，持续推进交易所与银行间债券市场互联互通，增强我国金融基础设施协作水平与服务能级。对外优化巩固现有国际合作深度、探索更大的国际合作力度，以境外中资银行为切入点拓展国际清算会员，深入研究国际同业拓展金融网络的模式，探索与境内外各类金融基础设施和市场机构的连接，推进与其在债券发行、挂牌上市、跨境担保品管理、大宗商品衍生品及现货、碳金融等广阔领域的合作。

三是更全面地提升能级，持续深化集中清算与登记托管“双支柱”服务体系。

上海清算所将牢牢把握服务金融高质量发展的主题主线，持续丰富完善银行间市场产品服务供给，满足金融改革开放深化需求。创新拓展债券、利率、外汇、信用和大宗商品等集中清算业务种类，丰富“互换通”覆盖产品和服务范围，完善大宗商品跨境人民币清结算业务场景及品种范围。深化债券市场开放机制服务创新，稳步拓展开放渠道，探索服务兼容多级托管安排的国际投资者参与模式，有序扩大开放品种，支持境外投资者参与回购等交易，持续完善市场机制，提升“玉兰债”“债券通”服务效率，做好对绿色债券、共建“一带一路”等国家重点战略领域的基础支持。

四是更可控地管理风险，构建开放创新与安全发展统筹推进的良性生态。

金融市场客观上存在风险积聚和风险联动的特性，防范化解金融风险是金融基础设施的核心职能。上海清算所将继续守牢金融市场“风险管家”使命，建立与履职要求、业务发展相适应的资本金规模和资本结构，提升公司治理和资本实力，强化防范系统性金融风险的资源保障。优化完善跨境风险监测预警体系，丰富债券违约处置工具箱，加强违约处置制度建设，持续推进风控机制研发完善及风险增值服务，满足市场机构多样化风险管理需求。重视金融科技带来的机遇与挑战，高质量推进金融数字化转型，建立健全自主可控、安全高效的金融市场运行基础性平台，维护金融市场稳定发展、赋能金融开放创新。

序言二[①]

2024年8月上海市发布了《上海市推进国际金融中心建设条例》（以下简称《条例》），明确要“发挥中央对手清算机制作用，提高金融市场资金结算效率，提升上海国际金融中心资产管理和资金集散的枢纽地位”。上海清算所将深入学习贯彻党的二十届三中全会精神，认真落实《条例》要求，统筹发展与安全，提升专业服务能级，拓宽国际合作渠道，主动融入全球金融治理，全力服务上海国际金融中心建设。

上海清算所初步建立具有中国特色、对接国际标准的中央对手清算制度框架体系

上海清算所在人民银行和上海市的领导与支持下，聚焦“服务央行履职、服务上海国际金融中心建设”定位，做大做强“清算托管”双支柱业务，在支持上海国际金融中心建设方面取得积极成效。近年来，在人民银行领导下，上海清算所以落实监管要求和满足市场需求为己任，积极发挥“双支柱”业务协同发展优势，在加强金融改革创新、服务实体经济、防范化解风险、深化跨境联通等方面全力推进，为上海国际金融中心建设聚力赋能。

---

① 马贱阳：《积极发挥中央对手清算作用，助力上海国际金融中心建设》，原载于《清华金融评论》2024年11月刊（总第132期），此文略有修改。

产品体系不断丰富，清算规模持续扩大

随着我国经济金融的繁荣发展，金融衍生品作为成熟的避险工具，市场迅速扩大，释放了蓬勃活力，尽快规范完善相关制度框架体系是更好引导和发挥衍生品风险管理等积极作用的必要保障。在我国中央对手清算制度框架体系建设中，一个重要的标志性事件是，深刻反思和借鉴2008年国际金融危机教训，我国迅速成立上海清算所并在银行间市场引入拓展中央对手清算机制，切实为金融市场稳健发展保驾护航。上海清算所作为我国金融监管机构认定的第一家合格中央对手方（QCCP），建立起覆盖外汇、利率、债券、信用等国际主流品种的中央对手清算服务体系。2023年，集中清算规模636万亿元，其中，中央对手清算175万亿元，近10年复合增长率分别为39%和31%。2024年1—8月，集中清算规模449.3万亿元，其中，中央对手清算131.6万亿元，同比分别增长1.8%和6.7%。

一是在外汇市场，建立全球最大、独具“中国优势”的外汇清算平台。在国际金融、贸易、投资等活动中，汇率波动是市场面临的重要风险之一，需要依托专业的金融工具和交易清算模式进行有效管理。上海清算所充分发挥中央对手清算作用，全面提供包含即期、远期、掉期、期权等品种，覆盖人民币外汇、外币对、外币货币三大市场，中央对手清算与双边清算两大类集中清算服务，涵盖美元、欧元、英镑等20多个国际主要币种的外汇集中清算服务体系。2023年，上海清算所外汇中央对手清算142万亿元，位居全球场外外汇市场首位，有力提升了上海在外汇市场的国际影响力。2024年1—8月，外汇中央对手清算102.2万亿元，同比增长3.6%。

二是在利率衍生品市场，建立人民币资产利率风险管理平台。美国硅谷银行破产和英国养老金危机等风险事件，再次给金融市场敲响了加强利率风险管理的警钟。上海清算所积极搭建人民币资产利率风

险管理平台，推出利率互换强制集中清算，服务我国全球第三个落实强制集中清算国际承诺；创新可实物交割的标准债券远期和标准利率互换集中清算等，策应利率市场化改革。2023 年，利率衍生品中央对手清算 31.3 万亿元，集中清算率连续多年保持在 98% 以上，夯实上海国际金融中心的人民币主场地位。2024 年 1—8 月，利率衍生品中央对手清算 21.9 万亿元，同比增长 5%。

三是在债券市场，建立覆盖我国银行间债券市场主流交易品种的中央对手清算平台。基于清算托管联动优势，上海清算所推出债券现券、质押式和买断式回购、通用回购、中央债券借贷等中央对手清算，提高债券交易结算成功率和效率，资金节约近 60%；创新精细化的债券抵押品管理服务，推出保证券冲抵保证金服务，显著降低市场流动性压力，盘活债券等存量资产。2023 年，债券中央对手清算 5.7 万亿元，近 3 年复合增长率达 22.5%。2024 年 1—8 月，债券中央对手清算 7.5 万亿元，同比增长 93.8%。

此外，上海清算所积极服务信用风险管理需求，建立了覆盖我国场外全品种信用衍生品的集中清算平台，包括单名信用违约互换（CDS）、多名 CDS、CDS 指数、信用风险缓释合约（CRMA）、CDS 指数产品，更好支持实体经济安全稳妥经营发展。

清算范围不断拓展，服务效能持续提升

上海清算所聚焦服务实体经济难点痛点，主动将中央对手清算成熟经验和风控优势应用到大宗商品和碳排放领域，直接服务多个行业相关产业链实体企业的资金清结算、价格发现、风险管理等需求，支持上海国际金融中心与国际经济、贸易中心联动发展。

一是在现货市场，建立直接服务实体经济的大宗商品清算通平台。为解决大宗商品实体企业交收风险难控、效率低等痛点，上海清算所主动对接大宗商品现货服务平台，整合交易流、资金流、货物

流，为实体企业的大宗商品现货交易提供规范安全高效的资金清结算服务。同时，基于清算通，在金融基础设施领域率先探索数字人民币清结算服务，并开放式叠加供应链金融服务，拓展服务实体的广度与深度。目前，清算通已对接上海等地区的7家现货平台及29家仓储机构，覆盖新能源、油气等6个行业的60个产品，服务上万家实体企业，累计清算规模超过2.1万亿元。

二是在衍生品市场，建立大宗商品和碳排放等金融衍生品的中央对手清算体系。积极推动大宗商品衍生品与现货相结合，满足实体企业更精确定价、更灵活避险的需求，上海清算所为化工、黑色、碳排放等6个行业的20个产品提供中央对手清算服务，同时积极支持全国及地方碳市场建设，推出我国首个上海碳配额远期中央对手清算，服务上海在碳金融发展之初就建立了规范的金融市场基础设施架构，夯实新兴金融领域的发展基础。

风控体系不断完善，防范能力持续加强

金融风险存在相互关联、动态变化甚至跨境传染的可能，做好风险的事前预防、事中应对和事后处置是中央对手清算机构的本职。上海清算所对标《金融市场基础设施原则》（PFMI）国际标准，在强化自身风险管理体系的同时，协同市场共建风险缓释网络，守牢不发生系统性金融风险的底线。自成立以来，上海清算所风险准备资源合理充沛，成功应对新冠疫情突发、包商银行处置等重大突发事件的考验。

一是建立人民币金融资产的风险防火墙。按照国际最高标准和最佳实践，形成逐日盯市、保证金、清算基金与风险准备金、回溯和压力测试等核心风控机制，有效识别、准确计量和及时应对潜在金融风险，阻断风险传染。在2017年国际货币基金组织和世界银行组织的金融部门评估规划（FSAP）中，上海清算所获得“整体上，风险管理安排总体设计良好，符合《金融市场基础设施原则》要求”的高度

评价。

二是协同市场机构共建覆盖多种产品、机构、清算方式的风险缓释网络体系。在中央对手清算体系已经基本涵盖银行间市场主要产品种类的基础上，主动搭建包含综合、普通清算会员和客户的多层级清算网络，同时为市场提供风险试算平台、跨境人民币交易双边保证金计算管理服务平台等增值服务，不仅打破境外机构垄断，成为国内首家向全球投资者提供高质量风险管理服务的中央对手清算机构，在提供中央对手清算风险服务的同时，协助市场机构在双边清算中运用保证金的方式管理交易对手信用风险，联合交易前台、活跃市场机构等定期开展违约处置演练，形成了风险隔离、有序分担的风险缓释网络，助力防范境外风险向我国金融市场的外溢和传染。

三是打造覆盖多类别产品的估值定价中心。清算产品的估值定价是中央对手清算业务风险管理的基础，是逐日盯市的依据。上海清算所已具备各类中央对手清算产品的估值能力，作为全市场的风险管家，保障了估值的准确公允。在满足中央对手清算业务的基础上，推出了第三方估值服务，现已建立了包含 30 条收益率曲线、36 类 9 万余只债券、83 只债券指数的债券基础价格指标体系，推出首批全国碳排放交易市场价格指数、碳中和指数等，为提升人民币资产的定价能力提供有力支撑。

四是推动全球首例中央对手方金融市场测试案例落地。针对中央对手清算业务违约处置中的前沿焦点法律问题，与上海金融法院密切合作，推动全球首例中央对手方金融市场测试案例成功落地，提升了中国金融基础设施规则的法律确定性，为我国金融市场制度型开放提供了保障。该案例入选全球中央对手方协会的国际行业创新大事件，对全球新兴的中央对手清算市场法治化建设提供了有益参考，进一步提升了我国在该领域的制度影响力。

跨境联通不断拓展，国际影响持续增强

上海清算所立足服务金融高水平开放发展，主动探索与国际主要金融基础设施建立“一点接入”的互联互通路径，探索建立债券与衍生品有机结合、清算与托管高效联动的金融开放“组合拳”，积极参加国际行业协会治理，全力支持金融制度型开放。

一是建设多层次债券市场国际联通渠道。在债券发行方面，积极支持境内发行人面向国际市场开展各币种债券融资，与欧清银行合作推出“玉兰债”，并纳入国际参与者认可的合格担保品范围，有力支持人民币资产国际化发展；服务境外发行人在境内发债，扩大“熊猫债”规模，成为我国最大的熊猫债发行托管平台。目前，累计服务“熊猫债”发行7500亿元，支持上海提前2年完成上海国际金融中心建设“十四五”规划目标。在债券清算结算方面，与香港金融管理局债务工具中央结算系统合作推出“债券通”“北向通”“南向通”，建立金融基础设施跨境双向互联托管渠道，完善灵活结算周期安排、跨境担保品管理等，便利国际操作衔接。截至目前，“北向通”境外投资者在上海清算所持仓余额4837亿元，“南向通”内地投资者通过上海清算所持有离岸债券余额4763亿元。

二是创新衍生品中央对手清算跨境联通路径。为满足国际投资者对人民币债券和衍生品的资产组合配置、流动性管理和风险对冲需求，与香港场外结算公司、外汇交易中心联合推出“互换通”，创新建立中央对手方的跨境联通机制。截至目前，共计64家境外机构通过“北向互换通”入市，累计交易超过3万亿元。

三是主动参与国际金融行业治理。积极为国际金融组织和境内外金融监管机构提供沟通交流平台，服务国际金融监管合作，加强共同应对全球性金融风险和挑战。作为全球中央对手方协会（CCPG）执委机构，成功推动CCPG落户上海，并在上海发布首个国际性清算行

业标准——“上海清算标准”，已被占全球市场业务规模99%以上的国际同业采用，还被欧洲系统性风险委员会纳入其宏观审慎监测体系，提升了我国在全球金融行业标准领域的国际影响力。

做强做大中央对手清算是国际金融市场重要发展趋势和国际金融中心建设的竞争焦点

成功应对2008年国际金融危机的实践证明，中央对手清算作为一套制度性安排，是适应金融市场发展环境迭代演进的最优清算形态，通过塑造层次分明的清算结构和权责有序的风险管理机制，实现了清算市场的帕累托改进，以及金融市场的较优均衡，是金融市场的重要基石。

以伦敦清算所为例，其发展主要经历了清算农产品、场内金融产品、场外金融产品等阶段，不仅基本浓缩了现代中央对手清算机构的发展历程，而且直接体现了对伦敦国际金融中心、国际贸易中心等发展的有力支持。在农产品清算时期，1907年伦敦农产品清算所（伦敦清算所的前身）支持伦敦超过德国汉堡成为欧洲糖交易中心；在场内金融产品清算时期，国际商品清算所（伦敦清算所的前身）不仅为5家交易所提供期货和期权清算服务，而且1987年协助伦敦金属交易所成功处置第四大会员的违约，成为英国金融市场不可或缺的重要金融基础设施；在场外金融产品清算拓展时期，伦敦清算所分别于1998年、1999年推出回购清算系统和掉期清算系统，全面拓展场外金融衍生品中央对手清算业务。特别是在应对2008年国际金融危机中，伦敦清算所发挥中央对手清算风险管理的核心功能作用，仅用雷曼公司1/3的保证金（约7亿美元），在短时间内成功处置雷曼公司9万亿美元的利率互换衍生品合约，有效防范风险蔓延，未给其他机构带来较大损失。近年来，中央对手清算机制得到国际社会的广泛认可和普遍推广。

一是中央对手清算行业的国际标准、规则等迅速建立完善。金融稳定理事会、国际清算银行、国际证监会组织等国际机构，在规则、行业标准等多个维度建立和丰富了中央对手清算“1 + N”的制度体系。2012 年发布《金融市场基础设施原则》（PFMI），成为国际中央对手方监管的纲领性文件。同时，针对中央对手方恢复与处置、运营、网络安全等方面分别发布多项指引，包括《金融机构有效处置框架的关键属性》《中央对手方处置方案的金融资源和工具》等。

二是全球中央对手清算行业组织的力量正在快速壮大。全球第一个中央对手清算行业组织——全球中央对手方协会（CCPG，原名 CCP12）形成之初仅有 12 家会员。2017 年 1 月，上海清算所推动其落户上海、实体化运营，随着全球中央对手清算机构和业务的迅速发展，目前全球中央对手方协会的会员已快速发展至 41 家，截至 2023 年 6 月，全球场外衍生品的中央对手清算整体比例已达约 64%。

三是中央对手清算成为国际市场应对风险的重要举措。2008 年以来，美国国债市场发生了 10 多次流动性闪崩事件，其间双边清算的结算失败率是平时的数倍，而同期中央对手清算的结算失败率并未显著增加。为支持国债市场稳定运行，2023 年 12 月，美国发布对国债市场实行强制中央对手清算的最终规则，将分别于 2025 年底和 2026 年中，对国债现券和国债回购交易分步实施，进一步凸显了中央对手清算机制在风险管理中的核心作用。

四是中央对手清算机构已经成为主要国际金融中心的标配和竞争焦点。国际上，伦敦清算所、洲际交易所、欧洲期货交易所清算公司、新加坡交易所等，对伦敦、亚特兰大、法兰克福、新加坡等金融中心的建设具有重要影响，尤其是伦敦清算所的利率互换清算约占全球市场的 95%、洲际交易所的信用衍生品清算约占全球市场的 90%，已经成为相关金融中心的标志性机构，是其全球金融竞争力和地位的重要体现。

进一步发挥上海清算所中央对手清算重要基础设施功能作用，全力提升上海国际金融中心的风险管理能力和国际竞争力

下一步，上海清算所将深入学习贯彻党的二十届三中全会精神和《条例》要求，进一步推动完善中央对手清算制度环境，提升服务能级，深化国际合作，强化风险管理，更好服务上海国际金融中心和金融强国建设。

一是加快推进中央对手清算的标准制度和法律法规体系建设，提高上海国际金融中心竞争软实力。在国际金融竞争中，制度标准和法律法规是金融竞争力的综合体现，对于国际金融中心建设具有基础性和引领性意义。上海清算所高度重视制度规则体系建设，将从国际“软法”和国内“硬法”两个角度积极推进。一方面，积极与 CCPG、国际掉期与衍生工具协会（ISDA）、国际资本市场协会（ICMA）开展国际交流，深入参与国际金融行业协会治理，推动 CCPG 在上海发挥更大作用，就违约处置拍卖、保证金管理、量化披露等热点议题积极发出“中国声音”、提出“中国方案”。另一方面，研究服务我国在中央对手清算立法上的系统性安排，探索中央对手清算的立法路径，协助监管部门及时出台规章制度，明确中央对手方法律地位，助力提升上海国际金融中心制度环境的“软实力”。

二是持续扩容汇率、利率、信用等衍生品市场，提高中央对手清算的服务能级。建设产品多样、富有韧性的衍生品市场是国际金融中心风险管理能力和国际竞争力的重要组成部分。上海清算所紧盯市场迫切需求，持续加强市场培育、完善产品设计、优化衍生品业务机制，以风险管理需求为导向，拓展利率、信用等衍生品应用场景，支持有多种类型机构参与衍生品业务，更好帮助各类企业有效对冲利率、信用风险，运用含信用衍生品的交易型增信模式，助力企业债券发行，降低融资成本、提升融资效率；提高外汇市场参与者资金结算

效率、增强市场透明度和系统性风险防范能力，推动外汇中央对手清算和双边集中清算业务协调发展，积极为汇率形成机制改革和人民币国际化服务。

三是着力拓展大宗商品集中清算的服务深度和广度，丰富碳金融产品序列，增强金融服务实体经济的能力。努力将金融基础设施的业务和技术优势延伸到大宗商品产业链各环节，更好构建金融和实体产业共同发展的良性生态圈。上海清算所重点围绕关系国计民生的大宗商品行业，丰富清算通应用场景，推进清算通跨境人民币清结算服务落地，推动清算通供应链金融服务延伸至碳市场并拓展参与主体。持续探索培育金融机构、大型实体企业等机构的交易报价和市场服务能力，完善大宗商品衍生品生态圈，建设全流程线上化大宗商品综合服务平台，有序推进碳金融创新，积极服务地方及全国碳市场发展，进一步紧密连接上海国际金融中心与国际经济、贸易中心协同发力。

四是深化开展金融基础设施互联互通等国际合作，服务上海人民币资产全球配置中心建设。服务高水平开放发展，需要金融基础设施在扩大国际合作中进一步提升服务开放的能力。上海清算所积极对标国际先进同业，持续提升“玉兰债”二级市场流动性、产品覆盖面及市场影响力；服务更多境外主体在境内发行“熊猫债”，优化持有人名册定期推送、线上自助查询等增值服务；探索将债券回购业务拓展至“北向通”，切实保障“南向通”平稳高效运行；拓展“互换通”机制安排，丰富“互换通”投资品种和期限，研究纳入其他利率衍生品、完善合约压缩服务，优化境外投资者入市流程；提高人民币债券作为跨境业务担保品的吸引力，丰富担保品运用业务场景；稳步推进跨境监管认证，以清算领域新业态新模式推动构建上海国际金融中心对外开放新发展局面。

五是重点发挥金融基础设施的风险管家作用，助推上海成为人民币资产的风险管理中心。积极发挥中央对手清算的金融防火墙作用，是守住不发生系统性风险底线、维护金融稳定的国际共识。上海清算所努力强化跨境风险防范和管理能力与资源保障，稳妥有序增厚资本金，探索对中央对手清算机构流动性多元化支持的可行性；进一步加强风控系统建设和模型优化，促进精细化风险管理，强化对宏观经济动态、业务相关价格指标及风险事件的跟踪与评估；全力打造债券指数品牌，拓展债券指数应用场景；持续优化完善并积极推广中央对手清算和双边清算衍生品交易的风险管理增值服务，强化上海清算所在人民币衍生品领域的风险定价权。

目　录

上篇　中央对手清算的理论发展

上篇

中央对手清算的理论发展

导论：上篇共6章，梳理分析了中央对手清算的概念、发展脉络、关键法律规制、核心风险管理职能和国际发展趋势等，并开展了理论基础探讨。第一章从概念定义入手，阐明中央对手清算机制是清算的高阶形式，具备合约替代、担保交收、多边净额结算、瀑布式风险防范结构等重要特征，并明确其在场外市场发展的必然趋势和广阔空间。第二章沿着历史脉络，阐述中央对手清算机制在场内市场建立后，在场外市场推广应用、发展壮大并充分彰显优势的发展历程。第三章介绍中央对手清算法律规制的关键基础，通过分析国际相关司法辖区的法律制度，明确合约替代有效性、保证金安排有效性、终止净额结算有效性、结算最终性等为中央对手清算机制稳健高效运行提供了高度法律确定性的法律基础。第四章论述国际标准中央对手清算风险管理体系，包括基本原则、瀑布式风险管理工具、流动性和运行风险管理工具、参与者管理等，能够及时防范化解潜在金融风险的发生，促进更大范围金融市场稳定。第五章分析了国际发展趋势，呈现出中央对手清算的发展重点在场外市场，而且中央对手方和中央对手清算机制已经成为国际金融中心的关键标配和国际金融竞争的战略焦点。第六章探讨了中央对手清算的独特优势，包括降低资金结算规模、节约资本占用、促进资产价格发现、阻断风险传染链条、降低风险发生、促进实现市场更优均衡等，普遍适用于各类产品、所有参与者，以及更好发挥其潜能的重要支持因素等。

第一章　概念阐述

中央对手清算的概念是从清算概念发展而来的，是当前高阶的清算制度安排，具备合约替代、担保交收、多边净额结算、瀑布式风险防范结构等特征，能够将高维的长链式交易网络压缩成简洁清晰的双边网络，显著降低参与者承担的风险，有效防范金融市场系统性风险。

一、清算的产生

“清算”一词内涵丰富，广泛存在于金融、经济、法律等多个领域。本书讨论的清算是金融市场领域的清算，是经历了货物贸易、银行业等多个领域、不同的清算发展阶段，并随着实体经济的多种实际需求和金融市场交易的蓬勃发展而持续迭代演进的金融活动。

最早的清算活动萌发于货物交易过程。在罗马法中，已经产生抵销（Compensatio）的制度，即债权和债务的相互消除，其中能够计入抵销的事物必须是同种类和同性质，比如，用钱款抵销钱款，用小麦抵销小麦等；同时，相互抵销的债权债务应发生在相同的债权人和债务人之间（黄风，2009）。[①] 这与现代金融市场的净额清算理念具有高度的相似性。

早期金融市场的清算，随着汇票结算和银行业的兴起而逐步发展起来。在中世纪的欧洲，地中海成为充满活力的“贸易之海”，由于使用汇票可以避免搬运沉重的金银，这使异地资金清结算变得更为便捷，因而伴随地中海地区国际贸易的繁荣，汇票的使用、清结算等日益频繁。当时，意大利威尼斯、伦巴第等地区出现了办理票据汇兑和货币兑换业务的金融业店铺，银行业即起源于这些货币兑换业务。佛罗伦萨的美第奇银行和热那亚的圣乔治银行已经初步具备

---

① 黄风．罗马法［M］．北京：中国人民大学出版社，2009.

了存款、贷款、汇款和支票等与现代银行相似的功能。在意大利商人达蒂尼的书信中，记录了1370年至1410年之间的会计账簿、合同、保单、船运提单、汇票、支票等，显示出那时汇票和支票已是常见的金融业务（板谷敏彦，2018）[①]。意大利的银行和商人已经开始使用汇票进行异地远程清结算，金融市场的清算活动在此基础上逐步发展。

近代金融市场的清算，伴随证券业及相关金融产品的创新进一步发展。17世纪初期，商品贸易的繁荣促进了近代证券业的发展，后者衍生出了金融产品的清算需求。17世纪初，阿姆斯特丹市政府建立了阿姆斯特丹银行，开展汇兑和转账业务，并成为欧洲商人进行交易结算的中心。同期，世界上第一家证券交易所——阿姆斯特丹证券交易所成立，第一只上市交易的股票是荷兰东印度公司的股票。在这家交易所，几乎可以开展当时所有类型金融产品的交易，包括股票、海上保险，甚至还有期货的交易，近代金融市场的清算随着金融产品的发展逐步兴起（板谷敏彦，2018）。

此后，随着全球贸易中心的不断转移，世界各地金融市场随之逐渐发展，金融产品种类持续丰富，日益活跃的金融交易也推动诞生了伦敦清算所、芝加哥商业交易所清算公司、上海清算所、香港场外结算公司、欧洲期货交易所清算公司、日本证券清算公司、新加坡交易所等主要清算机构，同时伦敦、芝加哥、上海、香港、法兰克福、东京、新加坡等城市逐步在国际金融市场上确立了全球性或区域性国际金融中心地位。

尤其是2008年国际金融危机后，国际金融市场的清算机制、制度安排等进一步演进，推广中央对手清算机制成为当前国际社会对促进金融市场稳定繁荣发展的普遍共识，中央对手清算机制从基于“成本效益”考量的市场主导型制度变迁，发展成为更加侧重“安全稳定”公共利益考量的监管主导型制度变迁（郑彧，2022）[②]。这使得中央对手清算机制的未来发展产生了质的跃升，成为统筹“发展和安全”、兼具“成本效益和安全稳定”多重考量的金融市场重要基础性制度安排。

---

① 板谷敏彦．世界金融史——泡沫、战争与股票市场［M］．王宇新，译．北京：机械工业出版社，2018.

② 郑彧．金融市场基础设施的历史进路及其监管应对［J］．国家检察官学院学报，2022（4）：158－176.

二、清算的概念

（一）基本含义

金融市场的清算是介于交易的成交与结算之间的环节（见图1－1）。成交是各交易对手方均同意就买卖某些特定标的资产或就标的市场变量交换资金流而确立的法律关系。结算是上述法律关系的实现。结算表现为已成功完成所有资金支付、证券过户或合约转移（包括与另一持仓抵消）。

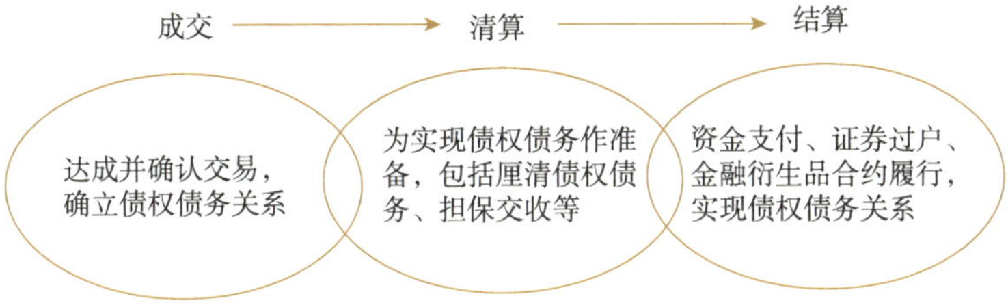

图1－1 金融市场交易中的清算

清算作为处于成交与结算之间的环节，其目的在于确保成交阶段确立的法律关系能够在结算阶段得以实现。对于传统现货产品来说，清算环节通常只会持续几天。而对于场外市场的金融衍生品来说，清算过程的时间跨度往往可能持续几年甚至几十年。

金融市场清算涵盖的模式、要素、环节等广泛而多元。清算模式可以是双边清算、环形清算、中央对手清算等多种模式。在双边清算下，交易双方对清算环节负责。在中央对手清算下，交易双方的债权和债务由第三方承担，如第三方为中央对手方。清算参与者涉及金融基础设施、银行、证券公司、保险公司、财务公司、养老基金、银行理财、资产管理计划、信托计划、实体企业等多类市场参与者。清算对象覆盖债券、股票、外汇、利率、信用、大宗商品、碳排放、数字资产等多种金融产品的现货或衍生品交易。清算流程贯穿交易匹配、轧差、风险管理、抵押品管理、结算等众多环节。

从金融市场的发展历史看，如果一个金融市场没有建立行之有效的清算机制，就可能因交易处理不当、风险管理缺失等因素发生交易错误、延误、结算失败、参与者违约，甚至引发金融风险。例如，最早有据可查的金融危机案例——17世纪初的“荷兰郁金香危机”，在16世纪中期，郁金香通过奥斯曼帝国传入荷兰，并迅速在社会中成为身份的象征，引发了投资者的投机行为和价格泡沫。由于当时郁金香期货市场交易清算规则还不完善，清算保证金制度等风险管理措施严重缺失，期货合同在很短的时间内几经易手，进一步加剧了投机性交易，导致郁金香球茎的价格在 1636 年 11 月至 1637 年 1 月间上涨了 20 倍。随后泡沫破裂，郁金香球茎价格暴跌，许多投资者的资金全部损失，并导致欧洲经济整体下滑（阿隆 · 戈特斯曼，迈克尔 · 莱布洛克，2020）①。在金融史上，许多危机均可追溯至投资者的非理性投机行为，然而如果在金融市场建立安全高效的清算机制，则可以保障交易的准确性和完整性，尤其是清算过程中严格的风险管理措施，能够有效降低过度投机行为，促进市场形成更优均衡，防范系统性金融风险，保护市场各方权益，维护金融市场整体安全稳健运行。

（二）国内外概念

在国际金融市场中，2012 年，国际清算银行（Bank for International Settlements，BIS）的支付与结算系统委员会［CPSS，现更名为支付与市场基础设施委员会（CPMI）］和国际证监会组织（IOSCO）的技术委员会联合发布《金融市场基础设施原则》（*Principles for Financial Market Infrastructure*，PFMI）指出，清算是“在结算之前（对支付指令或证券转账指令）进行发送、核对以及在某些情况下进行确认的过程，可能也包括（指令）轧差和形成最终结算头寸。有时清算还包含结算的意思。在期货和期权清算中，清算也指每日损益平衡和计算每日抵押品②要求。”美国《多德—弗兰克华尔街改革与消费者保护法案》（以下简称《多德—弗兰克法》）第 8 编将“支付、清算或结算业务”定义为“一家或多家金融机构为促进金融交易的完成而开展的业务，具体包括计算和沟通交易对手之间未结算的支付义务、对交易进行净额结算、提供和维护交易合约或金融工具的信息、管理与存续支付义务相关的风险和业务、传输和存储支付指令、转移资金、支付义务的最终结算及其他类似功能”。根据伦敦清算所法国公司清算业务规则，其“清算服务”包括对交易进行登记、计算清算会员的敞口规模及风险、要求清算会员提交保证金、担保交易头寸的结算、管理违约流

① 阿隆 · 戈特斯曼，迈克尔 · 莱布洛克．解读全球金融市场中的系统性风险［M］．银行间市场清算所股份有限公司，译，北京：中国金融出版社，2020.

② 抵押品（Collateral）在本书中为法律上的担保品之义，包含抵押物和质押物等。

程、向结算服务商发送结算指令等。

在我国金融市场中，根据中国人民银行《支付清算组织管理办法（征求意见稿）》，“支付清算”是指“支付指令的交换和计算”。支付指令的交换，是指提供专用的支付指令传输路径，用于支付指令的接收、清分和发送；支付指令的计算，是指对支付指令进行汇总和轧差。根据中国金融行业标准（JR/T 0249—2022）证券业登记结算核心术语，“清算”是指按照确定的规则计算证券和资金的应收应付数额的行为。同时，根据《银行间市场清算所股份有限公司集中清算业务指南（2024 年版）》，广义的清算，是指交易后处理过程，即交易匹配确认、支付或交割权利义务等的计算、结算指令的发送、债权债务的清讫和到账确认；狭义的清算，仅指对交易双方债权债务计算的处理过程。

综合国内外关于金融市场清算的概念可以发现，国际组织、监管机构、行业组织、金融基础设施等对金融市场中的清算基本形成了一致概念，即金融交易达成后，覆盖范围广泛的综合性金融活动，是对金融交易后全流程（或称全生命周期）的处理，尤其是对金融衍生品的清算，环节更多样、操作更复杂、时间更长久，具体环节主要包括交易信息的接收和确认、对手方风险评估、保证金计算、抵押品管理、待结算的资金和证券轧差、所有者或债权人权益管理、资金管理、信息报告以及其他可能影响风险管理和结算安排的事项处理等。

金融市场清算基础设施，不仅需要完成上述业务处理流程，还广泛与其他金融基础设施、金融市场参与者等相互连接与合作，比如，向支付系统（PS）发送划转资金的支付指令，向中央证券存管机构（CSD）发送交割证券的结算指令等。

（三）清算对象

清算对象涉及的金融交易种类繁多，包括金融现货交易和衍生品交易。金融现货交易主要包括债券、外汇、票据、股票、大宗商品、碳排放、数字资产等的交易。金融衍生品交易包括期货、期权、互换、远期等合约的交易，覆盖利率、外汇、信用、大宗商品、权益等多个资产类别，如利率衍生品包含利率互换、远期利率协议、利率期货、利率期权、债券衍生品等，外汇衍生品包含外汇远期、外汇掉期、外汇期权等，信用衍生品包含信用违约互换、总收益互换、信用联结票据、信用利差期权等，大宗商品衍生品包含农产品、能源、金属、化工、航运等衍生品，碳金融衍生品包含碳排放衍生品、碳期货、碳期权、碳远期和碳掉期等。

（四）清算服务价值链①

清算作为一项重要的金融活动，其服务价值链上的服务环节和服务内容（见图1－2），与清算的市场、产品以及服务提供方的特点密切联系，主要包括基本清算服务和增值清算服务（蒂娜·哈森普施，2016）。

注：图中蓝色表示基本清算服务，绿色表示增值清算服务。蓝绿相间表示根据实际情况，既可以是基本清算服务，也可以是增值清算服务。

图1－2　清算服务价值链

1. 基本清算服务

基本清算服务包括交易确认、交易/头寸管理、交割管理。

交易确认，是指比较买方和卖方的指令详情，包括确认证券或合约种类、证券或其他标的数量、成交价或结算价、交割或到期日等，评估双方交易条款的一致性，避免出现错误。②

交易/头寸管理，是指在交易执行和法律义务完成之间的管理服务，与具体管理服务内容、资产类别等相关，既可以是基本清算服务，也可以是增值清算服务。在股票交易中，结算周期较短，通常为T＋1日或T＋2日，因此其交易/头寸管理包括向交易对手分配股息或移仓等。在金融衍生品交易中，交易/头寸管理主要是对没有平仓、清算或交割而保持开仓状态的合约进行管理，金融衍生品的交易/头寸管理极其重要，通常包含期权行权、期货合约到期等与各类金融衍生品相关的增值服务。

交割管理是清算周期内的最终服务，是指为证券或现金准备结算指令的过程。结算指令会发送至相关的结算机构。

① 蒂娜·哈森普施．全球市场的清算服务：清算行业未来发展框架［M］．张晓刚，尹小为，王宇超，等，译．北京：机械工业出版社，2016.

② Bank for International Settlements. Recommendations for Securities Settlement Systems［Z］. 2001，p. 9.

2. 增值清算服务

增值清算服务包括合约替代、净额结算、风险管理、交易/头寸管理，以及抵押品管理、资金管理等。这些服务在交易的全生命周期提供了重要的附加价值，其中，合约替代、净额结算、风险管理等都是直接与中央对手清算相关的关键服务。

合约替代，是指使用中央对手方与交易对手的新协议，来替代交易对手之间原协议的法律程序。

净额结算，是指通过抵消交易对手之间的相互债权和债务，减少实际需要结算的资金和证券规模，可以分为双边净额结算和多边净额结算。双边净额结算，允许两个交易对手之间收付义务进行合并，变为单边的一方向另一方的收付义务（Marianne Gizycki 和 Brian Gray，1994）。① 多边净额结算，目前通常是中央对手方与其所有的交易对手进行敞口对冲，减少剩余敞口，最终只有与每个交易对手之间的单边收付义务（William Hanley、Karen McCann 和 James Moser，1996）。②

风险管理，是指中央对手方通过会员准入、保证金和清算基金（违约基金）、违约处置机制等一系列措施管理和缓释交易对手信用风险，是清算服务价值链中极为重要的组成部分（Edward Green，2000）。③

抵押品管理，是指管理交易对手提交的、与其风险敞口相匹配的资产的过程，是风险管理的一部分。当出现抵押品不足的情况时，抵押品管理的相关流程包括向相关交易对手发送通知、处理新的抵押品及对抵押品进行估值等。

资金管理包括运营资金管理和司库管理。运营资金管理包括处理净额结算指令、追加保证金等。司库管理包括客户现金抵押品的利息支付、清算机构的投资组合和流动性管理等。

三、清算的模式

清算的模式是管理清算流程的特定规则和业务安排的方式。清算模式决定

① Marianne Gizycki, Brian Gray. Default Risk and Derivatives: An Empirical Analysis of Bilateral Netting [R]. Reserve Bank of Australia, Discussion Paper, 1994, No. 9409, p. 1.

② William Hanley, Karen McCann, James Moser. Improving Regulatory Standards for Clearing Facilities, Chicago Fed Letter from the Federal Reserve Bank of Chicago, 1996, Vol. 27, No. 101, p. 1.

③ Edward Green. Clearing and Settling Financial Transactions [R]. Paper Presented at the Federal Reserve Bank of Atlanta "2000 Financial Markets Conference", 2000, p. 13.

了金融市场在清算过程中的市场拓扑结构，清算既可以是双边的，也可以是集中的（环形清算、中央对手清算等）。在双边清算中，交易双方对清算环节负责，双边清算过程中的金融市场拓扑结构是无规则的，结构比较松散、繁杂、无序，一个参与者的违约可能波及数量众多的其他参与者。在集中清算中，由交易双方之外的第三方对清算环节负责，第三方通常是中央对手方，集中清算过程中的金融市场拓扑结构更为集中、清晰、有序，各参与者之间通过敞口对冲，关联性和违约风险大幅下降（乔恩·格雷戈里，2017）。①

（一）双边清算

双边清算，是指由交易双方直接对所达成的交易进行清算。交易中的指定条款可以直接执行，一方交易对手提供合同约定数量的相关资产给另一方，以取得预先确定的资金支付。另外，如果交易对手之间有多笔方向相反的交易，则可以通过对冲来减少资金支付金额。例如，在图 1－3 中，交易双方 A 和 B 在同一份合约上有互相对冲的敞口：A 同意在未来某日以 98 元的价格从 B 处购买 10 份合约，同时 B 拥有与 A 完全相反的敞口，但是价格更低，为 95 元。相较于 A 和 B 通过实物交换 10 份合约对应的标的物，并相互支付相应的 980 元和 950 元，A 和 B 可以使用净额结算的方式，A 直接向 B 支付 10 份合约的价值差额 30 元。虽然双边清算采用净额结算能减少交易双方的总支付金额和笔数，降低平仓时的流动性需求和潜在敞口，但经过轧差的净额几乎不可能是零，所以双边净额的结算方式只能降低但并不能彻底消除结算风险，交易双方的净额头寸仍有潜在的结算风险。

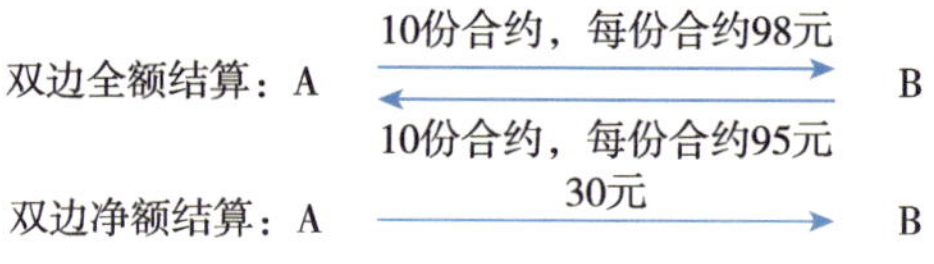

图 1－3　双边清算

（二）环形清算

环形清算，是指 3 个或更多交易对手组成环形对标准化的交易进行清算，

① 乔恩·格雷戈里．中央对手方：场外衍生品强制集中清算和双边保证金要求［M］．银行间市场清算所股份有限公司，译，北京：中国金融出版社，2017.

是双边清算的一种扩展形式。历史上，芝加哥期货交易所（CBOT）首先推出环形清算，是一种利用标准化交易合约的可替代性来实现抵销多个交易对手之间敞口的处理方式，达到缓解平仓压力和增强流动性的效果。环形清算中的“环”是自愿结成的，在加入一个环形清算之前，交易对手会受到交易场所规则的约束，必须愿意和接受环形清算中可能由其他交易对手替代其最初交易对手的情况，部分市场参与者可能选择不加入环，而部分参与者可能参与多个环。例如，假设有 A、B、C、D 4 个交易对手，它们之间的敞口如图 1－4 所示。C 和 D 之间、D 和 B 之间的敞口可以形成一个环形清算，其中如果 D 从环中移除，C 和 D 以及 D 和 B 之间金额相等的两个结算义务，可以被替换为 C 和 B 之间的一个结算义务。

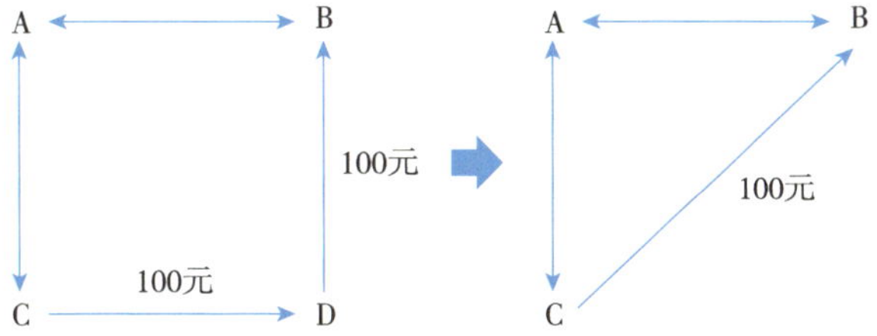

图 1－4　环形清算

环形清算虽然可以简化交易对手敞口之间的依赖关系，降低敞口规模，但也存在一定的局限。一是清算环内的各交易对手收益不均衡，并非所有的交易对手都能够在环形清算中受益。例如，在图 1－4 中，D 受益于交易敞口的对冲；A 的头寸没有改变，因而环的形成对其没有益处；B 和 C 的敞口只改变了交易对手，敞口规模没有变化，而且如果 B 和 C 的信用质量不如 D，那么对它们来说环形清算反而增加了交易对手风险。二是清算环内的法律关系不够清晰，在最初交易时，B 与 C 之间没有直接签订授信协议或者交易协议，但加入环形清算后，B 和 C 在没有互相授信的情况下，也必须接受由环形清算产生的支付义务。三是清算环内缺少风险阻断机制，一个交易对手违约可能造成级联效应，像多米诺骨牌一样导致一系列看似不相关的对手方违约。例如，在环形清算下，1902 年乔治·菲利普斯的破产导致芝加哥期货交易所超 40% 清算会员遭受损失①（James Moser，1994）。可见，环形清算能够在一定程度上降低交易对手风

① James Moser. What is Multilateral Clearing and Who Cares? [Z]. Chicago Fed Letter, 1994, No. 87.

险，但不能完全消除交易对手违约引起的风险及风险传染，市场参与者仍然暴露在交易对手违约风险的影响之中。

（三）中央对手清算

在清算模式的演化发展过程中，为改进双边清算和环形清算未能解决的风险管理或者法律关系等要害事宜，清算活动逐步汇聚于具有风险管理等功能的专业清算机构，目前高阶的集中清算模式是中央对手清算。

中央对手清算是一种由中央对手方管理交易对手信用风险的集中清算制度安排，是由一个中央对手方（比如清算所）成为所有交易对手的对手方，承担所有合约的权利和义务。中央对手方自身介入一个或多个金融市场中已成交合约的交易对手之间，成为每个卖方的买方和每个买方的卖方，通过交易的多边净额结算和为所有参与者提供更有效的风险管理措施等，保障所有未平仓合约的履行。

假设在双边清算中，各市场参与者的资源禀赋仅能完成图 1－5 中的交易，若 A 出现违约，无法向 C 支付 125 元，导致 C 无法向 D 支付 100 元，D 无法向 B 支付 100 元，B 也无法向 A 支付 50 元，所有交易都将因为 A 的违约而出现违约，市场整体陷入瘫痪。与此相对，在中央对手清算中，如果 A 出现违约，无法向中央对手方支付 75 元，那么中央对手方将替代 A 支付 75 元，保障其他交易顺利履行，A 违约的影响不会进一步蔓延至其他市场参与者。通过这种市场拓扑结构的改变，中央对手方作为风险管理的核心环节，有效隔绝了交易对手之间的风险传染，降低了系统性风险发生的可能性，并且最大限度地促进了交易头寸的对冲，节约了各交易对手的流动性，提高了市场整体的资金效率。

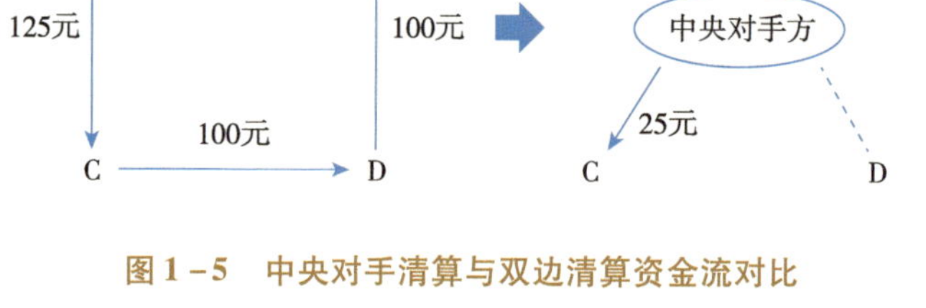

图 1－5　中央对手清算与双边清算资金流对比

四、中央对手清算相关要素

（一）相关方

中央对手清算涉及的相关方类别和数量较多，包括本国金融监管机构、国际金融组织、其他金融基础设施和清算参与者（市场机构）等（蒂娜·哈森普施，2016）①。

本国金融监管机构，一般包括中央银行，证券、衍生品等金融市场监管机构等，主要对中央对手方等金融基础设施进行监督和管理。中央对手方的运营和发挥作用，需要依靠中央银行的支付系统为清算参与者提供资金清结算服务，便利证券和衍生品等金融交易的开展。中央对手方的高效运营可以显著增强金融市场的稳定性，有助于中央银行货币政策的传导，并为金融监管机构防范、监测和管理系统性金融风险提供有力支持，因此中央银行等主要金融监管机构对中央对手方的运营、风险管理等规定了严格的管理要求（Jean－Claude Trichet，2006）。②

国际金融组织，一般包括国际货币基金组织（IMF）、世界银行（World Bank）、国际清算银行、国际证监会组织、金融稳定理事会（FSB）等，以及全球中央对手方协会（CCPG）、国际掉期与衍生工具协会（ISDA）等国际行业协会，主要推动加强全球的中央对手方等金融基础设施建设，为中央对手方的治理结构、风险管理、业务运营以及监督管理等制定相关国际原则和标准（Michael Moskow，2006）③，保障中央对手方在各种市场压力甚至极端压力情况下能够保持平稳运行，提高金融部门应对外部冲击的稳健性（William Hanley、Karen McCann 和 James Moser，1996；Richard Dale，1998）④。

---

① 蒂娜·哈森普施．全球市场的清算服务：清算行业未来发展框架［M］．张晓刚，尹小为，王宇超，等，译．北京：机械工业出版社，2016：42－44.

② Jean－Claude Trichet. Issues Related to Central Counterparty Clearing［Z］. Speech at the Joint Conference of the European Central Bank and the Federal Reserve Bank of Chicago on Issues Related to Central Counterparty Clearing，2006.

③ Michael Moskow. Public Policy and Central Counterparty Clearing［Z］. Speech at the Joint Conference of the European Central Bank and the Federal Reserve Bank of Chicago on Issues Related to Central Counterparty Clearing，2006.

④ William Hanley，Karen McCann，James Moser. Improving Regulatory Standards for Clearing Facilities［Z］. Chicago Fed Letter from the Federal Reserve Bank of Chicago，1996，Vol. 27，No. 101，p. 1.

Richard Dale. Risk Management in US Derivative Clearing Houses［Z］. The London Institute of International Banking，Finance and Development Law，Essays in International Financial and Economic Law，1998，No. 14，p. 6.

其他金融基础设施，一般包括交易平台、支付系统、中央证券存管机构、证券结算系统、交易报告库等。中央对手方通常与各类金融基础设施紧密合作，共同维护金融市场的安全平稳运行。其中，交易平台主要开展交易的匹配和执行，中央对手方与交易平台对接，接收交易数据后，为市场参与者提供清算服务。支付系统是两个或多个参与者之间资金转账的一套工具、程序和规则，中央对手方及相关清算参与者通过在支付系统开立资金结算账户实现资金转账。中央证券存管机构提供证券账户、集中保管服务和资产服务等，中央对手方可以使用中央证券存管机构的托管信息为清算参与者提供抵押品管理、存续期管理等服务。证券结算系统通过预先设定的多边规则，支持证券通过簿记系统进行转让和结算，中央对手方与相关清算参与者通过证券结算系统完成证券的交割。交易报告库对交易数据进行集中收集、存储和传递，设计良好且有效控制风险的交易报告库可以为中央对手方及监管机构提供透明度较高的交易信息，促进市场中的信息对称、透明，有助于金融市场稳定（支付结算体系委员会/国际清算银行，国际证监会组织技术委员会，2013）。①

清算参与者，一般包括直接清算参与者和间接清算参与者。中央对手方通常接受信用等级较高的主要市场参与者直接参与清算。部分直接清算参与者还可以成为间接清算参与者参与中央对手清算的中介。间接清算参与者需要成为相关直接清算参与者的客户来参与中央对手清算（马丁·迪尔，等，2019）②。直接清算参与者，即中央对手方的清算会员，可以开展自营清算业务或者代理清算业务。对于重视代理业务的清算会员（如银行、证券公司等），中央对手清算尤其重要，因为对于客户来说，中央对手清算是其市场服务价值的重要组成部分。在这种情况下，能够提供中央对手清算的代理清算业务，对于清算会员的市场地位有着重要的战略价值。客户参与中央对手清算具有多方面收益：一是得益于中央对手方良好的信用资质，降低交易对手风险，节省风险资本占用；二是获得交易全生命周期的风险管理服务，降低后台运营的工作量和综合成本；

---

① 支付结算体系委员会/国际清算银行，国际证监会组织技术委员会编．金融市场基础设施原则［M］．中国人民银行支付结算司，译．北京：中国金融出版社，2013：9－10.

② 马丁·迪尔，等．金融基础设施经济学分析［M］．中央国债登记结算有限责任公司，译．北京：中国金融出版社，2019.

三是依靠中央对手方提供的净额结算，可以有效节约结算资金（Kirsi Ripatti，2004）。[1]

在某些情况下，中央对手方同时也提供交易平台、中央证券存管机构、证券结算系统和交易报告库等功能，包括交易匹配、发行、登记、托管、结算、抵押品管理、资金管理、清算数据存储等服务。

（二）重要特征

中央对手清算的重要特征包括：一是通过合约替代降低市场参与者的关联性，形成全市场的风险防火墙，防止风险共振；二是通过担保交收，降低交易对手违约风险的影响；三是通过多边净额结算降低市场总风险敞口，提高资金结算效率；四是通过瀑布式风险防范结构，防范风险传染、缓解违约影响，中央对手方通过保证金等风险准备资源可以在违约发生时快速吸收违约损失，通过拍卖等机制快速完成违约处置。

合约替代是中央对手清算的关键概念，是指中央对手方介入已成交的交易并成为卖方的买方和买方的卖方的一种制度安排，与买方和卖方建立两份新合约，以替代买卖双方之间的原始债权债务关系。合约替代意味着原交易对手间的合约不再存在，因而它们不再相互承担交易对手的信用风险。

担保交收是中央对手清算的核心内容，是指中央对手方在任何情况下均保证合约的正常履行，即使买卖双方中的一方不能履约，中央对手方也会首先对守约方履行交收义务，然后再向违约方追究违约责任。与此相对应，在双边清算模式中，买卖双方一对一谈判并达成协议后，委托第三方（中央证券存管机构或清算所）进行清算交收，第三方进行逐笔全额交收，但第三方并不为交收承担担保义务，对手方信用风险由交易对手各自独立承担。

多边净额结算是中央对手清算的重要优势。在双边净额结算中，两个交易对手之间进行多笔交易后，只结算其净差额。多边净额结算将所有交易对手的债务和债权在一个中央对手方进行集中和对冲，每个交易对手最终只与中央对手方结算其净差额，最大限度降低交易对手风险敞口和金融系统的内部关联性，同时单一交易对手的违约不会再对其他交易对手产生连锁反应。

---

① Kirsi Ripatti. Central Counterparty Clearing: Constructing a Framework for Evaluation of Risks and Benefits [Z]. Bank of Finland, Discussion Paper, 2004, No. 1, p. 18.

保证金制度是中央对手方管理所清算交易的潜在风险的主要制度。保证金的目的是在高置信度下覆盖违约造成的损失，主要包括初始保证金和变动保证金等。初始保证金在清算参与者首次交易清算时收取，用于覆盖在极端情况下清算参与者违约平仓成本，通常是现金或信用等级较高、流动性较好的资产。变动保证金用于覆盖清算参与者持有头寸市值的变化，通常是现金。中央对手清算的保证金要求通常比双边清算更严格，特别是变动保证金必须每日或日内交付。初始保证金要求也会随着市场条件的变化而相应调整。

拍卖违约清算会员的头寸是中央对手方处置违约的有效工具。如果出现清算会员违约，中央对手方通常采用在未违约清算会员中拍卖违约清算会员头寸的方式进行违约处置，将所有涉及的违约清算会员替换为其他清算会员。这一措施使中央对手方迅速切断与违约方的所有财务联系，将损失最小化，使市场重新恢复风险平衡，保证未违约清算会员交易正常履行。

损失共担是中央对手清算的基本原则。清算会员缴纳风险准备资源规模的理想分配方法是“违约者买单”原则，即清算会员自行支付足以覆盖其未来违约的全部资源。但在实践中并非完全如此，因为这需要每个清算会员缴纳大量的风险准备资源，成本较高。因此，在保证金制度的基础上，中央对手方的清算会员需要缴纳清算基金，在违约清算会员缴纳的保证金等资源不足以覆盖损失时，需要使用清算基金，未违约清算会员共同覆盖违约的尾部损失。

（三）主要功能作用

中央对手方对维护金融市场稳定具有一系列重要作用，包括提高市场效率、促进要素流通、增强市场透明度、配合监管政策实施等。这些积极作用以及中央对手方在国际金融危机中的成功经验，共同促成了国际社会对中央对手清算制度的一致高度认同，一些国家/地区的立法和监管机构将中央对手方形象地描述为“中央神经系统”（Michael Moskow，2006）[①]。

目前，中央对手方已经成为全球金融系统中的关键组成部分，通过一系列行之有效的制度设计，构筑了中央对手方与所有清算参与者的中心——辐条状清算市场网络，取代了原来各个参与者相互联系的多维度复杂网络，将“高维

① Michael Moskow. Public Policy and Central Counterparty Clearing [Z]. Speech at the Joint Conference of the European Central Bank and the Federal Reserve Bank of Chicago on Issues Related to Central Counterparty Clearing，2006.

的网络压缩成一系列双边关系”，使“较长的交易链条被压缩成一个单一的环节，有效地消除了对手方的不确定性”（Peter Norman，2011）①，实现金融交易中更为简洁有序的结算安排（Amandeep Rehlon 和 Dan Nixon，2013）②，在保障金融市场安全高效运行中发挥着重要作用。

一是规范准入、缓释风险。中央对手方通过实施清算参与者准入管理等措施，对清算参与者实行分层管理，即由中央对手方对直接清算参与者实施风险管理，再由直接清算参与者对其客户实施管理。这样的风险分层管理和缓释机制，能够确保中央对手方高标准的风险管理全面覆盖整体金融市场网络并有效执行。

二是共担损失、阻断风险。中央对手方建立损失共担机制，每个清算会员均缴纳保证金和清算基金，并明确损失分摊原则。通过制度设计保证由个体产生的风险通过科学合理的分摊方式在一定范围内被控制和阻断，不会传染整体市场网络，减少了系统性风险发生的概率，减轻对市场整体的冲击。

三是减少违约、节约资金。中央对手方使清算市场整体的拓扑结构由分散、无序变得集中、有序，显著降低了原先由交易双方评估对手方信用风险导致的交易成本高昂和信息不对称等问题。市场中所有个体的差异化信用被中央对手方较高的标准化信用替代，降低了市场中的违约风险。同时，中央对手方通过采用净额结算方式大幅降低了结算所需的资金和证券规模，显著提高结算效率，降低风险敞口。

四是规范标准、活跃交易。中央对手清算的实施和广泛应用得益于信息技术的发展和合约标准化程度的提高，同时中央对手清算也进一步促进了金融产品、结算流程、风险管理等的规范化、标准化，形成了交易和清算相互促进的良性循环。中央对手清算的交易后匿名性质，有助于降低买卖价差，提高市场流动性，促进交易进一步活跃。

五是信息透明、策应监管。中央对手方是具有信息集中功能的金融基础设施，可以有效对流通中的金融信息进行汇总、处理和再分发。中央对手方作为

---

① Peter Norman. The Risk Controllers. Central Counterparty Clearing in Globalized Financial Markets［M］. New York：Wiley，2011：p. 9.

② Amandeep Rehlon，Dan Nixon. Central Counterparties：What are They，Why do They Matter and How does the Bank Supervise Them？［R］. Bank of England Quarterly Bulletin，2013，Vol. 53，Issue 2，pp. 147－156.

金融数据的关键路由，可以有效帮助监管机构持续完善对市场运行的监测及研判，策应政策落实，为防范和化解系统性金融风险提供了有力抓手。

五、中央对手清算发展的重点趋势

（一）场外市场推广中央对手清算是国际金融改革重点

2008 年国际金融危机暴露出场外衍生品交易的双边清算潜藏着巨大风险。2009 年，国际社会迅速将在场外衍生品市场推行中央对手清算确定为国际金融市场的关键改革目标，也是各国金融发展的重点方向。

为推进中央对手清算改革目标的落实，巴塞尔银行监管委员会、国际证监会组织、支付与市场基础设施委员会等国际组织、各国金融监管机构等，相继发布《巴塞尔协议Ⅲ》、强制中央对手清算政策、非中央对手清算衍生品交易保证金要求等相关制度，通过直接推进强制中央对手清算政策，以及中央对手清算风险资本计提优惠、非中央对手清算的交易收取保证金和更高的资本要求等间接方式，从多个层面和多个角度将场外中央对手清算的改革目标作为重点方向持续落实。

（二）场外市场为中央对手清算提供了广阔的发展空间

传统上，交易所是场内市场，除此之外的金融交易组织形态均为场外市场。根据国际清算银行的统计，2019—2023 年，场内衍生品未平仓合约平均名义本金为 89 万亿美元，而场外衍生品未平仓合约平均名义本金为 623 万亿美元，规模约是场内的 7 倍。因此，规模庞大、创新活跃的场外市场安全性，既是国际社会关注的重点，也是金融市场研究的前沿，更为中央对手清算的发展提供了广阔空间。

各国监管机构高度关注场外市场发展，不断评估其规模结构、创新方向和潜在风险等，积极支持通过深化发挥中央对手清算的作用，保障场外市场的发展遵循繁荣与稳定相互均衡的发展路径。在各国持续推动下，2023 年，全球场外利率衍生品、信用衍生品中央对手清算比例已达 76% 和 65% 。全球场外市场的其他产品，如债券、外汇衍生品、大宗商品衍生品等的中央对手清算比例还较低，普遍不足 5% ，仍有较大的提升空间和市场潜力，是中央对手清算发展的沃土。

（三）场外中央对手清算支持金融安全与创新发展

根据欧盟《金融工具市场指令Ⅱ》（MiFID II），在受监管市场（即场内市场）上达成的衍生品合约均应进行中央对手清算。在国际掉期与衍生品工具协会2011年[①]的定义中，直接定义标准的产品等同于中央对手清算的产品。可见，现代场内市场统一场所、标准化的产品等特性，决定了场内交易天然采用中央对手清算。同时，场内市场交易频率高、平均规模较小等特点使场内中央对手方普遍遵循“交易匹配即承诺清算”的原则，进一步强化了中央对手清算与场内交易所、交易平台或其他交易场所紧密耦合、一体化运作。场内市场中央对手清算与交易流程的紧密耦合，使中央对手清算的发展方向和风险管理效力受到前台交易规模等目标的直接影响。例如，美国期权清算公司（OCC）作为美国场内中央对手方，为了促进业务增长、提供业内成本最低的清算服务（成本效益优先）等目标，放松了对中央对手清算最核心的风险管理要求，在2019年和2023年分别受到美国监管机构的处罚，责令其注重中央对手方风险管理的稳健性。

在场外市场，中央对手清算具有更广阔的发展空间，能够更好地支持金融安全与创新发展。从交易清算流程来看，场外市场具有交易灵活性强、风险管理复杂度高、市场潜力大等特点，因此场外中央对手清算一般并不承诺“交易匹配即承诺清算”，而是设置更为严格和审慎的合规检查、风控检查，能够更有针对性地管理场外创新交易的潜在风险，在保障安全性的基础上呵护场外市场的创新性，也更能驱动场外中央对手清算加快业务创新、优化服务、提升自身核心竞争力。从发展历史来看，虽然中央对手清算最早正式建立于场内市场，但在2008年国际金融危机后，在场外市场推广中央对手清算成为各国共识，近年来，中央对手清算行业的创新发展主要发生在场外市场。例如，国际主要中央对手方，如伦敦清算所、美国芝加哥商业交易所清算公司等同时为场内和场外市场提供中央对手清算服务，但业务新增长点和创新点均离不开场外市场，其中，前者占据全球场外利率互换中央对手清算市场95%以上的份额，后者联合美国固定收益清算公司（FICC）的场外债券中央对手清算业务推出并强化了交叉保证金等创新安排。

---

① ISDA. Product Representation for Standardized Derivatives［Z］. 2011.

（四）场外中央对手清算是国际金融领域鲜明的发展趋势

场外市场的中央对手清算发展更快、亮点突出，更能彰显中央对手清算的独特优势。2008 年国际金融危机后，场外市场中央对手方数量快速增长、中央对手清算比例大幅攀升。根据金融稳定理事会场外衍生品市场改革落实进展报告，2011—2022 年，全球场外衍生品市场中央对手方的数量大幅提高，从 9 个司法辖区的 11 家增加到 17 个司法辖区的 31 家，数量增长近两倍。根据国际清算银行数据，场外衍生品中央对手清算比例均有不同程度上升，其中，信用衍生品中央对手清算名义本金比例已从 2010 年的不足 10% 增长到 2023 年的 65%。同时，中央对手清算机制立足合约替代、担保交收、多边净额结算、瀑布式风险防范结构等重要功能，有效解决场外市场流动性不足、信息不对称、风险管理难度大等问题，探讨和推进中央对手方更充分地服务场外市场已经成为全球重要热点议题和实施任务，场外中央对手清算已经是国际金融领域鲜明的发展趋势。

第二章　发展脉络

中央对手清算的发展，最早可以追溯到中世纪，主要经历了从商品到金融产品、从场内再到场外、从配合交易到独立发展的演进历程。18 世纪以前，清算作为配合交易的一个环节，主要作用是降低交易实际执行的频率和金额规模。19 世纪，商品期货市场的发展促进集中清算、担保交收等机制形成。20 世纪，合约替代机制的使用，推动形成了真正意义上的现代中央对手清算。20 世纪后期，布雷顿森林体系的瓦解催生了利率、汇率等风险管理需求和金融衍生品发展，20 世纪末，中央对手清算逐渐在场外利率衍生品等市场拓展。在 2008 年国际金融危机中，中央对手方和中央对手清算机制防范化解系统性金融风险的成功典范，得到国际社会广泛认同并在全球推广普及，成为全球金融市场系统性风险管理的重要宏观审慎政策工具之一。

一、源起与演进①

（一）中央对手清算的源起

历史上，自中世纪以来，中央对手清算的发展经过了多种清算形态的演化历程，逐渐孕育出现代中央对手清算的基因。从中世纪开始，伴随商品经济的繁荣，交易频率不断提高，商业汇票成为欧洲商人重要的非现金支付工具，汇票的使用让他们更方便集中处理债权债务，同时降低了现金长途运输的风险。从 12 世纪开始，欧洲一些城市定期举行蕴含部分现代中央对手清算元素的商业集会，如法国“香槟集会”、里昂交易集会、热那亚“汇票集会”等。

---

① 参考资料：（1）Norman, P. The Risk Controllers: Central Counterparty Clearing in Globalized Financial Markets. Chichester: John Wiley & Sons, 2011；（2）乔恩·格雷戈里．中央对手方：场外衍生品强制集中清算和双边保证金要求［M］．银行间市场清算所股份有限公司，译．北京：中国金融出版社，2017.

这些集会吸引不同国家、地区的商人使用汇票参与交易，在商业集会期间，允许交易商就汇票、各种账务的应收或应付的净额进行清算交割，降低交易实际执行的频率和金额规模。这是最早具有部分现代中央对手清算基因的清算活动。

17 世纪后，清算所雏形逐渐产生，市场作用慢慢显现，清算活动开始在固定办公场所以俱乐部形式开展。法国里昂具有较长时间举行交易集会的历史，16 世纪末发展成为欧洲金融和工业中心。1630 年前后，在法国里昂建立的以“交易公寓”命名的机构是最早为人所知的清算所。在 17 世纪的荷兰，迎来当时金融创新的“黄金时代”。1636—1637 年，荷兰出现“郁金香狂热”，投机者将还生长在土地里的郁金香球茎炒至天价，并出现了以旅馆为活动场所的清算俱乐部，为郁金香球茎的交易提供清算服务。荷兰的阿姆斯特丹证券交易所为荷兰东印度公司的股票交易提供固定的交易、清算场所。一些特殊的经纪商、私人俱乐部开始扮演清算所的角色，它们开展市场做市和中介性质的业务，促进股票交割和资金支付，它们还提供将股票拆分成小份额的交易和净额清算服务，支付和收取买卖双方的净差额。

在英国伦敦，随着 18 世纪银行业的繁荣，在清算所进行的清算活动已经成为一项日常业务。最初，银行家们在伦敦五钟旅店租用一个房间并以私人俱乐部的形式运转，专供其见面交换纸币、支票和结清银行之间的债权债务。1833 年，清算所大楼正式建成，伦敦清算所（与现在的伦敦清算所同名，但二者无关联）逐步开始以会员制运营，为英国地方银行提供支票清算服务，1854 年还吸收了英格兰银行为会员。这些显示了清算所的机构建设、业务创新和市场作用等慢慢产生并形成了初始形态并不断进展。

（二）中央对手清算的演进

19 世纪后，随着商品期货等市场的发展，欧美的金融市场清算机制朝着管理交易对手风险、提升效率的方向演进，逐渐创立了专业且独立运营的清算所，以及具备履约保障功能的清算机制。

1. 商品期货市场的发展催生了清算机制的创新

19 世纪工业革命后，全球贸易发展带来原料产地和工业基地供求矛盾的加剧，加大了大宗商品价格的波动，大西洋两岸的远期合约市场随之逐渐发展成熟。随着交通运输业和通信业的进步，推动了更加标准化、更好流动性的期货市场拓展，促进了更多有组织的期货市场和清算所的产生。从现货交易发展到期货交易，增加了交易后清算环节的复杂性与不确定性，也因此催生了更加先进的清算机制。

19 世纪下半叶的英国，利物浦棉花交易经历了从现货、远期到期货的发展过程，1876 年成立的利物浦棉花清算所在这一发展过程中起到了重要作用。利物浦棉花清算所的清算机制主要有两个特征：一是参与者需要使用银行的“信用券”① 进行差额支付，减少现金使用，简化棉花期货的结算；二是定期结算，每周盯市一次以避免累积过多的风险。虽然利物浦棉花清算所的清算体系无法充分保证合约履行，仅能提供有限的信息透明度，但其清算体系是朝着管理交易对手风险的现代清算机制迈进的重要一步。

19 世纪的美国，芝加哥期货交易所（CBOT）成立，为美国中东部地区这个最大的粮食枢纽提供了必要的谷物商品合约的交易、清算及结算服务。1883 年，芝加哥期货交易所创建了清算部门，专门处理会员之间保证金支付证明的交换，促进了环形清算的发展。环形清算能够在较大范围内冲销合约，减少会员间的支票收付，也避免了一部分保证金的缴纳，在当时很受欢迎。但是，环形清算的脆弱之处在于，环中涉及的交易对手，只要任意一家出现违约问题，整个环形清算链条就会断裂。

2. 专业独立的清算机构探索履约保障功能

1882 年，法国勒阿弗尔商品事务清算所（CLAM）成立，是第一个具有履约保障功能的清算所，标志着清算开始作为一项专业、独立的商业活动进行运营和管理。勒阿弗尔是当时欧洲最重要的港口之一，与美洲、太平洋地区有密切的贸易联系，是欧洲咖啡和棉花进口最重要的港口之一。随着商品期货市场的发展，勒阿弗尔商人和经纪人开始探索设立清算所来保证合约的履行，通过共同出资并以有限责任公司的形式注册成立了勒阿弗尔商品事务清算所。该清算所在期货合约谈判和签订中不扮演任何角色，而是提供合约登记和担保服务。在当时的欧洲，勒阿弗尔商品事务清算所的风险管理措施比较先进，主要包括：一是要求在清算所开设账户的个人或公司必须在城市

① 信用券：经纪商将一笔大额资金存入银行账户后，可以在总额度范围内，开出多张不同面额的信用券，用于向他人支付。信用券可以多次流转，收到信用券的一方还可以将其存入银行变为存款，再发放新的信用券支付给他人，也可以换成银行支票。银行在每一天结束后，将剩余的存款资金转移到最后一个信用券持有人名下。

商会注册，并获得该清算所管理委员会的批准；二是清算所有权责令持仓亏损的交易商逐日追加保证金，以提供履约保障功能。该清算所运营的前 5 年，清算规模增加了 20 倍，资本金增加了 1 倍。尤其是，先进的清算服务促进了贸易增长，使勒阿弗尔取代汉堡成为欧洲大陆最主要的咖啡市场。勒阿弗尔商品事务清算所作为提供履约保障服务的新型清算所取得成功后，引起巴黎、汉堡、伦敦、阿姆斯特丹等欧洲其他城市的纷纷效仿，包括伦敦农产品清算所（现伦敦清算所的前身）早期的章程和规则均以勒阿弗尔商品事务清算所和汉堡的农产品清算所为蓝本。

（三）现代中央对手清算机制的建立

欧洲创新的具有履约保障功能的清算机制在北美没有得到广泛使用，美国的清算所探索开创了全新的合约替代机制，推动现代中央对手清算制度体系发展成形。

1. 合约替代机制的创新促成现代中央对手清算的雏形

1891 年，美国明尼阿波利斯清算协会（Minneapolis Clearing Association）首次使用类似“合约替代”的清算机制，这一机制的创新可以视作现代中央对手清算的雏形。1890 年前后，美国明尼阿波利斯成为美国最大的面粉加工中心。为增加当地小麦品种的交易保值机会，1891 年，美国明尼阿波利斯谷物交易所设立清算所——明尼阿波利斯清算协会，在明尼苏达州法律体系下作为公司独立运营。该清算协会的章程中明确了清算业务机制，即“谷物的购买、销售、储存和处理”，表明其采用了合约替代的清算机制，即“成为每一个买方的卖方和每一个卖方的买方”。明尼阿波利斯清算协会是现代中央对手清算机制的探索者，其采用的“合约替代”清算机制是清算领域的一项重大创新，但在当时却几乎没有受到特别关注。在接下来的 20 年中，美国的报纸、书籍和学术领域谈及明尼阿波利斯清算协会的做法时，普遍在讨论其以独立的清算协会形式运营清算所的价值，但更具有划时代意义的关于清算所角色和清算机制的重大革新却被忽视。20 多年后，另一个更具影响力的美国芝加哥期货交易所（CBOT）的变革才真正产生了广泛影响，推动中央对手清算机制成为清算领域的主流选择。

2. 环形清算升级为中央对手清算

芝加哥期货交易所清算公司创建的清算制度，被广泛认为是真正意义上现代中央对手清算机制建立的标志。1920 年前后，美国 86% 的谷物期货交易在芝加哥期货交易所开展，当时仍然采用环形清算模式。在环形清算下，价格波动会在清算环内产生很强的市场传导效应，从而进一步使价格波动更加剧烈。第一次世界大战期间，美国的物资短缺和政府管控政策引发了谷物和其他食品价格的剧烈波动。由于谷物期货交易主要在芝加哥期货交易所开展，这种价格波动一度引燃了美国民众对芝加哥期货交易所的反感情绪，甚至控诉其是一个赌博巢穴，并呼吁剥夺芝加哥期货交易所作为 1922 年法案下“合约市场”的资格。美国联邦政府意识到，交易所在很大程度上已经失去了社会的信任，必须彻底整顿才能重新赢得信任。1925 年，在美国联邦政府要求下，芝加哥期货交易所通过了一项新规则，决定建立一家独立的清算公司，在所有商品交易中替代交易对手成为“每一个买方的卖方和每一个卖方的买方”，将原有的环形清算升级为中央对手清算。与明尼阿波利斯清算协会相比，芝加哥期货交易所清算公司建立的中央对手清算机制更加独立和公平，该清算公司股份由清算会员共同出资，持有份额大致等于各清算会员在清算所总清算规模的占比，董事会根据每个清算会员清算比例的变化调整股份份额。同时，由于芝加哥期货交易所的巨大影响力，该清算公司的建立引起了其他采用环形清算的相关机构的效仿，清算模式逐步从环形清算演进到中央对手清算。芝加哥期货交易所清算公司的建立，被广泛认为是现代中央对手清算机制成形的标志。

二、危机与转机①

（一）2008 年国际金融危机

1. 国际金融危机发生前的场外衍生品市场

20 世纪后期，布雷顿森林体系瓦解，全球浮动汇率制和利率市场化改革的推进，引发了利率、汇率等风险管理需求，推动了场外衍生品市场的快速发展。与其他金融产品相比，场外衍生品具有结构复杂、个性化程度高、信息透明度低、高杠杆、定价估值难等特征。在此基础上，当时监管较为宽松的场外衍生

---

① 参考资料：（1）Norman, P. 2011. The Risk Controllers: Central Counterparty Clearing in Globalized Financial Markets. John Wiley & Sons, Chichester；（2）乔恩·格雷戈里．中央对手方：场外衍生品强制集中清算和双边保证金要求［M］．银行间市场清算所股份有限公司，译．北京：中国金融出版社，2017；（3）Murphy, D. 2013. OTC Derivatives: Bilateral Trading and Central Clearing. Hampshire: Palgrave Macmillan；（4）Gottesman, A, & Leibrock, M. Understanding Systemic Risk in Global Financial Markets［M］. Hoboken, New Jersey: Wiley, 2017.

品市场也具有明显的阶段性发展表征：市场规模庞大，交易结构复杂；中央对手清算已经在场外市场建立推广，但仍以双边清算为主；市场信息透明度低；交易敞口集中度高，而且少数交易商之间存在较大规模的交易头寸。

20 世纪 70 年代至 80 年代，利率、汇率等场外衍生品开始涌现，发展逐渐加速。根据国际清算银行统计数据，1998—2008 年的 10 年间，场外衍生品市场未平仓合约名义本金总额增长了约 8.4 倍。在 2008 年国际金融危机发生前，全球衍生品市场中约九成是场外衍生品。2008 年 6 月底，全球场外衍生品市场的规模已达 672.5 万亿美元（未平仓名义本金）。仅 2008 年，全球场外衍生品市场大约有 1000 万笔交易，形成了高达数万亿美元的信用风险敞口。

其中，最具典型性的是美国房地产市场滋生的相关场外衍生品市场。美国房地产市场泡沫、衍生品滥用和过于宽松的监管等因素，导致美国场外信用衍生品市场累积了巨大的风险。2003—2007 年，美国的房价上涨了约 27%，房地产市场创造了约 4 万亿美元的住房抵押贷款支持证券（MBS）①。华尔街的相关金融机构为进一步使用存量金融资产、满足不同投资者的风险偏好、提升市场流动性，并从金融服务中获利等原因，也推出了大约 7000 亿美元的抵押贷款支持担保债务凭证（CMO）②。CMO 在 MBS 的基础上进行了进一步的结构化处理。CMO 将来自 MBS（可能还包括其他资产）的现金流进行重新分配，设计出不同层级的证券。比如，CMO 可以划分出优先级（Senior）、中间级（Mezzanine）和次级（Junior）等不同层级的证券。不同层级的证券在本金偿还顺序、利息支付和风险承担等方面存在差异，满足不同投资者的需求。

随着美国放松抵押贷款申请人的信用标准来刺激房地产市场的需求，导致次级抵押贷款市场进一步扩张，尽管越来越多的担保债务凭证（CDO）参考的担保品（住房抵押贷款支持证券等）已经随着信用标准的降低而低于投资等级，但金融机构通过将它们打包组合到重新分级的担保债务凭证中，使其达到了投资级别，并出售给投资者。

---

① 住房抵押贷款支持证券：一种资产支持证券，以住房抵押贷款组合为基础资产发行的证券。金融机构将众多住房抵押贷款打包为基础资产池，通过特殊目的机构（SPV）发行证券。投资者购买这些证券后，将根据基础住房抵押贷款的现金流获得相应的收益。

② CMO 与 CDO 的区别：CMO 的基础资产主要是住房抵押贷款，这些贷款具有相对稳定的现金流，还款来源是借款人每月偿还的本金和利息。CDO 的基础资产更为广泛，包括各种债务工具、传统的资产支持证券（ABS）、个人住房抵押贷款支持证券（RMBS）、商用不动产抵押贷款支持证券（CMBS）等。

危机发生以前，场外衍生品市场的双边清算仍是市场机构的主要选择，同时中央对手清算也已经在场外衍生品市场中自发创建并逐渐拓展，其中的典型案例是伦敦清算所的中央对手清算机制。1999 年，伦敦清算所推出了互换清算系统平台（SwapClear），为场外利率互换等提供中央对手清算服务。互换清算系统平台的建立，开启了场外衍生品市场中央对手清算的序幕。该平台业务发展迅速，推出了美元、欧元、日元和英镑等利率互换清算服务，并借助伦敦国际金融中心和伦敦清算所自身逐步建立起的良好声誉吸引了一大批国际知名金融机构成为其清算会员，到 2006 年，其在全球利率互换市场的清算占比已达到约 40%，使伦敦清算所成为全球最重要的利率互换清算平台。

2. 2008 年国际金融危机引起全球金融市场动荡

从危机的根源看，美国金融政策失误、金融监管不力、系统性风险管理策略的缺失等，共同构成金融危机最终爆发的综合成因。美国长期实施的低利率宽松的货币政策导致金融市场投机过度，金融泡沫不断膨胀，金融风险持续积累。美国的多头金融监管体制造成了各方监管标准不统一，权力重叠与监管真空并存，以及金融过度创新但监管相对滞后的局面。

与此同时，衍生品的滥用和金融基础设施的不完善加剧了风险积累。比如，虽然最初的信用违约互换（CDS）是设计用于对冲信用风险，为信用风险进行更合理定价，服务投资者之间对某个债务工具的信用风险进行转移。但是在危机发生前的几年里，信用违约互换却被部分市场机构用作对公司违约进行投机。投资者通过购买信用违约互换合约博弈特定债务或机构违约的可能性并期望从中获利，这种投机行为使市场变得更加复杂，波动性也大幅增加。尤其是，场外衍生品市场的金融基础设施不够完善，特别是中央对手方风险管理机制在场外衍生品领域的普遍缺失、市场信息不透明、违约处置措施不健全等，都成为国际金融危机爆发和蔓延的重要原因。

美国货币政策由宽松转为紧缩，刺破了房地产市场泡沫，2007 年引发次贷危机，并迅速蔓延到金融市场各个领域。2008 年秋季，随着雷曼公司、贝尔斯登和美国国际集团公司等一些曾经全球知名的公司出现破产、被收购或紧急救助等，全球系统性金融风险的影响全面显现，2008 年国际金融危机席卷全球。大量研究认为，2008 年国际金融危机产生的直接原因主要是：美国货币政策的骤然变化引起了房地产市场泡沫的破裂，利率提高和房价下跌使次级抵押贷款的债务人无法偿还本金和利息，住房抵押贷款支持证券的价值随之下跌，同时次贷债务人违约风险的增加，使抵押贷款支持担保债务凭证（CMO）卖方的赔款压力增加。尤其是，大量以次级抵押贷款为基础资产的金融衍生品迅速减值，金融机构对这些高杠杆金融衍生品的过度使用和金融衍生品的投机交易等，使场外金融衍生品对金融危机负面影响的扩大起到了推波助澜的作用，导致许多金融机构陷入困境，从而使风险大范围扩散并最终酿成国际金融危机（易宪容和王国刚，2010①；Demyanyk 和 Van Hemert，2011②）。

雷曼公司破产是2008年国际金融危机的典型风险事件。雷曼公司成立于1850年，是具有较长历史的美国金融服务公司。2008年，雷曼公司是美国第四大投资银行，仅次于高盛、摩根士丹利和美林银行，也是住宅房地产市场特别是高风险的次级抵押贷款相关衍生品业务中最活跃的市场机构之一。雷曼公司的运营具有高度依赖短期资金、交易对手众多等特征，2008年，雷曼公司持有约80亿美元的商业票据和近2000亿美元的回购，如果市场突然变化，比较容易遭到债权人挤兑；同时，雷曼公司作为全球场外衍生品市场最大的参与者之一，与全球数百个交易对手之间存在大约90万份衍生品合约，因此其财务状况受到全球监管机构和投资者的重点关注。

2008年6月，受2007年美国次贷危机爆发、信贷市场萎缩、内部经营管理问题等影响，雷曼公司首次公布季度财务亏损28亿美元。当月压力测试结果显示，雷曼公司拥有540亿美元的流动性资源，但是如果要承担所有无担保融资和部分担保借款的潜在损失，则存在150亿美元的缺口。2008年7月，鉴于雷曼公司糟糕的财务状况和市场对其信用前景的担忧，其几个主要交易对手不再向其提供资金，这些流动性缺口逐渐成为压垮雷曼公司的最后一根稻草。2008年夏季，雷曼公司财务状况的急剧恶化、美国金融机构普遍面临流动性困难的局面，引发各方对潜在系统性风险的担忧，美国监管机构、雷曼公司和雷曼公司的主要交易对手等进行了数月的讨论和谈判，但各方对雷曼公司的救助和接管安排等解决方案未能达成一致。2008年9月，雷曼公司申请破产保护，成为美国历史上规模最大的公司破产案。

---

① 易宪容，王国刚．美国次贷危机的流动性传导机制的金融分析［J］．金融研究，2010（5）．

② Demyanyk, Y., & Van Hemert, O. Understanding the Subprime Mortgage Crisis［J］. Review of Financial Studies, 2011, 24（6）.

（二）系统性金融风险管理的关键转机

在2008年国际金融危机中，尽管场外衍生品处于金融动荡的漩涡中心，但场外衍生品市场的中央对手方、中央对手清算机制及其所覆盖的金融市场等始终保持稳健有序运行。雷曼公司作为一家大型的跨国金融集团，它的破产成为金融市场最大的违约事件，其在全球48个城市设有分支机构，广泛参与全球金融业务，因此全球多个国家、地区的金融市场和相关中央对手方都面临较大的风险考验。从应对国际金融危机的效果看，这些中央对手方（如伦敦清算所、芝加哥商业交易所清算公司、美国存管信托与清算公司、欧洲期货交易所清算公司、欧洲多边清算设施、欧洲中央对手方清算所等）均有效控制了雷曼公司破产及其相关金融交易违约的负面影响，通过中央对手清算机制防止了雷曼公司违约可能引发的系统性连锁反应，在国际金融危机中守护住了所服务金融市场的安全稳定。

1. 伦敦清算所发挥中央对手清算机制优势成功处置雷曼公司违约风险

（1）中央对手清算机制迅速管控违约风险

伦敦清算所是管理雷曼公司风险敞口最大的中央对手方，雷曼公司在伦敦清算所的各项业务（除航运业务外）都非常活跃。在中央对手清算机制下，伦敦清算所是雷曼公司的交易对手，雷曼公司违约后，伦敦清算所需要迅速处置其持有的与雷曼公司相关的场外衍生品、债券、期货、期权和股权等各类金融产品头寸，以降低风险敞口，防范潜在的风险。

在雷曼公司申请破产保护后的第一时间，伦敦清算所按照中央对手清算机制的违约处置程序，宣布在伦敦清算所参与业务的雷曼公司实体——雷曼欧洲分公司和雷曼特别融资公司违约。在处置过程中，伦敦清算所需要平仓雷曼公司的自营头寸，并将其客户头寸按客户需求转移到其他清算会员的账户下。但是在这一过程中遇到的最大难题是，雷曼欧洲分公司没有做到“账户隔离”，其客户头寸和自营头寸没有完全分开管理。为了争取时间尽快区分自营头寸和客户头寸，伦敦清算所作出了暂缓启动违约处置的决定，让雷曼欧洲分公司名下的头寸继续交易，直至能够清晰辨别和区分客户的头寸。

在雷曼公司违约的第一周内，伦敦清算所成功转移了77个客户账户的头寸，并尽可能压缩雷曼公司各类资产自营头寸的风险敞口。伦敦清算所的交易员代表雷曼公司与各类投资公司开展多种金融产品的双向交易，对冲雷曼公司的头寸，同时通过组织拍卖活动，将雷曼公司持有的能源和股权类投资组合进行拍卖。第一周结束时，雷曼欧洲分公司账户中还有约 1 亿英镑风险敞口，但伦敦清算所持有其 5 亿英镑的担保品，潜在风险完全可控。

在雷曼公司违约的 8 天后，伦敦清算所宣布成功控制住雷曼公司的违约风险，已经将其破产时持有的投资组合风险敞口缩小了 90%，雷曼公司的保证金完全能够覆盖其潜在风险敞口。整体上，伦敦清算所仅使用约 7 亿美元——雷曼公司（雷曼欧洲分公司和雷曼特别融资公司等雷曼公司旗下所有参与伦敦清算所业务实体）20 亿美元初始保证金的约三分之一，成功弥补了风险处置过程中产生的损失，并向雷曼公司的破产管理人交付了剩余未使用的保证金。

（2）中央对手清算机制协同各方合力应对违约风险

在 2008 年雷曼公司破产之前，国际上各中央对手方处置金融机构间场外交易违约的经验比较少，伦敦清算所的互换清算系统平台是当时具有较完善中央对手清算风险管理程序的场外中央对手清算业务平台，已经构建了与市场机构共同应对违约风险的风险管理体系。

截至 2008 年 6 月，互换清算系统平台为包括雷曼公司在内的约 20 家国际大型金融机构提供利率衍生品的清算服务，清算规模约占全球市场份额的 50%。雷曼公司作为国际利率衍生品市场的活跃参与者，在破产时，其利率互换累计交易金额已超过 350 万亿美元。雷曼特别融资公司通过互换清算系统平台进行清算的价值 9 万亿美元的利率互换投资组合，涉及 66390 笔交易和 5 个币种。这个规模远超雷曼公司当时场内交易的违约金额。

在中央对手清算的风险管理程序下，互换清算系统平台与清算会员合作完成了雷曼公司的违约处置工作。伦敦清算所与清算会员事先制定了具有法律效力的违约管理程序：第一步，协同市场机构对冲违约会员的风险；第二步，将违约会员的投资组合拍卖给其他会员，实现对违约会员头寸的有效处置。

2008 年 9 月 15 日，雷曼公司违约后的周一上午，互换清算系统平台的 6 家会员，即巴克莱银行、瑞银集团、高盛集团、美林集团、汇丰银行和德意志银行，按照该系统平台违约管理制度中既定的人员和时间安排，派出了交易员团队，在特殊危机处理中心与伦敦清算所共同进行违约处置工作。因为雷曼特别融资公司是美国运营的实体，根据美国《破产法》第 11 章规定仍然可以继续经营。在这样的情形下，第一步是平仓，交易员使用雷曼公司的保证金逐步平仓利率互换投资组合，至周二结束，基本完成了这一步骤，雷曼公司的投资组合风险被快速缩小，可能带来损失的仓位已经非常小。对冲操作在周三全部完成，违约处置工作组6个会员机构的交易员完成任务。

第二步是拍卖，伦敦清算所通过竞拍体系，分别针对涉及的5个币种，组织了5次拍卖，将雷曼公司在互换清算系统平台清算的投资组合出售给其他19个会员。2006年，伦敦清算所的互换清算系统平台通过制度规则明确了伦敦清算所在违约拍卖中的决定权利，即在拍卖失败的情况下，清算所有权单方面决定将投资组合按比例分配给其他会员，以激励会员在流动性紧张时对投资组合进行竞拍。在这一竞拍机制下，会员通过主动竞价参与拍卖，能够在一定程度上对投资组合的构成和价格产生积极影响，避免拍卖失败后的分配。在违约拍卖中，互换清算系统平台的19个会员中有16个参与竞拍，每次拍卖都会收到上百个竞拍电话，竞拍参与踊跃。在雷曼特别融资公司违约大概3周后，伦敦清算所宣布成功处置了雷曼公司的场外利率互换投资组合。

2. 美国相关清算所发挥中央对手清算与托管联动优势有效处置雷曼公司违约风险

雷曼公司的总部设在美国，美国金融市场的中央对手方处于国际金融危机的中心，其中美国存管信托与清算公司（DTCC）、芝加哥商业交易所清算公司（CME Clearing）等通过各具特点的风险管理措施均成功应对雷曼公司违约风险。

（1）美国存管信托与清算公司通过清算与托管联动高效处置雷曼公司违约风险

美国存管信托与清算公司是同时具有中央对手清算和托管职能的机构，处置雷曼公司约5000亿美元头寸成为该公司历史上最大的违约处置事件，其中清算和托管职能之间的高效联动，是国际上金融基础设施有效处置重大风险事件的重要经验。

美国国家证券清算公司（NSCC）和美国存托公司（DTC）都是美国存管信托与清算公司旗下的分公司。美国国家证券清算公司为美国交易所和各类交易平台的股票、债券和其他类型证券交易提供清算服务并负责结算过程中的资金交收，美国存托公司为这些证券产品提供存托和结算服务。这种清算和托管职能同属于一家金融基础设施的组织架构，为处置雷曼公司破产带来了独特优势：在美国国家证券清算公司处置雷曼公司约58.5亿美元敞口头寸时，得到了美国存托公司的有力支持，获得了雷曼公司19亿美元的证券抵押品。在清算和托管职能良性互动下，2008 年 9 月 22 日，美国存管信托与清算公司公告，将有序削减未被巴克莱银行购买的[①]、仍在雷曼公司账上的未平仓合约。在 5 周后，美国存管信托与清算公司公告成功完成平仓雷曼公司持有头寸的目标，没有动用清算会员的清算基金。

（2）芝加哥商业交易所清算公司有序处置雷曼公司违约风险

芝加哥商业交易所清算公司（CME Clearing）为雷曼公司的利率互换、股票、农产品、能源和外汇 5 类交易提供清算服务。雷曼公司宣布破产后的周末和第一周，芝加哥商业交易所清算公司和相关机构已经迅速采取措施，确保雷曼公司在美国的经纪商有充足的资金继续运营，以使雷曼公司的经纪商不会违约。这为美国的中央对手方后续处置工作争取了更多准备时间，直至第二周，在巴克莱银行收购雷曼公司的北美投资银行业务后，美国的中央对手方才宣布雷曼公司违约。与之相对，雷曼公司宣布破产后的 1 周内，欧洲的中央对手方就已经采取紧急处置措施对雷曼公司的违约头寸进行处置。

芝加哥商业交易所清算公司持有雷曼公司 40 亿美元保证金，其中 20 亿美元是雷曼公司自营头寸的抵押品，另外 20 亿美元是雷曼公司客户头寸的抵押品。芝加哥商业交易所清算公司将雷曼公司自营头寸的 20 亿美元保证金全部用于违约处置，并将这些自营头寸列为“仅限清算”状态。

雷曼公司的违约使芝加哥商业交易所清算公司在历史上首次强制出售清算会员的头寸。对于雷曼公司自营头寸的 5 类资产，芝加哥商业交易所清算公司使用了雷曼公司 5 类资产头寸中 3 类头寸的盈利去抵销另外 2 类资产头寸的亏损。为处置雷曼公司的自营头寸，芝加哥商业交易所清算公司从接洽过雷曼公司自营头寸的 6 家公司中选择了 5 家作为竞拍机构，组织其对雷曼公司的自营头寸进行违约拍卖，即巴克莱银行、高盛集团、摩根大通、城堡对冲基金和 DRW 交易公司（DRW Trading）。根据报价情况，芝加哥商业交易所清算公司最终决定将雷曼公司的自营头寸批量转让给巴克莱银行、高盛集团和 DRW 交易公司。虽然雷曼公司的头寸被成功处置，但是较低的竞拍报价使雷曼公司承受了约 12 亿美元的损失，拍得头寸的 3 家机构也因此获利 12 亿美元，这与芝加哥商业交易所清算公司持有的、雷曼公司仅剩的约 1.5 亿美元的保证金相比，数额非常

① 在 2008 年国际金融危机期间，雷曼公司申请破产保护后，美国法院批准了巴克莱银行收购雷曼公司的北美投资银行业务和资本市场业务。这次交易涉及雷曼公司的固定收益、股票销售、交易和研究、期货和外汇业务，以及并购咨询和经纪业务。

大。虽然芝加哥商业交易所清算公司未遭受任何损失，也未引起金融市场混乱，但是强制出售导致的雷曼公司损失引起了市场对其违约拍卖程序透明度和效率的质疑。

3. 欧洲相关清算所的中央对手清算机制均有效应对雷曼公司违约风险

在欧洲，雷曼公司违约后，德意志交易所集团旗下的欧洲期货交易所清算公司（Eurex Clearing）、欧洲多边清算设施（EMCF）和欧洲中央对手方清算所（Euro CCP）3 家中央对手方也成功处置了雷曼欧洲分公司的投资组合。

雷曼公司违约后，欧洲期货交易所清算公司立即入驻雷曼欧洲分公司的办公场所，在雷曼公司的协助下一起减少其自营头寸，并将客户头寸转移给其他会员。2008 年 9 月底，欧洲期货交易所清算公司宣布成功处置了雷曼公司违约头寸并转移了客户头寸。与伦敦清算所类似，欧洲期货交易所清算公司主要使用雷曼公司缴纳的保证金等抵押品完成了违约处置操作，没有动用其他会员的清算基金。

欧洲多边清算设施和欧洲中央对手方清算所在欧洲证券市场为场内交易提供中央对手清算服务。2007 年 11 月生效的欧盟《金融工具市场指令》（MiFID）批准了多家新型交易平台——多边交易设施（MTFs）[①]，其中两个交易平台是在雷曼公司违约之前建立的，比如 Chi - X 通过欧洲多边清算设施清算，绿松石（Turquoise）通过欧洲中央对手方清算所清算。

与场外衍生品处置相比，场内证券市场的处置面临的难题相对较少。当时，证券交易的清算和结算都在交易达成后的第三个交易日（T+3）完成。对于期货和其他衍生品，合约的清算和结算过程可能在交易发生后持续数月或数年，因此具有对中央对手清算机制的保证金计算和风险管理等服务更迫切的需求。在雷曼公司违约后的周一（2008 年 9 月 15 日），欧洲多边清算设施向雷曼欧洲分公司发出正式的违约通知，告知将平仓其持有的头寸。欧洲多边清算设施对雷曼公司的头寸进行了拍卖，拍卖程序与伦敦清算所类似，在多家经纪商中选出最高的报价，并将头寸全部对其出售。雷曼欧洲分公司与欧洲多边清算设施之间的头寸净额约 5 亿欧元，涉及 600 多种证券或国际证券编码（ISIN）。最终，

---

① 多边交易设施旨在增加欧洲金融市场的竞争和参与。多边交易设施的主要功能是为多个市场参与者提供一个买卖各种金融工具的平台，包括股票、债券、衍生品等。多边交易设施与传统交易所的差异主要包括上市要求和监管成本、交易机制、产品多样性、运营资格、透明度和公平性、市场准入和流动性等方面。

欧洲多边清算设施成功处置这些头寸，而且保证金没有全部用尽，剩余保证金返还给了雷曼公司的破产管理人。

欧洲中央对手方清算所与雷曼欧洲分公司之间的交易敞口相对较少，约2100万美元，涉及12个市场和6个币种。在雷曼公司宣布破产后，欧洲中央对手方清算所迅速暂停了雷曼公司的新增交易指令，并很快将雷曼公司约500万美元的交易转移给其他金融机构。随后，欧洲中央对手方清算所协调了一家经纪商将雷曼公司剩余的约1600万美元的交易平仓，在1天时间内，而非平时的3天结算周期（T+3）就完全结清了雷曼公司的头寸，同样没有用尽雷曼公司的全部保证金。

综上所述，鉴于中央对手方和中央对手清算机制成功应对2008年国际金融危机的卓越成效，国际社会普遍认同中央对手方和中央对手清算机制在系统性金融风险管理方面的独特优势，并在金融制度机制反思中，将中央对手方和中央对手清算机制作为国际金融宏观审慎管理的一个重要组成部分，成为国际金融改革的一项重点措施。

三、共识与契机

（一）G20匹兹堡峰会共识

在2008年国际金融危机前，国际金融组织还没有专门出台重大政策将中央对手清算机制确认为全球金融系统性风险管理的关键制度安排在全球推广发展。

在2008年国际金融危机后，金融理论和实践领域对中央对手方和中央对手清算机制普遍认可、积极推广。在金融理论方面，学术界已经将中央对手方和中央对手清算机制作为场外衍生品市场的风险防火墙和市场运行的稳定器，尤其在流动性较差的极端情况下，中央对手方通过保证金制度提高了市场透明度和抗风险能力，能够在最短时间内完成大量违约头寸的安全处置。在全球金融实践中，国际金融组织和全球各地金融监管机构对推广使用中央对手清算机制的意愿持续高涨。2008年6月，美国金融监管机构和市场机构联合发表声明，达成进一步改善场外衍生品市场基础设施的日程表。2008年10月，欧盟委员会发表声明，表示建立清算信用违约互换的中央对手方是“迫切需要”。

同时，国际金融组织和市场各方一致认可并全力推动中央对手方建立和运行中央对手清算的规则体系。在2008年国际金融危机后，早期的大部分关于场外衍生品市场风险管理、强制中央对手清算的讨论主要集中在信用衍生品（主要是信用违约互换）；随着国际讨论的深入，国际金融组织认为将中央对手清算的相关理论、制度安排、风险管理措施等拓展至全部场外衍生品市场是完全适用的，而且具有更大的学术价值和现实意义。

2009年9月，二十国集团（G20）匹兹堡峰会提出了系统的金融监管改革计划，特别是针对场外衍生品交易，期望通过一系列改革措施来提高场外市场交易的透明度，降低引发系统性风险的可能性。G20匹兹堡峰会一致同意：一是所有标准化的场外衍生品应通过电子交易平台或者交易所交易；二是标准化的场外衍生品应实施中央对手清算；三是场外衍生品交易信息应提交到交易报告库；四是非集中清算①的场外衍生品应适用更高的资本要求。

2011年，G20戛纳峰会就全球场外衍生品改革措施增加了一项共识，即第5项改革措施——对非集中清算衍生品制定最低保证金标准。2012年，巴塞尔银行监管委员会和国际证监会组织制定了《非集中清算衍生品保证金要求》框架，对非集中清算衍生品的保证金要求制定了统一的全球标准，并成立了监测评估小组——保证金要求工作组（WGMR），推动各国逐步落实。

2009年G20匹兹堡峰会宣言（节选）

国际金融危机伊始，我们就迅速启动并实施了全面、彻底的改革，从根源着手应对危机，改革全球金融监管体系，并在加强审慎监管、改善风险管理、提高透明度、提高市场诚信、建设监管联席会议机制、加强国际合作等方面取得了巨大进展。我们加强和扩大了监管和监督范围，对场外衍生品交易、证券化市场、信用评级机构和对冲基金实行更为严格的监管。我们支持在伦敦成立的金融稳定理事会所通过的加强机制建设的章程，并欢迎理事会向领导人和部长们提交的报告。金融稳定理事会持续监督改革进展，对全面、一致地落实必要的改革至关重要。我们呼吁金融稳定理事会于下次峰会前向二十国集团财长和央行行长提交进展报告。

① 非集中清算（Non - centrally Cleared）即为非中央对手清算。为了保持相关专有名词与我国有关监督管理办法的一致性，涉及国际、国内相关制度时使用“非集中清算”，本书其他相关表述也使用“非中央对手清算”的表述。

……

在《关于进一步采取举措完善国际金融体系的宣言》的基础上，我们呼吁财长和央行行长就下列重大领域的国际改革框架达成一致：

- 加强对场外衍生品市场的监管。应最迟于2012年底前实现所有标准化场外衍生品合约在交易所或电子交易平台交易，并在适当情况下，通过中央交易对手进行清算。场外衍生品合约信息应提供给交易存托机构。对不通过中央交易对手进行清算的合约应实行更高的资本金要求。我们要求金融稳定理事会及其相关成员定期评估执行情况、以及这是否能够充分影响提高衍生品市场透明度、降低系统性风险及保护免受市场滥用行为。

（二）国际场外衍生品市场监管改革契机

在2008年国际金融危机后，为促进G20匹兹堡峰会达成的国际金融改革共识在全球各国和地区及时、全面、一致地落实，国际社会提出了一系列监测评估计划。其中，比较重要的是金融稳定理事会开展的同业评估（Peer Review）、实施进展报告（Implementation Progress）。

在2009年4月的G20伦敦峰会上，金融稳定论坛（FSF）重组升级为金融稳定理事会，负责国际层面协调促进金融监管政策的实施。自2009年9月的G20匹兹堡峰会起，金融稳定理事会秘书处负责向G20峰会提交“金融改革总体实施进展报告”。自2015年G20安塔利亚峰会起，“金融改革总体实施与效果报告”取代了“金融改革总体实施进展报告”，增加了G20金融改革的整体效果，以及特定领域的实施效果评估结果。同时，金融稳定理事会每年发布“场外衍生品市场改革实施进展年度报告”，持续跟踪和评估场外衍生品市场改革措施的落实情况，该报告调查范围主要是金融稳定理事会的24个成员所在的20个司法辖区（5个欧盟成员同属一个司法辖区）。金融稳定理事会负责协调各司法辖区的金融监管当局和其他国际金融标准制定机构，对相关司法辖区在场外衍生品市场5大改革领域的最新进展情况进行评估，并汇总形成年度报告。

2022年11月，金融稳定理事会发布最新的《金融稳定理事会场外衍生品市场改革实施进展报告（2022）》。该报告基于各成员央行或货币当局反馈的数据和信息编制，此份报告于2022年开展，其中部分改革进展情况反映了“截至

2023 年底”的预期状态。该报告认为，“G20 场外衍生品改革的整体实施进展顺利，金融稳定理事会成员司法辖区每年逐步取得进展”。

1. 场外衍生品市场推广中央对手清算

在强制中央对手清算政策方面，金融稳定理事会 24 个成员所在的 20 个司法辖区中，14 个司法辖区的强制中央对手清算政策已经落地生效。其他 6 个司法辖区中，阿根廷和沙特阿拉伯相关立法或监管文件已处于生效或公开征求意见阶段。印度、印度尼西亚、俄罗斯和南非在此基础上更进一步，处于部分标准或要求已生效或实施方案和时间表已经确定的阶段。

在中央对手清算服务可获得性方面，截至 2022 年第三季度末，全球场外衍生品市场共有 31 家中央对手方运营，其中，利率衍生品市场有 20 家，外汇衍生品市场有 12 家，信用衍生品市场有 9 家，权益衍生品市场有 12 家，大宗商品衍生品市场有 16 家。

在中央对手清算覆盖率方面，全球场外衍生品市场中不同大类衍生品的差异较大，截至 2022 年年中，在利率衍生品市场，中国、欧盟、美国、加拿大等 9 个司法辖区的中央对手清算在本国或本地区市场占比超过 80%，5 个司法辖区的中央对手清算占比介于 60% ~80% 之间。在外汇衍生品市场，只有印度的中央对手清算占比超过 80%，中国和英国的中央对手清算占比介于 60% ~80% 之间。在信用衍生品市场，美国和澳大利亚的中央对手清算占比超过 80%，加拿大的中央对手清算占比介于 60% ~80% 之间。在权益衍生品市场，巴西的中央对手清算占比超过 80%，欧盟的中央对手清算占比介于 40% ~60% 之间，其他司法辖区的中央对手清算占比均相对较低。在大宗商品衍生品市场，印度尼西亚的中央对手清算占比超过 80%，其他司法辖区的中央对手清算占比均相对较低。

2. 非集中清算衍生品交易适用更高资本要求

截至 2023 年底，金融稳定理事会 24 个成员所在的 20 个司法辖区中，所有司法辖区均已实施对非集中清算衍生品（NCCDs）适用更高资本要求的“临时规则”。20 个司法辖区中有 14 个已经实施更高资本要求的“最终规则”。

“临时规则”，是指 2012 年 7 月巴塞尔银行监管委员会公布的《银行对中央对手方风险敞口的风险加权资产计量规则》，于 2013 年 1 月 1 日实施。该规则对非集中清算的衍生品交易设置了更高的资本要求：通过合格中央对手方（QC-

CP）清算的场外交易，其计提资本的风险权重可低至2%；而对非集中清算衍生品交易，风险权重则高达20% ~150%不等。

“最终规则”，是指2014年3月巴塞尔银行监管委员会公布的交易对手信用风险敞口计量的标准法（SA-CCR）的最终标准，实施日期为2017年1月1日。

3. 非集中清算衍生品交易适用更高保证金要求

2013年9月，巴塞尔银行监管委员会发布《非集中清算衍生品保证金要求》，对非集中清算衍生品的保证金要求分步实施；2020年4月，巴塞尔银行监管委员会确定最后一阶段的实施时间为2022年9月1日。

截至2023年底，金融稳定理事会24个成员所在的20个司法辖区中，15个司法辖区已经落实非集中清算衍生品的保证金要求。其他5个司法辖区中，中国、印度尼西亚、墨西哥属于立法框架或其他监管文件已公开征求意见、部分标准或要求已生效，或实施方案和时间表已确定的阶段。金融稳定理事会认为，中国已对开展场外利率互换交易的证券公司实施了相关规定。

4. 电子平台化交易

截至2023年底，金融稳定理事会24个成员所在的20个司法辖区中，9个司法辖区在立法层面已落地生效电子平台化交易，能覆盖90%以上的交易。例如，美国在《多德—弗兰克法》中规定，标准化的场外衍生品必须在注册的交易平台进行交易。目前，《银行间外汇市场管理暂行规定》《内地与香港利率互换市场互联互通合作管理暂行办法》《中国人民银行关于开展人民币利率互换业务有关事宜的通知》等制度文件规定了相关标准化场外衍生品交易应通过中国外汇交易中心的交易平台进行。

5. 交易报告

除了南非外，金融稳定理事会24个成员中的23个成员所在司法辖区已落地交易报告义务的要求，相关要求或标准对市场90%以上的交易适用。南非已经制定了相关监管框架草案，以认证本土或外部运行的交易报告库，但目前交易报告义务还未生效，也还没有交易报告库得到授权。澳大利亚、欧盟、英国等司法辖区已实施由支付与市场基础设施委员会和国际证监会组织发布的关于唯一交易识别码（UTI）、唯一产品识别码（UPI）和关键数据要素（CDE）的技术指南。根据金融稳定理事会统计，各成员司法辖区的场外衍生品市场目前已运营27个交易报告库和11个类交易报告库（见表2-1）。

表 2－1　　各司法辖区场外衍生品改革进展情况（截至 2023 年底）

国家/地区	中央对手清算	非集中清算更高的资本要求（临时）	非集中清算更高的资本要求（最终）	非集中清算保证金要求	电子平台化交易	交易报告
阿根廷	1			1	3	
澳大利亚						
巴西					1	
加拿大					2	
中国			3	3	3	
欧盟						
中国香港						
印度	3		3		3	
印度尼西亚	3			3	3	
日本			3			
韩国					1	
墨西哥			3	3		
俄罗斯	3		2	2	2	
沙特阿拉伯	1				1	
新加坡						
南非	3				1	3
瑞士						
土耳其			2		1	
英国						
美国						

1	立法框架或其他监管文件已生效或已公开征询意见
2	立法框架或其他监管文件已生效。部分标准或要求已公布或公开征求意见
3	立法框架或其他监管文件已生效。部分标准或要求已生效，或实施方案和时间表已确定
蓝色	立法框架或其他监管文件已生效，能够覆盖 90% 以上交易的适用标准或要求已生效，或者能够覆盖 90% 以上交易的实施方案或时间计划已生效

资料来源：金融稳定理事会（FSB OTC Derivatives Market Reforms Implementation Progress in 2022）。

从国际金融监管改革目标和进程的视角看，场外衍生品市场的改革在过去的十余年已经取得了积极成效。全球各地推进场外衍生品市场的改革，不仅涉及金融市场领域的改革，同时需要司法、监管、金融体系、国际协调等整体性的改革安排。一方面，场外衍生品市场改革是复杂、多层次和整体性的，国际金融组织、各国或地区的金融监管机构、金融基础设施、金融机构等在不同层面均发挥了重要作用。另一方面，场外衍生品市场改革是循序渐进的，改革政策制定的发力重点经历了从无到有绘就蓝图、构建框架，到更加注重业务、风控、金融基础设施等的机制建设和优化落地，以及促进国际金融市场更加和谐的监管协调与标准统一等。例如，近年来，国际金融组织、金融监管机构等在政策制定中，尤其关注 4 个方面：一是加速法律制度和规则标准的供给，营造良好的法律制度环境和配套机制；二是重视和增强场外金融衍生品市场的中央对手方等相关金融基础设施的韧性和风险管理能力；三是顺应金融衍生品市场全球化趋势，加强国际金融监管合作和跨境监管协调；四是强化金融基础设施对金融创新的牵引作用，比如《金融市场基础设施原则》等均强调金融基础设施通过技术升级和规则优化引领市场发展，满足市场需求。

第三章　法律规制

中央对手清算的法律规制，主要体现为对中央对手清算机制的每个实质方面提供高度法律确定性的制度安排。国际上，国际标准制定机构通过《金融市场基础设施原则》等国际软法推动全球各司法辖区制定、实施已形成国际共识的中央对手清算机制安排及相关配套制度；同时，各司法辖区根据自身实际构建稳健、清晰、透明、可执行的中央对手清算法律制度体系，保障中央对手清算机制的各个环节和各类安排具有确定的法律效果和可执行性。

一、法律基础

根据《金融市场基础设施原则》，健全的法律基础对中央对手方和中央对手清算机制的整体稳健运行至关重要。法律基础明确了中央对手方、中央对手清算机制的其他参与者和利益相关方的权利与义务，形成中央对手清算机制充分发挥各项功能的制度基石，主要涉及中央对手方的法律主体地位，以及中央对手清算机制的合约替代有效性、保证金安排有效性、终止净额结算有效性、结算最终性等法律保障方面的关键安排。

（一）中央对手方的法律主体地位

法律主体地位的确立是确保相关权利义务得以履行的前提。中央对手清算可以理解为中央对手方介入的清算，因此理解和分析中央对手清算的前提是明确中央对手方的法律概念及法律主体地位。

中央对手方在不同场景下又可以称为中央交易对手、共同对手方等。通常，开展中央对手清算的机构，既可以是具有独立法律地位的机构，也可以是不具有独立法律地位的内设机构，前者如清算所等，后者可能是交易所的内设部门

（李新和周琳杰，2011）[①]，内设部门的权利义务最终由交易所承担。

关于中央对手方的概念，《金融市场基础设施原则》的定义比较全面，即"中央对手方"是指"将其自身置于一个或多个金融市场中的合约各方之间，充当所有买方的卖方和所有卖方的买方，并同时确保未履行合约得以履行的机构"。

欧盟《欧洲市场基础设施监管规则》（EMIR）基本引用了《金融市场基础设施原则》对于中央对手方的定义。《欧洲市场基础设施监管规则》第 2 章第（1）条规定，中央对手方是指介入（Interpose）一个或多个金融市场中交易的合同对手方之间的法人（Legal Person），从而成为每个卖方的买方和每个买方的卖方。

美国未将中央对手方的概念直接写入法律条款，但通过监管规定明确了中央对手方的概念和地位。美国《商品交易法》将中央对手方归类为衍生品清算组织（Derivative Clearing Organization，DCO），明确衍生品清算组织需要满足《商品交易法》列明的法定条件，并向美国商品期货交易委员会（CFTC）注册后才能开展中央对手清算业务。美国《1934 年证券交易法》将中央对手方归类为清算机构（Clearing Agency，CA），要求其在美国证券交易委员会（SEC）注册；美国证券交易委员会据此制定监管规则明确中央对手方是将自身介入证券交易各方之间，作为每个买方的卖方和每个卖方的买方功能的清算机构。

综上所述，国际相关司法辖区通过法律或监管规则对中央对手方的法律概念及法律主体地位进行了明确，也对合格中央对手方（QCCP）[②] 的认证条件、流程和适用情形等进行了规定，明确符合特定要求的中央对手方的权利义务及相应安排。总体而言，从事中央对手清算业务的中央对手方必须经过监管认可或审批，具备合适的法律地位。

（二）中央对手清算机制的法律保障

中央对手清算机制的法律保障，与中央对手方在交易清算流程中的各个环节密切相关，是中央对手清算机制发挥作用的重要根基。根据《金融市场基础设施原则》第 1.13 条规定，中央对手方通过合约替代、公开要约等方式介入合

---

① 李新，周琳杰．中央对手方机制防范系统性金融风险研究［J］．财贸经济，2011（10）：66.

② 根据国际清算银行的定义，合格中央对手方一般是指监管机构认可的符合特定条件的中央对手方。

同双方或者直接成为合同的一方。

以衍生品交易的中央对手清算流程为例，通过合约替代等方式使得中央对手方成为新的法律主体。一是在衍生品存续期间，中央对手方承担了担保履约的责任，管理市场中多种潜在风险，以及可能产生的系统性金融风险，主要通过保证金制度降低清算会员的违约风险，通过终止净额结算制度减少特定情形下清算会员的风险敞口等。二是在完成清算后，通过结算最终性、违约处置等相关制度确保中央对手方对担保品的处置有效，对已完成的清结算处理结果不溯及既往。三是在中央对手清算机制发挥作用的过程中，还需要建立风控监测、保证金、清算基金、风险准备金、压力测试等环节以控制风险。其中，合约替代有效性、保证金安排有效性、终止净额结算有效性、结算最终性是确保中央对手清算机制发挥作用的关键要素，必须在法律规制上确定有效，并可依法执行（见图3-1）。

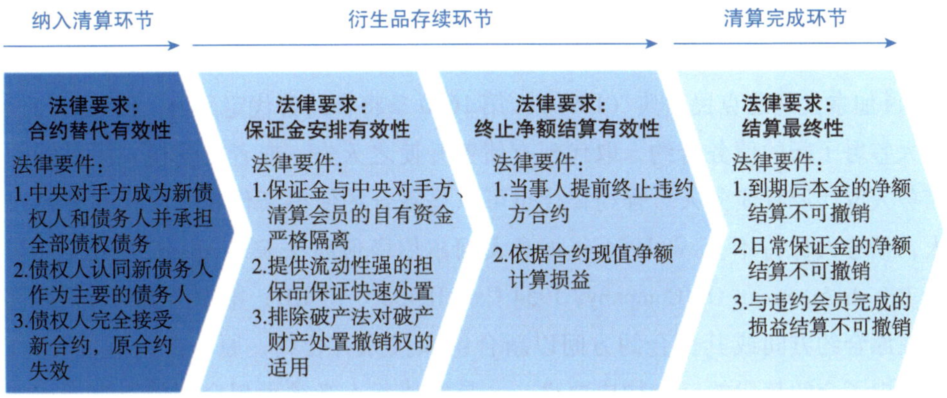

图3-1 中央对手清算机制的关键法律基础

1. 合约替代的有效性

《金融市场基础设施原则》规定，中央对手方成为中央对手清算机制法律主体的主要方式为：合约替代（Novation）、公开要约（Open Offer）及其他类似法律设计。

（1）合约替代与公开要约的法律含义

合约替代，即原合约被中央对手方作为合约一方的新合约所替代。公开要约，即中央对手方是发出公开要约的要约人，而其清算会员则是公开要约的受要约人，在买卖双方交易指令成功配对的同时，中央对手方介入清算会员之间，分别向双方发出公开要约，以与双方各自成立一份合同，从而成为买方的卖方和卖方的买方[①]。在场外衍生品交易中，中央对手方主要通过合约替代的方式成为新的法律主体，本书重点讨论有关合约替代的法律安排。

（2）境外合约替代的相关法律规定

合约替代的英文表述是 Novation。该概念起源于罗马法，在大陆法系和普通法系中均有体现，主要内容基本一致，显示出金融市场法律规制的相通性。

美国《商品交易法》第 1（15）（A）（i）条规定：衍生品清算组织是指处理有关协议、合约或交易的清算所，或类似实体、机构、系统或组织，通过协议或其他方式，使协议、合约或交易各方的信用能被衍生品清算组织的信用所替代。此外，美国《合同法重述第 2 版》（*Restatement Second of Contracts*）第 280（a）至第 280（f）条分别规定了合约替代的定义、合约替代的效力、对价、债务人的替代（Substitution of Obligor）、债权人的替代（Substitution of Obligee）、复合的合约替代（Compound Novations），上述合约替代的法律规定为中央对手方合法有效介入合约双方的交易奠定了法律基础。

《加拿大魁北克民法典（1991）》第 1660 条将合约替代定义为：债务人与债权人签署了新的债务合约，取代现有债务并使之灭失；或者指债权人同意新的债务人取代原有债务人。合约替代也可以是新合约使得新债权人取代原有债权人，债务人保持不变。[②] 1954 年加拿大阿尔伯塔最高法院（Alberta）在 Herold v. British American Oil Company, 1954 CanLII 438（AB KB）案中指出，合约替代指在原合约方间或其他合约方间以新合约取代原有合约，原有合约不再履行；并重申了合约替代的三个构成要件，一是新债务人必须承担全部债务责任；二是债权人必须认同新债务人作为主要的债务人，而不仅是作为原债务人的代理人或者担保人；三是债权人必须完全接受替代原合约的新合约，原合约失效，原债务人不再承担任何责任。

2. 保证金安排的有效性[③]

有效的保证金安排是中央对手清算机制的关键风险管理工具。清算会员需

---

① 赵国富．衍生品市场清算所风险的法律规制——以中央对手方为中心［M］．北京：法律出版社，2018.

② 加拿大魁北克民法典（1991）［EB/OL］．［2024 - 12 - 24］．http：//legisquebec. gouv. qc. ca/en/ShowDoc/cs/CCQ - 1991.

③ 同①。

要提供担保品作为初始保证金（Initial Margin）或变动保证金（Variation Margin）以覆盖信用风险敞口等，如果某一清算会员违约，中央对手方将承担履约担保责任。欧美等司法辖区通过《金融担保指令》《统一商法典》等法律制度明确了保证金制度的相关要求，从而保障中央对手清算机制中保证金安排的有效性。

保证金制度从设计要求上保障了保证金安排的有效性：一是要实现保证金与中央对手方、清算会员的自有资金严格隔离，确保保证金的独立性和安全性；二是要提供流动性强的担保品作为保证金以便利担保品的快速处置和合约履行；三是保证金的收取和处置要排除破产法对破产财产处置撤销权的适用，实现破产隔离。

（1）保证金的法律属性

目前，欧美主要采用两种担保模式对保证金进行安排，分别是质押式担保和所有权转让式担保，以满足不同场景下市场对担保品的使用效率、流动性、安全性等差异化需求。不同担保模式下保证金的法律属性不同。

美国《统一商法典》第 9 章规定了动产和金融证券的担保权益，就金融交易使用的保证金安排（现金、金融证券）而言，体现为质押权。

欧盟《金融担保指令》① 对上述两种担保方式进行了明确规定，两种担保模式下保证金法律属性的区别在于以下两个方面。

第一，保证金的所有权不同。在质押式担保中，保证金的所有权属于转让方（出质方）而非受让方（质权方），保证金的所有权未发生转移。在所有权转让式担保中，保证金的所有权属于受让方，即所有权已发生转移。

第二，保证金的违约处置不同。在质押式担保下，保证金的所有权并未转移，保证金的处置可能受到破产财产冻结（不可处置）等限制。在所有权转让式担保下，由于保证金的所有权已经转让给了受让方，一旦转让方违约，受让方有权直接处分担保品，并且不受破产法冻结破产财产以及破产抵销权的影响。

（2）境外保证金隔离和执行的相关法律规定

健全的法律规定可以助力保证金安排更好地发挥作用，特别是在破产等场景下保证金的有效执行，可以提升金融市场的稳健性。

---

① Directive 2002/47/EC of the European Parliament and of the Council of 6 June 2002 on Financial Collateral Arrangements.

美国《统一商法典》第 9 章为衍生品交易中质权人行使质权提供了便利。一是该章第 610（b）条允许质权人以合理的方式出售质物并就所得优先受偿，而不需要得到出质人的许可和配合。二是该章第 611（d）条规定，如果担保物可以在公开市场上出售则无须出质人同意。因此，就金融资产而言，质权人可以直接在相关证券市场、债券市场、同业市场对作为保证金的担保物进行处分，而账户的质权人有权通知开户行直接从账户划转作为保证金的款项。

同时，美国《破产法》针对金融合约专门规定了安全港规则①。一是第 362（b）（6）条规定了期货合约的抵销、充抵、支付等行为不受破产程序自动冻结的影响。二是第 546（e）条对破产案件开始前发生的金融衍生品转让财产或支付行为，排除偏颇性清偿和欺诈性转让原则的适用。② 三是第 556 条规定，证券合约、商品合约有关清算、终止、加速到期以及保证金不因破产程序而被冻结、撤销或限制，避免了担保权益设定及处分的无效问题。这些规定排除了破产法的适用，确保了美国衍生品交易中保证金安排的有效性。

欧盟《金融担保指令》的重要立法目的之一是，建立便捷、安全的金融担保制度安排，排除破产法的适用，消除欧盟各国关于金融担保适用上的法律不确定性，提高金融市场防范系统性风险的能力。该指令规定了中央对手方、清算所、清算会员在期货合约交易中担保行为适用该指令。一是《金融担保指令》规定，欧盟各国就担保制度的公证、机关登记、通知要求、公示要求等国内法规定，不应适用于《金融担保指令》所规定的金融交易担保安排，并规定了多种执行担保物的方式，包括变卖、直接充抵、抵销，而且对这些执行方式没有前置的程序要求，如通知公告、法院授权、公开拍卖等。二是《金融担保指令》针对破产程序特别规定了破产法赋予破产管理人的撤销权不得对金融交易保证金具有溯及效力，明确担保期间衍生品交易的平仓对冲、抵销、更替担保物以及处分担保物的行为不受破产撤销权影响。三是《金融担保指令》还专门明确净额结算的法律效力不受破产程序、司法冻结、扣押的影响，并明确了衍生品交易中处置担保物行为的有效性。

3. 终止净额结算的有效性

中央对手清算机制中的终止净额结算有效性，是指根据约定（通常是违约

① 一种例外或豁免安排。

② 破产法对偏颇性清偿和欺诈性转让行为一般规定为无效或可撤销。

或破产情形下），中央对手方与所有清算会员之间就未平仓合约提前终止，终止后按被终止合约的市值进行轧差计算，当事人之间只就净头寸形成的单笔债权、债务承担履约责任，不会因一方违约或破产而被要求承担全额结算责任。与结算最终性的安排类似，欧美等通过《破产法》等法律明确了中央对手清算机制中终止净额结算的有效性。

（1）终止净额结算的法律含义

终止净额结算的含义一般体现在相关协议条款中，如国际掉期与衍生工具协会的主协议；相关国际组织对终止净额结算的含义拟定了参考范本，如国际统一私法协会（UNIDROIT）的《终止净额结算条款运行的基本原则》等。

关于国际掉期与衍生工具协会的主协议（以下简称 ISDA 主协议）。ISDA 主协议作为合同，具有约束采用该协议的交易当事方的效力。ISDA 主协议（2002 版）第 6 条“提前终止、终止净额结算”规定，在发生约定的违约事件时，非违约方可以在 20 天内向违约方发出通知，表示发生相关违约事件，并于指定日提前终止所有未完成的交易。在因违约事件发生而提前终止时，非违约方有权终止未完成的交易，非违约方和违约方就未完成的交易进行净额结算。ISDA 主协议对终止净额结算的规定，不仅规定了当事人提前终止和净额结算义务，也规定了对当事人以外的人的效力，可以对抗破产管理人、监管机关的处置和司法机关的命令。上述终止净额结算条款需要依赖国内法律确保其对各方当事人的效力，确认其可执行。ISDA 主协议一般可选择适用美国纽约州法律或者英国英格兰法律。根据这两个司法辖区的法律，该条款有效且可以执行。

关于国际统一私法协会（UNIDROIT）有关破产法的规则。国际统一私法协会的《终止净额结算条款运行的基本原则》将“终止净额结算条款”定义为“合同规定，在该规定的基础上，合同一方当事人发生约定的事件时，该规定涵盖的一方对另一方的债务，无论当时是否到期或应付，自动地或者由当事人之一选择，通过更新、终止或者其他方式，减少或者替代为单一净债务来代表合并各债务的总价值，因此到期并由一方支付给另一方”。

国际统一私法协会制定的基本原则和 ISDA 主协议条款在起草过程中，吸收了不同国家和地区的相关实践，体现了国际主要和重要的金融市场对衍生品交易的规范要求，也响应了巴塞尔银行监管委员会在国际金融危机后防范系统性风险的一系列举措和呼吁。

（2）境外终止净额结算的相关法律规定

为确保终止净额结算的条款具有法律执行力，相关司法辖区通过关于终止净额结算的特别法单独明确其法律效力，部分司法辖区则通过规定破产法一般原则的例外或豁免情形来调整终止净额结算条款与破产法一般原则之间的冲突，目的都是确定终止净额结算安排的法律效力和可执行性。

美国1978年《破产法》引入“安全港”规则，规定了受保护交易的范围，符合法律规定的金融合同不适用破产法规定的相关合同自当事人进入破产程序时须自动中止履行和破产债权债务暂停抵销的规则。① 符合法律规定的金融合同包括商品合约、远期合约、证券合约和回购协议。1984年，美国对《破产法》进行修订，明确了受保护交易主体的范围，合格金融机构包括商业储蓄银行、工业或储蓄银行、储蓄和贷款协会或者信托公司，以及当任何此类机构作为与证券合约有关客户的代理人或托管人时的客户。② 2005年，美国颁布《禁止滥用破产与消费者保护法》，增加了净额结算主协议③来解决跨产品净额结算，美国《破产法》相应修改，规定净额结算主协议适用当事人“破产约定条款”以及互负债务的抵销权。④ 2010年，《多德—弗兰克法》扩大了需要金融处置的问题银行范围，规定了不同于《破产法》中一般清算程序的有序清算程序，问题银行既包括大型银行控股公司，也包括处于重大财务困境或者破产的非大型银行控股公司。《多德—弗兰克法》限制向不承认终止净额结算效力国家的金融机构转让合格的金融合同。“安全港”规则属于破产法的例外，仅适用于ISDA主

---

① 美国《破产法》第362（b）（6）条豁免了各种商品有关合约的自动中止和抵销。

② 1984年再次修改了第546（e）条和第555条，以扩大“安全港”规则的适用范围；除此之外，美国国会还新增了第559条。根据1982年颁布的法律，第546（e）条阻止破产管理人采取行动撤销“商品经纪商、远期合同商、股票经纪商或证券结算机构”支付或收取的保证金或结算款，而第555条原来只对股票经纪商及证券结算机构豁免适用破产约定条款。1984年，美国国会在第546（e）条和第555条中，将“金融机构”添加到了受保护交易主体的名单中。该修订还明确定义了“金融机构”，即“商业储蓄银行，工业或储蓄银行，储蓄和贷款协会，或信托公司，以及当任何此类机构作为与证券合约有关客户的代理人或托管人时的客户”。新增的第559条参照第555条，但它适用于回购参与者。

③ 净额结算主协议可以约定就证券合约、商品合约、远期合约、回购合约和掉期合约行使净额结算、抵销、清算、终止、平仓等权利。也就是说，净额结算主协议不是基于每种单独类型金融工具的不同协议，而是在一份协议文件中规定了对应方对所有这些不同类型金融工具的权利。因此，净额结算主协议可以规定在交易对手之间产生的所有金融工具之间进行净额结算。净额结算主协议也享有与其他衍生品合约和回购协议相同的保护。

④《禁止滥用破产与消费者保护法》修改了《破产法》第553条，规定债权人可以抵销债权人与债务人之间所欠的相互债务。对衍生工具和回购协议豁免适用“自动中止”制度、撤销制度以及清算制度，确保债权人可以向债务人抵偿债务，而不受破产法院的干涉。

协议规定的违约事件中的破产情形，不适用其他情形。

根据英国1986年《破产法》，破产开始前，交易中互负债务的双方，可以抵销。抵销同样适用于破产管理程序。通过破产抵销权，英国确认了终止净额结算条款的有效性和可执行性。① 在相关银行监管的立法中，如《处置中的中止规则》，明确英格兰银行进行处置时，也不影响终止净额结算条款的效力，而仅是可以中止执行48个小时。

4. 结算最终性②

（1）结算最终性的法律含义

结算最终性是保障中央对手清算机制风险管理有效发挥作用的重要法律制度之一。结算最终性界定了风险转移时间的关键节点，其法律含义的核心是破产事件不对已完成的结算产生溯及力并影响结算结果的最终性，结算不会被破产清算人或监管机关所质疑而被撤销。欧美等司法辖区通过《破产法》或者《结算最终性指令》（SFD）等法律安排明确了中央对手清算机制中结算的最终性。

（2）境外结算最终性的相关法律规定

美国《破产法》对结算最终性有明确规定，一是第556条规定，“商品经纪人、金融参与人或者远期合约拥有的、商品合约中或远期合约中因上述条件而清算、终止或者加速到期合约的权利，以及从破产管理人处取得的公开上市商品合约或远期合约相关的保证金支付的权利，不因破产法的任何规定或破产程序中任何法院命令而被冻结、撤销或者以任何其他方式进行限制”。二是第560条规定了关于金融互换合约清算、终止或者加速到期，或者行使抵销或净额结算产生的权利不受破产无效条款的限制。三是第561条专门就净额结算主协议中破产约定条款进行了豁免规定。上述规定保证了美国衍生品合约的结算不受“非豁免”情形下结算可能受到破产因素的影响。此外，在破产程序启动后，之

---

① 英国1986年《破产法》第9部分第323条规定，在破产开始前，如果破产方与其债权人之间存在互有债权、互负债务或者其他相互交易，则可以在相互到期债务中进行抵销。根据1986年《破产法》，破产抵销不适用于公司破产的其他情形如行政接管。根据1986年《破产（英格兰和威尔士）规则》第4.90条，与1986年《破产法》第323条具有一样的效力。如果对债权人的应付款到期前，债权人已经收到强制清算申请或者召集关于公司自愿清算的会议的通知，该应付款将被排除在抵销的范围之外。破产的抵销是强制性的，债权人不得转让该抵销权或者放弃该权利。

② 赵国富．衍生品市场清算所风险的法律规制——以中央对手方为中心［M］．北京：法律出版社，2018.

前开展的净额结算也不会因前述规定被撤销。

欧盟《结算最终性指令》（SFD）保障了金融业支付结算的最终性。一是《结算最终性指令》第3（1）条规定，即使针对支付结算参与人启动了破产程序，如果在破产程序开始之前，参与人的转让指令已经进入支付结算系统，转让指令对于第三人仍应当具有法律上的约束力和可执行性。对于在破产程序启动当日以及在破产程序启动之后，才进入支付结算系统的转让指令，只要支付结算机构不知道也不应当知道破产程序已经启动，转让指令仍具有最终性。二是《结算最终性指令》第7条进一步指出，清算参与人因参加清算系统而发生的权利和义务，后来启动的破产程序对其没有溯及力，即破产程序的撤销权不得及于通过支付结算系统进行的支付。

二、监管要求和立法进展

2008年国际金融危机后，国际社会日益重视中央对手方和中央对手清算机制的作用，逐步形成了相关国际监管要求和共识（可称为“国际软法”），并在此基础上推动相关司法辖区加快国内立法进程。

（一）国际软法渊源

1. G20峰会达成国际共识

2008年国际金融危机之后，G20于2009年在匹兹堡发表宣言，要求所有标准化的场外交易衍生品合同应最迟于2012年底通过中央对手方进行清算，非中央对手清算的合同应适用更高的资本要求等。2010年G20多伦多峰会也重申了该要求，再次强调应于2012年底实现中央对手清算对标准化场外衍生品交易的全覆盖。在2015年G20安塔利亚峰会，G20就中央对手方的韧性能力、恢复计划和可处置性等领域进行了讨论，要求金融稳定理事会报告相关工作的后续进展，G20则将持续监测改革情况。

2. 《金融市场基础设施原则》

《金融市场基础设施原则》从总体架构、信用风险和流动性风险管理、结算、中央证券存管和价值交换结算系统、违约管理、一般业务风险和运行风险管理、准入、效率、透明度9个方面提出了24条原则，并且明确了中央银行、市场监管机构和其他有关管理部门的5项职责（见表3-1）。

表 3－1　《金融市场基础设施原则》中各项原则对中央对手方的适用性

原则	中央对手方的适用性
1. 法律基础	•
2. 治理	•
3. 全面风险管理框架	•
4. 信用风险	•
5. 抵押品	•
6. 保证金	•
7. 流动性风险	•
8. 结算最终性	•
9. 货币结算	•
10. 实物交割	•
11. 中央证券存管	
12. 价值交换结算系统	•
13. 参与者违约规则与程序	•
14. 分离与转移	•
15. 一般业务风险	•
16. 托管风险与投资风险	•
17. 运行风险	•
18. 准入与参与要求	•
19. 分级参与安排	•
20. 金融市场基础设施的连接	•
21. 效率与效力	•
22. 通信程序与标准	•
23. 规则、关键程序和市场数据的披露	•
24. 交易报告库市场数据的披露	

资料来源：《金融市场基础设施原则》。

《金融市场基础设施原则》已经成为中央对手方韧性管理的国际统一纲领。中央对手方韧性的管理，以中央对手方的常态化风险管理制度为主，是国际社会较早关注、目前发展较为成熟的领域。2012 年，支付结算体系委员会（CPSS）[①] 和国际证监会组织发布《金融市场基础设施原则》，对包括中央对手

① CPSS 后更名为支付与市场基础设施委员会（CPMI）。

方在内的金融基础设施提出了建立坚实风险管理基础的24条原则，各国监管机构和国际主要中央对手方已广泛采纳。在此基础上，2017年，支付与市场基础设施委员会和国际证监会组织发布《中央对手方韧性：基于金融市场基础设施原则的进一步指引》，对中央对手方的公司治理、信用风险和流动性风险压力测试、覆盖率标准、保证金制度、中央对手方自身对损失的资金准备5个方面提出细化监管要求。2018年4月，支付与市场基础设施委员会和国际证监会组织发布了《中央对手方监管压力测试框架》，督促监管机构开展突发压力事件对多个中央对手方潜在、宏观影响的测试，以对中央对手方韧性进行监测，建立宏观层面的风险管理体系。

《金融市场基础设施原则》发布之后，支付与市场基础设施委员会、国际证监会组织、金融稳定理事会等国际组织就其中提及但未详细展开的部分，进一步制定了详细的指南、指导意见等。目前，主要包括金融基础设施的恢复与处置等方面，重点关注的是中央对手方。中央对手方恢复的国际标准，主要由支付与市场基础设施委员会、国际证监会组织等牵头制定，重点包括3个部分：一是2012年《金融市场基础设施原则》明确要求建立恢复计划；二是2014年《金融市场基础设施的恢复》指导制订具体的恢复计划；三是2017年《金融市场基础设施的恢复（修订版）》进一步规定恢复计划的可操作性、恢复工具的透明度和适用性等。中央对手方处置的国际标准，主要由金融稳定理事会牵头制定。基于对金融机构（包括银行、保险、证券和金融基础设施）的处置标准，2017年金融稳定理事会专门发布《中央对手方处置和处置计划》，为处置机构处置中央对手方提供了标准指引。2024年，金融稳定理事会发布《中央对手方处置金融资源和工具》，明确处置机构可使用的处置工具，包括专用清算基金追缴、处置专用变动保证金收益折扣（VMGH）、处置专用保险、处置专用第三方合同、股权减记、纾困债券和处置基金共7类工具。

3. 其他国际标准

2012年7月，在巴塞尔银行监管委员会公布《银行对中央对手方风险敞口的风险加权资产计量规则》中，银行对合格中央对手方（QCCP）交易风险敞口的权重被优惠设为2%，而对双边清算以及通过不是合格中央对手方清算的权重一般是20%，甚至更高。巴塞尔银行监管委员会制定的《巴塞尔协议Ⅲ》涉及场外衍生品市场的内容，主要集中在资本金和保证金方面。《巴塞尔协议Ⅲ》关于银行信用风险相关的衍生品敞口资本要求以及银行对中央对手方敞口的标准已于2014年4月发布，并于2017年1月正式实施。巴塞尔银行监管委员会还与国际证监会组织一起制定了非集中清算衍生品保证金要求相关规定，并将其实施的时间从2015年12月推迟至2016年9月。

（二）境外立法和监管进展

境外相关司法辖区对中央对手方和中央对手清算机制的监管机构主要是中央银行、其他金融管理部门，相关法律制度以法律、行政规定为主。其中，法律主要规定中央对手方和中央对手清算机制的原则要求，并授权相关行政部门实施监管；行政规定在法律规定的基础上进一步落实法律要求，精细化监管安排，并根据法律授权适时调整（见表3－2）。

表3－2 境外相关司法辖区对中央对手方的有关监管机构及部分法律制度

司法辖区	监管机构	法律制度
美国①	美国联邦储备委员会（FRB） 商品期货交易委员会（CFTC） 证券交易委员会（SEC）	1.《多德—弗兰克法》第7编《华尔街透明度与问责法》和第8编《支付、清算和结算监管法》（2010年7月） 2.《商品交易法》（1936年） 3.《证券交易法》（1934年） 4. CFTC——《（基于商品交易法）委员会监管条例》 5. SEC——《（基于证券交易法）委员会监管条例》 6. CFTC——《衍生品清算组织一般条款和核心原则最终规则》（2020年1月） 7. CFTC——《衍生品清算组织豁免注册》（2019年9月） 8. SEC——《最终规则：清算机构标准》（2016年10月） 9. SEC——《最终规则：监管体系的合规和完整》（2014年11月） 10. SEC（指令）——《临时豁免受监管清算机构遵守1934年〈证券交易法〉17Ad－22（e）（3）（ii）、17Ad－22（e）（15）（i）、17Ad－22（e）（15）（ii）》（2017年4月） 11. FRB——《关于金融市场设施（FMU）的监管规则》（Regulation HH，2014年10月） 12. FRB——《政策声明：支付系统风险的政策》（2014年11月）

① 详见PFMI Update to the Level 1 online tracker (information as of June 2024), available at https://www.bis.org/cpmi/l1_online_tracker/US.pdf, 23 Oct. 2024。

续表

司法辖区	监管机构	法律制度
英国①	英格兰银行	1.《2009 年银行法》 2.《2000 年金融服务与市场法（修正）》《2023 年金融服务与市场法》 3.《2012 年金融服务法》 4.《2001 年无纸化证券法令》 5. 英国修订版《欧洲市场基础设施监管规则》（UK EMIR）以及相应的技术标准（2016 年 5 月）
德国②	德意志联邦银行（Buba） 德意志联邦金融监管局（BaFin）	1.《银行法》 2.《联邦银行法》 3.《欧洲市场基础设施监管规则》（EMIR）以及相应的技术标准（2012 年 7 月） 4.《欧洲证券和市场管理局指引和建议》（2014 年 8 月）
日本③	日本银行（BOJ） 日本金融服务管理局（FSA）	1.《金融工具交易法》 2.《日本银行法》 3. FSA——《金融市场基础设施监管政策》 4. BOJ——《金融市场基础设施全面监督政策》

三、配套机制

考虑到不同司法辖区对《金融市场基础设施原则》有关中央对手方和中央对手清算机制要求的采纳、落实情况不完全同步，可能造成制度性的套利空间，因此国际金融组织和相关司法辖区还通过强制集中清算④、非集中清算保证金要求、风险资本计提等配套制度在场外衍生品市场推广中央对手清算机制。

（一）强制中央对手清算政策

1. 发展概况

2008 年国际金融危机使美国认识到其在金融衍生品交易监管上的制度性缺

① 详见 PFMI Update to the Level 1 online tracker (information as of June 2024), available at https://www.bis.org/cpmi/l1_online_tracker/UK.pdf, 23 Oct, 2024。

② 详见 PFMI Update to the Level 1 online tracker (information as of June 2024), available at https://www.bis.org/cpmi/l1_online_tracker/Germany.pdf, 23 Oct, 2024。

③ 详见 PFMI Update to the Level 1 online tracker (information as of June 2024), available at https://www.bis.org/cpmi/l1_online_tracker/Japan.pdf, 23 Oct, 2024。

④ 强制集中清算，英文为"Mandatory Clearing"，本书中强制集中清算即强制中央对手清算。

陷，不得不重新调整监管制度。2009 年 3 月，美国财政部部长向国会提出了监管改革框架的初步设想，建议对游离于监管之外的场外衍生品市场进行全面监管。同时，美国财政部、商品期货交易委员会、证券交易委员会（SEC）和其他联邦监管机构，联合就此监管框架对《商品交易法》《证券交易法》及相关法律提出修订意见。

2009 年 5 月，美国财政部、证券交易委员会、商品期货交易委员会联合宣布关于金融衍生品交易的新监管框架。该框架提出了通过修订《商品交易法》和《证券交易法》，要求所有标准化的金融衍生品必须通过受监管的中央对手方进行统一清算，并确保定制化的金融衍生品不被用作规避中央对手清算的手段。2010 年 7 月，美国出台了《多德—弗兰克法》，标志着强制中央对手清算政策在美国确立。

在国际上，2009 年 9 月，随着国际社会在 G20 匹兹堡峰会对强制中央对手清算机制达成共识，2010 年 6 月 G20 多伦多峰会通过了《二十国集团多伦多峰会宣言》，该宣言附件《金融监管改革》第 25 条提出将协调推进落实对场外衍生品的监管，提高透明度和标准化程度，最迟于 2012 年底通过中央交易对手方清算场外衍生品。[①] 该宣言进一步明确了在 2012 年底前，各国根据情况推动所有标准化场外衍生品合约交易进行中央对手清算。

2. 实施情况

根据金融稳定理事会的统计，其 70% 的成员所在司法辖区实施了强制中央对手清算政策。其他成员所在司法辖区正在推进实施强制中央对手清算政策（见表 3－3）。

在欧盟，欧洲证券和市场管理局（ESMA）于 2022 年 7 月启动了一项磋商，以扩大强制中央对手清算的范围。在英国，2022 年 5 月修订的《欧盟技术标准》将参考欧元隔夜平均利率指数（EONIA）或伦敦银行间同业拆借利率（LIBOR）（英镑、日元、美元）的场外利率衍生品类别从清算义务范围中移出，并鉴于市场转向无风险利率而增加了新的类别，如将参考日元无担保隔夜拆借利率（TONA）、有担保隔夜融资利率（SOFR）的隔夜指数掉期纳入受衍生品强制中央对手清算义务约束的合约范围。

① 详见中国外交部网站《二十国集团多伦多峰会宣言（译文）》。

表 3－3　　强制中央对手清算政策的实施情况

司法辖区	2021 年第三季度	2021 年第四季度	2022 年第一季度	2022 年第二季度	2022 年第三季度	2022 年第四季度	2023 年上半年	2023 年下半年
阿根廷	1	1	1	1	1	1	1	1
澳大利亚								
巴西								
加拿大								
中国								
欧盟								
中国香港								
印度	3	3	3	3	3	3	3	3
印度尼西亚	3	3	3	3	3	3	3	3
日本								
韩国								
墨西哥								
俄罗斯	3	3	3	3	3	3	3	3
沙特阿拉伯	1	1	1	1	1	1	1	1
新加坡								
南非	3	3	3	3	3	3	3	3
瑞士								
土耳其	1	1	1	1	1	1	2	
英国								
美国								

资料来源：金融稳定理事会（FSB OTC Derivatives Market Reforms Implementation Progress in 2022）。

注：1. 表中欧盟包括法国、德国、意大利、荷兰和西班牙 5 个金融稳定理事会成员。

2. 俄罗斯的进展状态基于 2021 年的信息。

3. 区域异同

强制中央对手清算政策，一般由所在司法辖区的监管部门根据本辖区金融市场的实际发展情况、金融市场结构等因素综合考量确定。

一是合理设置强制中央对手清算豁免或过渡期等安排。相关司法辖区已经逐步对利率衍生品和信用衍生品实施强制中央对手清算政策，但考虑到市场参与者承受能力的不同，对特定市场主体设置了强制中央对手清算豁免或过渡期等安排。比如，欧盟曾经豁免养老基金参与强制中央对手清算，主要是由于养老基金不持有大量现金储备，在市场压力时期，养老基金较难快速出售所持有的资产获得充足的现金，以满足中央对手清算的变动保证金要求（通常需要以现金缴纳），因此监管部门为养老基金预留了过渡期（2023 年 6 月前），以适应强制中央对手清算的安排。2022 年，欧盟认为养老基金已经为参与强制中央对手清算做好了准备，在 2023 年 6 月后取消了其强制中央对手清算的豁免。二是对不同交易产品有针对性实施强制中央对手清算。部分经济体如阿根廷、印度等司法辖区，未对利率类和信用类交易实施强制中央对手清算，而是根据自身情况对外汇类交易实施强制中央对手清算。三是根据金融市场发展实际动态拓展强制中央对手清算范围。在经历了国债市场多次大幅波动后，2023 年 12 月，美国证券交易委员会发布美国国债强制中央对手清算规则，拟于 2025 年 12 月 31 日起对美国国债现券交易执行，于 2026 年 6 月 30 日起对美国国债回购交易执行。2025 年 2 月，为使金融机构有更多时间做好充分准备，美国证券交易委员会将实施时间各推迟 1 年（见表 3－4）。此外，市场普遍预期，未来英国和欧洲等均有可能参考美国经验，推动对国债市场实施更广泛的中央对手清算要求。

表 3－4 相关司法辖区纳入强制中央对手清算的产品类别

司法辖区	涵盖的产品类别
欧盟	利率类、信用类
美国	利率类、信用类、国债
阿根廷	外汇类
印度	外汇类
中国	利率类

资料来源：国际证监会组织、美国证券交易委员会等。

（二）非中央对手清算保证金政策

1. 发展概况

场外金融衍生品交易发展初期，交易双方主要依靠授信方式开展信用风险管理，即根据交易对手资质、交易产品性质等因素为各交易对手设定信用风险限额，据此决定是否可以与交易对手开展某种类型的衍生品交易。但是随着场外衍生品交易规模的不断扩大以及波动性的增加，依赖信用风险限额管理的方式显现出诸多不足：授信额度不灵活、动态调整频率低、可开展业务的交易对手受限、存在风险暴露的滞后性等。

由于上述授信制度的不足，国际掉期与衍生工具协会以主协议附件形式，于1994年发布首个信用支持文件（Credit Support Annex，CSA），引入履约保证金制度，并在之后约20年内，结合具体实践不断推出适用美国、英国、日本等主要金融市场法律的文件版本，并针对参考利率特定条款、特殊交易对手或场景等提供相应版本的补充修订。国际掉期与衍生工具协会的信用支持文件在提供标准条款的基础上，也保留了自由协商的空间，履约保证金制度逐渐成为场外衍生品非中央对手清算时交易对手信用风险管理的一种主要方式。

2008年国际金融危机暴露了场外衍生品市场非中央对手清算中的巨大瑕疵和风险。2009年，G20匹兹堡峰会提出了基于防范系统性风险的重要金融改革计划，其中包括非中央对手清算的衍生品合约应适用更高的资本要求。2012年，G20洛斯卡沃斯峰会再次提出了非中央对手清算衍生品合约的风险缓释要求，其中影响最大的是双边保证金改革。

从2013年起，巴塞尔银行监管委员会和国际证监会组织发布并不断修订《非集中清算衍生品交易保证金要求》，为双边保证金要求建立国际标准，并提出了分阶段方案。2016—2022年，共有美国等13个国家和地区的监管当局陆续出台场外非中央对手清算衍生品监管保证金规定，并于2016年底陆续进入分步实施阶段。

2. 实施情况

根据金融稳定理事会2022年发布的场外衍生品市场金融改革进展情况报告①，75%的金融稳定理事会成员所在司法辖区已经开始实施非中央对手清算保证金政策（见表3-5）。

2022年9月，非中央对手清算保证金政策的最后实施阶段生效。印度储备银行于2022年6月发布通知，要求非中央对手清算衍生品的未平仓头寸名义金额达到250亿卢比的金融部门监管实体，以及非中央对手清算衍生品未平仓头寸名义金额达到600亿卢比的其他实体从2023年5月开始交换变动保证金，并发布了关于初始保证金交换的指导方针草案公开征求意见。相关监管机构为更

① 金融稳定理事会2023年、2024年未发布该报告。

好强化与使用非现金抵押品有关的监管政策，南非审慎监管局（PA）和金融部门行为监管局（FSCA）于2022年2月决定将非中央对手清算保证金政策的实施时间延长至2023年2月。

表3-5　　非中央对手清算保证金政策的实施情况

司法辖区	2021年第三季度	2021年第四季度	2022年第一季度	2022年第二季度	2022年第三季度	2022年第四季度	2023年上半年	2023年下半年
阿根廷	1	1	1	1	1	1	1	1
澳大利亚								
巴西								
加拿大								
中国	2	2	3	3	3	3	3	3
欧盟								
中国香港								
印度	2	2	2	2	2	2	3	
印度尼西亚	3	3	3	3	3	3	3	3
日本								
韩国								
墨西哥	2	2	2	2	2	2	2	3
俄罗斯	2	2	2	2	2	2	2	2
沙特阿拉伯								
新加坡								
南非	3	3	3	3	3	3		
瑞士								
土耳其	1	1	1	1	1	1	2	
英国								
美国								

资料来源：金融稳定理事会（FSB OTC Derivatives Market Reforms Implementation Progress in 2022）。

3. 区域异同

整体上，相关司法辖区的双边保证金政策基本参照了《非集中清算衍生品交易保证金要求》“初始保证金+变动保证金”的主体框架，在具体的标准上存在一定差异（见表3-6）。

表 3 - 6　　　　相关司法辖区双边保证金适用范围规定

保证金适用范围规定——产品类别及应用场景维度		
利率衍生品（Interest Rate）		除美国证券交易委员会之外所有司法辖区均纳入初始保证金和变动保证金适用范围
外汇（Foreign Exchange）	外汇即期（FX Spot）	所有司法辖区均不纳入初始保证金和变动保证金适用范围
	实物结算外汇掉期（Physically Settled FX-Swaps）	欧盟/英国、中国香港、印度尼西亚、墨西哥要求特定机构在满足某些条件时的交易适用变动保证金要求，初始保证金豁免 日本、新加坡、澳大利亚、韩国、巴西、南非、印度、沙特阿拉伯、瑞士均不纳入初始保证金和变动保证金适用范围，且日本监管文件并未将该类产品定为衍生品 美国、加拿大在保证金规则中不纳入初始保证金和变动保证金适用范围，但在位阶较低针对特定主体的监管指南或在咨询类文件规定银行等某些金融机构需要交换变动保证金，同时加拿大在计算初始保证金阈值时也将该类品种名义本金额纳入统计范围
	实物结算外汇远期（Physically Settled FX Forwards）	同上（除墨西哥外，墨西哥实物结算外汇远期不纳入初始保证金和变动保证金适用范围）
	交叉货币互换（Cross Currency Swaps）	美国证券交易委员会、新加坡、澳大利亚、韩国、印度尼西亚不纳入初始保证金和变动保证金适用范围 美国商品期货交易委员会/审慎监管机构（包括联邦存款保险公司、财政部货币监理署等机构）、欧盟/英国、加拿大、瑞士、中国香港、巴西、南非、印度、沙特阿拉伯、墨西哥在满足某些条件时的交易适用变动保证金要求，初始保证金豁免
	除上述 4 类产品以外的其他外汇衍生品	除美国证券交易委员会之外所有司法辖区均纳入初始保证金和变动保证金适用范围
证券衍生品（Securities）	挂钩单一证券或窄基证券指数的互换（Swap Based on Single Security or Narrow Index of Securities）	印度不纳入初始保证金和变动保证金适用范围 美国、欧盟/英国、日本、加拿大、瑞士、中国香港、澳大利亚、韩国、巴西、南非、沙特阿拉伯、墨西哥明确纳入初始保证金和变动保证金适用范围，且不设置豁免期 新加坡在 2020 年 2 月 29 日之前豁免，2020 年 2 月 29 日后纳入适用范围
	挂钩宽基证券指数的互换（Swap Based on Broad Index of Securities）	同上（但美国除外，美国商品期货交易委员会/审慎监管机构①纳入初始保证金和变动保证金适用范围，美国证券交易委员会将基于宽基指数的掉期豁免）

① 审慎监管机构包括美国商品期货交易委员会、美国证券交易委员会、联邦存款保险公司、财政部货币监理署等机构。

续表

保证金适用范围规定——产品类别及应用场景维度		
证券衍生品（Securities）	挂钩单一证券或窄基证券指数的期权（Option Based on a Security or a Narrow Index of Securities）	美国、新加坡、印度不纳入初始保证金和变动保证金适用范围 日本、加拿大、澳大利亚、巴西、南非纳入初始保证金和变动保证金适用范围，且不设置豁免期 欧盟/英国、中国香港、韩国、瑞士纳入初始保证金和变动保证金适用范围，且设置了豁免期 墨西哥适用变动保证金
	挂钩宽基证券指数的期权（Option Based on a Broad Index of Securities）	同上
	挂钩单一或多只证券的远期（Forward Based on One or More Securities）	美国、印度不纳入初始保证金和变动保证金适用范围 欧盟/英国、加拿大、瑞士、中国香港、澳大利亚、韩国、巴西、南非、沙特阿拉伯、墨西哥纳入初始保证金和变动保证金适用范围，且不设置豁免期 日本纳入初始保证金和变动保证金适用范围，且不设置豁免期，但排除实物结算的证券远期 新加坡在 2020 年 2 月 29 日之前豁免
商品衍生品（Commodities）	实物结算商品远期（Physically Settled Forwards）	美国、日本、中国香港、韩国、南非、印度、巴西（除黄金外）不纳入初始保证金和变动保证金适用范围 欧盟/英国满足以下条件实物结算合同需要缴纳保证金：（1）除在有组织的交易设施（OTF）上交易的批发能源产品外，在受监管市场、多边交易设施（MTF）或有组织的交易设施（OTF）上进行的实物结算商品合同；（2）非商业目的的实物结算商品合同，在第三国交易场所进行，且其价格、批次、交货时间等合同要素主要通过参考定期公布的信息来确定 加拿大金融机构监理总署（负责对联邦监管的金融机构和养老金计划进行审慎监管）规定保证金规则不适用于实物结算的商品交易，但州一级的魁北克金融市场管理局（AMF）规定保证金交易覆盖实物结算的商品交易 瑞士保证金义务仅适用于满足附加条件的实物结算商品合同，附加条件包括：（1）在交易场所或有组织的交易设施进行交易；（2）或可由一方自行决定以现金结算 新加坡如果产品是“为商业目的订立的商品衍生品合同”，则不受保证金要求的约束 澳大利亚、沙特阿拉伯、墨西哥纳入初始保证金和变动保证金适用范围

续表

保证金适用范围规定——产品类别及应用场景维度		
商品衍生品（Commodities）	除远期外的实物结算合约（Physically Settled Contracts Other than Forwards）	美国、中国香港、澳大利亚、韩国、巴西、沙特阿拉伯、墨西哥纳入初始保证金和变动保证金适用范围 欧盟/英国、加拿大、瑞士、新加坡规定同上 日本其他产品适用，但实物结算的商品期权将不受保证金要求的约束；但如果期权在行使时形成了一笔远期交易，在执行平仓交易的情况下可以用现金结算（即使在没有进行平仓的情况下，远期交易也可以实物结算），则这种期权也在需缴纳保证金的范围内 南非、印度不适用保证金要求
	除上述两类产品以外的其他商品衍生品	美国、欧盟/英国、日本、加拿大、瑞士、中国香港、澳大利亚、韩国、巴西、南非、沙特阿拉伯、墨西哥纳入初始保证金和变动保证金适用范围，且不设置豁免期 新加坡不适用于为商业目的订立的合同，需同时符合三个特征：（1）合同为了满足一方或多方日常经营业务需求而销售或购买一种或多种商品，合同是否约定了在特定情况下的某种形式的现金结算选择权；（2）根据结算选择权的相关条款，挂钩商品的卖方有交付商品的义务；（3）根据结算选择权的相关条款，挂钩商品的买方有接收商品的义务 印度不纳入初始保证金和变动保证金适用范围
信用衍生品（Credit）	单名信用衍生品（Based on Single Name）	所有司法辖区均纳入初始保证金和变动保证金适用范围
	窄基指数信用衍生品（Based on a Narrow Index）	除印度外的司法辖区均纳入初始保证金和变动保证金适用范围
	宽基指数信用衍生品（Based on a Broad Index）	除印度外的司法辖区均纳入初始保证金和变动保证金适用范围
其他衍生品（Other Derivatives）	—	美国、日本、加拿大、瑞士、中国香港、新加坡、澳大利亚、韩国、巴西、南非、沙特阿拉伯、墨西哥纳入初始保证金和变动保证金适用范围 欧盟/英国：与天气变量（如温度或风力、降水、日照或降雪水平）相关的现金结算衍生工具合同被指定为金融工具。如果此类合同不是在欧盟监管的市场或同等的第三国交易场所进行交易，则应将其视为衍生品，需要纳入初始保证金和变动保证金适用范围 印度不纳入初始保证金和变动保证金适用范围

续表

保证金适用范围规定——产品类别及应用场景维度		
挂钩指数、商品或参考资产的证券（Security Linked to an Underlying Index, Commodity or Reference Asset）	—	除墨西哥外的司法辖区均不纳入初始保证金和变动保证金适用范围
保证金适用范围规定——交易及清算场所维度		
在期货交易所交易的衍生品（Derivatives Traded on a Futures Exchange）	—	所有司法辖区均未纳入初始保证金和变动保证金适用范围，其中中国香港规定期货交易所需是《证券及期货条例》第571章认可的，加拿大规定这类衍生品需要在中央对手方清算
在监管认可的CCP清算的衍生品（Derivatives Cleared on a Recognized CCP）	—	所有司法辖区均未纳入初始保证金和变动保证金适用范围
在未被监管认可的CCP清算的衍生品（Derivatives Cleared on an Unrecognized CCP）	—	美国、日本、瑞士、巴西、南非、墨西哥要求纳入初始保证金和变动保证金适用范围 欧盟/英国、加拿大、新加坡、中国香港、澳大利亚、韩国、印度、沙特阿拉伯不要求纳入初始保证金和变动保证金适用范围

注：1. 美国监管体系：商品期货交易委员会负责有形的实物商品和利率、汇率、天气等虚拟标的产品，以及宽基证券指数产品的期货与场外衍生品监管，证券交易委员会负责除宽基证券指数产品外的证券相关的期货及场外衍生品监管。

2. 印度目前只发布了变动保证金的规则，初始保证金规则尚未发布，故表中只涉及变动保证金口径信息。

3. 相关司法辖区普遍将在交易达成后2~5个工作日或市场惯例时间范围内结算的外汇交易视为即期交易，而不适用保证金规则。

4. 美国规则定义：宽基指数包含9种以上成分，同时还需满足权重等其他条件。

5. 在美国，如果宽基指数的信用掉期有强制性实物结算条款，要求在发生信用事件时交付并因此购买和出售非豁免证券或贷款，则该信用掉期是混合掉期。如果宽基指数上的信用掉期具有强制性现金结算规定或拍卖结算规定，则该信用掉期为掉期。

一是在适用主体方面，相关司法辖区的政策基本都包含金融机构及系统重要性非金融机构，并结合对主体管理的分类分层方式进一步明确相关定义。二是在适用交易的类型方面，相关司法辖区已将利率、信用和天气衍生品纳入双边保证金范围，但对实物结算外汇掉期/远期、挂钩单一或多只证券的期权/远期、不同结算方式的商品衍生品在是否纳入双边保证金政策、适用保证金类型（初始保证金或变动保证金）、豁免期限和应用场景等方面存在一定差异。

（三）风险资本计提政策

1. 发展概况

2008 年国际金融危机爆发后，大量交易合约面临交易对手违约风险。随后，国际社会迅速达成共识，应进一步加强和改善交易对手信用风险管理，提高风险防御能力，促进金融市场稳健发展。2009 年，G20 匹兹堡峰会提出由金融稳定理事会、巴塞尔银行监管委员会主导推进国际金融监管制度改革；所有标准化场外衍生品在 2012 年底之前应实现中央对手清算；鼓励巴塞尔银行监管委员会通过政策引导市场机构积极参与中央对手清算。2010 年 11 月，G20 首尔峰会审议通过《巴塞尔协议Ⅲ》。2012 年 7 月，巴塞尔银行监管委员会发布《银行对中央对手方风险敞口的风险加权资产计量规则》的过渡版。2013 年 6 月，巴塞尔银行监管委员会、国际证监会组织、支付与市场基础设施委员会联合公布了《银行对中央对手方风险敞口的风险加权资产计量规则》的征求意见稿。2014 年 3 月，巴塞尔银行监管委员会发布交易对手信用风险敞口计量的标准法（SA－CCR），取代《巴塞尔协议Ⅱ》框架下的现期暴露法（CEM）和标准方法（SM）。2014 年 4 月，巴塞尔银行监管委员会、国际证监会组织、支付与市场基础设施委员会联合公布了《银行对中央对手方风险敞口的风险加权资产计量规则》的终稿。2017 年 12 月，巴塞尔银行监管委员会发布了《巴塞尔协议Ⅲ》的最终版。2019 年 12 月，巴塞尔银行监管委员会完成资本监管框架下规制整合，形成巴塞尔协议框架。

为有效实施《巴塞尔协议Ⅲ》，相关司法辖区先后出台监管规定，推进落实资本计提有关要求。其中，《巴塞尔协议Ⅲ》中关于中央对手清算下的风险资本计提及其配套措施（合格中央对手方认证）的制度也得以在多个司法辖区落地。

2. 实施情况

继美国从 2022 年初开始实施资本要求政策后，所有金融稳定理事会成员司法辖区都对非中央对手清算实施了临时性的更高的资本要求。同时，3 个司法管辖区（新加坡、英国和美国）2022 年实施了非中央对手清算的最终更高资本要求（包括交易对手信用风险的标准化方法和银行对中央对手方敞口的最终标准）（见表 3－7）。

表 3－7　　非中央对手清算资本金要求的实施情况

司法辖区	2021 年第三季度	2021 年第四季度	2022 年第一季度	2022 年第二季度	2022 年第三季度	2022 年第四季度	2023 年上半年	2023 年下半年
阿根廷								
澳大利亚								
巴西								
加拿大								
中国	3	3	3	3	3	3	3	3
欧盟								
中国香港								
印度	3	3	3	3	3	3	3	3
印度尼西亚								
日本	3	3	3	3	3	3	3	3
韩国								
墨西哥	1	1	1	1	3	3	3	3
俄罗斯	2	2	2	2	2	2	2	2
沙特阿拉伯								
新加坡	3	3						
南非								
瑞士								
土耳其	2	2	2	2	2	2	2	2
英国	3	3						
美国	3	3						

资料来源：金融稳定理事会（FSB OTC Derivatives Market Reforms Implementation Progress in 2022）。

3. 区域异同

综上所述，相关司法辖区关于中央对手清算下的风险资本计提基本采用了《巴塞尔协议Ⅲ》的规定，即与合格中央对手方相关的敞口享有资本计提优惠。具体来说，与中央对手方有关的风险敞口分为交易敞口和违约基金敞口；对于前者，合格中央对手方较非合格中央对手方适用更低的风险权重；对于后者，虽然适用风险权重相同，但非合格中央对手方纳入计提的基数更大。二者相加，与合格中央对手方相关的敞口较之于非合格中央对手方的敞口享有更大优惠（见表3－8）。

表3－8　　相关司法辖区合格中央对手方认定的异同

司法辖区	基本规定	QCCP认定
美国	与合格中央对手方（QCCP）相关的敞口享有资本计提优惠	根据美国监管要求，合格中央对手方指获得3种资质中的任意一种的中央对手方：一是指定金融市场设施（FMU）；二是受到与指定金融市场设施（FMU）等效监管的境外中央对手方；三是该中央对手方要求其清算的合约每天均有足够覆盖其全部风险敞口的抵押品，其清算会员或客户需向美联储说明相关情况，且满足美联储的一系列信息报送、财务状况、风险管理等要求
欧盟		《欧洲市场基础设施监管规则》统一规定了合格中央对手方的要求和标准，成为合格中央对手方需根据《欧洲市场基础设施监管规则》授权或认证
新加坡		《关于在新加坡设立银行的风险资本充足要求的通知》规定合格中央对手方指满足以下3个条件的中央对手方：一是中央对手方获得金融服务监管当局颁发的运营许可，准许其作为中央对手方为相应产品提供服务；二是中央对手方所属司法辖区的金融服务监管当局已建成与《金融市场基础设施原则》一致的监管规则，并公开表示中央对手方持续受到有效审慎监管；三是中央对手方可提供用于计算违约基金敞口资本要求的要素，如虚拟资本要求、所有清算会员预缴的违约基金和违约基金中的中央对手方自有资源等

第四章　风险管理

中央对手方稳健专业的风险管理架构，能够及时应对突发风险事件冲击，有效防范系统性金融风险对金融市场和更大范围内实体经济的负面影响，有力支持和服务构建安全稳健、合理有序、透明高效的金融市场体系。2008 年国际金融危机后，全球范围内通过国际宣言、政策建议、新设机构和深化功能等方式，积极建立健全和普遍推广中央对手清算机制。在中央对手方和中央对手清算机制的保驾护航下，当前的国际金融体系不仅经受住了突发新冠疫情的巨大冲击，而且与2008 年相比，国际金融体系的风险管理架构更加完善，风险准备资源更加充实，金融制度机制更加齐备、金融服务运转更加稳健、应对风险更具韧性，能够更有效支持经济金融的安全运行和创新发展。

一、风险管理整体架构

（一）基本原则

2012 年，《金融市场基础设施原则》成为国际社会一致认同和全面执行的金融基础设施整体风险管理原则，对中央对手方（CCP）、支付系统（PS）、中央证券存管（CSD）、证券结算系统（SSS）、交易报告库（TR）5 类金融基础设施提出 24 条风险管理原则。其中，对中央对手方可能面临的信用风险、流动性风险、市场风险等，提出 22 项指导原则和通用要求，在 5 类金融基础设施中的风险管理要求最高、最全面、最严格（见表 4－1）。

作为金融市场制度体系中承担风险管理核心功能的金融基础设施，中央对手方的风险管理架构几乎覆盖了金融市场中的所有风险，全面管理可能来自各类机构和影响因素的潜在风险，如来自参与者、其他相关方或自身的风险，包括法律风险、信用风险、流动性风险、运行风险、托管风险、一般业务风险、投

表 4-1 《金融市场基础设施原则》对中央对手方面临风险的主要管理原则

中央对手方面临的风险	风险管理主要原则
法律风险	原则 1：法律基础
信用风险	原则 4：信用风险 原则 5：抵押品 原则 6：保证金 原则 13：参与者违约规则与程序 原则 14：分离与转移
流动性风险	原则 7：流动性风险
运行风险	原则 17：运行风险 原则 21：效率和效力 原则 22：通信程序与标准
托管风险	原则 16：托管与投资风险
一般业务风险	原则 15：一般业务风险
投资风险	原则 16：托管与投资风险
市场风险	原则 16：托管与投资风险 原则 23：规则、关键程序和市场数据的披露
模型风险	原则 6：保证金 原则 7：流动性风险
结算风险	原则 8：结算最终性 原则 9：货币结算 原则 10：实物交割 原则 12：价值交换结算系统
连接风险	原则 20：金融市场基础设施的连接
集中度风险	原则 18：准入与参与要求 原则 19：分级参与安排

注：1. 中央对手方适用 22 条原则；“原则 11：中央证券存管”、“原则 24：交易报告库市场数据的披露”，不适用中央对手方。

2. “原则 2：治理”、“原则 3：全面风险管理框架”，适用所有风险。

资风险、市场风险、模型风险、结算风险、连接风险、集中度风险等。2018 年 9 月，因电力价格大幅波动（市场风险），叠加挪威纳斯达克清算所（具有中央对手方职能）错误计算了保证金要求（模型风险），该清算所的清算会员——大宗商品私人交易商 Einar Aas 无法满足保证金要求，被宣布违约（信用风险），最终该违约事件被清算所成功处置，防止了风险的传染。该事件真实反映了中央对手方面临和管理的多种风险及风险之间的相互影响和变化等复杂情况，即挪威纳斯达克清算所作为中央对手方，不仅面临和管理市场风险和模型风险，而且还有市场风险和模型风险共振引发的信用风险（见表 4－2）。

表 4－2 中央对手方管理的相关风险

<table>
<tr><th>主要引致因素</th><th>相关风险</th><th>风险释义</th></tr>
<tr><td>所服务司法辖区法律基础</td><td>法律风险</td><td rowspan="7">1. 法律风险是指法律法规适用出现超出预期的情况，或存在不确定性所产生的风险
2. 信用风险，广义上是指交易对手在债务到期时或将来任何时间，均无法完全清偿其金融债务的风险。信用风险源于中央对手方参与者未平仓头寸面临的当前风险敞口和潜在的未来风险敞口
3. 流动性风险是指中央对手方的现金需求无法得到满足，或者满足需求的成本过高所引发的风险
4. 运行风险是指由于信息系统或者内部处理时的缺陷、人为错误、管理不善，以及外部干扰等造成的服务减少、恶化或中断的风险。运行风险既可能源于外部，也可能源于中央对手方自身
5. 托管风险是指中央对手方损失托管资产（自身资产或代表参与者持有的资产）的风险。风险可能源于中央对手方资产的托管人（或次级托管人）无力偿还、玩忽职守、欺诈欺骗、管理不善或记录不全等情况
6. 一般业务风险是指中央对手方因管理和运营不当产生的风险和潜在损失，如经营策略执行不力、出现负现金流或未预期到的巨大运营成本等，导致中央对手方的费用超过收益，必须使用资本冲抵损失，损害中央对手方财务状况
7. 投资风险是指中央对手方将自身资产或参与者资产用于投资所面临损失的风险</td></tr>
<tr><td>清算参与者</td><td>信用风险
流动性风险</td></tr>
<tr><td>流动性提供者</td><td>流动性风险</td></tr>
<tr><td>结算银行</td><td>流动性风险</td></tr>
<tr><td>公共服务（如水、电力、煤气等）、流行病、自然灾害、网络攻击等、其他相关的服务提供商（如硬件、软件、数据、通信、技术产品等）</td><td>运行风险</td></tr>
<tr><td>托管机构（包括次级托管机构）</td><td>托管风险
流动性风险</td></tr>
<tr><td>中央对手方自身</td><td>一般业务风险
投资风险
运行风险
模型风险</td></tr>
</table>

续表

主要引致因素	相关风险	风险释义
资产价格波动	市场风险 投资风险等	8. 模型风险，如中央对手方因模型设计不当而未能持有充足的风险准备资源或流动性资源可能导致的风险 9. 市场风险是指由价格不利波动所引发的金融投资损失风险 10. 结算风险是指结算无法按照预期完成的风险 11. 连接风险是指与其他金融基础设施（包括中央对手方）之间连接所带来的可能影响稳健运行的风险 12. 集中度风险是指清算业务高度集中于某个或某几个清算参与者时可能引发的风险
结算银行、实物交割方或仓库	结算风险	
连接的其他金融基础设施	连接风险 流动性风险 运行风险 法律风险	
参与者头寸高度集中	集中度风险 流动性风险	

（二）结构体系

中央对手方的整体风险管理架构，主要包括韧性、恢复和处置 3 个阶段，核心目的是保障金融市场的安全运行和中央对手方的稳健运营。在发生风险时，中央对手方首先在韧性阶段依次使用相关的风险准备资源覆盖风险；恢复阶段处于韧性阶段之后，中央对手方启动恢复计划并使用恢复工具；处置阶段位于恢复阶段之后，由处置机构启动对中央对手方的处置计划处置风险（见图 4－1）。

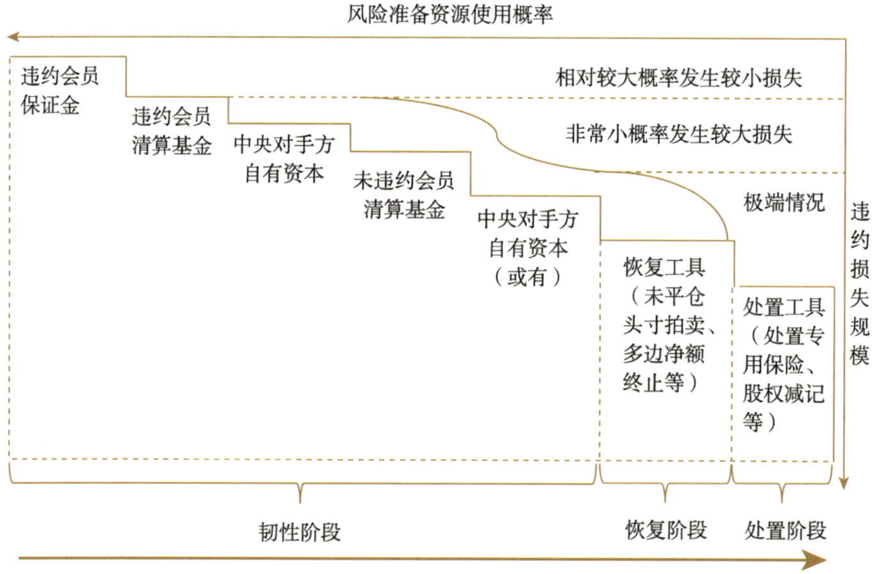

图 4－1　中央对手清算整体风险管理架构（以信用风险为例）

1. 韧性

中央对手方的韧性，是指中央对手方防范化解风险并保持自身稳健运行的能力，主要是中央对手方通过符合国际标准的风险管理体系进行常态化风险防范和管理，包括专业的风险管理框架、分层清算安排和预收风险准备资源等，准确识别、及时监测、快速防范和化解各类风险，保障中央对手方安全平稳运行。

通常，中央对手方主要面临和管理的风险包括信用风险、流动性风险和运行风险等。在韧性阶段，中央对手方主要通过建立强大的风险管理体系防范和处置风险，包括充足的核心风险准备资源应对信用违约和流动性风险等，制定违约相关风险准备资源的瀑布式使用顺序，建立运行风险管理框架等。

中央对手方的风险准备资源主要包括保证金、清算基金、自有资本、恢复处置工具等。风险准备资源的瀑布式使用顺序，按照先使用违约清算会员的资源，再用中央对手方资源，最后使用未违约清算会员资源的逻辑，逐级使用、缓释风险。

同时，中央对手方建立严格的清算参与者分层参与安排、账户隔离和转移安排，改变原有一对一的双边风险关系，实现风险的共同防范、缓释和分担，降低金融市场整体风险敞口，提高金融市场的总体风险管理效率，增强金融市场的安全性（见表4－3）。

表4－3　　中央对手方对相关风险的管理措施

风险类型	风险管理措施
信用风险	参与者分层参与安排，账户隔离安排 压力测试确保保证金、清算基金等相关风险准备资源的充足性 按照瀑布式顺序使用相关风险准备资源
流动性风险	压力测试确保流动性资源的充足性 获得中央银行的账户服务、支付服务、抵押品管理服务等，增强流动性管理能力
运行风险	运行风险管理框架，主要包括识别运行风险的源头、设置运行可靠性目标、建立实现目标的制度，以及制订业务连续性计划
托管风险	谨慎选择受监管的资产托管机构，定期评估和了解托管机构的潜在风险

续表

风险类型	风险管理措施
一般业务风险	持有充足的权益性质的流动性净资本（如普通股本、公积金或留存收益）覆盖潜在的一般业务损失（不少于6个月运营成本）
投资风险	投资于低信用风险、低市场风险、高流动性的产品，该产品在压力情景下可快速变现
市场风险	投资策略应与整体风险管理策略一致，并向参与者充分披露 投资应由高质量的债务人担保，或为对高质量债务人的债权 投资应可在几乎不对价格产生不利影响的情况下快速变卖 应披露规则、关键程序和市场数据，让参与者了解相关风险
模型风险	对时间区间采用保守估计，以便对中央对手清算的特定类型产品进行有效对冲或拍卖 恰当度量信用敞口，考虑压力条件下相关产品的风险因素和产品组合的影响 在切实可行和审慎的范围内，进行逆周期调节
结算风险	明确地定义结算具有最终性的时点，其后未结算的支付、转账指令或其他债务均不得被参与者撤销 使用中央银行货币或无信用风险和流动性风险的资产结算 明确规定有关实物形式的工具或商品的交割义务
连接风险	应持续识别、监测和管理连接安排的所有潜在风险源头 在与其他CCP建立连接之前，应识别和评估连接的CCP违约的可能溢出效应 每个CCP应能以高置信度水平（至少在每日基础上）覆盖对连接的CCP及参与者的当前敞口和潜在的未来敞口，且在任何时候都不能降低其对自身参与者履行义务的能力
集中度风险	收集和评估参与者信息，识别业务量或占比较大的参与者，以及管理这些交易产生的风险

2. 恢复

中央对手方的恢复，是指在极端风险冲击下，中央对手方依靠自身恢复运行的能力。中央对手方依据提前制订的恢复计划进行自救，使用适合的损失分担工具等保持对市场的关键服务，并促进中央对手方自身恢复正常运行。

中央对手方的恢复工具使用，需要以启用恢复计划为前提。恢复计划的启用，由中央对手方判断，并及时通知监管当局已发现问题的性质和程度，以及将要使用的恢复工具。当发生参与者违约事件时，中央对手方一般在预收风险准备资源或相关流动性安排用尽时使用恢复工具。

3. 处置

中央对手方的处置，是指中央对手方无法运行时，处置机构（负责处置中央对手方的机构，一般为监管机构）按照提前制订的处置计划支持中央对手方。当中央对手方在面对极端风险情况无法持续运行，且采取恢复计划可能无法达到预期效果等情况时，处置机构通过额外的处置工具或措施，适时介入处置，确保中央对手方关键服务能由该中央对手方或其他机构继续提供，避免情况进一步恶化等。

中央对手方处置工具的使用，以处置机构启用处置计划为前提。处置计划的启用时机，需要结合恢复计划综合判断。处置工具的使用主体是处置机构，一般为监管机构。中央对手方应向处置机构提供制订处置计划所需的相关信息（见表 4 -4）。

表 4 -4 中央对手方整体风险管理架构

分类	韧性	恢复	处置
风险种类	1. 参与者信用违约风险 2. 非信用违约风险：法律风险、运行风险、托管风险、一般业务风险、投资风险、结算风险等		
措施性质	中央对手方防范和处置风险	中央对手方自主恢复	中央对手方得到支持后关键服务持续提供
实施主体	中央对手方		处置机构
判断启用主体	中央对手方	中央对手方、监管机构	处置机构
启用时机	常态化风险管理安排	1. 违约损失：预收风险准备资源或流动性安排用尽 2. 非违约损失：中央对手方自主判断，报监管机构批准	恢复计划可能无法达到预期效果等情况
实施目的	1. 阻断风险传染链条 2. 支持中央对手方自身和金融市场安全高效运行	1. 保障中央对手方继续提供关键服务 2. 维护金融市场稳定	1. 确保中央对手方或其他机构继续提供关键服务 2. 维护金融市场稳定

续表

分类	韧性	恢复	处置
主要资源和工具	1. 保证金 2. 清算基金 3. 风险准备金 4. 合格流动性资源（包括中央银行流动性支持等） 5. 针对一般业务风险具备充足的高流动性权益资本（资本金、留存收益等） 6. 针对运行风险具备业务连续性计划 7. 公平公开的准入参与安排 8. 账户隔离和转移安排等	1. 现金追缴 2. 变动保证金收益折扣 3. 保险或赔偿协议 4. 从第三方或参与者中获得流动性 5. 资产重组工具（减记权益、减记无担保负债、将无担保负债转为股权或其他所有权） 6. 强制分摊合约 7. 终止未平仓合约等	1. 处置专用的现金追缴 2. 处置专用的变动保证金收益折扣 3. 处置专用的保险 4. 处置专用的第三方合同 5. 股权减记 6. 纾困债券 7. 处置基金等

二、瀑布式风险管理工具

瀑布式风险管理工具，是指中央对手方在韧性阶段和瀑布式风险防范结构中按照一定顺序使用的工具，包括初始保证金、清算基金、风险共担自有资本、恢复处置工具等（见表4－5）。一般来说，在韧性阶段和瀑布式风险防范结构中，首先使用违约会员的保证金及清算基金，其次是中央对手方风险共担自有资本中的前置资本，而后再使用未违约会员的清算基金份额，以及中央对手方剩余的风险共担自有资本。如果在韧性阶段未能处置风险，将会启动恢复甚至处置流程，相关工具包括现金追缴、变动保证金收益折扣、强制分摊未平仓头寸、多边净额终止、处置专用保险、处置专用第三方合同、股权减记、纾困债券和处置基金等。此外，中央对手方还可以通过央行流动性支持来管理风险。

表4－5　国际相关中央对手方在韧性阶段的风险准备资源　单位：亿美元

中央对手方	初始保证金	清算基金	风险共担自有资本
伦敦清算所英国公司（LCH Ltd.）	2581	114	1
伦敦清算所法国公司（LCH SA）	102	65	0.7
欧洲期货交易所清算公司（Eurex Clearing）	750	85	2.1
芝加哥商业交易所清算公司（CME Clearing）	2566	101	2.5
洲际交易所信用衍生品清算公司（ICE Clear Credit）	506	40	0.5

资料来源：国际期货业协会（FIA）网站和国际相关中央对手方2024年第四季度量化披露报告。

（一）保证金

保证金是以货币、证券或其他金融工具形式存放的抵押品，用于覆盖参与者未平仓头寸产生的信用风险，通常包括初始保证金和变动保证金。

1. 初始保证金

（1）初始保证金定义

初始保证金是中央对手方向参与者收取的抵押品，用于覆盖违约参与者在平仓期内对中央对手方和非违约参与者造成的潜在风险敞口。初始保证金计算的关键要素，包括置信度、样本期间、平仓天数、波动率和模型类型等。

假设普通权益产品价格的变化符合正态分布，初始保证金基础理论公式可表达为（Jon Gregory，2020）①：

$$IM = \alpha \times \sqrt{MPOR} \times \sigma$$

式中，IM 为初始保证金，σ 为波动率，$MPOR$ 为平仓天数占年交易日的比重，α 为在正态分布下的置信度数值。

置信度，是指保证金对未来潜在风险敞口的覆盖率，置信度越高，则初始保证金覆盖率及规模越高。《金融市场基础设施原则》要求，中央对手方收取的初始保证金，应在单尾置信度99%以上覆盖未来潜在风险。国际掉期与衍生工具协会在《中央对手方最佳实践》报告（ISDA，2019）② 中指出，为在“幸存者支付”和“违约者支付”之间取得平衡，中央对手方保证金模型的置信度应比《金融市场基础设施原则》规定的99%更高。欧盟在《关于中央对手方要求的监管技术标准》③ 中规定，对于场外衍生品和非场外衍生品，初始保证金模型置信度应分别在99.5%以上和99%以上。如表4－6所示，主要中央对手方均设置了高于99%的置信度。

① Jon Gregory. The xVA Challenge：Counterparty Risk，Funding，Collateral，Capital and Initial Margin［M］. New York：Wiley，Fourth Edition，2020.

② ISDA. CCP Best Practices，2019.

③ Commission Delegated Regulation（EU）No 153/2013 of 19 December 2012 Supplementing Regulation（EU）No 648/2012 of the European Parliament and of the Council with Regard to Regulatory Technical Standards on Requirements for Central Counterparties Text with EEA Relevance.

表 4-6 中央对手方初始保证金模型

中央对手方	产品类型	模型类型	置信度	样本期间	平仓天数
伦敦清算所英国公司（LCH Ltd.）	权益	HVaR	99.7%	4 年	2 天
	债券	HVaR	99.7%	10 年	5 天
	外汇	HVaR	99.7%	10 年	5~7 天
	利率	HVaR	99.7%	10 年	5~7 天
伦敦清算所法国公司（LCH SA）	债券	期望损失和 HVaR	99.7%	10 年	5 天
	信用违约互换	期望损失和 HVaR	99.7%	17 年	5 天
欧洲期货交易所清算公司（Eurex Clearing）	利率互换	价值重构 VaR（Full-revaluation Portfolio VaR）	99.5%	3 年加 250 天压力期间	5 天
	不可交割外汇远期	价值重构 VaR（Full-revaluation Portfolio VaR）	99.5%	3 年加 250 天压力期间	5 天
芝加哥商业交易所清算公司（CME Clearing）	利率	SPAN 2（Historical Simulation and Liquidity Charge）	99.7%	5 年加压力期间	5 天
洲际交易所信用衍生品清算公司（ICE Clear Credit）	信用违约互换	蒙特卡洛 VaR	99.5%	2007 年 4 月以来	5 天
新加坡交易所衍生品清算公司（SGX-DC）	商品	基于历史波动的保证金模型（Historical Volatility Based Margin Model）	99%	12 个月滚动	2 天
日本证券清算公司（JSCC）	利率互换	期望损失	99.5%	1250 个工作日加压力期间	5 天
	信用	期望损失	99.5%	750 个工作日加压力期间	5 天
	债券	统计 VaR（Statistic VaR）	99%	1250 个工作日加压力期间	3 天

资料来源：国际相关中央对手方 2024 年第四季度量化披露报告。

样本期间是保证金模型计算所依据的历史数据期间，中央对手方应采用足够长的样本期间，根据样本期间的历史数据计算模拟投资组合可能产生的风险敞口，依据一定置信度的风险敞口采用最保守的保证金要求，充分反映基础资产或产品在各种可能情景（包括压力情景）下的市场表现（CPMI－IOSCO，2017）[①]。欧盟在《关于中央对手方要求的监管技术标准》中规定，初始保证金模型的样本期间应至少为12个月以上。美国在《美国联邦监管法典》（CFR）第17部分第1章第39条中规定，中央对手方应根据每种产品、价差、账户或投资组合的特征（包括适用的波动性模式）确定适当的样本期间。在金融实践中，对场外利率、外汇及信用衍生品，国际主要中央对手方选取的样本期间至少为3年（1000天）以上，部分中央对手方（如洲际交易所、伦敦清算所）甚至高达10年以上。

平仓天数，其设定与清算产品的市场深度和特征有关，涉及产品的标准化程度、交易场所（场内或者场外）、市场流动性、头寸规模、集中度以及违约管理流程等一系列因素（ISDA，2019；CPMI－IOSCO，2017）[②]。欧盟在《关于中央对手方要求的监管技术标准》中规定，场外衍生品平仓天数至少为5天，其余产品至少为2天。美国在《美国联邦监管法典》第17部分第1章第39条中规定，除期货、期权、商品类互换的平仓天数至少为1天外，其余至少为5天。从表4－6来看，国际主要中央对手方均在遵守监管要求的前提下，设置了较为保守的平仓天数。

波动率，是指资产价格波动的强弱程度。投资组合的波动率可能受到多个市场变量和期限等的影响。波动率会影响平仓天数设置，如果作为清算会员的大型市场机构出现违约，将对市场造成较大波动，可能需要延长平仓天数以应对波动率的增加。总体上，波动率增加会导致保证金规模提高。例如，在2020年新冠疫情期间，由于市场波动率上升和市场参与者风险敞口增加，欧洲期货交易所清算公司（Eurex Clearing）收取的保证金从600亿欧元最高上升至1100

---

① CPMI－IOSCO. Resilience and Recovery of Central Counterparties：Further Guidance on the PFMI［Z］. 2017.

② ISDA. CCP Best Practices［Z］. 2019.

CPMI－IOSCO. Resilience and Recovery of Central Counterparties：Further Guidance on the PFMI［Z］. 2017.

亿欧元（Eurex，2020）[①]。

（2）初始保证金的常用模型

初始保证金的模型类型与初始保证金的计算方式相关，可以分为标准风险投资组合分析（SPAN）和风险价值（VaR）两大类模型。SPAN 模型的分析结果相对稳定，风险敏感度较低；VaR 模型对风险更敏感，适合计算更复杂的产品和投资组合。

①SPAN 模型

1988 年，SPAN 模型由美国芝加哥商业交易所推出，通过计算衍生工具和实物工具投资组合在特定时间段（通常为一个交易日）内合理可能发生的最大损失，来评估整体投资组合风险。SPAN 模型的核心是 SPAN 风险阵列（Risk Array）。风险阵列是一个特定合约在多种风险情景下的一组损益情况的数值。每一个风险情景的损益数值代表了这一特定合约在特定价格组合变化、波动性变化、合约剩余到期时间减少等情况下可能发生的收益或损失[②]。SPAN 模型通常提供对某一特定投资组合在不同情况下的 16 种可能情景的风险阵列分析。同时，用户可以采用任意数量的情景分析来满足特定需求，也可自行决定 SPAN 风险参数，反映用户所希望了解的可能风险波动损益范围。

2019 年，芝加哥商业交易所推出 SPAN 2 模型，目前适用于利率互换[③]、主要能源期货、股指期货和期货产品期权等产品[④]。与 SPAN 模型相比，SPAN 2 模型具有以下特点：一是对于合约和投资组合头寸风险敞口的计算不再局限于 16 个风险情景，而是采用经波动率调整的历史模拟风险价值模型（Filtered Historical Simulation VaR）分析历史交易数据，模拟合约和投资组合头寸在不同历史市场情景中的情况，生成量化结果。二是相对于 SPAN 模型，SPAN 2 模型需要处理更多数据，也更能体现在市场压力情景下保证金的波动情况。三是 SPAN 2 模型计算保证金时，新增了流动性和集中度附加因子，在计算保证金时纳入极端条件下违约会员头寸的平仓成本，并且合约头寸在交易日内超过平均交易量时，还会触发模型中关于集中度的附加因子，计算大型投资组合额外成本，以覆盖

---

① Eurex Clearing. Eurex Clearing Margin Performance during 2020 and Reflection on the Industry Discussion [Z]. 2020.

② 芝加哥商业交易所中文网站（清算简介—芝商所 SPAN 算法简介）。

③ 芝加哥商业交易所量化披露报告。

④ 芝加哥商业交易所中文网站（清算简介—SPAN 2 框架首推）。

集中度风险。

SPAN 模型保证金基础理论公式：

$$SPAN = \sum Risk - NOV$$

$$Risk = \mathrm{MAX}[SOM, SR + ISR1 + DR - ISR2]$$

式中，*SPAN* 为投资组合总保证金，*NOV* 为净期权价值，*Risk* 为投资组合中同性质或性质相似合约的风险值，*SOM* 为空头期权最低风险值参数，*SR* 为价格扫描区间，*ISR*1 为产品内价差参数（如具有特定跨月价差模式的产品），*ISR*2 为产品间价差参数，*DR* 为交割风险参数。

SPAN 模型计算投资组合总风险值，将具有相同基础的工具进行分类，形成商品组合，根据清算机构对于风险因素的设置，将不同商品组合之间的风险进行抵销，最终加总形成整个投资组合的风险值。净期权价值等于期权多方头寸市值减去期权空方头寸市值，净期权价值为正则平仓后现金流入，为负则平仓后现金流出，在投资组合总风险值减去净期权价值意味着将平仓后的相关成本纳入总风险值考虑。

②VaR 模型

VaR 模型可追溯至 20 世纪 90 年代早期纽约证券交易所对会员公司实施的非正式资本测试要求（Holton，Glyn A.，2013）[①]。VaR 值是指在某一具体置信度下，平仓期间内可能发生的最大损失。例如，某一投资组合在 99% 置信度下的 VaR 值为 -300 万元，指该投资组合损失超过 300 万元的概率不超过 1%。

VaR 模型主要包括参数 VaR 模型（Parametric VaR Model）和模拟 VaR 模型（Simulated VaR Model）两类。参数 VaR 模型，假设根据风险因子模拟的投资组合收益序列符合某种特定的概率分布（通常为正态分布），并基于该统计分布计算保证金。模拟 VaR 模型，主要是历史模拟模型（HVaR），根据历史数据构建分布，用于计算当前投资组合的价值。相对于参数 VaR 模型，HVaR 模型能够将历史上较大的市场波动事件和肥尾效应纳入模拟，能够更准确地模拟风险。

如图 4-2 所示，使用 HVaR 模型，对于平仓天数为 10 天的业务，通过回溯

---

① Holton，Glyn A. Value-at-Risk：Theory and Practice [M/OL]. 2nd.（2013）. https://www.value-at-risk.net，2013.

过去 1 年历史实际发生的场景，模拟出清算参与者合约组合未来 10 天的潜在损失分布情况。测算结果为，合约亏损超过 100 万元的概率是 0.5%，则在 99.5% 置信度水平下的 VaR 值（风险敞口）为 -100 万元。收取初始保证金 100 万元将确保一旦参与者现在违约，其未来 10 天的损失在 99.5% 的情况下能够被保证金覆盖，为违约处置提供了充分的时间和资源保障。

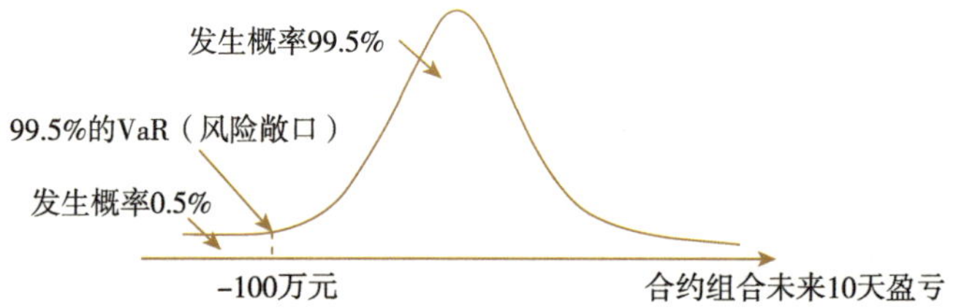

图 4-2　HVaR 模型下潜在损失分布图（清算会员视角）

在多数情况下，参数 VaR 基础理论公式可表达为[①]：

$$VaR = P_m \times \alpha \times \sigma$$

式中，VaR 为风险价值，P_m 为市场价值，σ 为波动率，α 为置信度在正态分布下的数值。

在实践中，如表 4-6 所示，多数国际中央对手方选择了 HVaR 类模型。其中，HVaR 类模型的置信度普遍高于其他类型模型。

③VaR 相关的其他模型

VaR 是一定置信度下可能发生的最大损失，期望损失（Expected Shortfall）是同样置信度下损失超过 VaR 值的条件期望值。

蒙特卡洛 VaR 模型，可用于模拟期权等非线性金融工具的风险价值。利用历史数据计算出风险因子和资产组合分布函数中的参数，根据得到的具体分布函数产生服从相应分布的随机数，从而模拟风险因子或资产组合未来的可能情况，每一次模拟均对资产组合重新定价，得到资产组合一系列在未来的可能情况，以计算一定置信度下的风险价值。此外，还有一些中央对手方根据自身业务情况使用了统计 VaR 模型（Statistic VaR）和价值重构 VaR 模型（Full - revaluation Portfolio VaR）等 VaR 的衍生模型。

---

① Riskmetrics 集团网站。

2. 变动保证金

变动保证金是以相对较高频率（至少每日，必要时日间）对清算参与者的收益和损失进行轧差，并向头寸价值减少的参与者收取的抵押品，或对头寸价值增加的参与者退还的抵押品，用于覆盖实际市场波动造成的当期风险敞口，避免风险累积。

变动保证金根据合约的市场价值计算，只由一方交付，通常需要在交易达成日后的下一个工作日前完成，并在交易存续期内逐日盯市计算（刘胤和吴冠华，2017）①。

例如，在大宗商品交易中，变动保证金的基础公式可表达为②：

变动保证金 =（当日合约结算价格 - 上一交易日合约结算价格）× 合约规模 × 净持有合约数量

结合图4－2，如图4－3所示，在当日（T日），清算会员需缴纳100万元初始保证金，以覆盖10天保证金风险期间的平仓成本，当日（T日）计算得到盯市价值（正值代表亏损）80万元（纵轴），因此收取该会员变动保证金80万元。中央对手方共收取清算会员180万元保证金。

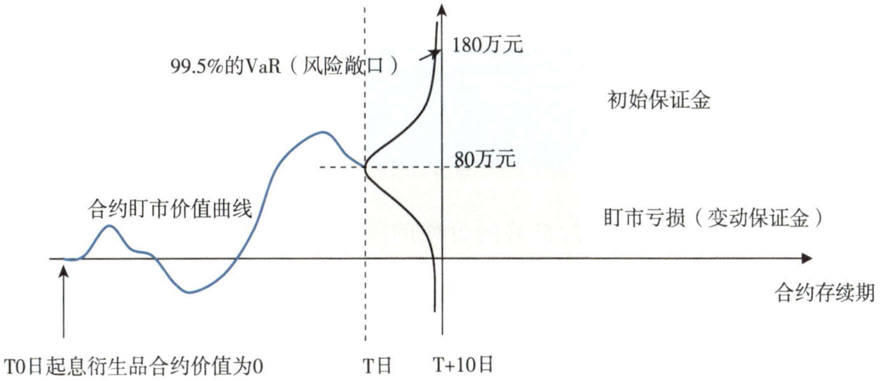

图4－3 变动保证金计算示意图（中央对手方视角）

考虑到场外衍生品较为复杂，产品个性化程度较高、期限较长、流动性相对较低等原因，需要通过建立定价模型，或者借助流动性高的类似产品的定价模型进行盯市和估值。为满足定价模型的实时计算要求，需要整合关于市场价

① 刘胤，吴冠华．场外衍生品强制保证金制度的美欧镜鉴［J］．金融市场研究，2017（12）：68.

② 欧洲商品清算所网站。

格、利率等最新信息，确保模型可以根据最新市场情况对投资组合进行估值，防范风险。同时，还需要对定价模型进行充分的压力测试，在各种情况甚至极端市场条件下进行模拟，保证定价模型的有效性。

变动保证金的规模是投资组合头寸的价值变动规模，并因市场盈亏浮动不断变化，这使得变动保证金追加频率是一个较为复杂的事项，追加频率高会使中央对手方的保证金风险期间变小，同时也可能提高对清算会员的流动性管理要求。目前，国际中央对手方每日交收变动保证金已较为普遍，变动保证金追加通知通常隔夜发出（如在下一交易日凌晨发出变动保证金要求），并要求在下一交易日内完成缴纳。在特殊情况下，中央对手方也可以要求追加日间保证金，并要求在短时间内完成缴纳。触发日间保证金的因素包括风险敞口水平变化、交易对手信用状况变化、抵押品价值变化，以及市场波动率变化等（乔恩·格雷戈里，2017）①。

根据国际清算银行和国际证监会组织 2024 年的报告（BIS、IOSCO，2024）②，在接受调研的 28 家中央对手方（来自欧洲、亚洲、美洲等地区），68% 的参与机构每天至少进行 1 次日间保证金追加，最多一天追加 5 次日间保证金；48% 的机构的日间保证金追加有预先明确的条件，而且这些条件已向清算会员披露，日间保证金追加主要针对一个或少数几个清算会员，并非全部清算参与者。

（二）清算基金

清算基金是由所有清算会员共同分摊的风险准备资源，用于弥补超过保证金规模的损失（见图 4－4）。清算基金总规模应足以覆盖极端但可能的市场条件下，一个或两个清算会员违约对中央对手方造成的最大风险敞口。每个清算会员承担的清算基金规模，一般与该清算会员的风险敞口正相关。

如表 4－7 所示，国际上，相关中央对手方的清算基金总规模与清算会员承担规模的计算标准存在一定的差异。虽然客户不需要向中央对手方缴纳清算基金，但这并不意味着清算基金与客户无关。中央对手方根据清算会员及其代理

---

① 乔恩·格雷戈里．中央对手方：场外衍生品强制集中清算和双边保证金要求［M］．银行间市场清算所股份有限公司，译．北京：中国金融出版社，2017.

② BIS，IOSCO. Streamlining Variation Margin in Centrally Cleared Markets – Examples of Effective Practices［Z］．2024.

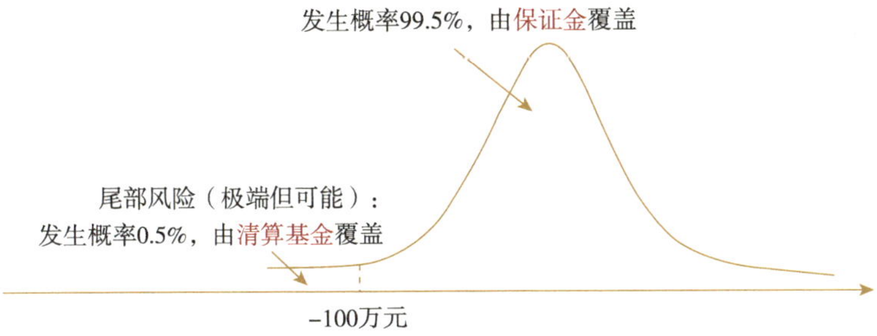

图 4-4　清算基金与保证金关系

的客户清算产生的头寸总量或初始保证金规模，要求清算会员缴纳相应的清算基金（乔恩·格雷戈里，2017）①。

清算基金的设置主要有两种方式：一是中央对手方可以设置统一的清算基金，覆盖该中央对手方所有种类的产品，考虑到不同种类的产品可能存在风险等级不同的情况，统一的清算基金可能会导致高风险产品将损失分摊给其他低风险产品。二是中央对手方也可以为不同的产品设置不同的清算基金，确保分别覆盖风险等级不同的产品，实现风险隔离。例如，伦敦清算所设置了多种清算基金，分别用于覆盖利率产品、外汇产品、股权及债券等。在这种模式下，如果一个清算会员只参加利率产品的中央对手清算，其违约将不会对只参与债券清算的清算会员造成影响。

表 4-7　国际相关中央对手方清算基金涉及要素

中央对手方	清算基金涉及要素	计算概要
伦敦清算所英国公司（LCH Ltd.）②	1. 清算基金基于压力测试，按业务条线分别计算，每日测试、每月校准 2. 清算基金足以覆盖极端场景下，两个清算会员同时违约产生的最大损失 3. 清算基金设置上限和下限，确保最低限度的保护，以及避免过度共担风险 4. 清算会员缴纳的清算基金是在最低缴纳金额基础上，根据其产生的风险敞口所占的比例进行校准	1. 根据压力测试结果校准 2. 设置最低缴纳金额

① 乔恩·格雷戈里. 中央对手方：场外衍生品强制集中清算和双边保证金要求［M］. 银行间市场清算所股份有限公司，译. 北京：中国金融出版社，2017.

② 伦敦清算所网站。

续表

中央对手方	清算基金涉及要素	计算概要
欧洲期货交易所清算公司①（Eurex Clearing）	1. 清算基金覆盖其清算的所有资产类别，足以覆盖最大两个清算会员（包括其分支机构）同时违约时，在60天期间内超出初始保证金覆盖范围（99.9%的单尾置信度）的尾部风险。（这种计算方式称为Stress Loss Over Margin，SLOM，指无保证金覆盖的潜在损失，等于某一压力情景下投资组合模拟计算的价值与保证金要求的差） 2. 每个清算会员缴纳的份额取决于其对清算系统带来的风险敞口 3. 每个清算会员缴纳的清算基金是以下两个值中的最大值：（1）清算基金中非中央对手方自有资本的金额乘以该清算会员在30天期间内保证金覆盖范围以外压力损失在全部清算会员保证金覆盖范围以外压力损失中的比例；（2）综合清算会员（GCM）② 最低缴纳额为500万欧元；直接清算会员（DCM）③ 最低缴纳额为100万欧元；单一账户（ISA）模式下参与场外市场和回购市场清算的直接清算会员④，其中银行、投资机构和保险公司等最低缴纳金额为100万欧元，投资基金、保险资金池、养老基金等最低缴纳金额为10万欧元 4. 为保证计算的准确性，欧洲期货交易所清算公司于每月月末计算下个月应缴纳的清算基金份额	1. max（清算基金中非中央对手方自有资本的金额乘以清算会员在30天期间内保证金覆盖范围以外压力损失在全部清算会员压力损失中的比例，500万欧元/100万欧元/10万欧元） 2. 设置最低缴纳金额
香港交易所场外结算公司⑤（HKEx OTC Clear）	1. 利率和外汇保证基金（Rates and FX Guarantee Fund，清算基金）用于覆盖超出初始保证金范围（99%的单尾置信度）的尾部风险 2. 每个清算会员缴纳的初始最低份额为2500万港元，每日进行压力测试重新评估，根据压力测试结果，每月校准清算会员应缴纳份额。每季度进行反向压力测试，以保证所有极端但合理的场景被考虑在内 3. 香港交易所场外结算公司有权在必要时随时对清算会员保证基金应缴纳份额重新评估	1. 根据压力测试结果校准 2. 设置最低缴纳金额

① 欧洲期货交易所清算公司网站。

② 综合清算会员可以清算自身和客户的交易。

③ 直接清算会员可以清算自身和有关联关系（直接或间接控制）的直接清算市场参与者的交易。此外，直接清算会员还可以为没有公开身份的客户以及与之有关联但已披露身份的客户提供清算服务。从事场外交易的直接清算会员仅限于清算自己的交易。

④ 在单一账户模式下，ISA直接清算会员（类似于直接与中央对手方开展业务的客户）可以使用清算中介（Clearing Agent）的服务（类似于中央对手方的综合清算会员）清算场外和回购市场业务，ISA直接清算会员可以直接与中央对手方进行交易，由清算中介提供保证金管理、交易确认、风险监控和违约管理服务。

⑤ 香港交易所网站。

续表

中央对手方	清算基金涉及要素	计算概要
洲际交易所（欧洲清算公司）① （ICE Clear Europe）	1. 洲际交易所（欧洲清算公司）根据资产类别设立“期货和期权保证基金”（F&O Guaranty Fund，清算基金） 2. “期货和期权保证基金”压力测试会计算不同压力场景下最大的两个清算会员同时违约产生的额外损失 3. 各清算会员的最低缴纳份额为100万美元，缴纳份额按季度校准	1. 根据压力测试结果校准 2. 设置最低缴纳金额
洲际交易所（信用衍生品清算公司）② （ICE Clear Credit）	1. 清算会员的保证基金（清算基金）总额是根据压力测试结果计算不同压力场景下最大的两个清算会员同时违约产生的额外损失 2. 每个清算会员缴纳的份额是以下两个值中的最大值：（1）基于最大的两个清算会员同时违约产生的额外损失所分配的相应份额；（2）2000万美元	1. max（基于最大的两个清算会员同时违约产生的额外损失所分配的相应份额，2000万美元） 2. 设置最低缴纳金额

（三）风险共担自有资本

中央对手方在风险准备资源中提供的自有资本通常称为风险共担自有资本。中央对手方使用一系列预收的风险准备资源管理清算参与者违约导致的损失。预收的风险准备资源包括来自清算参与者的保证金、清算基金，还有一定比例的中央对手方的自有资本，体现出中央对手方和清算参与者的风险共担，能够更好地激励中央对手方积极管理风险。实践中，风险共担自有资本一般是中央对手方从留存收益或资本公积中计提的资金，属于专项资本，不用于其他用途。

根据使用顺序，中央对手方的风险共担自有资本可分为前置资本、并置资本和后置资本3类。一是前置资本，在违约清算会员缴纳的保证金和清算基金之后、未违约清算会员缴纳的资源之前使用的自有资本。二是并置资本，与未违约清算会员缴纳的资源同时使用的自有资本。三是后置资本，在未违约清算会员缴纳的资源之后使用的自有资本。实践中，国际中央对手方风险共担自有资本均包括前置资本，亚欧地区的中央对手方还包括并置资本和/或后置资本（见表4-8）。

① 洲际交易所欧洲清算公司网站。

② ICE Clear Credit，Clearing Rules，pp. 107-108.

表 4-8　　国际相关中央对手方风险共担自有资本情况

中央对手方	清算业务	前置资本	并置资本	后置资本
伦敦清算所英国公司（LCH Ltd）	权益	172 万英镑	—	—
	债券	746 万英镑	—	—
	外汇	2078 万英镑	—	—
	利率	4952 万英镑	—	—
伦敦清算所法国公司（LCH SA）	信用违约互换	2000 万欧元	—	1664 万欧元
	债券	2358 万欧元	—	778 万欧元
欧洲期货交易所清算公司（Eurex Clearing）	所有业务	14300 万欧元	—	5700 万欧元
芝加哥商业交易所清算公司（CME Clearing）	期货期权	1 亿美元	—	—
	利率互换	15000 万美元	—	—
洲际交易所信用衍生品清算公司（ICE Clear Credit）	信用违约互换	5000 万美元	—	—
日本证券清算公司（JSCC）	利率互换	20 亿日元	20 亿日元	—
	信用	15 亿日元	15 亿日元	—
新加坡交易所衍生品清算公司（SGX-DC）	所有业务	2000 万新加坡元	—	2000 万新加坡元

资料来源：国际相关中央对手方 2024 年第四季度量化披露报告。

（四）恢复和处置工具

1. 恢复工具

在极端风险冲击下，如果中央对手方无法持续运行，应能够依据提前制订的恢复计划进行自主恢复，采取适当的措施，使用合适的损失分担工具保持关键业务服务，并恢复中央对手方的整体运行。全面有效的恢复工具是恢复计划的重点，主要包括以下类别。

一是针对违约损失的恢复工具，包括获取额外资源和减少负债两类工具。获取额外资源通常通过清算基金追缴，即违约发生时，要求非违约清算会员以现金形式缴纳承诺的清算基金，也称作现金追缴。国际主要中央对手方均设置了清算基金追缴安排，使用的顺序是在清算会员已缴清算基金用尽之后，追缴额度通常设有上限，以会员缴纳的清算基金份额的一定倍数为限额。减少负债工具，如变动保证金收益折扣，即中央对手方减少当日盈利的清算会员可提取的变动保证金，对盯市亏损的清算会员全额收取变动保证金。变动保证金收益折扣相当于按一定比例将损失分摊到净头寸盈利的清算参与者，通过减少中央对手方支付义务获得额外的风险准备资源。

二是针对清算参与者违约后重新建立账簿匹配的工具，在违约事件发生时，为了及时止损并防范风险传染，中央对手方需要尽快处置违约清算参与者的未平仓头寸，恢复风险中性，主要有自愿性恢复工具和强制性恢复工具两类。（1）自愿性恢复工具，是指中央对手方可以通过拍卖、市场交易等方式向清算会员、客户或者第三方机构出售违约清算会员的未平仓头寸，并按照瀑布式顺序使用风险准备资源及恢复计划资源等承担处置损失。（2）强制性恢复工具，包括强制分摊未平仓头寸和终止未平仓头寸。强制分摊未平仓头寸，是指中央对手方可以按指定价格将未平仓头寸分摊至持有反向头寸的清算会员，或者可以根据清算会员在自愿拍卖阶段的有效出价数量向在自愿拍卖阶段内成交数量较少的清算会员分摊更多的未平仓头寸。终止未平仓头寸，是指终止现存未平仓头寸并进行结算，中央对手方通常可以选择部分终止未平仓头寸作为恢复工具。

国际金融市场实践表明，部分终止未平仓头寸是极端市场条件下中央对手方维护市场稳定的重要手段。2022 年 3 月，伦敦金属交易所（LME）处置镍期货市场极端波动事件中，于 3 月 8 日暂停镍交易并追溯性取消 3 月 8 日零点后的所有交易，确保市场回到伦敦金属交易所认为市场有序运作的最后时点。镍期货事件后，伦敦金属交易所面临多家金融机构的诉讼，索赔其交易取消后遭受的损失。英国高等法院最终裁定伦敦金属交易所胜诉，这一判决的重要依据之一是，伦敦金属交易所在其业务规则中约定的终止未平仓头寸的权力。

三是针对流动性短缺的恢复工具，包括从第三方机构或清算参与者获得流动性，以及使用清算会员资源作为流动性资源。前者一般适用于非极端市场情况，其有效性取决于第三方机构提供的流动资产质量。后者需要在司法辖区的允许下，中央对手方可以使用非违约清算会员的初始保证金作为抵押品来获取额外的流动性。伦敦清算所（LCH）的公开量化信息披露报告显示，伦敦清算所将清算会员缴纳的现金保证金和高流动性保证券列为其合格流动性资源。

四是针对托管风险、投资风险、经营风险等非违约风险的恢复工具，主要包括：（1）资产重组，中央对手方可以通过与现有股东签订事前合约，约定股东追加投资维持中央对手方核心业务运行；或者增资扩股，向清算会员或者其他投资者募集资金等。（2）保险或保障合约，中央对手方与第三方机构签订保险合约，或者与母公司、清算会员或股东签订保障合约，在发生风险时由承保机构提供额外风险准备资源。芝加哥商业交易所、欧洲期货交易所清算公司、日本证券清算公司等具有交易所集团背景的中央对手方均拥有集团给予的财务资源支持承诺。

五是中央对手方补充风险准备资源的恢复工具，中央对手方可制订资源补充计划，补充在风险处置中用尽的资源以保证未来的持续稳定经营，相关工具包括：（1）现金追缴，中央对手方可根据与清算会员的约定向未违约的清算会员收取风险准备资源，这一工具既可用于处置违约事件造成的未覆盖损失，也可用于风险准备资源补充。（2）资产重组，与股东或清算参与者事前签订应急注资协议等。

国际研究表明，中央对手方常用的恢复工具不会对金融稳定产生不利影响。2022 年，金融稳定理事会、支付与市场基础设施委员会、国际证监会组织共同对 7 家中央对手方①进行调研，主要研究恢复工具中变动保证金收益折扣和清算基金追缴对清算会员的流动性和偿付能力的潜在影响，通过定量方法分析了在 2020 年 3 月国际金融市场发生的对高流动性资产（现金等）需求增加事件（挤兑变现，Dash－for－cash）中，清算会员可能面临的最大现金追缴金额，以及 2020 年 3 月变动保证金收益 100% 折扣率的影响。该研究表明，清算基金追缴和变动保证金收益折扣这两类恢复工具对银行类清算会员流动性和偿付能力的影响有限，不会对金融稳定造成不利影响（FSB，CPMI－IOSCO，2022）②。

2. 处置工具

处置机构通过额外的处置工具或措施，确保中央对手方关键服务能由该中央对手方或其他机构继续提供，避免情况进一步恶化等。处置工具包括处置专用现金追缴、处置专用变动保证金收益折扣、处置专用保险、处置专用第三方合同、股权减记、纾困债券和处置基金共 7 类（FSB，2024）③。

处置专用现金追缴是由中央对手方和清算参与者通过合同约定，处置机构在中央对手方进入处置阶段后，向清算参与者发出一次或多次现金追缴通知，

---

① 这 7 家中央对手方分别是伦敦清算所英国公司、伦敦清算所法国公司、欧洲期货交易所清算公司、瑞士证券交易所清算公司、洲际交易所欧洲清算公司、芝加哥商业交易所清算公司、洲际交易所信用衍生品清算公司。

② FSB，CPMI－IOSCO. Central Counterparty Financial Resources for Recovery and Resolution［Z］. 2022.

③ FSB. Financial Resources and Tools for Central Counterparty Resolution［Z］. 2024.

追缴现金的数额不能超过合同中约定的数额。

处置专用变动保证金收益折扣是由法律或合同规定处置机构在处置中拥有延迟、减少或取消支付变动保证金收益的权力。

处置专用保险是承保人同意向处置机构或中央对手方提供关于特定风险的保险，以便中央对手方能够在处置阶段获得风险准备资源。

处置专用第三方合同是第三方和中央对手方签订合同，约定在中央对手方进入处置阶段后，提供给中央对手方或处置机构的应急资金。

股权减记是处置机构在处置阶段有权将中央对手方股东的股权作为第一顺位吸收损失。

纾困债券是由中央对手方（或其母公司）在正常运行时发行的、仅用于处置的次级债券，或优先度低于其他负债的无担保债券。

处置基金是专门由参与处置的监管机构调用的一种预融资资源，由多家中央对手方和/或相关市场参与者在业务正常运行时基于预先确定的标准缴纳。

整体上，这 7 类处置工具与恢复工具存在共性，均是通过调动中央对手方自身、清算参与者、保险公司和第三方机构等的风险准备资源弥补损失，以保障金融市场稳定运行（见表 4－9）。

表 4－9　　处置工具的特点

<table>
<tr><th>资源和工具</th><th>目的和可用性</th><th>及时性和履约风险</th><th>法律和业务因素</th><th>成本</th></tr>
<tr><td>处置专用现金追缴</td><td rowspan="4">能够在处置阶段快速提供一定的资金和流动性</td><td rowspan="2">处置阶段可以及时获得相应资金</td><td>可直接实施</td><td rowspan="2">清算参与者承担</td></tr>
<tr><td>处置专用变动保证金收益折扣</td><td>与“债权人不会更糟原则”相关</td></tr>
<tr><td>处置专用保险和处置专用第三方合同</td><td>可能存在第三方履约风险</td><td>与司法辖区法律规定相关</td><td>中央对手方支付保险费用</td></tr>
<tr><td>股权减记</td><td>可及时进行股权减记</td><td>与司法辖区法律规定和“债权人不会更糟原则”相关</td><td>中央对手方的股权持有人承担</td></tr>
<tr><td>纾困债券</td><td rowspan="2">能够在处置阶段提供资金和流动性用于吸收损失、维持中央对手方运行等</td><td rowspan="2">预融资，处置阶段即可使用相应资金</td><td>与司法辖区法律规定相关</td><td>中央对手方承担发债成本</td></tr>
<tr><td>处置基金</td><td>与司法辖区法律规定相关，设立需要较长时间讨论确定</td><td>中央对手方和清算参与者共同承担</td></tr>
</table>

3. 公共资金支持

2017 年，金融稳定理事会在中央对手方处置的国际标准《中央对手方处置和处置计划》（FSB，2017）① 中明确，中央对手方处置的首要目标是维护金融稳定，必要情况下可临时使用公共资金作为支持中央对手方的手段，同时处置机构应当最小化使用公共资金，并公开披露偿还安排、限时偿还，以减轻对纳税人的影响。

欧盟、英国、澳大利亚等司法辖区已有类似规定。例如，欧盟规定，欧盟中央对手方的处置应尽量不使用公共资金，但当除公共资金外的所有工具和手段都无法成功处置风险时，为了维护金融稳定，需要保障中央对手方关键服务的连续性，公共资金可以介入②。英国规定，金融稳定受到严重威胁或其他所有处置工具已用尽时，且中央对手方股东和债权人已承担规模大于等于总债务 8% 的损失，英国财政部可以使用公共资金支持中央对手方，英格兰银行配合提供动用公共资金所需的信息（Bank of England，2017）③。澳大利亚规定，在危机情况下，处置当局可动用国有资金来弥补中央对手方的资金缺口（Australian Prudential Regulation Authority 等，2019）④。

三、流动性风险管理工具

（一）流动性资源要求

根据《金融市场基础设施原则》，中央对手方需要对所有相关币种持有足够的流动性资源，并至少覆盖单一参与者及其附属机构违约给中央对手方造成的最大债务总额。对于在多个司法辖区具有系统重要性的中央对手方，应至少覆盖两个参与者及其附属机构违约给中央对手方造成的最大债务总额。

在各国监管法规中，对中央对手方的流动性资源也有相应规定。欧盟在《欧洲市场基础设施监管规则》及补充规则中规定，中央对手方应衡量其每日的潜在流动性需求，至少满足当日或日间所有相关货币计价的结算义务，并至少应考虑两个最大风险敞口的清算会员违约产生的流动性风险。《美国联邦监管法

---

① FSB. Guidance on Central Counterparty Resolution and Resolution Planning [Z]. 2017.

② Regulation (EU) 2021/23 on a Framework for the Recovery and Resolution of Central Counterparties.

③ Bank of England. The Bank of England's Approach to Resolution [Z]. 2017.

④ Australian Prudential Regulation Authority, Australian Securities and Investment Commission, Reserve Bank of Australia, the Treasury. Financial Market Infrastructure Regulatory Reforms [Z]. 2019.

典》第17部分第1章第39条规定，中央对手方应有效地衡量、监控和管理其流动性风险，保持充足的流动性资源，至少能够满足单日结算义务，并至少能覆盖单一参与者及其附属机构违约给中央对手方造成的最大债务总额；对于系统重要性中央对手方则应满足当日、日间和多日结算义务，并至少能覆盖两个参与者及其附属机构违约给中央对手方造成的最大债务总额。实践中，国际中央对手方普遍遵守上述相关规定。

（二）流动性资源工具

中央对手方的合格流动性资源包括存在中央银行的现金、存在商业银行的现金、承诺的信用额度、承诺的外汇互换、承诺的回购、托管的高流动性抵押品、即使在压力情况下通过可靠的预先安排易于获得或变现的投资。其中，央行提供的流动性，包括存在央行的现金、央行提供的信用额度等，具有最高水平的流动性。《金融市场基础设施原则》支持中央对手方在相关政策规定的前提下，获得央行提供的流动性支持。国际上，中央对手方获得央行流动性支持主要有以下模式。

一是欧元区中央对手方的“银行模式”。欧元区内中央对手方通过获得银行牌照，可以在央行开立账户，并可获得央行的流动性支持。欧元区中央对手方的银行牌照是《欧洲市场基础设施监管规则》颁布之前的产物，在2012年之前，欧元区内没有统一的中央对手方监管法规，法国、德国将中央对手方纳入银行监管体系进行统一监管。例如，德国的欧洲期货交易所清算公司（Eurex Clearing）获得了德国央行颁发的银行牌照，在德国央行、瑞士央行和英国央行均开立活期账户（Cash Account），存放的现金可立即取现，并通过在德国央行开立的账户参与欧元系统（Eurosystem）的货币政策操作，包括公开市场操作和常备便利。常备便利（SF）包括边际贷款便利（Marginal Lending Facility）和存款便利（Deposit Facility）两种。① 又如，伦敦清算所法国公司获得了隶属于法国央行的行政机构——法国审慎监管局颁发的银行牌照，其存放在法国央行的欧元可以当日取现，同时还能够以资产或证券为抵押获得法国央行的日内贷款，也可通过开立在法国央行的账户接入欧元系统，参与公开市场操作和常备便利。

---

① IMF，Germany FSAP. 2016. This Detailed Assessment of Observance on the Eurex Clearing AG.

二是英国中央对手方的“特例模式”。英格兰银行将中央对手方作为单独的一类机构纳入英镑货币框架[①]，提供3种央行服务：第一种，可在英格兰银行开设准备金账户（Reserves Accounts），中央对手方可以将准备金账户的余额作为最高质量的流动性资源。第二种，参与操作性常备便利。中央对手方可以根据自身流动性需求申请与央行“一对一”隔夜存款或贷款。贷款时，中央对手方将以高流动性、高质量资产为抵押，从英格兰银行获得隔夜贷款，贷款利率为英格兰银行基准利率加25个基点；存款时，中央对手方存款利率为英格兰银行基准利率减25个基点。第三种，参与贴现窗口，中央对手方可用合格抵押品向英格兰银行获得高流动性资产（债券或现金），已预见或产生意外流动性需求的金融机构，可以按需申请获得该服务，对于临时的长期限流动性需求，可申请滚动贴现，并可在任何时候还款。

三是美国和澳大利亚中央对手方的“系统重要性模式”。在美国，根据《多德—弗兰克法》第8章第806条规定，中央对手方若被认定为具有系统重要性的“指定金融市场设施”，可在美联储开立存款账户（Deposit Account）。同时，当且仅当发生特殊或紧急情况下，“指定金融市场设施”证明无法从其他银行获得充足信用额度后，美联储经商财政部部长并得到联邦储备委员会多数投票通过后，可向“指定金融市场设施”提供贴现和借款，而且不以“指定金融市场设施”具有银行或银行控股公司身份为前提。目前，美国有8家“指定金融市场设施”，其中4家是中央对手方，2家是中央对手方的母公司，还有2家是支付系统。[②] 在澳大利亚，澳大利亚储备银行在2012年颁布的《中央对手方金融稳定标准》（Reserve Bank of Australia，2012）[③] 中提出，被认定为具有系统重要性的中央对手方，必须在澳大利亚储备银行开立汇兑结算账户（Exchange Settlement Account）以管理澳大利亚元流动性风险，并在满足澳大利亚储备银行相关要求（包括提交合格抵押品等）的前提下，通过该账户获得澳大利亚储备银行的隔夜贷款和日间流动性便利。根据澳大利亚储备银行评估，澳大利亚境内2家中央对手方，即澳大利亚证券交易所下属的两家清算公司（澳大利亚证券交易所清算公司和澳大利亚证券交易所期货清算公司）均被认定为具有系统重要性。

---

① 英格兰银行网站。

② 美联储网站。

③ Reserve Bank of Australia. Financial Stability Standards for Central Counterparties [S]. 2012.

四、运行风险管理工具

（一）业务连续性计划内容

通常，中央对手方通过建立稳健的运行风险管理框架，建设适当的系统、制度、程序和控制措施，能有效识别、监测、管理运行风险。其中，业务连续性计划是运行风险管理框架的关键组成部分。业务连续性计划，是指成文的、全面性的计划，确定相关流程、步骤和制度，帮助中央对手方在运营发生中断后继续或者恢复运行（BCBS、IOSCO，2006）①。业务连续性计划一般包括以下内容。

一是明确关键业务功能并确定优先级。关键业务功能的判断因素包括所占市场份额、客户数量及范围、相关交易的风险状况、该业务功能的可替代性、政策规定（如强制中央对手清算要求）等。

二是确定恢复时间目标（RTO）和恢复点目标（RPO）。恢复时间目标，是指信息系统如要恢复至不对业务造成负面影响的程度，所需的总时长目标。在设定恢复时间目标时，需要考虑不同情况下，关键系统所需的恢复时间，如人员减少（如暴发传染病）、办公地点损坏（如发生火灾、地震）、技术故障（如受到恶意网络攻击）等不同情况。恢复点目标，是指为恢复业务功能，可以还原业务数据至中断事件发生前的目标节点（以时间增量计算，如分钟、小时或天）。恢复点目标代表了系统恢复后对数据丢失的容忍度，为达到这一目标，需制定数据备份和存储策略。设计备份策略时，一般考虑两种备份：现场备份和异地备份。

三是建立备用站点，在需要时接管运行。备用站点需要具备充足的资源、容量、功能和合适的人员配备，并定期进行站点切换测试，以更好地评估风险并改进转移方案。

四是具备人员配备的应急计划。当遭遇自然灾害、极端气候条件或流行性疾病时，中央对手方可能面临人员缺岗，因此需要提前为工作人员的缺席做好应急安排，如配备在相关地区以外居住和工作的人力资源。

（二）业务连续性计划实践

实践中，国际主要中央对手方的业务连续性计划详见表 4 - 10，具有以下 4

① BCBS，IOSCO. High - level Principles for Business Continuity ［Z］. 2006.

个共同点。

一是设置备用工作区。4 家国际中央对手方均设置了备用工作区，部分国际中央对手方还设置多处办公地点，能够有效地避免因主办公区域无法使用所带来的风险，有助于维持关键的数据处理以及业务的持续开展。

二是设定明确的恢复时间目标。相关国际中央对手方均明确设定关键服务的恢复时间目标为2 小时，即必须在破坏性事件、危机或灾难发生后2 小时内恢复关键系统，包括清算、结算等系统。

三是具有快速转移重要工作的机制。快速转移的对象主要是工作人员及系统平台。伦敦清算所和芝加哥商业交易所均明确规定在危机情况下可将工作转移到别的办公地点/国家的工作人员，美国存管信托与清算公司也在多地配有工作人员，能够完成工作的衔接。此外，部分国际中央对手方对非主要办公区的相关工作人员进行关键业务流程处理的相关培训，确保在突发情况下关键业务的顺利衔接。

四是设置具有韧性和地理多样性的数据中心。当主数据中心无法使用时，可以启用备用数据中心，有效避免数据丢失。各国际中央对手方均配备至少 2 个数据中心，如伦敦清算所设有 3 个数据中心、美国存管信托与清算公司在多处办公地点设有远程数据中心等。此外，部分中央对手方还为数据中心额外配备了确保数据中心安全运行的措施，如设置后备发电装置等。

表 4－10　　国际相关中央对手方的业务连续性计划

<table>
<tr><th>中央对手方</th><th>共同点</th><th colspan="2">额外设置</th></tr>
<tr><td>伦敦清算所</td><td rowspan="4">1. 设置完善备用办公区
2. 2 小时恢复时间目标
3. 快速转移工作人员和重要工作
4. 设置具有韧性和地理多样性的数据中心</td><td>设置危机管理队伍</td><td>员工在危机情况下可远程办公</td></tr>
<tr><td>欧洲期货交易所</td><td colspan="2">数据中心配备安全设置，如后备发电机等，定期进行物理安全标准数据中心分析</td></tr>
<tr><td>美国存管信托与清算公司</td><td>数据存储设施支持多项关键功能的自动化，具有在系统中断后自动重启数据复制的功能</td><td>清算和结算交易使用以安全数据传输协议为基础的电子平台“SMART”</td></tr>
<tr><td>芝加哥商业交易所</td><td>交易活动可转移至 CME Globex 电子交易平台</td><td>清算交易数据能够几乎实时地复制到主数据中心和备用数据中心</td></tr>
</table>

资料来源：国际相关中央对手方的《金融市场基础设施原则》披露报告（2023—2024 年）和网站信息。

五、清算参与者参与安排

（一）分层清算安排

中央对手方通常通过分层清算安排，将风险管理能力类似、市场影响力相当的市场参与者进行合理划分与聚类，满足各类市场机构的多元化、个性化需求，并防范和缓释间接参与者带来的风险。

分层清算会员体系，一般包括直接参与者和间接参与者。直接参与者主要包括综合清算会员和普通清算会员。综合清算会员在通过自营业务直接参与中央对手清算的基础上，还可以代理客户参与中央对手清算。普通清算会员仅能够通过自营业务直接参与中央对手清算（见图4－5）。国际上，部分普通清算会员属于特殊类型清算会员，所受管理与其他普通清算会员不同，如在美国，养老基金作为清算会员不缴纳清算基金。间接参与者（客户），需要通过综合清算会员代理，间接参与中央对手清算。

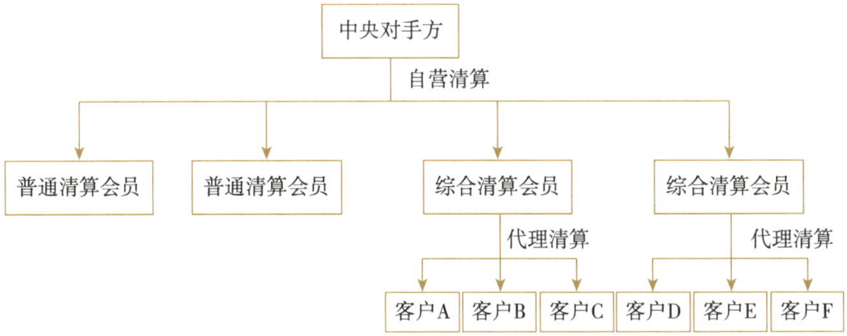

图4－5 清算参与者分层清算参与安排

国际上，相关中央对手方普遍采用分层清算参与安排（见表4－11），主要具有以下特点：一是多数中央对手方将清算会员分为综合清算会员、普通清算会员等不同类型。中央对手方通过规范清算会员准入标准来区分清算会员的不同风险管理能力，最基础的标准主要包括机构信用、流动性、运营能力等。通常，综合清算会员的标准高于普通清算会员。但在某些中央对手方的部分清算业务中仅有综合清算会员参与清算，如日本证券清算公司和新加坡交易所衍生品清算公司等。二是客户数量远超综合清算会员数量，表明代理清算业务是国际中央对手方的重要发展方向，众多市场机构通过代理方式参与中央对手清算。三是客户的集中度较高，通过计算代理清算业务规模最大的5个综合清算会员占总代理清算业务规模的季度内比例均值（代理清算集中度），发现该比例普遍较高。

表4-11　　国际相关中央对手方的分层清算安排情况　　单位：家、%

中央对手方	产品类型	清算会员数量			客户数量	代理清算集中度
		综合	普通	其他		
伦敦清算所英国公司（LCH Ltd）	权益	22	9	2	—	91.86
	债券	6	91	0	0	—
	外汇	23	16	0	91	96.97
	利率	61	66	0	29361	70.1
伦敦清算所法国公司（LCH SA）	债券	19	77	1	6	—
	信用违约互换	28	0	0	1858	51.46
芝加哥商业交易所清算公司（CME Clearing）	期货期权	41	20	0	—	47
	利率	15	12	0	2943	78
洲际交易所信用衍生品清算公司（ICE Clear Credit）	信用类	11	19	0	3947	86
新加坡交易所衍生品清算公司（SGX-DC）	所有业务	24	0	0	—	—
日本证券清算公司（JSCC）	利率互换	26	—	0	147	94.38
	信用	11	—	0	4	100

注：其他清算会员指特殊类型的清算会员，如养老基金、中央银行、中央对手方等，与普通清算会员所受管理不同。

资料来源：国际相关中央对手方2024年第四季度量化披露报告。

（二）隔离和转移安排

中央对手方通过建立隔离和转移安排，确保综合清算会员客户的头寸和相关抵押品免受该综合清算会员违约或破产影响。隔离和转移的便捷程度与中央对手方采用的账户结构（综合账户或单一账户）、收取初始保证金的方式等（以全额或净额为基础）相关。

在综合账户（Omnibus Account）结构下，特定综合清算会员的所有客户的全部抵押品混合存放在一个独立的账户中。综合账户结构会使客户面临“同伴客户风险”，即客户违约造成的损失可能会对同一清算会员的其他客户产生影响。因此，《金融市场基础设施原则》建议在综合账户结构下，混合处理客户的抵押品，但在法律上客户的抵押品独立于其他客户的抵押品，中央对手方不得使用客户抵押品覆盖非该客户所造成的损失，即“法律上独立、操作上混合（LSOC）”，使客户免受“同伴客户风险”。采用综合账户的中央对手方，既可以全额收取初始保证金，也可以净额收取初始保证金。全额收取保证金，降低了清算会员层面的轧差效率，但提高了客户头寸及相关抵押品转移的可行性。实践中，采用综合账户结构的中央对手方，也更倾向于采用全额收取保证金。例如，负责美国国债清算的中央对手方——美国固定收益清算公司（FICC）曾经采用综合账户结构、净额收取保证金的模式，市场普遍认为这一方式蕴含较大的风险：一是“同伴客户风险”，操作上混合处理客户的保证金，但未在法律上单独保护客户，客户的保证金可能被用于弥补其他客户违约造成的损失。二是“中介违约风险”，由于存在净额收取客户保证金，或客户保证金被清算会员视作自有保证金的情况，客户保证金可能被用于弥补清算会员违约造成的损失。因此，在2023年12月通过的美国国债强制中央对手清算政策中，美国证券交易委员会明确要求，中央对手方应将清算会员和客户的保证金分别收取、分开存储，并要求美国固定收益清算公司改进其账户管理方式，在综合账户结构基础上优化采用“法律上独立、操作上混合（LSOC）”方式，即操作上混合处理客户保证金，但在法律上认定所有账户逐一隔离，并基于全额收取客户保证金，进一步提升客户资金的安全性。

在单一账户（Individual Account）结构下，每个客户的抵押品均存放在中央对手方单独的、相互隔离的单一账户中，并且根据中央对手方适用的法律框架，客户的抵押品仅能用于弥补该客户违约的相关损失。采用单一账户结构，中央对手方需要按照全额收取每个客户的初始保证金，方便其清晰可靠地识别每个客户的头寸和抵押品，也使客户资产组合可以更灵活地转移到其他综合清算会员。但是，因为单一账户的维护成本较高，实践中，国际中央对手方一般提供多种账户结构供客户选择（见表4－12）。

表4－12 国际相关中央对手方的账户结构情况 单位：%

中央对手方	产品类型	单一账户比例	综合账户（非LSOC）比例	综合账户（LSOC）比例
伦敦清算所英国公司	权益	0	100	0
	债券	—	—	—
	外汇	9.80	0.19	90.01
	利率互换	13.48	14.21	72.31

续表

中央对手方	产品类型	单一账户比例	综合账户（非 LSOC）比例	综合账户（LSOC）比例
伦敦清算所法国公司	信用违约互换	97.87	0.14	1.99
	债券	—	—	—
欧洲期货交易所清算公司	所有产品	24.1	75.9	0
芝加哥商业交易所清算公司	期货期权	0	100	0
	利率互换	0	0	100
洲际交易所信用衍生品清算公司	信用违约互换	0	0	100
日本证券清算公司	利率互换	100	0	0
	信用	100	0	0

资料来源：国际相关中央对手方 2024 年第四季度量化披露报告。

第五章　国际发展趋势

自2009年G20匹兹堡峰会达成重要国际共识后，在全球建立健全和推广普及中央对手清算机制成为国际金融体系改革的一项关键任务。目前，中央对手方和中央对手清算机制在全球快速拓展，国际中央对手清算行业协会影响不断提升，中央对手方全球服务网络持续扩大，全球中央对手清算份额显著增加等，这些发展成果充分反映了中央对手方和中央对手清算机制在全球金融领域的战略重要性不断提高，已经成为国际金融发展的重要趋势，是国际金融监管当局维护金融市场稳定、实施宏观审慎监管的重要政策工具，同时也是国际金融中心的关键标配和国际金融竞争的战略焦点。

一、中央对手方的机构发展

（一）中央对手方数量快速增长

根据金融稳定理事会《场外衍生品市场改革实施进展报告》，2011—2022年，全球场外衍生品市场中央对手方的数量大幅提高，从9个司法辖区的11家，增长到17个辖区的31家，数量增长近2倍。根据金融稳定理事会统计，在2008年国际金融危机前，全球范围内只有欧美等金融市场设立了场外衍生品市场的中央对手方，包括美国芝加哥商业交易所清算公司（CME Clearing）、美国国际衍生品清算集团（IDCG）、美国洲际交易所（ICE）下的美国和欧洲两家分公司、欧洲期货交易所清算公司（Eurex Clearing）、伦敦清算所（LCH）英国和法国两家分公司、新加坡交易所清算公司（SGX AsiaClear）等，主要服务利率、信用、权益、商品4个资产类别的衍生品市场（见表5－1）。

表 5-1　2008 年前全球场外衍生品市场的相关中央对手方

资产类别	中央对手方
利率	美国芝加哥商业交易所清算公司（CME Clearing）
	美国国际衍生品清算集团（IDCG）
	伦敦清算所英国公司（LCH Ltd）
信用	美国芝加哥商业交易所清算公司（CME Clearing）
	欧洲期货交易所清算公司（Eurex Clearing）
	美国洲际交易所欧洲清算公司（ICE Clear Europe）
	美国洲际交易所信托公司（ICE Trust US）①
	伦敦清算所法国公司（LCH SA）
权益	欧洲期货交易所清算公司（Eurex Clearing）
	伦敦清算所英国公司（LCH Ltd）
商品	美国芝加哥商业交易所清算公司（CME's ClearPort）
	伦敦清算所英国公司（LCH Ltd）
	美国洲际交易所欧洲清算公司（ICE Clear Europe）
	新加坡交易所清算公司（SGX AsiaClear）

资料来源：金融稳定理事会。②

从 2008 年开始，全球实施中央对手清算机制的司法辖区广泛拓展，并采用多种方式加快推进中央对手方的建设，包括新设专业的中央对手方，或者在原有交易所、清算所的基础上拓展专业的中央对手清算功能等，例如，中国、中国香港、美国、荷兰、巴西等新设立了专业的中央对手方，即上海清算所、香港交易所场外结算公司、洲际交易所信用衍生品清算公司、洲际交易所荷兰清算公司、巴西证券交易所；再如，英国、澳大利亚、西班牙、印度、日本等也在原有交易所或清算所的基础上拓展场外衍生品的中央对手清算功能或相关产品服务，包括伦敦金属交易所清算公司、澳大利亚证券交易所清算公司、澳大利亚证券交易所期货清算公司、西班牙股票市场清算所、印度清算公司、日本证券清算公司等（见表 5-2）。

① ICE Trust US 是洲际交易所信用衍生品清算公司（ICE Clear Credit）的前身。

② FSB. Implementing OTC Derivatives Market Reforms [Z]. 2010.

表 5－2　　全球场外衍生品市场的相关中央对手方　　单位：家

序号	中央对手方	地区	被授权提供清算服务的司法管辖区	商品	信用	权益	外汇	利率
1	阿西尼亚清算所（Asigna）	墨西哥	欧盟、墨西哥、英国					3
2	澳大利亚证券交易所清算公司（ASX Clear）	澳大利亚	澳大利亚、欧盟、英国	3	2	3	2	3
3	澳大利亚证券交易所期货清算公司［ASX Clear (Futures)］	澳大利亚	澳大利亚、欧盟、瑞士、英国、美国	3	2	3	2	5
4	巴西证券交易所（B3）	巴西	巴西、欧盟	2	1	2	2	2
5	西班牙股票市场清算所（BME Clearing）	西班牙	欧盟、瑞士、英国	3				3
6	加拿大中央存托清算公司（CDCC）	加拿大	加拿大、欧盟、英国			3		2
7	印度清算公司［Clearing Corporation of India Ltd (CCIL)］	印度	欧盟、印度、英国				3	3
8	芝加哥商业交易所集团（CME Group Inc）	美国	澳大利亚、加拿大、欧盟、中国香港、日本、墨西哥、新加坡、瑞士、英国、美国	6	3	1	6	10
9	欧洲商品清算公司（European Commodity Clearing AG）	德国	欧盟、瑞士、新加坡、英国	4				
10	欧洲期货交易所清算公司（Eurex Clearing AG）	德国	澳大利亚、加拿大、欧盟、日本、新加坡、英国、瑞士、美国				3	8
11	洲际交易所信用衍生品清算公司（ICE Clear Credit LLC）	美国	加拿大、欧盟、新加坡、瑞士、英国、美国		6			
12	洲际交易所欧洲清算公司（ICE Clear Europe Ltd）	英国	欧盟、瑞士、英国、美国	2	4	2	3	2
13	洲际交易所荷兰清算公司（ICE Clear Netherlands）	荷兰	欧盟、英国			2		

续表

序号	中央对手方	地区	被授权提供清算服务的司法管辖区	商品	信用	权益	外汇	利率
14	印度尼西亚清算所（Indonesia Clearing House）	印度尼西亚	印度尼西亚	1				
15	日本证券清算公司（JSCC）	日本	澳大利亚、欧盟、中国香港、日本、瑞士、英国、美国		4			7
16	波兰国家证券存管公司（KDPW CCP）	波兰	欧盟、英国					2
17	印度尼西亚商品期货清算所（Kliring Berjangka Indonesia）	印度尼西亚	印度尼西亚	1				
18	韩国交易所（Korea Exchange）	韩国	欧盟、日本、英国、美国、韩国					5
19	伦敦清算所英国公司（LCH Ltd）	英国	澳大利亚、加拿大、欧盟、中国香港、日本、墨西哥、新加坡、英国、美国、瑞士			2	7	10
20	伦敦清算所法国公司（LCH SA）	法国	加拿大、欧盟、瑞士、英国、美国		5			
21	伦敦金属交易所清算公司（LME Clear Ltd）	英国	加拿大、欧盟、瑞士、英国	4				
22	纳斯达克 OMX 斯德哥尔摩（Nasdaq OMX Stockholm）	瑞典	澳大利亚、欧盟、英国	1		1		3
23	俄罗斯国家清算中心（NBCI National Clearing Centre）	俄罗斯	俄罗斯				1	1
24	洲际交易所 NGX 加拿大（ICE NGX Canada Inc）	加拿大	加拿大、欧盟、英国、美国	4				
25	期权清算公司（OCC）	美国	加拿大、美国	1		2		
26	葡萄牙 OMI 清算所（OMI Clear）	葡萄牙	欧盟、英国	2				

续表

序号	中央对手方	地区	被授权提供清算服务的司法管辖区	商品	信用	权益	外汇	利率
27	香港交易所场外结算公司（OTC Clearing Hong Kong Ltd）	中国香港	澳大利亚、欧盟、中国香港、日本、新加坡、英国、美国				5	7
28	新加坡交易所衍生品清算公司（SGX Derivatives Clearing Ltd）	新加坡	欧盟、新加坡、瑞士、英国	4		2	2	2
29	上海清算所（Shanghai Clearing House）	中国	中国、欧盟	2	2		2	2
30	瑞士证券交易所清算公司（SIX X - clear AG）	瑞士	欧盟、英国			2		
31	伊斯坦布尔结算和托管银行（Istanbul Settlement and Custody Bank Inc）	土耳其	土耳其					1
该资产类别中运营的中央对手方总数				16	9	12	12	20
该资产类别中授权中央对手方的司法辖区数量				43	29	26	38	81

资料来源：金融稳定理事会。①

（二）中央对手方跨市场跨区域运营

根据金融稳定理事会统计，全球场外衍生品市场的 31 家中央对手方，普遍具有跨市场、跨区域开展运营活动的特征，已经成为国际金融市场的重要运行基础。从服务资产类别看，利率衍生品市场、大宗商品衍生品市场、外汇衍生品市场、权益衍生品市场和信用衍生品市场分别有 20 家、16 家、12 家、12 家和 9 家中央对手方提供服务。在 31 家中央对手方中，超过半数（17 家）能为多个资产类别提供中央对手清算服务。从运营的司法辖区来看，在 31 家中央对手方中，有 27 家在 2 个及以上司法辖区运营，还有 2 家中央对手方——芝加哥商业交易所集团和伦敦清算所英国公司——在多达 10 个司法辖区运营。

目前，在国际场外衍生品市场，主要中央对手方已经在市场份额、服务网

① FSB. OTC Derivatives Market Reforms Implementation Progress in 2022 [Z]. 2022.

络、影响力等方面占据了重要地位，如英国的伦敦清算所、欧盟的欧洲期货交易所清算公司、美国的芝加哥商业交易所清算公司和洲际交易所信用衍生品清算公司等。

伦敦清算所总部位于英国伦敦，其英国子公司和法国子公司业务领域主要覆盖利率、外汇、信用、权益 4 大类衍生品，除欧洲本土外，服务范围已广泛拓展至北美和亚太地区。伦敦清算所在国际利率衍生品市场占据绝对优势的市场份额，为全球提供 27 种货币计价利率互换清算，其中在美元、欧元、英镑等 24 种货币计价的市场中占比超过 95%。

欧洲期货交易所清算公司总部位于德国法兰克福，隶属于德意志交易所集团。业务领域主要覆盖利率、外汇两大类衍生品，服务范围覆盖澳大利亚、加拿大、欧盟、日本、新加坡、英国、瑞士和美国 8 个司法辖区。欧洲期货交易所清算公司是欧元计价利率互换的主要清算机构之一，约占全球市场份额的 5%，排名第二位，但是远小于伦敦清算所的 95%，2023 年其全球市场份额为 4.6%①。

芝加哥商业交易所清算公司总部位于美国芝加哥。业务领域覆盖利率、外汇、信用、商品、权益 5 大类衍生品，服务范围覆盖澳大利亚、加拿大、欧盟、中国香港、日本、墨西哥、新加坡、瑞士、英国和美国 10 个司法辖区。芝加哥商业交易所清算公司是美元计价利率互换的主要清算机构之一，2023 年约占全球市场份额的 2.3%，排名第二位，但远小于伦敦清算所的约 97%。芝加哥商业交易所清算公司在拉丁美洲国家货币计价的利率互换产品中的份额占绝对优势，在巴西雷亚尔（BRL）、智利比索（CLP）和哥伦比亚比索（COP）等计价的利率互换清算份额均超过 98%，在墨西哥比索计价的利率互换产品中清算份额接近 90%。

洲际交易所信用衍生品清算公司（ICE Clear Credit）总部位于美国芝加哥，是洲际交易所的子公司。业务领域主要是信用衍生品清算服务，服务范围覆盖加拿大、欧盟、新加坡、瑞士、英国和美国 6 个司法辖区。截至 2022 年末，洲际交易所信用衍生品清算公司在美元计价的信用衍生品市场份额高达 97.3%。洲际交易所信用衍生品清算公司在欧元计价的信用违约互换市场份额第一，占比为 41.8%，伦敦清算所第二，占比为 30.5%，同集团的洲际交易所欧洲清算

① 本部分相关中央对手方清算市场份额的数据来源均为 CLARUS 网站。

公司第三，占比为27.7%（见表5－3）。

表5－3　全球相关衍生品市场主要中央对手方份额

产品	中央对手方	全球市场份额
欧元计价利率互换	伦敦清算所	约95%
	欧洲期货交易所清算公司	约5%
美元计价利率互换	伦敦清算所	约97%
	芝加哥商业交易所清算公司	约2%
欧元计价信用衍生品	伦敦清算所	约30%
	洲际交易所信用衍生品清算公司	约42%
	洲际交易所欧洲清算公司	约28%
美元计价信用衍生品	洲际交易所信用衍生品清算公司	约97%

二、中央对手清算市场的内涵升级

（一）场外衍生品市场规模持续攀升

近年来，伴随着国际场外衍生品市场较快发展，中央对手清算规模迅速增长。如图5－1所示，自1998年以来，场外衍生品市场呈现爆发式增长，在2008—2010年附近达到历史峰值，未平仓合约名义本金总额从1998年底的80万亿美元增长至2008年的672万亿美元，市值从1998年底的3.2万亿美元增长至2008年6月的20.1万亿美元。

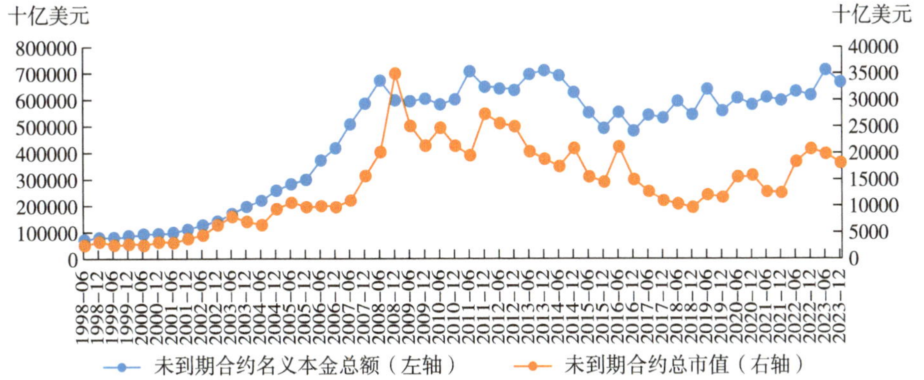

图5－1　1998—2023年全球场外衍生品市场规模

（资料来源：国际清算银行）

在2008年国际金融危机后，国际衍生品市场发展放缓，从2010年前后开始持续下降至2016年前后的低点，2016年末未平仓合约名义本金总额降至482万亿美元，总市值降至14.9万亿美元。此后，2016年以来，场外衍生品市场重新快速增长，截至2023年末，未平仓合约规模已接近2008年的峰值。截至2023年末，全球场外衍生品未平仓合约名义本金总额为667.1万亿美元，总市值为18.1万亿美元（见表5－4）。2016—2023年，全球场外衍生品未平仓合约名义本金总额的年均复合增长率达到5%左右。2020—2023年，全球场外衍生品市场规模与场内衍生品市场规模（均以未平仓名义本金计）相比，保持在7～8倍。

表5－4　　近年全球场外金融衍生品市场规模和总市值　　单位：十亿美元

基础资产类别/工具	未到期合约名义本金总额				未到期合约总市值			
	2022年中	2022年末	2023年中	2023年末	2022年中	2022年末	2023年中	2023年末
合约总计	632131	617991	712881	667058	18352	20754	19835	18122
汇率类合约	109585	107579	118467	118004	4727	4846	4310	4197
远期和外汇掉期	66327	62849	69701	67797	2620	2560	2325	2196
货币互换	30284	31802	34541	36184	1815	2016	1718	1767
外汇期权	12951	12906	14200	13999	292	270	268	234
其他	22	22	25	24				
利率类合约	502462	490634	573587	529813	11805	14635	14389	12783
远期利率协议	49270	44978	61779	56023	403	465	404	403
利率互换	414195	405546	465814	425277	10623	13249	13163	11682
利率期权	38789	39887	45758	48288	779	920	822	698
其他	209	223	236	224				
权益类合约	6989	6919	7837	7783	595	504	570	582
远期和互换	3513	3469	3688	3830	349	277	265	258
期权	3477	3449	4149	3954	245	227	305	324
商品类合约	2979	2357	2277	2203	924	525	305	301
黄金	820	700	823	791	26	27	25	26
其他贵金属	106	91	92	87	8	8	8	6
其他商品	2053	1566	1362	1325	891	489	272	268
远期和互换	2351	1824	1743	1647				

续表

基础资产类别/工具	未到期合约名义本金总额				未到期合约总市值			
	2022年中	2022年末	2023年中	2023年末	2022年中	2022年末	2023年中	2023年末
期权	628	533	534	556				
信用衍生品	9542	9941	10120	8709	247	186	203	209
其中：信用违约互换	9316	9728	9900	8547	211	146	168	177
单名	3882	4051	4003	3941	109	72	76	75
多名	5434	5677	5897	4606	103	74	92	102
其中：指数产品	5160	5156	5618	4304				
未分类衍生品	574	561	592	546	53	58	58	50
总信用风险敞口	632131	617991	712881	667058	3232	3562	3535	3125

资料来源：中国银行间市场交易商协会，中国外汇交易中心，银行间市场清算所股份有限公司．中国场外金融衍生品市场发展报告（2023年度）．

值得注意的是，考虑到衍生品合约压缩技术等的广泛使用，近些年的衍生品规模统计数据较早期的数据内涵更加丰富。与早期数据相比，近些年通过合约压缩技术的应用，市场统计规模会“大幅缩水”，因此仅从未平仓名义本金和市值规模等存量统计数据看，仅部分反映了近些年场外衍生品市场交易活动的流量数据规模，无法完全体现市场活跃程度的快速提升。

（二）中央对手清算成为场外衍生品市场的主流选择

近些年，场外衍生品市场中央对手清算占比稳定快速增长。根据金融稳定理事会数据，2012年6月末，全球仅约40%的利率衍生品、10%的信用违约互换采用了中央对手清算。经过十余年的迅速发展，根据国际清算银行数据①，截至2023年末，全球场外衍生品市场总体的中央对手清算比例已达62%左右，较2012年大幅提高。其中，利率衍生品中央对手清算比例最高，稳定在76%左右；信用衍生品提升最快，已达到约65.4%；外汇衍生品中央对手清算的发展潜力巨大，国际市场应用中央对手清算比例约4.7%（见图5－2）。

① 详见国际清算银行网站数据栏目——场外衍生品市场。

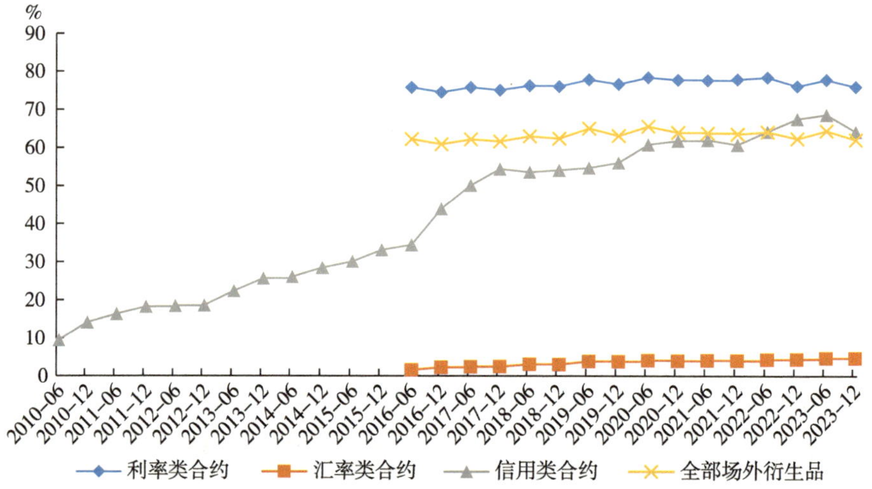

图 5-2　2010—2023 年全球场外衍生品市场中央对手清算比例

（资料来源：根据国际清算银行数据整理）

（三）中央对手清算功能作用日益深化

随着中央对手方各项功能和服务的不断深化发展，市场机构参与现货和衍生品中央对手清算的种类不断扩大、程度日益加深。一方面，部分国际中央对手方的清算范围随着金融市场的创新进一步拓展到了前沿新兴金融领域，如碳排放、数字资产、各类创新指数等新型标的的衍生品合约；另一方面，中央对手清算机制的功能作用在债券、利率、外汇、信用、商品、权益等传统资产类别的应用持续创新、深入推进。

在新兴资产类别方面，洲际交易所推出了加州碳排放配额（CCA）期货、英国配额（UKA）期货等多个产品和全球碳期货指数，以及明晟（MSCI）日本环境、社会和公司治理（ESG）领导者全收益（GTR）指数、明晟世界低碳领导者净收益（NTR）指数等多个股指期货；芝加哥商业交易所集团（CME Group）推出碳排放配额期货、全球碳排放抵消（GEO）期货。同时，在传统资产类别方面，洲际交易所还在场外权益衍生品市场推出数十种个股期权、特色指数期货等中央对手清算服务，如亚洲科技 30 指数期货、微型明晟美国指数期货[①]；新加坡交易所（SGX）推出了富时新兴 ESG 指数、富时新兴亚洲 ESG 指

① 洲际交易所网站。

数衍生品等。

同时，中央对手方基于自身专业领域经验和市场优势，将功能作用向更广泛和前沿的领域延伸拓展。一是持续扩大强制中央对手清算范围，中央对手清算在债券等传统金融市场的功能深化是未来重要发展趋势，有助于进一步强化中央对手清算作为全球监管当局信赖的系统性金融风险的重要管理工具。例如，近些年，美国经历多次国债市场流动性闪崩事件后，经美国监管机构、学术界、金融行业等从多角度分析闪崩原因、探讨解决办法，形成了通过中央对手清算加强国债市场整体风险管理的解决方案。美国在国债市场推行强制、全面的中央对手清算，强化了中央对手清算机制在金融市场风险管理中的核心价值。

二是延伸拓展双边清算领域，提升中央对手方的普惠作用。2016 年，伦敦清算所推出互换交易代理（SwapAgent）服务，通过抵押品文件的标准化、风险计量模型和双边初始保证金计算的标准化、抵押品管理流程和结算流程的标准化等，为市场机构间的互换合约双边交易提供支持，推动双边交易清算运行效率向中央对手清算靠近。2020 年 6 月，Capitalab、Quantile Technologies 等公司与伦敦清算所合作为场外衍生品提供初始保证金优化服务，丰富和创新了中央对手方对双边清算市场的服务供给。

三是聚焦数据服务功能创新，激发和满足市场数据服务需求。例如，伦敦清算所建立数据服务产品体系，挖掘金融数据要素价值，根据其风险管理的核心能力发展了信用违约互换定价与保证金试算服务，与埃信华迈（IHS Markit，2022 年与标准普尔合并形成全球第三大金融数据集团）合作，通过收集会员报价，每日发布信用违约互换市场价格；推出支持客户通过互动应用或接口访问的数据服务，对场内场外利率和外汇衍生品资产组合进行实时的估值、风险敞口和保证金试算。再如，美国洲际交易所集团以金融信息为战略方向发展数据服务，通过收购多家金融数据服务企业，形成金融基础设施服务与金融数据服务的协同发展效应，建立了基础数据、估值和定价、指数和基准、资产组合分析、解决方案服务 5 条产品线，主要服务于估值、风险分析、压力测试、投资决策、监管合规等不同的投资管理目的。

三、中央对手清算国际互联互通网络的普遍扩展

中央对手清算国际互联互通网络的建立和扩展，已逐渐成为全球各地金融市场提升国际竞争力和影响力的重要方法之一，也是全球中央对手方重要的国

际化发展方向。随着国际场外衍生品市场的发展，国际金融监管政策调整以及中央对手清算机制深化等多重因素的互动演进，中央对手方在拓展境外清算会员的基础上，采用多种联通方式拓展国际服务网络，包括与其他中央对手方联通、与国际交易平台联通、设立境外子公司等模式，提高自身和本国/地区金融市场竞争力。

（一）中央对手方之间联通

中央对手方之间联通模式，属于《金融市场基础设施原则》中的“同业连接”（Peer－to－peer Link），是两个或多个中央对手方之间跨机构、跨系统联合开展交易清算服务，便利国际各方在无须转换已加入的中央对手方情况下，实现跨境金融交易和全球化资源配置，也被业内和监管机构称为互操作性安排（Interoperability Arrangement），能够方便跨境、跨中央对手方之间的大规模交易清算活动。

1. 场外中央对手方互联互通由中国在全球范围首创

场外衍生品市场中央对手方之间连接，由中国在全球范围内首创，是上海清算所（SHCH）与香港交易所场外结算公司（OTCC）之间关于衍生品市场互联互通的“互换通”机制安排。2023 年 5 月 15 日，“互换通”正式上线，以交易互联互通与清算互联互通为核心，创新拓展了内地与香港金融衍生品市场互联互通合作模式。上海清算所与香港场外结算公司共同提供中央对手清算服务、共同完成保证金与资金结算、共同建立“互换通”资源池等创新安排，为中国银行间金融衍生品市场高水平对外开放提供了坚实的清算及风控机制保障。

2. 场内中央对手方互联互通集中在欧盟成员内部

场内中央对手方之间连接，主要集中在欧盟成员国场内市场的债券、回购、股票、交易所基金等。2002 年欧元正式流通后，2003—2012 年之间，欧盟内部共建立 5 组中央对手方连接，现仍有 4 组运营，分别是伦敦清算所英国公司和瑞士证券交易所清算公司、伦敦清算所英国公司与欧洲中央对手方清算所、伦敦清算所法国公司与意大利担保清算公司，以及欧洲中央对手方清算所与瑞士证券交易所清算公司。另外，2003 年，伦敦清算所英国公司与瑞士证券交易所清算公司挪威分公司建立连接，现已停止运营（见表 5－5）。

表 5 -5　　欧盟内部中央对手方之间连接情况

连接	中央对手方 1	所在地	共同清算产品	所在地	中央对手方 2
1	意大利担保清算公司（CCG）	意大利	意大利政府债券（现券和回购）	法国	伦敦清算所法国公司（LCH SA）
2	欧洲中央对手方清算所（Euro CCP）	荷兰	股票和交易所基金	英国	伦敦清算所英国公司（LCH Ltd）
3	瑞士证券交易所清算公司（SIX X - Clear）	瑞士	股票和交易所基金	荷兰	欧洲中央对手方清算所（Euro CCP）
4	伦敦清算所英国公司（LCH Ltd）	英国	股票和交易所基金	瑞士	瑞士证券交易所清算公司（SIX X - Clear）

（二）中央对手方与交易平台联通

中央对手方与交易平台联通的模式，属于《金融市场基础设施原则》的原则 18 “准入与参与要求” 的一个方面，即交易平台等其他金融基础设施直接使用中央对手方服务的一种连接模式，便利国际市场机构在不改变国际市场惯例的情况下，通过交易清算一体化机制安排及全流程高效对接，为市场提供便捷的国际交易渠道。

欧美主要中央对手方通过与国际主要交易平台合作，实现了对全球金融市场的广泛覆盖，比较典型的案例包括欧洲权益市场、场外衍生品市场。中央对手方连接交易平台的数量，一般与中央对手方服务场内或场外市场、清算架构属于垂直型或水平型密切相关，场内垂直型中央对手方一般连接一个主要交易平台，场外水平型中央对手方一般连接多个交易平台。

例如，伦敦清算所英国公司的场外利率衍生品清算业务（互换清算系统平台 SwapClear）连接了英国境内外 17 个交易平台，对全球 95% 的常见类型利率互换提供中央对手清算。洲际交易所的场外衍生品市场信用违约互换清算平台（包括洲际交易所信用衍生品清算公司与洲际交易所欧洲清算公司）共连接了 10 个其他交易平台，包括彭博（Bloomberg）、萃达万博（Tradeweb）、爱克森斯（Marketaxess）等，为全球约 90% 的信用违约互换提供中央对手清算[①]（见表

① 相关信息和数据来源于：伦敦清算所网站、洲际交易所网站、CLARUS 网站、全球交易所联盟（WFE）网站。

5－6）。通过与国际交易平台连接，中央对手方可以实现通过一个交易平台同步对多个国际市场提供服务。

表5－6　国际相关中央对手方与交易平台连接情况

中央对手方	交易平台	全球市场占有率
伦敦清算所英国公司	17个，Bloomberg、Tradeweb等	利率互换占全球95%的份额，涵盖27种货币计价的数百种利率互换①
洲际交易所	10个，Bloomberg、Tradeweb、Marketaxess等	信用违约互换清算量占全球市场的90%

（三）中央对手方设立境外子公司

中央对手方设立境外子公司的模式，属于《金融市场基础设施原则》的原则2“治理”的一个方面，主要方式包括中央对手方集团通过收购境外当地已有中央对手方或者直接设立子公司等形式，实现直接对境外市场拓展具有比较优势的清算、风险管理等服务。对于中央对手方的这类公司治理行为，《金融市场基础设施原则》指出，金融基础设施的治理安排应能确保附属机构的决定不会损害金融基础设施自身。

从国际实践看，设有境外子公司的中央对手方主要是欧美金融基础设施集团，如洲际交易所集团（ICE Group）、伦敦清算所集团（LCH Group）、芝加哥商业交易所集团。这些金融基础设施集团一般以收购境外市场当地中央对手方或新设实体的方式在境外市场设立子公司，目标地点主要为美国、英国、加拿大、新加坡等成熟金融市场。

中央对手方设立境外子公司的模式，在21世纪初以来的全球金融衍生品爆发式增长环境中曾经一度高涨，近些年随着国际金融监管政策调整和国际竞争的加剧，金融基础设施集团逐渐整合关闭了部分原有境外子公司。国际上，比较有代表性的案例：一是2009年芝加哥商业交易所集团在英国伦敦设立全资欧洲清算公司（CME Clearing Europe），提供场外能源和商品衍生品业务，2017年因其美国总部（CME Inc）获得欧盟的“第三国中央对手方”认证，欧盟市场

① 27种货币包括美元、欧元、英镑、日元、澳大利亚元、新西兰元、新加坡元等发达经济体货币，以及南非兰特、巴西雷亚尔、智利比索、印度卢比、泰铢、新台币以及人民币等新兴市场和发展中经济体（EMED）货币。

参与者可以直接且更倾向于参与芝加哥商业交易所总部业务等因素，该子公司已经关闭；二是2012年伦敦清算所集团通过收购美国的国际衍生品清算公司（IDCG）成立了伦敦清算所美国子公司［LCH Clearnet（US）LLC］，2016年因伦敦清算所英国公司获得美国商品期货交易委员会的批准，可以对美国客户头寸进行保证金冲抵，美国市场相关业务诉求可以在伦敦清算所英国公司办理，该子公司已经关闭；三是2014年美国洲际交易所集团通过收购新加坡金属交易所（SMX）成立洲际交易所新加坡期货交易所（ICE Futures Singapore），目前正在运营（见表5－7）。

表5－7　　　　中央对手方设立境外子公司情况

类别	伦敦清算所集团	洲际交易所集团	芝加哥商业交易所集团
海外子公司	美国子公司［LCH Clearnet（US）LLC］	ICE新加坡期货交易所（ICE Futures Singapore）	芝加哥商业交易所欧洲清算公司（CME Clearing Europe）
设立时间	2012年	2015年	2009年
设立方式	并购	并购	全资设立
目前状态	2016年关闭	运营中	2017年关闭
主要业务	利率衍生品	能源期货、外汇期货、股指期货等	能源、农产品、航运、金属等衍生品
相关背景	2009年，美国IDCG成立 2012年，LCH收购IDCG 2016年，LCH关闭LCH US，转而继续通过SwapClear对美国提供服务 2017年1月，CFTC批准LCH Ltd对客户头寸进行保证金冲抵	2010年，SMX成立。 2014年，ICE收购SMX 2015年，重新开业并更名为ICE Futures Singapore 2016年，新加坡出台认证境外CCP的制度，即认可清算所制度（Approved CCP）	2009年，CME欧洲子公司在伦敦成立 2010年，CME欧洲子公司获得英国“经认证清算所”认证 2011年，CME欧洲子公司宣布上线欧洲的场外能源和商品衍生品业务 2014年，CME欧洲子公司获得欧盟“第三国中央对手方”认证 2016年，CME美国总部获得欧盟的“第三国中央对手方”认证 2016年，CME欧洲子公司获得欧盟“第三国中央对手方”认证 2017年，CME欧洲子公司关闭

四、中央对手方成为国际金融中心的关键标配和国际金融竞争的战略焦点

（一）中央对手方是全球主要国际金融中心的关键标配

当今，全球主要经济体普遍拥有与本国整体经济实力和国际地位相辅相成

的国际金融中心，这些国际金融中心大多具有突出的共性特点，不仅金融体系规模庞大、市场结构完备，掌握着全球资源配置和金融功能发挥的话语权；而且，作为国际金融机构、金融市场和金融交易的聚集交流的所在地，国际金融中心必然具备各类功能发达的金融基础设施，尤其是处于金融交易清算中心环节、兼具系统性金融风险管理和金融创新等复合功能的中央对手方，已经成为国际金融中心的关键标配，是国际金融中心巩固地位、提升竞争力和持续发展的关键所在。

目前，全球主要国际金融中心均设有具备较强国际影响力的本地中央对手方，不仅服务本地金融市场，更广泛开展跨境金融业务，范围覆盖多个国家和地区，成为全球国际金融中心竞争力的关键载体。例如，伦敦、芝加哥、上海、香港、法兰克福、新加坡等主要国际金融中心城市，分别设有伦敦清算所、芝加哥商业交易所清算公司、上海清算所、香港交易所场外结算公司、欧洲期货交易所清算公司、新加坡交易所衍生品清算公司等具有较强竞争力的中央对手方（见表5-8）。目前，伦敦清算所、洲际交易所信用衍生品清算公司、上海清算所已经分别在利率互换、信用衍生品、外汇衍生品中央对手清算方面居全球首位。这些中央对手方已经体现出在全球汇集、分配资源的广泛影响力，极大地促进了相关国际金融中心的建设发展。

表5-8　相关国际金融中心的中央对手方情况

城市	机构	产品/市场服务
东京	日本证券清算公司	EQU、SEC、REP、SLB、IRS、EQD、CRD、CMD
	日本证券存管中心清算公司	EQU、SLB
法兰克福	欧洲期货交易所清算公司	EQU、SEC、REP、SLB、DFX、IRS、CMD、EQD
香港	香港中央结算有限公司	EQU、SEC
	香港联交所期权结算所	EQD
	香港期货结算所	DFX、IRS、CMD、EQD
	香港交易所场外结算公司	DFX、IRS
新加坡	新加坡中央证券存管公司	EQU、SEC、SLB
	新加坡交易所衍生品清算公司	DFX、IRS、CMD、EQD
	洲际交易所（新加坡）	DFX、CMD
	亚太交易所清算公司	CMD
伦敦	伦敦清算所	EQU、SEC、REP、DFX、IRS、MD、EQD、CRD
	洲际交易所(英国)	IRS、CMD、EQD、CRD
	伦敦金属交易所清算公司	SEC、CMD

续表

城市	机构	产品/市场服务	城市	机构	产品/市场服务
孟买	印度清算公司	SEC、REP、IRS、DFX	芝加哥	芝加哥商业交易所清算公司	DFX、IRS、CMD、EQD
	印度国家证券清算公司	EQU、SEC、REP、SLB、DFX、IRS、EQD		洲际交易所信用衍生品清算公司	CRD
	印度孟买证交所清算公司	EQU、SEC、REP、SLB、DFX、IRS、EQD		期权清算公司	SLB、DFX、CMD、EQD
	印度多种商品交易所清算公司	EQU、SEC、DFX、IRS、EQD	上海	上海清算所	SEC、REP、SLB、DFX、IRS、CMD、CRD

注：EQU 代表股票，DFX 代表外汇衍生品，SEC 代表固定收益，IRS 代表利率衍生品，REP 代表回购，CMD 代表大宗商品衍生品，SLB 代表证券借贷，EQD 代表股权类衍生品，CRD 代表信用衍生品。

（二）中央对手方已成国际金融竞争的战略焦点

从全球金融发展趋势看，中央对手方和中央对手清算机制已经在国际金融体系中居于基础性的枢纽位置，通过提供必要的风险管理、抵押品管理和资金流转等机制安排，有效促进了各类经济金融活动的稳定运行、效率提升以及持续创新。

1. 中央对手清算是国际金融竞争的关键环节

中央对手清算机制是金融市场高效运行的前提和基础。金融交易达成后，需要经过债权债务的清算，才能完成资金的支付和金融产品的交割。因此，安全、高效的清算服务，直接关系到利率、外汇、债券、大宗商品、信用衍生品等金融市场的有序运转，以及国际金融中心在全球范围内配置资源功能的有效发挥。

中央对手清算机制具有强大的资金、人才、产品、创新的集聚作用。通过中央对手清算机制，中央对手方可以集聚大规模流动的清算资金和沉淀的风险准备资源；通过深化风险管理模型设计、探索前沿科技应用，可以集聚大量具有较高专业性和技术性的各类人才；通过直接服务实体经济和广泛触达全球各地区金融市场、各类别金融资产等，可以满足实体经济的各种需求与信息、技术、数据等的碰撞结合推动金融创新。

中央对手清算机制是金融“价值链条”的重要支点。基于对中央对手方和中央对手清算机制在金融体系中重要性的深刻认识，各国际金融中心普遍高度重视中央对手清算机制建设，如伦敦、纽约、上海、香港、新加坡等国际金融中心城市，不断通过政策引导和发挥自身中央对手清算机制的“价值链条”重要支点作用，巩固提升国际金融中心在国际金融领域的主导和优势地位。

2. 中央对手方已经成为国际金融领域争夺的战略焦点

国际金融监管机构普遍高度重视自主可控的本币清结算系统，并作为维护金融安全和自身利益的关键所在。一直以来，欧盟高度重视欧元计价产品的清算权，努力推动将欧元衍生品清算权由英国迁至欧元区，在欧元区内形成欧元计价衍生品的清算中心，强化欧盟尤其是欧元体系的中央银行对欧元清算业务的监管。以欧洲央行为代表的欧盟金融监管当局不断加强对欧元计价产品中央对手清算的主导管理权，一方面，凸显了由本国中央对手方主导本币计价产品中央对手清算的必要性；另一方面，也反映了中央对手方和中央对手清算机制已经发展成为国际金融领域竞争的战略焦点。

长期以来，伦敦清算所占据了欧元计价衍生品清算的主要份额，清算全球约95%的欧元计价利率互换。在英国脱欧背景下，英国和欧盟对衍生品清算主导地位展开了激烈争夺，伦敦清算所的欧元清算业务成为双方争夺的重点。2015年以来，以法国、德国为代表的欧盟国家多次以维护欧盟金融系统稳定、欧元控制权等原因，要求将欧元计价衍生品清算业务迁回欧洲大陆。自2021年1月英国脱欧起，英国不再适用欧盟监管规定，欧盟监管机构难以在英国行使其法定权力，清算权问题更加集中地凸显出来。

自英国脱欧以来，欧盟采取了大量措施，直接或间接、激励或要求欧元计价衍生品清算回流至欧盟。欧盟对伦敦清算所实施严厉的监管措施。一方面，欧盟临时认证伦敦清算所为欧盟的第三国中央对手方（TC－CCP），可以为欧盟机构提供清算服务，由于这一监管认证状态为临时性质，而且临时认证的延期存在一定的不确定性，使欧盟机构难以对伦敦清算所相关清算服务保持长期稳定的预期，选择其开展清算业务将更为谨慎。另一方面，根据欧盟对海外中央对手方的分层监管制度，欧盟将伦敦清算所作为对欧盟具有系统重要性的海外中央对手方，使伦敦清算所面临非常严格的监管要求，而且有权随时调整相关要求，如要求其必须搬至欧盟境内才能为欧盟机构提供清算服务等。

进一步地，欧盟加强对欧盟金融机构的管理要求。在立法层面，2024年2月，欧盟理事会在其网站公布《欧洲市场基础设施监管规则》修订版（EMIR

3.0）立法草案文本，其中包含关于在欧盟维持活跃账户的要求。“维持活跃账户”属于事实上的“区位政策”，欧盟相关金融机构必须通过欧盟的中央对手方账户，在每个“规定的产品类型”下每年至少完成 5 笔交易的清算，才能完成履行“维持活跃账户”的义务。同时，据路透社报道，欧盟的几家大型银行曾收到来自欧盟委员会的文件，要求其阐述不将欧元计价衍生品从伦敦迁到欧盟的理由。

此外，欧盟还大力支持欧盟辖区内中央对手方提升竞争力。欧盟重点培育欧洲期货交易所清算公司与伦敦清算所在欧元计价衍生品清算业务上开展竞争。欧洲期货交易所清算公司位于德国法兰克福，是伦敦清算所在欧元衍生品清算方面的主要竞争对手。在英国脱欧后，欧洲期货交易所清算公司积极开展市场营销，努力获得从英国转移至欧洲大陆的欧元衍生品清算市场份额，主要措施包括：启动场外利率衍生品业务“伙伴计划”，参与“伙伴计划”的前十大活跃参与者可以获得一定的中央对手方的相关业务利润，并在清算监督委员会和董事会咨询委员会获得席位。同时，“伙伴计划”还提供更加透明和更有竞争力的清算服务价格、更多替代服务选择、更有效的交叉保证金制度等。2018 年 8 月，欧洲期货交易所清算公司宣布减免市场参与者从伦敦迁移头寸和抵押品至德国的相关迁移费用。

第六章　中央对手清算的理论思考

在中央对手清算机制下，中央对手方作为专业的第三方，通过合约替代、净额轧差、担保交收、风险共担等一系列相互支撑的制度机制设计，在市场结构、风险管理和机构行为等多个方面实现了清算业务质的跃升，有效优化了清算市场形态、阻断了风险传染链条、实现了风险缓释，达到了更优的金融市场均衡状态，现可在场内和场外市场所有产品、全部参与者中广泛适用。与此同时，全球各地中央对手方正在积极推进优化流动性和保证金管理、拓展服务范围和功能作用、强化跨境联通等，持续提升竞争力，更好支持金融市场安全稳健运行和创新发展。

一、中央对手清算的独特优势

（一）中心—辐条拓扑结构简化市场形态

中央对手方通过合约替代介入每一笔交易，将双边清算的复杂网状网络简化成中心—辐条状有序的清算市场形态，从网络复杂性、连接程度等方面大幅优化清算市场拓扑结构。一方面，随着中央对手清算覆盖范围的扩大，参与者之间连接的复杂程度会大幅降低，进一步增强市场透明度，提升市场的整体稳健性；另一方面，通过对所有参与者的交易清算进行净额轧差，最大限度发挥中心—辐条状市场形态提升轧差效率的积极作用，极大地降低清算会员的结算义务，减少资本占用，提升资金使用效率和市场流动性。

1. 降低资金结算规模

在中心—辐条状清算市场形态下，中央对手清算降低结算规模的过程可以由图6－1至图6－3的8笔现券交易构成的简易模型演示。在该模型中，资金和债券视作同等，结算义务以结算的资金规模表示。箭头及数字表示债券的卖方向买方交付的资金规模。如图 6－1 所示，在双边清算下，市场交付的资金为 85 元，买卖双方资金和债券的结算义务共 170 元（85 ×2），清算会员的结算义务为 125 元，客户的结算义务为 45 元。如图 6－2 所示，若清算会员之间采用中央对手清算，清算会员结算义务降为 65 元，即降低 48% 的结算义务。如图 6－3 所示，全市场（清算会员和客户）都采用中央对手清算，清算会员结算义务将进一步降至 15 元，即降低了 88% 的结算义务。

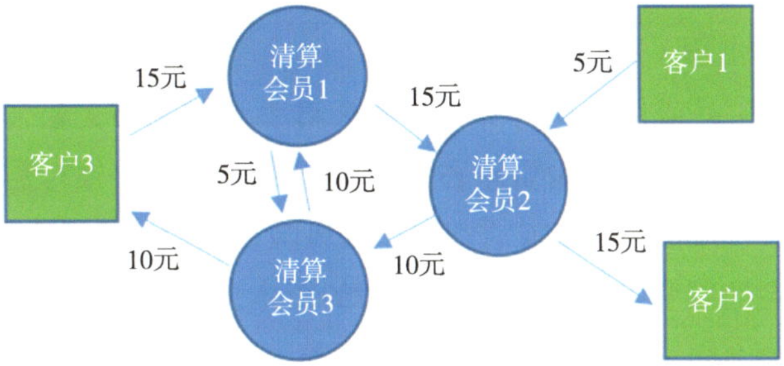

图 6－1　全市场双边清算的结算义务

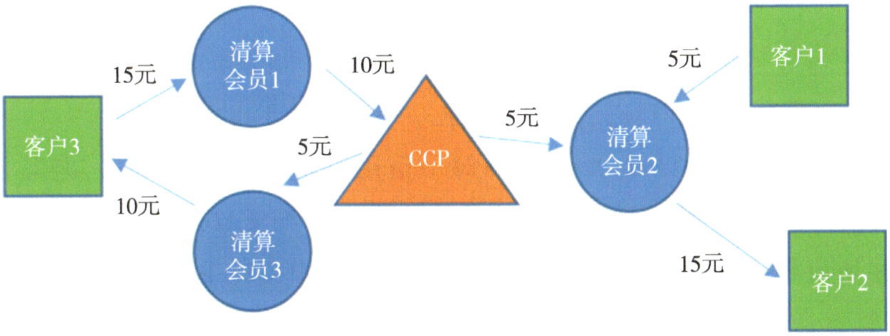

图 6－2　部分市场采用中央对手清算的结算义务

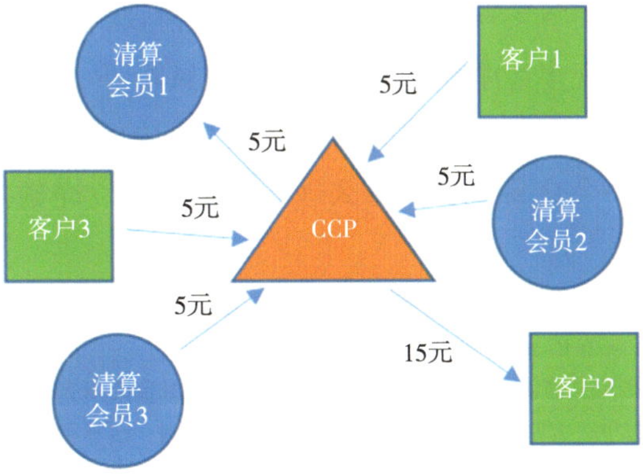

图 6－3　全市场采用中央对手清算的结算义务

相关研究表明，推广中央对手清算能够为市场显著增加流动性。以美国国债市场为例，2020 年 3 月，金融市场流动性紧张，美国国债价格大幅波动、交易量暴跌，在结算失败量激增的几周内，假设仅对国债现券实行中央对手清算，全市场交易商日均结算义务将降低约 3300 亿美元，约占每日结算义务的 60%，在交易量最高的 3 月 30 日，交易商能降低约 8000 亿美元的结算义务，约为当日结算义务的 70%，充分证明了推广使用中央对手清算能大幅增强市场流动性（Michael Fleming 和 Frank Keane，2021）①。

2. 节约资本占用

对于金融衍生品或债券回购交易，中央对手清算能够大幅节约银行类清算会员风险资本计提规模，减少资本占用。根据监管制度，银行需要满足规定的资本充足率要求，即核心资本或总资本除以风险加权资产应该不低于一定比例。因此，银行风险加权资产越少，需要占用的资本就越少。根据《巴塞尔协议》要求，银行需要计量交易对手信用风险加权资产（$\sum_i RWA_i$），计量方法为每笔交易（i）的总风险敞口（TEM_i）乘以每笔交易的风险权重（RW_i）之和，具体如下：

$$\sum_i RWA_i = \sum_i TEM_i \times RW_i$$

式中，总风险敞口（TEM_i）为交易对手信用风险敞口（EAD_i）与其他项之和。因此，交易对手信用风险加权资产（RWA_i）与 EAD_i、RW_i 正相关。依据《巴塞尔协议Ⅲ》规定，在风险加权资产计量上，中央对手清算在 2 个维度上比双边清算更具优势：一是中央对手清算的净额结算，使 EAD_i 更小。在双边清算下，只有严格满足监管要求才能执行净额结算缓释信用风险，而在中央对手清算下，中央对手方与清算参与者签订净额结算主协议，所有交易均可确认为一个净额交易组合，实现多边净额轧差，缓释信用风险。② 例如，美国证券交易委员会规定两笔方向相反的证券交易，需要具有相同的到期日、使用相同的结算机制，而且应是同一个交易对手，那么这 2 笔交易可以净额抵销。双边清算的

---

① Michael Fleming，Frank Keane. The Netting Efficiencies of Marketwide Central Clearing［R］. Federal Reserve Bank of New York Staff Reports，2021，No. 964.

② EAD_i 计量的第一步是确认净额交易组合。确认净额交易组合的依据是银行与交易对手之间是否签订符合净额结算规则的净额结算主协议，以及其规定的具体金额、结算范围和规则。符合净额结算主协议规定且签订交易确认书的所有交易，可被确认为一个净额交易组合，否则每笔交易均需被确认才可称为一个净额交易组合。

交易较难满足上述监管要求，较少执行净额结算。二是中央对手清算的风险权重更低。在双边清算下，风险权重的大小由交易对手的信用状况等决定，除对政府、中央银行或政策性银行的债权外，其他交易对手的风险权重至少为 20%，最高为 1250%，风险权重较高。在中央对手清算下，买卖双方的直接交易对手均为中央对手方（通常也被相应监管机构认可为合格中央对手方），各监管机构设置对合格中央对手方的风险权重较低，一般为 2%。

3. 促进资产价格发现

中央对手清算在提高市场流动性的基础上，相关风险管理措施能够确保交易双方足额提交风险准备资源，降低交易对手信用风险对价格的扰动，减少资产价格的波动，从而促进价格发现（Hsieh DA 和 Miller MH，1990）①。相关研究发现，通过对比 19 世纪末在采用中央对手清算的纽约证券交易所和未采用中央对手清算的联合证券交易所同时上市的同一组股票，发现纽约证券交易所的股票价格相对于联合证券交易所上升 0.24%，且股票价格更加稳定（Bernstein A、Hughson E 和 Weidenmier M，2019）。② 通过对 2009—2011 年信用违约互换采用中央对手清算前后价格变化的研究发现，买方愿意多支付 1.4% 的价格，即信用违约互换的息差上涨 1.4%，该结果在控制了流动性变量的影响后仍然稳健（Loon YC 和 Zhong ZK，2014）。③ 关于欧洲银行间回购市场的研究证实，在市场面临压力时，中央对手清算仍能支持资产价格保持稳定（Mancini L、Ranaldo A 和 Wrampelmeyer J，2016）。④

（二）多维度风控机制阻断风险传染链条

根据《金融市场基础设施原则》，中央对手方具备全面的、稳健的风险管理架构，能够有效监测、识别、计量和管理自身承担的、来自市场参与者等相关方的各类风险，阻断风险传染链条，保障金融市场安全运行。如图 6－4 所示，

---

① Hsieh D A, Miller M H. Margin Regulation and Stock Market Volatility [J]. Journal of Finance, 1990 (45): 3－29.

② Bernstein A, Hughson E, Weidenmier M. Counterparty Risk and the Establishment of the New York Stock Exchange Clearinghouse [J]. Journal of Political Economy, 2019, 127 (2): 689－729.

③ Loon YC, Zhong ZK. The Impact of Central Clearing on Counterparty Risk, Liquidity, and Trading: Evidence from the Credit Default Swap Market [J]. Journal of Financial Economics, 2014, 112 (1): 91－115.

④ Mancini L, Ranaldo A, Wrampelmeyer J. The Euro Interbank Repo Market [J]. The Revivew of Financial Studies, 2016, 29 (7): 1747－1779.

中央对手方具备高标准的风险管理机制，对每一笔交易进行担保交收，切断了风险传染路径，有力防范系统性风险。

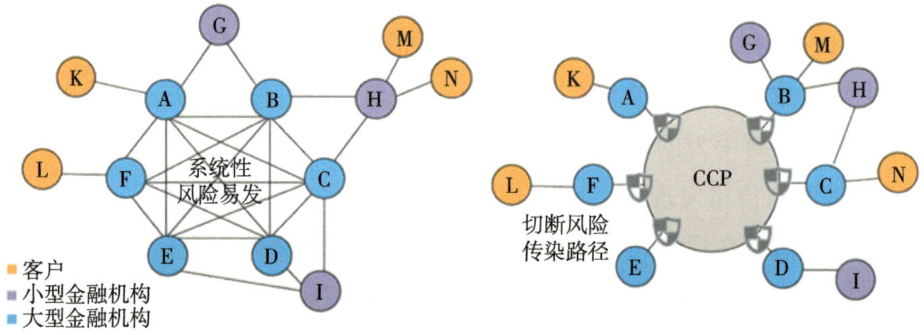

图 6－4 双边清算市场结构（左）和中央对手清算市场结构（右）对比

1. 动态保证金要求覆盖潜在风险

中央对手方作为交易清算网络的中心节点，是市场信息、数据、资金流的集聚点，承担对所有交易对手的信用、流动性等风险进行监测和管控的重要职责，能够及时识别单一交易对手的集中头寸和多个交易对手的抱团交易等，动态调整保证金要求以覆盖潜在风险，防范风险负面影响。例如，2021 年 1 月，美国个人投资者联合起来，大规模跟风购买模因股票[①]及其衍生品，引发了相关价格和交易量的大幅上升。在整个过程中，美国期权清算公司保证金模型和方法经受住了考验，及时覆盖潜在风险，得到了市场的认可。又如，在 2020 年第一季度，新冠疫情全球暴发，引起金融市场大震荡，全球主要中央对手方的清算规模创历史新高，同时初始保证金、变动保证金分别环比增长约 38%、65%。初始保证金要求相对于变动保证金的增长幅度较小，表明市场的大幅波动并未显著突破多数中央对手方初始保证金模型预设的置信水平。变动保证金的显著增长，及时准确反映了市场价格波动带来的风险敞口变化。2021 年，金融稳定理事会《金融稳定视角下从新冠肺炎疫情中吸取的教训：中期报告》（FSB，2021）[②] 指出，全球中央对手方在疫情期间均保持正常运营，为市场提供高效、稳健的中央对手清算服务，通过持续监测、管理金融市场风险，为维护金融市

---

① 模因股票（Meme Stock），是指由于在网络和社交媒体平台的传播，社会人气高涨而走红的公司股票，2021 年 1 月，主要是 GameStock、AMC Entertainment 和 Nokia 这 3 只股票。

② FSB. Lessons Learnt from the COVID－19 Pandemic from a Financial Stability Perspective：Interim Report [R]. 2021.

场稳定发挥了积极作用。

2. 分层参与和账户隔离安排限制风险溢出

中央对手方通过清算会员和客户的分层参与安排，以及设计合理的账户结构，来建立市场整体分层的风险缓释网络。分层参与安排使综合清算会员可以管理客户的违约风险，形成风险逐级缓释。设计合理的账户结构隔离和保护了清算会员及客户的资产，使得各方免受其他参与者违约的影响，防范风险在不同参与者之间传染，有效限制和降低单一参与者违约对其他参与者或市场整体造成的影响。

中央对手方的分层参与和账户隔离安排能有效降低损失，反之则可能放大损失。例如，伦敦清算所在处理雷曼公司违约事件过程中，针对雷曼欧洲分公司的客户头寸和自营头寸未做到分开管理、账户隔离的问题，伦敦清算所首先调查区分了雷曼公司的自营头寸和客户头寸，而后成功转移雷曼公司的客户头寸，从而将风险隔离，把损失降到最低。与此形成鲜明对比的是，1989 年国际商品清算所（ICCH）的清算会员乔丹桑德曼期货（JSF）为客户金边国际证券（GSI）代持的政府债券期货合约空头头寸面临巨额损失，客户（金边国际证券）无法支付追加保证金，而清算会员（乔丹桑德曼期货）也拒绝为客户支付保证金，被宣布违约。国际商品清算所将清算会员的头寸进行强制结算，损失超过 900 万新西兰元，造成如此巨大损失的重要原因之一，就是国际商品清算所没有真正做到分层清算和账户隔离，将会员的自营头寸与客户头寸放入同一账户，以及对清算会员的准入要求太低、未要求清算会员对客户进行全面检查等问题。

现代中央对手方均按照《金融市场基础设施原则》开展相关风险管理、账户设置等制度机制建设，设置客观公平公开的准入标准，鼓励满足条件的参与者直接参与清算，允许未满足标准的参与者间接参与清算，明确隔离和转移安排，能够有效和有序管理各层级清算参与者的风险，缓释和限制单一参与者风险的扩散。

3. 风险管理专业体系平抑市场动荡

中央对手方作为专业的风险管理机构，在市场动荡时期表现更加稳健。在同等交易规模下，双边清算的链式网络结构显示出明显的顺周期性，在市场流动性紧张时，双边结算的失败率更高。例如，在新冠疫情对全球金融市场冲击下，2020 年 3 月美国国债市场发生“挤兑变现”，造成美国国债现券买卖价差增加 5 倍，交易商间经纪商（美国的一类电子交易系统）的市场深度下降约 90%，

30 年期美国国债价格 2 天内下跌 10%（Alex Aronovich、Dobrislav Dobrev 和 Andrew Meldrum，2021）①。在美国国债市场突发变动下，2020 年 3 月 16 日开始的 3 周内，美国一级交易商报告的美国国债交易双边清算的结算失败率是平时的 3 倍，而同期中央对手清算的结算失败率没有显著提高②。结算失败并不罕见，大多数情况下是由于日常操作失误或管理问题造成的，并非系统性风险。然而在压力情景下，特别是国债市场大多采用双边清算的情况下，结算失败会导致严重的连锁反应，可能引发更大的系统性风险。在中央对手清算模式下，专业的风险管理、简洁的清结算链条结构和合约替代机制等，能极大地降低结算失败率，阻止风险蔓延、平抑市场动荡。

（三）多层级风控措施降低风险发生频率和影响

1. 保证金安排避免逆向选择和道德风险

在信息不对称的金融市场中，有效识别交易对手的违约概率对任何机构都是一项比较困难的工作。中央对手方关于清算参与者缴纳保证金的安排，在交易发生前，有助于筛选出高质量（“优”）交易对手，淘汰不愿缴纳风控资源的低质量（“劣”）交易对手，避免“劣币驱逐良币”的逆向选择；在交易发生后，保证金制度增加了违约成本，有助于提高交易双方履约的可靠性，降低道德风险。

保证金是区分交易对手质量高低的可靠指标（Bester H，1987）。③ 未采用中央对手清算的市场，信誉是交易发生的基础，然而这种以信誉为基础的交易体系容易随着信誉良好的交易对手的倒闭而迅速崩溃。例如，在 1880—1881 年的咖啡期货市场，随着美国历史悠久、信誉良好的几家交易公司倒闭，全世界对交易对手的信用质量产生怀疑，从而出现逆向选择，交易量剧减（Vuillemey G，2020）④。又如，2008 年的场外信用衍生品市场，雷曼公司的倒闭也使得市场出现信任危机。保证金相较于信誉，更加量化、更透明，市场基础更稳固，有助

---

① Alex Aronovich，Dobrislav Dobrev，Andrew Meldrum. The Treasury Market Flash Event of February 25 [Z]. 2021.

② G30. 2021. U. S. Treasury Markets Steps Toward Increased Resilience.

G30 是一个由政策制定者和市场成员组成的智库。

③ Bester H. The Role of Collateral in Credit Markets with Imperfect Information [J]. European Economic Review，1987 (31)：887－899.

④ Vuillemey G. The Value of Central Clearing [J]. Journal of Finance，2020 (75)：2021－2053.

于吸引更多新的高质量（“优”）交易对手进入市场，更好地促进金融市场稳健发展。

2. 清算基金增强尾部风险承担能力

中央对手方对风险损失制定了科学合理的风险共担机制，提高市场对风险的承担能力，限制风险发生频率及对市场的影响范围、程度。以违约损失为例，在违约者的保证金和清算基金用尽之后，剩余损失由中央对手方、未违约清算会员共同承担，市场整体的风险承担能力大幅提高。

中央对手方的清算基金总额基于压力测试，按业务条线分别计算，并且定期测试、校准。规模上，通常足以覆盖极端场景下两个清算会员同时违约产生的最大损失。清算会员缴纳的清算基金与该清算会员带来的风险相匹配。同时，清算基金通常设置了上下限以确保最低限度的保护，同时避免过度共担风险。实践中，中央对手清算机制下的清算基金较好地覆盖了违约的尾部损失，尚未发生超出清算基金承担能力的情况。

3. 风险共担自有资本提升风险共治的市场信心

中央对手方持有充足的自有资本，有助于更好地应对违约损失和非违约损失等。中央对手方的自有资本主要是普通股本、资本公积，或者留存收益等权益性质的流动净资产。

近年来，在瀑布式风险准备资源池中增加中央对手方自有资本已经成为国际共识。中央对手方专门应对违约损失的自有资本是风险共担自有资本。在使用顺序上，中央对手方的自有资本（风险共担资本）的使用提前于未违约清算会员的清算基金，充分体现风险共担理念，有助于强化市场各方共同应对风险的信心，而且在使用未违约清算会员清算基金的同时和之后再设置一层风险共担资本则更优。在使用规模上，主要由清算基金承担未覆盖的违约损失，国际中央对手方的风险共担资本约为清算基金规模的1%～10%。

亚太地区的中央对手方均已设置两层或三层风险共担自有资本。欧美地区的中央对手方也显示了计提更多的风险共担自有资本应对违约损失的趋势。例如，欧盟2022年发布的《关于额外预缴的专项自有资源的计算和维持方法的监管技术标准》明确规定，中央对手方应在其他恢复工具前新增一层风险共担自有资本，使得中央对手方在面对市场震荡冲击时能够更具有韧性。

同时，中央对手方还需具备额外的自有资本以应对一般业务风险、投资和托管风险、运行风险等造成的非违约损失。仅就一般业务风险造成的非违约损失，《金融市场基础设施原则》的“原则15：一般业务风险”要求，中央对手方至少应持有相当于6个月运营费用的自有资本。实践中，中央对手方持有的自有资本远超6个月运营费用，甚至达到数年，例如，据2023年第二季度量化披露信息，美国洲际交易所信用衍生品清算公司、伦敦清算所英国公司、伦敦清算所法国公司、欧洲期货交易所清算公司持有的自有资本分别相当于37个月、36个月、48个月、41个月的运营费用。

（四）激励相容的违约管理机制促成市场更优均衡

发生违约事件后，中央对手方具备专业规范、清晰有序、符合激励相容原则的违约管理机制，以支持金融市场稳定等公共利益为目标，确保继续对非违约者履行义务，有序处理违约损失，避免个体非理性行为引发市场整体的混乱失序，最大限度促进市场处于更优均衡状态。

1. 以维护公共利益为首要目标

中央对手方根据《金融市场基础设施原则》推进机构建设，以限制系统性风险、支持金融体系稳定，促进公共利益为首要目标。在违约管理中，中央对手方也将限制违约风险对金融市场的破坏作为主要目标。同时，中央对手方的最高公司治理层级在直接负责风险管理和违约处置时，也以确保金融市场稳定和满足公众利益为目标。

关于中央对手方违约管理机制的理论设计和实证经验的研究①均表明，中央对手方能较好地处置风险，不会引发系统性风险（Berndsen，R.，2021）。伦敦清算所、欧洲期货交易所清算公司、芝加哥商业交易所清算公司等中央对手方均曾多次成功处置违约事件，这些风险处置均未影响其他机构或金融市场的正常运行。

2. 以稳定市场预期为重要原则

中央对手方通过公开披露违约管理规则和程序、及时与有关监管部门沟通报告违约管理相关信息，定期让利益相关方参与违约处置流程（包括违约拍卖流程）的评估和测试等措施，增进相互理解，最小化潜在的利益冲突，增强违约发生时市场信心，稳定市场预期，防范由单一机构基于个体理性的惜售、抛

---

① Berndsen, R. Fundamental Questions on Central Counterparties: A Review of the Literature [J]. Journal of Futures Markets, 2021, 41 (12): 2009－2022.

售行为引发群体非理性的挤兑现象，避免价格异常波动，促进市场在合理价格下达到更优均衡状态（Kuong JC－F，Maurin V.，2024）[①]。

特别是，当参与者违约时，从稳定市场运行和强化参与者信心角度出发，中央对手方不会在公开市场立即平仓违约者头寸，而是按照规范制度组织违约拍卖，激励幸存者积极参与拍卖、合理出价，维护正常资产价格水平，有效防止资产价格偏离基本面（Guillaume Vuillemey，2023）[②]。中央对手方在拍卖中设置“防止旁观”机制，即对于未提交投标或投标竞争力较低的清算会员，将受到罚款或优先使用该清算会员的清算基金。在“防止旁观”机制下，投标者为了通过买卖违约投资组合获利，或者防止自身清算基金被用于覆盖违约损失等目的，普遍积极参与竞标，从而维护了资产的正常价格水平。相关研究证实，违约拍卖的“防止旁观”机制对资产价格具有积极的支撑作用（Wenqian Huang 和 Haoxiang Zhu，2024）[③]。

二、中央对手清算的普遍适用性

（一）普遍适用大多数产品

中央对手清算广泛适用各种产品，这些产品通常具有一定的基本特征：标准化、复杂性低、流动性高、市场规模大等（乔恩·格雷戈里，2017）。[④] 其中，需要着重说明的是，产品标准化主要指产品经济和法律文本等规范统一。产品复杂性主要指产品的条款、特征和风险不太可能被个人投资者理解，且结构复杂、信息不透明，估值难度高（IOSCO，2013）。[⑤] 产品的标准化并不表示产品不复杂，因为标准化的产品可以在复杂条件下发挥多种复合型积极作用，因此完全可以具备一定的复杂性满足实际需求，例如，信用衍生品合约既是标准化的，也仍保持了一定的复杂性。

---

① Kuong JC－F，Maurin V. The Design of a Central Counterparty［J］. Journal of Financial and Quantitative Analysis，2024，59（3）：1257－1299.

② Guillaume Vuillemey. Mitigating Fire Sales with a Central Clearing Counterparty［J］. Journal of Financial Intermediation，2023（55）.

③ Wenqian Huang，Haoxiang Zhu. CCP Auction Design［J］. Journal of Economic Theory，2024（217）.

④ 乔恩·格雷戈里. 中央对手方：场外衍生品强制集中清算和双边保证金要求［M］. 银行间市场清算所股份有限公司，译. 北京：中国金融出版社，2017.

⑤ IOSCO. Suitability Requirements With Respect to the Distribution of Complex Financial Products［R］. 2013.

值得注意的是，适用中央对手清算的产品要求具备一定的基本特征，并不是一种制约或限制。事实上，中央对手清算适用场内场外市场所有产品，特别是在场外市场引入中央对手清算，更是充分尊重并保留场外市场个性化、多样化、灵活性等特点和精华，如一对一询价的交易机制、声讯经纪、电子经纪、柜台交易、做市商制度、大宗批发、分层的机构投资者等，这是场外市场保持创新和活力的要点。

1. 标准化

标准化程度是衡量产品是否适合纳入中央对手清算的核心因素。根据国际掉期与衍生工具协会定义，产品的标准化广义上是指该产品能被电子化处理或中央对手清算（ISDA，2011）。① 产品的标准化主要体现在产品识别码、协议术语、金融报文格式等的统一规范，但并不要求产品细节完全一致。以广泛适用中央对手清算的利率衍生品为例，国际掉期与衍生工具协会指出，虽然部分纳入中央对手清算的场外利率衍生品具有标准化特征，但这并不代表所有纳入中央对手清算的场外利率衍生品与利率期货等场内产品无差别，事实上，市场参与者对定制化利率衍生品的需求仍然显著，纳入中央对手清算的场外利率衍生品在参考利率、交易金额、合约期限、计息方式等方面仍具有很高的定制化特征（ISDA，2020）。②

标准化有两个方面积极作用：一方面，标准化使合约具备可替代性，进而形成了合约之间轧差的逻辑基础，使中央对手方能够对相同合约进行多边轧差。2008 年国际金融危机后，主要银行和国际掉期与衍生工具协会共同推进了信用违约互换合约的标准化进程，统一了信用违约互换合约的保费费率、到期时间（每季度 20 日）等产品要素，这意味着各个信用违约互换合约除了标的和期限不同，在其他要素方面没有任何不同，这也为后续在该产品中推广强制中央对手清算奠定了基础。另一方面，标准化便利了交易后流程直通式处理，能够使用电子化程序自动完成交易执行、确认、清算、结算等流程，提升交易后流程的操作效率，这是开展中央对手清算的技术基础。正是在此基础上，2009 年 G20 匹兹堡峰会提出所有标准化的场外衍生品应在交易所或电子平台上交易，最迟在 2012 年底之前实现中央对手清算。根据国际掉期与衍生工具协会分别对

---

① ISDA. Product Representation for Standardized Derivatives [R]. 2011.

② ISDA. Interest Rate Swaps: Cleared and Customized [R]. 2020.

2008 年、2012 年场外衍生品电子化处理比例进行的调查研究（见表 6－1）[①]，发现相较 2008 年，2012 年各类场外衍生品交易电子化处理比例均显著提高，其中信用衍生品和利率衍生品电子化处理比例最高，这一现象与多个司法辖区在 2012 年后对这两类衍生品落实强制中央对手清算政策紧密相关。

随着电子化处理和强制中央对手清算等的深化推广，产品标准化程度上升，全球场外利率衍生品、信用违约互换中央对手清算比例是最高的，根据国际清算银行的数据[②]，2023 年，两者的中央对手清算比例分别达到 76% 和 65%。该比例已与 2010 年国际货币基金组织在《国际金融稳定报告》[③] 中提出“全球3/4 的利率互换、2/3 的信用违约互换，以及 1/3 的其他场外衍生品比较标准化、流动性较高，适于纳入中央对手清算”的预估口径基本一致。

表 6－1　　衍生品电子化处理比例　　单位：%

衍生品	已采用电子化		可采用但未采用电子化		不可采用电子化	
	2008 年	2012 年	2008 年	2012 年	2008 年	2012 年
利率衍生品	48	86	30	7	22	7
信用衍生品	92	98	5	0	3	1
权益衍生品	23	30	17	10	60	60
外汇期权	51	69	19	15	30	16
商品衍生品	46	66	35	20	19	13

2. 复杂性

过于复杂的衍生品会阻碍中央对手清算对其顺利应用，主要体现在估值难度高和信息不透明导致的逆向选择等相关方面。

对于越复杂的衍生品，其初始保证金计算的专业技术要求越高，保证金数额就越难以确定，变动保证金的确定和收取也更加困难。这意味着，针对复杂衍生品的保证金制度的合理设计较为困难，而且更难以对这一保证金制度形成全市场的统一共识，可能存在部分中央对手方收取过高的保证金导致交易成本过高，部分中央对手方收取过低的保证金导致风险难以覆盖等情况，而且还可

① ISDA. Operations Benchmarking Survey［R］. 2009，2013.

② BIS 网站场外衍生品统计数据。

③ IMF. Global Financial Stability Report［R］. 2010.

能因保证金收取不一致导致逆向选择问题。

过于复杂的衍生品会增加中央对手方面临的信息不透明及其引致的逆向选择问题。因为与主要市场交易对手（如大型银行等）等相比，中央对手方在市场实时行情对复杂衍生品的影响程度、参与者动态交易策略等综合信息方面处于劣势地位，主要交易对手更了解产品的估值变化、潜在风险等信息，而且能通过中央对手方设置的保证金要求反向推测出中央对手方是否过高或过低估计了衍生品的风险、对风险的动态感知是否敏感等，从而增加或减少相关交易，而且还可能存在高风险交易对手和高风险交易向未能及时调整保证金要求的中央对手方集聚。这都可能引发主要交易对手的逆向选择行为，利用信息不对称的优势获益并使其他相关方受损等不利情况。

3. 流动性

中央对手清算的产品普遍具有较好的流动性，同时中央对手清算机制和产品流动性之间也具有相互促进的正反馈效应。

一方面，流动性较好的产品能够为中央对手清算提供丰富及时的产品价格数据，这对保证金计算的准确性至关重要。中央对手方从持续、透明、流动性好的市场中获得产品真实价格，制定与产品风险特征相匹配的保证金制度、计算方法等；如果产品在市场中缺乏流动性，市场价格信息的可靠性存疑，较难有针对性地、恰当地设计和实施保证金制度。

另一方面，在违约场景下，流动性好的产品也更容易平仓，平仓期限更短，中央对手方和市场机构面临的风险也更低。流动性差的产品通常会面临较高的买卖价差、剧烈波动的价格风险等，风险损失的估算和违约头寸平仓的不确定性也会增加。

4. 市场规模

中央对手清算较适合市场规模大的产品，产品的市场规模越大，越能发挥中央对手清算的规模经济效应，全市场整体经济效益更高。同时，参与者越多，越能降低中央对手清算所必需的系统开发维护、运营等平均固定成本，并且新增加的参与者也将承担更低的边际成本。中央对手清算本身所具备的规模经济效应，能为每个参与者提供更高的轧差率，更大程度提高资金效率、节省资金成本。

当前，全球部分司法辖区要求强制中央对手清算的产品，如利率衍生品、信用违约互换、国债等，均符合上述条件。相关研究表明，中央对手方的规模经济效应决定了单一中央对手方如果清算的产品类别越多，越能够对同一参与者持有的经济上相关、头寸方向相反的不同类资产的保证金要求进行抵销，降低参与者所需缴纳的保证金总额（Pirrong C.，2012）[①]；将多种类别的衍生品或者一种特定类别的衍生品集中到一个中央对手方进行清算，可以最有效率地管理风险和抵押品、降低参与成本，而且可进一步调动市场的参与积极性（Duffie，D. 和 Zhu，H.，2011）[②]。

（二）普遍适用大多数参与者

根据《金融市场基础设施原则》的“原则 18：准入与参与要求”，中央对手清算适用各种类型参与者，不同类型的参与者应均能直接或间接接入中央对手方，公平、公开地获得中央对手清算服务。

中央对手清算广泛适用各类参与者，主要基于所具备的规模经济效应、网络外部性和类公共产品的公平性等特征。一是中央对手清算具备规模经济效应，理论上，有更多的参与者也不会影响原参与者获得服务，中央对手方需要相应增加的服务成本比较少。二是中央对手清算具备网络外部性，参与者越广泛，多边净额轧差越有可能较大程度减少各参与者的结算义务，同时新增的参与者接入现有中央对手清算网络后，能够极大地拓展其交易对手范围、活跃交易。三是中央对手清算具有类公共产品的公平性，中央对手方居于金融市场的清算中枢，清算会员范围的扩大和多样性有助于增强中央对手方的韧性（Alvarez Nahiomy 和 McPartland John，2020）[③]，提高所服务市场的清算效率、增强市场安全性。限制某类机构接入中央对手方，会使该机构在市场竞争中处于劣势地位，不利于公平竞争，同时公平地允许各类机构参与能够避免清算集中在少数参与者而导致风险过度集中。

值得注意的是，各司法辖区在强制中央对手清算政策实施时，考虑到非营

---

① Pirrong C. Clearing and Collateral Mandates: A New Liquidity Trap?［J］. Journal of Applied Corporate Finance, 2012, 24（1）: 67－73.

Benos E, Huang W, Menkveld AJ, Vasios M. The Cost of Clearing Fragmentation［J］. Management Science, 2023, 70（6）: 3581－3596.

② Duffie, D., Zhu, H. Does a Central Clearing Counterparty Reduce Counterparty Risk?［J］. Review of Asset Pricing Studies, 2011, 1（1）: 74－95.

③ Alvarez, Nahiomy and McPartland, John. Concentration in Cleared Derivatives: the Case for Broadening Access to Direct Central Counterparty Clearing［J］. The Journal of Financial Market Infrastructures, 2020, 8（3）.

利性或体量较小的参与者参与中央对手清算成本较高、难度较大等因素，通常豁免此类参与者参与中央对手清算。目前，全球对豁免参与者的类型尚未形成统一意见，通常将以下各方列入豁免范围：中央银行、主权实体、地方政府、国际金融机构（为国家或地区发展提供融资的实体）、小型金融机构、场外衍生品的非金融终端客户、自然人等。

各国监管机构根据实际情况，动态调整强制中央对手清算政策参与者的豁免范围，支持部分参与者待条件成熟时采用中央对手清算。例如，在欧盟，养老基金曾豁免参与强制中央对手清算，在其为参与中央对手清算做好准备后，取消了豁免。又如，美国国债强制中央对手清算政策未豁免小型金融机构，而且对于小型金融机构参与中央对手清算成本高于收益的争论，美国监管机构认为全面推广强制中央对手清算带来的市场韧性提升，将惠及所有参与者，完全能够抵销潜在成本。

三、中央对手清算发展的因素考量

（一）改善流动性支持

《金融市场基础设施原则》和全球主要司法辖区的司法实践普遍支持中央对手方可以获得中央银行的流动性支持。《金融市场基础设施原则》明确，存在中央银行的现金能提供最高水平的流动性，支持中央对手方获得中央银行的账户、支付等服务，并通过使用这些服务提升流动性风险管理水平；同时，明确中央对手方应当具有充足的流动性资源，以按时支付证券结算相关债务、要求的变动保证金，或各种压力情景下的其他债务。其中，压力情景包括但不限于清算参与者及其附属机构违约给中央对手方造成的最大债务总额。

流动性资源根据用途分为日常的流动性支持和危机时的紧急流动性支持，前者可以由中央银行或商业银行提供，后者通常由中央银行或公共资金提供。

对于日常的流动性支持，鉴于中央银行的信用风险最低，从欧元区、英国、美国等已有实践经验和未来发展趋势看，均支持中央对手方以存放在中央银行的现金和/或通过抵押品得到中央银行贷款等方式获得中央银行的流动性支持。

对于危机时中央银行能否对中央对手方进行紧急流动性支持，需要利弊权衡：一方面，中央对手方服务的规模和体量较大，成为更加具有系统重要性的机构，因此，中央银行应提供支持以维护金融稳定；另一方面，中央银行日常的流动性支持和危机时的紧急流动性支持可能存在认识和理解的模糊地带。整体上，全球监管机构对中央对手方在危机时需要中央银行提供紧急流动性支持是普遍共识，对于紧急流动性支持的实施操作细节需要明确到何种程度还未达成一致意见。国际货币基金组织（IMF）在《全球金融稳定报告》中表示，"……那些被认为具有系统重要性的中央对手方应该具备中央银行紧急支持"（IMF，2010）。[①] 金融稳定理事会关于中央对手方处置的国际标准中明确，处置中央对手方的首要目标是维护金融稳定和确保中央对手方关键功能的连续性，有必要临时使用公共资金作为支持中央对手方的最后手段（FSB，2017）。[②] 美国、英国等的金融监管制度中也有类似规定，支持对中央对手方提供流动性支持。

因此，为增强中央对手方的安全性和更好地支持其发展，有必要研究中央对手方在中央银行开立账户并获得日常流动性支持，对于具有系统重要性的中央对手方，也有必要研究危机时以合适的方式进行紧急流动性支持。

（二）改进保证金顺周期性

《金融市场基础设施原则》的"原则 5：抵押品"指出，金融基础设施应设置稳定保守的折扣率以减少顺周期的抵押品调整需求；"原则 6：保证金"指出，中央对手方的保证金模型应限制不稳定的顺周期变化。顺周期性，是指风险管理措施的相关调整与市场、业务、信用周期波动正相关，存在触发或加剧金融不稳定的可能性。例如，在参与者信用风险增加或价格波动上升时，中央对手方针对特定投资组合，临时性提出高于现有保证金模型要求的初始保证金，可能增加参与者负担，在一定程度上加剧市场压力和波动，进一步导致更高的保证金要求。

过去的十余年里，为缓解保证金模型顺周期性的潜在影响，国际组织、监管机构和业界等各方均积极探讨相关措施方法。2015 年，支付与市场基础设施委员会和国际证监会组织联合发布《中央对手方公开量化披露标准》（CPMI、IOSCO，2015）[③]，要求中央对手方在每季度的量化披露报告中定期披露初始保

① IMF. Global Financial Stability Report: Meeting New Challenges to Stability and Building a Safer System [R]. 2010.

② FSB. Guidance on Central Counterparty Resolution and Resolution Planning [R]. 2017.

③ CPMI, IOSCO. Public Quantitative Disclosure Standards for Central Counterparties [S]. 2015.

证金的模型及表现，提高风险管理实践的透明度。2024 年，欧盟发布的《关于中央对手方要求的监管技术标准》对中央对手方提出了避免顺周期性要求，要求中央对手方采取 3 种避免顺周期性工具中的至少 1 种，即收取保证金缓冲、在回溯期内对压力观测值分配一定比例权重、设置保证金下限，以监测和缓解保证金的顺周期性等。

全球主要中央对手方在设计保证金制度时，已经充分考虑了顺周期性问题、增加了逆周期工具，并提高了保证金收取的透明度，帮助清算参与者更好地管理流动性。2020 年 3 月，新冠疫情引发全球金融市场的大幅波动，曾出现市场流动性冻结，引起了对中央对手方初始保证金模型的顺周期性是否过高的再次关注。从数据看，2020 年第一季度，全球主要金融市场剧烈波动，中央对手方初始保证金要求总额环比增长约 40%，其中大部分增长来自交易所交易衍生品。① 总体上，全球初始保证金增幅小于市场的极端波动，符合保证金模型设计初衷，也反映了中央对手方初始保证金水平在疫情前已经处于相对审慎的水平，对于风险的整体覆盖水平较高，初始保证金模型能够有效降低顺周期性影响。

同时，进一步完善保证金的顺周期性，仍是深入挖掘中央对手清算潜能的重要因素。例如，市场参与者对美国国债市场实施强制中央对手清算的一个担忧是，中央对手方的保证金顺周期性可能挤压市场流动性，担心在市场动荡时，中央对手方可能会提出较高的保证金要求，随时要求清算会员提供额外保证金，这将推高市场对流动性资产的需求，进一步增加市场压力。对此，美国证券交易委员会、美国相关中央对手方均表示，保证金对覆盖信用风险极其重要，将在模型的设计时充分考虑减少顺周期性影响，并公开保证金计算方法、公式、流程等，增强保证金的透明度，提高市场对保证金变动的可预见性（SEC，2023）。②

因此，中央对手清算的进一步推广应用，有必要持续完善中央对手方保证金模型设计，限制顺周期性，确保在市场动荡时期，初始保证金不会过度顺周期性增长，在市场平稳时，也不会降得太低。

---

① FSB. Lessons Learnt from the COVID－19 Pandemic from a Financial Stability Perspective：Interim Report [R]. 2021.

② SEC. Standards for Covered Clearing Agencies for U. S. Treasury Securities and Application of the Broker－Dealer Customer Protection Rule With Respect to U. S. Treasury Securities [Z]. 2023.

（三）拓宽市场服务领域

近些年，中央对手方提供清算服务的产品覆盖范围日益广泛。中央对手清算服务已普遍覆盖债券、利率、信用、商品、权益和外汇等多个类别的场外现货和衍生品。特别是2012年前，全球没有中央对手方为外汇衍生品提供中央对手清算服务（FSB，2011、2012）。[①] 然而，目前已有数十家中央对手方提供外汇中央对手清算服务，产品范围涵盖多个货币对的掉期、远期、期权、无本金交割远期和无本金交割期权等多个品种。

与此同时，全球中央对手方积极拓宽服务范围，为传统资产类别下的创新产品提供中央对手清算服务。例如，彭博短期银行收益率指数（BSBY）关联的互换是一类创新的利率衍生品，于2021年4月开始双边交易，同年芝加哥商业交易所清算公司、伦敦清算所陆续为该产品提供中央对手清算服务。又如，随着全球对气候变化和可持续发展的日益重视，绿色金融产品快速发展，大宗商品衍生品类别下新增了碳排放衍生品、天气期货等产品，欧盟、美国、新加坡等司法辖区的多家中央对手方为上述产品提供中央对手清算服务。

而且，对于新兴的数字资产类创新产品，为更好地管控风险，应该对数字资产类产品进行中央对手清算。芝加哥商业交易所清算公司、伦敦清算所等已为数字资产衍生品提供中央对手清算服务，同时美国也出现了新成立的中央对手方（如LedgerX LLC）专门为数字货币期货期权提供中央对手清算服务。

因此，随着金融市场的创新发展、经济的转型升级，中央对手清算产品的范围将进一步扩大，有助于新兴领域的金融基础设施建设完善，更好地满足新兴领域的金融需求，支持新兴领域发展。

（四）深化增值服务内涵

在中央对手清算核心服务基础上，全球中央对手方发展的一个重要趋势是，立足自身所处的市场实际、专业风险管理等优势向市场参与者提供更多样的增值服务，包括抵押品管理、双边清算、交易数据报告等相关服务。

在抵押品管理服务方面，在基本的保证金管理服务基础上，国际主要中央对手方在持续拓展和提供抵押品池（包括中央对手清算和双边清算）的再利用、

---

① FSB. OTC Derivatives Market Reforms: Progress Report on Implementation [R]. 2011, 2012.

灵活的保证金隔离服务（单一账户和综合账户等）、监测和报告敞口与抵押品分配的交互信息、抵押品管理系统、自动抵押品分配和优化、抵押品与结算服务整合，以及跨中央对手方和跨产品交叉保证金安排（对符合条件的投资组合进行抵销后计算保证金）等服务。

在双边清算服务方面，国际主要中央对手方为双边清算的交易提供标准和便利的服务。随着全球大部分司法辖区要求双边清算的衍生品交易双方应互相缴纳保证金，交易双方需在达成交易时由指定机构计算保证金，由于计算过程较为复杂，容易产生交易纠纷和清结算风险，中央对手方依靠专业的保证金和风险管理能力，在为双边清算交易提供相关服务方面具备较大潜力，包括提供端对端、全生命周期交易流程管理，如标准化抵押品管理、标准化风险因子试算、估值服务和争议处理等一系列服务。

在交易数据报告服务方面，中央对手方位于金融交易全链条的中后端、交易数据记录完整全面，通常也同时连接多个交易平台、数据来源丰富多样，而且通过有效监管，能够可靠、准确、集中地存储电子化数据记录，有能力提供交易数据报告服务。

因此，中央对手方作为金融市场的业务中心、风险管理中心、数据信息中心，有必要延伸中央对手清算服务链条，拓展增值服务，增强和优化全方位、一站式的金融服务体系是重要发展方向。

（五）拓展跨境互联互通

中央对手方与其他金融基础设施，尤其是中央对手方之间的连接得到国际金融领域的积极支持，同时已有一些实践经验并不断创新。《金融市场基础设施原则》“原则 20：金融市场基础设施的连接”指出，出于向其他金融市场、金融机构或金融工具扩展服务的目的，金融基础设施会与类型相似的金融基础设施建立连接，如中央对手方之间的互联互通。同时，《金融市场基础设施原则》鼓励相关监管机构开展跨境合作，以保障和提高互联互通的金融基础设施的效率与安全。2019 年，支付与市场基础设施委员会和国际证监会组织进一步发布了《职责 E：监管机构合作经验汇编》，为各监管机构的监管合作和各金融基础设施之间改进合作安排提供了经验指导（CPMI、IOSCO，2019）。[①]

① CPMI，IOSCO. Responsibility E：a compilation of authorities' Experience with Cooperation［G］. 2019.

中央对手方作为支持金融市场运行的基础平台、促进机构交流的管道桥梁，是金融市场体系的关键支柱架构，是集聚资源、引领创新、管理风险的重要制度性安排，深化和拓展中央对手方与其他金融基础设施连接，实现市场基础架构、业务和技术等的对接，弥合不同司法辖区法律法规、监管制度、业务规则、资质认证等的差异，能够替代众多市场机构单独适应多个国家/地区市场所付出的制度、合规、经济和时间等代价高昂的综合成本，更能为不同司法辖区市场机构建立风险可控、便捷接入对方市场的安全渠道。

在金融实践中，伦敦清算所、洲际交易所信用衍生品清算公司等国际中央对手方与多个境外交易平台实现了连接，欧洲的5家中央对手方之间建立了4组跨境连接。随着国际金融市场持续开放发展，特别是国际场外市场的跨境交易占比逐渐提高、一体化程度进一步加深，以中央对手方为代表的金融基础设施作为全球金融市场枢纽的战略价值在国际金融竞争中更加突出，中央对手方的国际互联互通能更有效有序地支持金融高水平和制度型开放，服务所在地区的国际金融中心建设。

因此，中央对手方有必要深入推进跨境互联互通，通过市场底层架构的对接，充分发挥金融基础设施在跨境合作中的枢纽作用，进一步畅通跨境投融资通道、拓展服务范围、提升服务质效，形成金融交流的畅通渠道和跨境风险隔离的有力屏障。

下篇
中央对手清算的中国实践

导论：下篇共 10 章，阐述我国中央对手方在场外市场快速发展、法律制度基础日益完善的积极发展成果。上海清算所作为全国银行间市场合格中央对手方、全国唯一一家总部设在上海的中央证券存管机构，是上海国际金融中心建设的重要基石和标志性成果。下篇重点展现我国场外市场中央对手方在风险管理、业务体系、国际化发展等方面的突出成就，对我国中央对手清算的实践经验进行了回顾、总结，并展望了广阔发展前景。第七章介绍我国布局合理、治理有效、先进可靠、富有弹性的中央对手方体系，与国际趋势一样，我国中央对手方的发展重点在场外市场，潜力无限、大有可为。第八章介绍我国中央对手清算机制日益完善、成果显著的法律制度基础，已明确了我国中央对手方的法律地位，支持合约替代、保证金安排有效性、终止净额结算有效性和结算最终性等，相关配套机制持续建立健全。第九章至第十五章，重点介绍我国场外市场中央对手方创新发展的主要成果，包括创建了科学先进、安全高效的风险管理体系（第九章），建立了具有国际领先地位的外汇中央对手清算、创新发展的利率衍生品中央对手清算、优势联动的债券中央对手清算、聚能增势的大宗商品中央对手清算和蓬勃兴起的信用衍生品中央对手清算 5 大类业务体系（第十章至第十四章），形成了一点接入国际市场的国际互联互通主渠道，并已具备国际制度标准制定的较强影响力（第十五章）。第十六章回顾场外中央对手清算机制建立的初衷考量、场外市场发展中央对手清算的内在逻辑，总结建立推广场外中央对手清算机制的重要价值意蕴，并立足上海清算所“1234”全新发展战略，即锚定“1 个目标”——建设自主可控安全高效的金融基础设施，坚守“2 大功能定位”——服务央行履职与服务上海国际金融中心建设，坚持“3 化发展方向”——国际化、专业化、数字化，推动“4 个更加务实举措”——更加主动地融入全球、更加广泛地联通内外、更加全面地提升能级、更加可控地管理风险。展望下一步发展思考，全力加快建设具有国际竞争力和影响力的全球一流金融基础设施，全力助推上海国际金融中心建设和金融强国建设。

第七章　我国中央对手方建设概况

习近平总书记指出，加快构建中国特色现代金融体系，需要建立健全自主可控安全高效的金融基础设施体系。党的二十届三中全会要求，建设安全高效的金融基础设施，统一金融市场登记托管、结算清算规则制度，建立风险早期纠正硬约束制度，筑牢有效防控系统性风险的金融稳定保障体系。目前，我国形成了布局合理、治理有效、先进可靠、富有韧性的中央对手方机构体系，中央对手清算制度安排和中央对手方的顶层设计优势日益凸显，经验成果丰硕，实现了跨越式发展，部分市场的清算规模和创新能力已跃居世界前列，有效发挥资源配置、风险管理等重要功能，全力服务我国实体经济和金融市场高质量发展。

一、中央对手方的整体布局

党的十八大以来，我国金融综合实力大幅提升，银行业总资产全球第一、外汇储备世界第一，债券、股票和保险市场均为全球第二大市场，场外市场规模稳步提升，A 股和国债已纳入全球主流指数，人民币国际地位不断提升。金融市场改革开放持续推进，逐步形成覆盖本币与外币、现货与衍生品、分层有序、互为补充的多层次金融市场体系，稳步迈入世界金融大国之列。

与金融综合实力提升和金融市场发展相配套，我国逐步建立健全了规模庞大、功能齐全、运行有序，在普惠性和便利性等方面走在世界前列的金融基础设施体系。根据国际货币基金组织和世界银行 2017 年组织的对我国金融部门评估规划（FSAP）报告，我国金融市场基础设施体系是全球规模最大且结构最复杂的体系之一，由一系列支付、清算和结算系统组成，包括银行间支付系统、证券结算系统以及中央对手方（CCP）等金融基础设施（见图 7 - 1），有力支持和服务货币、股票、债券、期货、外汇、利率、信用、大宗商品等各类现货和衍生品市场的登记、托管、清算、结算、征信、评级等。

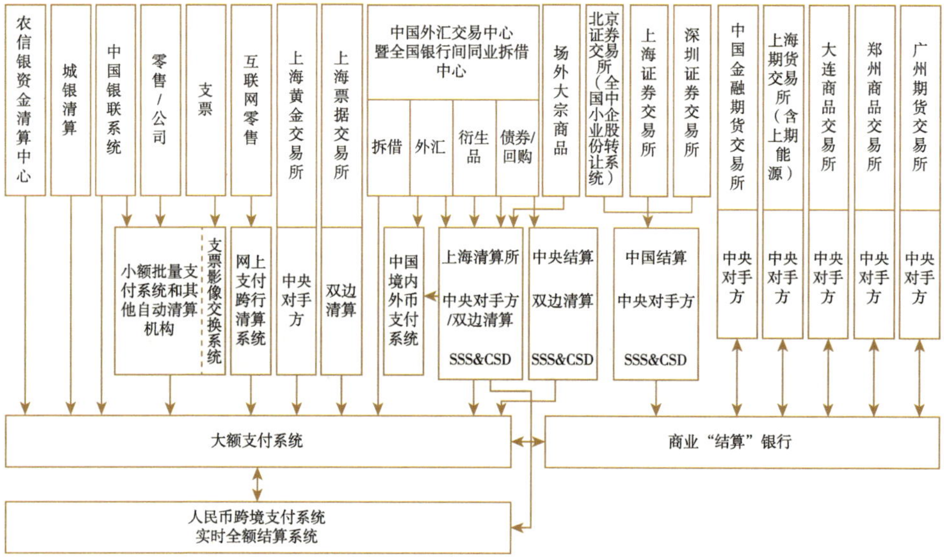

注：SSS代表证券结算系统，CSD代表中央证券存管机构。

图7-1　我国主要金融基础设施概览

（资料来源：2017年金融部门评估规划“China：FMI Landscape”，并结合我国实际情况更新）

随着我国金融改革开放的持续深化，我国金融基础设施体系持续发展和完善。尤其是中央对手方作为重要金融基础设施，是金融市场体系中纵向承上启下、横向广泛连接的关键环节，是保障经济金融体系正常运转不可或缺的基础性核心要件，已经成为中国特色现代金融体系的重要组成部分，充分发挥了资源配置、效率提升、风险管理等重要功能，对保障金融市场安全稳定运行、促进金融创新等具有突出作用。整体上，我国中央对手方的机构布局与所服务的市场领域对应，主要涉及债券、外汇、利率、信用、大宗商品、黄金、证券（股票）和期货市场等（见图7-2）。

二、场外中央对手清算领域

上海清算所成立于2009年11月28日，是人民银行直接管理的重要金融基础设施，是全国银行间市场合格中央对手方和唯一一家总部设在上海的中央证券存管机构，是我国主动应对2008年国际金融危机、履行G20匹兹堡峰会国际

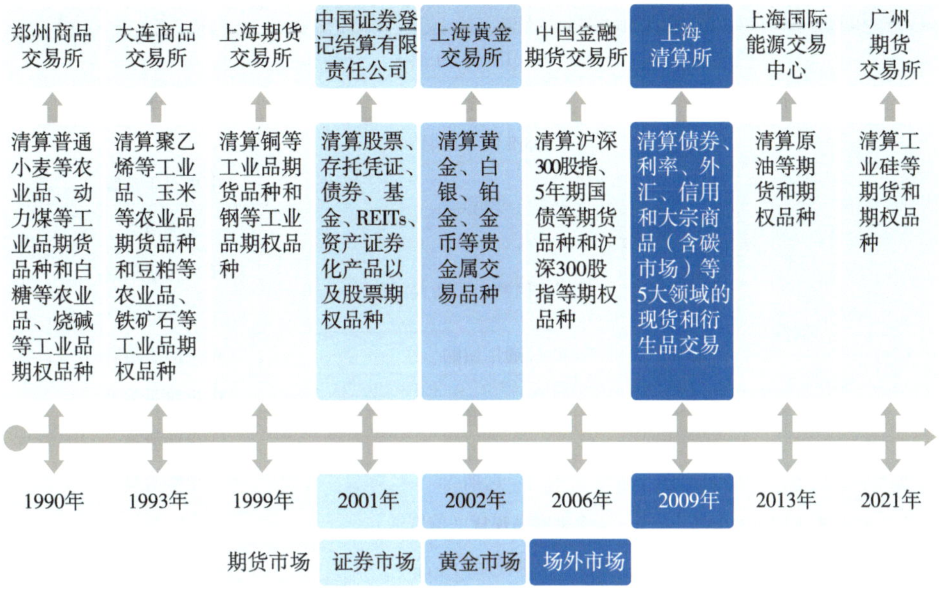

图 7－2　我国主要中央对手方总体情况

承诺的重要一步，是上海国际金融中心建设的重要基石和标志性成果。

聚焦服务央行履职、服务上海国际金融中心建设的功能定位，按照国际化、专业化、数字化的发展方向，经过不懈努力，上海清算所的中央对手清算业务体系已经涵盖外汇、利率、债券、大宗商品和信用等国际主流领域（见表 7－1）。2024 年，上海清算所集中清算业务规模 721 万亿元，其中中央对手清算业务规模 210.6 万亿元，同比分别增长 13.4% 和 20.6%；大宗商品清算通业务规模

表 7－1　　　　上海清算所中央对手清算涉及领域

<table>
<tr><th colspan="2">类别</th><th>主要品种</th><th>清算方式</th></tr>
<tr><td rowspan="8">外汇</td><td rowspan="4">人民币外汇</td><td>即期</td><td rowspan="3">中央对手清算
双边净额清算
全额清算</td></tr>
<tr><td>远期</td></tr>
<tr><td>掉期</td></tr>
<tr><td>期权</td><td>中央对手清算</td></tr>
<tr><td rowspan="3">外币对</td><td>即期</td><td rowspan="3">中央对手清算</td></tr>
<tr><td>远期</td></tr>
<tr><td>掉期</td></tr>
<tr><td>外币利率</td><td>外币回购</td><td>全额清算</td></tr>
</table>

续表

类别	主要品种	清算方式
利率衍生品	人民币利率互换	中央对手清算
	标准利率互换	
	标准债券远期	
债券	现券	中央对手清算
		全额清算
	质押式回购、买断式回购	中央对手清算
		全额清算
	通用回购	中央对手清算
	债券借贷	中央对手清算
		全额清算
	远期	全额清算
大宗商品现货和衍生品（含碳排放）	大宗商品现货（清算通）	全额清算
	大宗商品衍生品	中央对手清算
信用衍生品	合约类	中央对手清算
		全额清算
	凭证类	全额清算

1.1 万亿元，同比增长 64.5%。2024 年，上海清算所服务债券发行规模 45.9 万亿元，同比增长 21.5%；截至 2024 年末，债券托管规模 44.3 万亿元，同比增长 29%。2024 年底，上海清算所共有 98 家清算会员，服务 8100 余家发行人、超过 4 万个投资人账户。

三、其他中央对手清算领域

（一）黄金市场

黄金现货交易主要由上海黄金交易所组织。[①] 上海黄金交易所是由人民银行组建，专门从事黄金等贵金属交易的金融市场，主要为涉及竞价、定价和履约担保型询价交易提供中央对手清算服务。2024 年，上海黄金交易所交易金额 35.82 万亿元，同比增长 83.5%。

① 黄金期货交易由上海期货交易所组织。

（二）证券市场

我国证券市场主要由上海证券交易所（以下简称上交所）、深圳证券交易所（以下简称深交所）、北京证券交易所（以下简称北交所）等交易场所组织提供服务。

我国证券交易所的中央对手方是中国证券登记结算有限责任公司（以下简称中国结算），主要负责为在上交所、深交所、北交所等证券交易场所上市或挂牌的证券及金融衍生品提供登记存管、清算、交收和其他相关服务。2023 年，中国结算的沪深市场证券结算总额为 2348.18 万亿元，同比增长 9.16%，结算净额为 63.56 万亿元，同比增长 8.95%。

（三）期货市场

我国期货市场由郑州商品交易所（以下简称郑商所）、大连商品交易所（以下简称大商所）、上海期货交易所（含上海国际能源交易中心）[以下简称上期所（含上期能源）]、中国金融期货交易所（以下简称中金所）、广州期货交易所（以下简称广期所）等期货交易所组织提供服务，同时这些交易所也是中央对手方，为相关商品期货和金融期货的交易提供中央对手清算服务。

截至 2024 年底，我国证券期货交易所市场已上市 146 个期货期权品种，包括 73 个商品期货、52 个商品期权、8 个金融期货和 12 个金融期权（含上交所、深交所 9 个 ETF 期权产品）、指数类 1 个。2024 年，我国期货交易所市场累计成交额为 619.26 万亿元。

四、我国中央对手方建设成效

立足国情，我国中央对手清算通过积极发挥顶层设计优势，持续健全均衡合理的市场结构，努力做强、做大场外中央对手清算机制，在服务金融强国建设中探索出具有中国特色的中央对手清算发展的一般规律。

（一）科学统筹的中央对手清算规则体系

在我国中央对手方等金融基础设施建设进程中，顶层设计的制度优势充分彰显，形成了一系列金融基础设施建设的顶层统筹设计，在稳健发展的同时营造出持续创新拓展的广阔空间。

在政策指导方面，我国形成了一系列关于中央对手方等金融基础设施建设的原则性要求。2012 年 9 月，国务院批准了由人民银行、银监会、证监会、保监会、国家外汇管理局共同编制的《金融业发展和改革“十二五”规划》，在金融宏观审慎政策框架专栏中提出“在会计准则、建立中央交易对手方面积极向国际标准靠拢等”。党的十八届三中全会、党的十八届五中全会、《中华人民共和国国民经济和社会发展第十三个五年规划纲要》、2017 年全国金融工作会议等持续提出加强金融基础设施建设的要求。2019 年，中央全面深化改革委员会第十次会议通过了《统筹监管金融基础设施工作方案》。2024 年，党的二十届三中全会再次强调建设安全高效的金融基础设施。

在顶层设计政策的落实过程中，中央对手方相关的法律法规和监管规则持续配套完善。2006 年，证监会发布《证券登记结算管理办法》，首次在监管规则层面明确证券市场中“共同对手方”（职能等同于“中央对手方”）的定义，确立多边净额结算制度。2012 年《期货交易管理条例》第一次修订时，明确中央对手方制度是期货市场发展过程中产生的一项交易结算制度。2013 年，人民银行和证监会分别发布《中国人民银行办公厅关于实施〈金融市场基础设施原则〉有关事项的通知》（银办发〔2013〕187 号）和《关于实施〈金融市场基础设施原则〉有关事项的通知》（证监办发〔2013〕42 号），要求落实《金融市场基础设施原则》。2019 年 12 月修订的《证券法》首次在法律层面确认了“中央对手方”概念，为证券市场中央对手清算机制奠定法律基础。2022 年，《期货和衍生品法》出台，继续明确了期货和衍生品市场中的“中央对手方”法律主体地位和相关中央对手清算安排。2024 年 8 月，《上海市推进国际金融中心建设条例》修订通过，要求发挥中央对手清算机制作用，鼓励中央对手清算机制发展相关政策第一次写入我国地方性法规。我国中央对手清算的法律和规则体系持续健全。

（二）均衡合理的中央对手方结构布局

在国家统筹部署下，我国已经建立了分工有序、风控有力、支持有效的中央对手方整体结构布局，有效服务各金融市场的资源配置，严格管理市场潜在风险，为推动我国建设具有国际竞争力的现代化金融体系发挥了重要作用（见表 7－2）。通过构建高效、集约的资源调配机制，中央对手方在要素市场、区域维度以及不同业务条线之间实现全方位、深层次的均衡分布，充分发挥对金融市场的支持、引导、培育、运行、发展等的独特功能作用，支持金融生态体系稳步壮大。

从20世纪90年代起，在国家统一决策部署下，我国证券交易所、期货交易所陆续成立，中央对手清算机制开始在我国场内市场探索推进，形成了证券期货市场的场内中央对手清算。

2008年，深刻反思国际金融危机的教训，我国中央对手清算，尤其是场外中央对手清算建设进入加速提质的全新发展阶段。2009年，中国人民银行成立上海清算所，标志着银行间市场引入了独立的现代中央对手清算机构，不仅补齐了我国主要场外市场——银行间市场缺乏专门中央对手方的基础设施建设短板，而且推动我国场外市场金融基础设施建设进入快车道。上海清算所成为2008年国际金融危机之后全球第二家、亚洲第一家新设中央对手方，充分体现了我国积极推进金融改革发展，快速建成金融市场风险防范化解机制的决策优势和制度优势。

表7－2 我国中央对手清算市场的主要构成

<table>
<tr><th>中央对手方</th><th>主要市场</th><th>主要品种</th><th>清算方式</th></tr>
<tr><td rowspan="8">上海清算所</td><td rowspan="3">银行间外汇市场</td><td>人民币外汇</td><td>中央对手清算、双边净额清算、全额清算</td></tr>
<tr><td>外币对</td><td>中央对手清算</td></tr>
<tr><td>外币利率</td><td>全额清算</td></tr>
<tr><td>银行间利率衍生品市场</td><td>人民币利率衍生品</td><td>中央对手清算</td></tr>
<tr><td>银行间债券市场</td><td>现券、回购、借贷、远期</td><td>中央对手清算、全额清算</td></tr>
<tr><td rowspan="2">大宗商品市场</td><td>场外大宗商品衍生品</td><td>中央对手清算</td></tr>
<tr><td>大宗商品现货（清算通）</td><td>全额清算</td></tr>
<tr><td>银行间信用衍生品市场</td><td>人民币信用衍生品</td><td>中央对手清算、全额清算</td></tr>
<tr><td>郑商所
大商所
上期所
中金所
上期能源
广期所</td><td>期货市场</td><td>商品期货、金融期货</td><td>中央对手清算</td></tr>
</table>

续表

中央对手方	主要市场	主要品种	清算方式
中国结算	证券市场	股票	中央对手清算
		债券	中央对手清算、全额清算
上金所 上期所	黄金市场	上海黄金交易所黄金现货 上海期货交易所黄金期货	中央对手清算

我国均衡合理的中央对手方结构布局有力支持我国多层次的金融市场持续高质量发展。比如，上海清算所在全球率先推出场外外汇期权中央对手清算业务，并且外汇中央对手清算规模已超越伦敦清算所约 25%，① 成为全球最大的外汇清算平台；黄金现货市场交易规模从 2014 年的 6.39 万亿元增长至 2023 年的 19.53 万亿元，上海黄金交易所连续 17 年成为全球最大的场内黄金现货交易所；② 我国期货市场自 2009 年以来一直是全球最大的场内商品衍生品市场；③ 上交所股票市场的总市值、筹资额和成交额分别排全球第三、第四、第五位，其债券业务发展成为全球最大的交易所债券业务，2023 年深交所股票成交金额列世界第三位，是全球最具活力的新兴市场之一。④

（三）成效显著的场外中央对手清算建设局面

从参考借鉴国际先进经验，到向全球贡献极具价值的中国方案，我国场内外中央对手方的发展遵循着稳中求进、守正创新的发展路径，走出了独具中国特色的中央对手清算发展壮大之路。

在场外衍生品市场推行中央对手清算，是 2008 年国际金融危机以来全球金融监管改革发展的重点工作。在国际金融市场上，场外市场规模远超场内市场，衍生品市场更为典型。国际社会经过深入讨论，国际监管以及市场各方等一致认为，不能因为金融危机而否认场外交易、场外市场的重要价值，关键是要引入中央对手清算机制这一宏观审慎监管工具，做好场外市场系统性风险管理。

2009 年，我国银行间市场（场外市场）逐步进入到了汇率、利率等衍生品

① 根据 2024 年数据统计。

② 黄亭亭．探索中国特色黄金市场国际化发展之路［J］．中国金融，2024（17）．

③ 中国人民银行上海总部．中国金融市场发展报告 2023［M］．北京：中国金融出版社，2024：87.

④ 参见上交所、深交所官方网站。

不断创新和快速发展的新阶段。场外衍生品交易具有生命周期较长、风控难度较高等特点，需要专门的清算机构来提供清算和风险管理等服务。从银行间市场实际看，成立独立法人组织形态的专门机构，是进一步深化金融改革、服务金融强国建设的重要举措。时任中国人民银行行长周小川在上海清算所开业仪式上指出："建立专业的独立清算所，为银行间市场提供全面的、以中央对手方为主的集中清算服务，将能够进一步提高清算效率，降低清算成本，并为金融产品创新提供必要的技术支持"。

上海清算所自2009年成立以来，作为全国银行间市场合格中央对手方的发展建设取得显著成效，支持中央对手清算机制进入加速发展的快车道，部分产品的场外中央对手清算规模已居于世界前列。在业务品种上已经覆盖国际主流的债券、外汇、利率、信用和大宗商品衍生品5大类。在风险管理能力上已经在保证金模型设计、互联互通风控安排和预警时间等方面达到国际领先水平。在国际影响方面，持续担任全球中央对手方协会（CCPG）执行委员会成员，推动CCPG在上海发布"上海清算标准"，目前占全球市场业务规模99%以上的60家全球中央对手清算机构已严格按照"上海清算标准"进行量化信息披露，2025年4月国际化进程刚刚迈出历史性一步——成功发展首家境外清算会员，开辟了境外机构直接参与境内集中清算业务的全新路径，实现银行间市场直接参与和互联互通"双轮驱动"，努力打造成为全链条、一站式的境内外金融市场枢纽。

整体上，我国中央对手方和中央对手清算机制建设经历了从无到有、逐步健全、全面赶超的发展历程，并形成全局统筹均衡、局部竞争优势明显等发展特征，推动形成金融市场与实体经济良性互动、协同共进的良好局面，为实体经济蓬勃发展提供了坚实的金融基础设施支撑，也为金融强国建设奠定了具有中国特色的国际一流中央对手清算的制度和实践基础。

第八章　坚实有效的中央对手清算法律制度基础

习近平总书记指出，要坚持好、实施好中国特色社会主义法律制度，并不断完善和发展。我国中央对手清算机制的法律制度基础日益完善，并已取得显著成果，主要体现在法律法规以及监管规则等对中央对手清算机制的确认与支持，明确了我国中央对手方的法律地位，支持合约替代、保证金规则、终止净额结算和结算最终性等中央对手清算的重要机制安排，并持续建立健全包括强制中央对手清算政策、非中央对手清算保证金政策以及风险资本计提政策等配套机制在内的规范体系，为建设自主可控、安全高效的金融基础设施提供了坚实的法律制度基础保障。

一、我国中央对手清算法律制度概况

我国中央对手清算法律制度主要由相关法律法规和监管规定构成，并且随着市场的发展，制度体系日趋完善。

（一）中央对手清算立法安排日益周延

我国《证券法》《期货和衍生品法》均对中央对手清算进行了规范。在《中国人民银行法》的修订和《金融稳定法》的起草过程中，屡屡提及中央对手清算机制。特别是，《上海市推进国际金融中心建设条例》修订后，明确中央对手清算安排是上海国际金融中心建设的重要环节。

1. 证券市场中央对手清算立法

全国人大常委会于 2019 年 12 月修订的《证券法》首次在立法层面使用了“中央对手方”这一概念，为证券市场中央对手清算机制奠定了坚实的法律基础。《证券法》（2019 年修订）第一百五十八条规定：“证券登记结算机构作为中央对手方提供证券结算服务的，是结算参与人共同的清算交收对手，进行净额结算，为证券交易提供集中履约保障”，为证券市场中央对手清算提供了立法保障。

2. 期货和衍生品市场中央对手清算立法

全国人大常委会于2022年4月通过的《期货和衍生品法》，明确了期货和衍生品市场终止净额结算有效性、结算最终性以及担保品快速处置等法律基础问题。《期货和衍生品法》第三十七条规定“衍生品交易，由国务院授权的部门或者国务院期货监督管理机构批准的结算机构作为中央对手方进行集中结算的，可以依法进行终止净额结算；结算财产应当优先用于结算和交割，不得被查封、冻结、扣押或者强制执行；在结算和交割完成前，任何人不得动用。依法进行的集中结算，不因参与结算的任何一方依法进入破产程序而中止、无效或者撤销。”对场外衍生品中央对手清算的终止净额结算有效性和结算最终性作了明确规定。《期货和衍生品法》第九十三条规定“期货结算机构作为中央对手方，是结算参与人共同对手方，进行净额结算，为期货交易提供集中履约保障。”对期货结算机构作为中央对手方提供履约保障作了明确规定。这是我国期货和衍生品市场中央对手清算机制法律保障的重要里程碑。

3. 涉及中央对手清算的立法修法草案

2020年10月公布的《中国人民银行法（修订草案征求意见稿）》和2022年4月公布的《金融稳定法（草案征求意见稿）》均涉及中央对手方等金融基础设施的概念、监管和运作安排。

4. 地方性法规中的中央对手清算立法

2024年8月上海市新修订的《上海市推进国际金融中心建设条例》已将中央对手清算作为上海国际金融中心建设的重要环节通过单独条款予以明确，即“市人民政府配合中央金融管理部门支持在沪金融基础设施运营机构发挥中央对手清算机制作用，提高金融市场资金结算效率，提升上海国际金融中心资产管理和资金集散的枢纽地位”。这是中央对手清算首次在地方法规层面得到肯定，丰富了我国中央对手清算机制的法律制度体系。

（二）中央对手清算监管安排日趋健全

随着我国中央对手清算业务的长足发展，中央对手清算已经成为金融市场防范化解风险的关键机制，也成为服务提升我国金融制度性影响力的重要切入点。在加快建设金融强国的进程中，做强做大中央对手方已经成为强大的中央银行和强大的国际金融中心建设的有力抓手之一。在统筹金融开放与安全、着力推进高水平开放的趋势下，中国人民银行等金融监管部门出台多项举措为中央对手清算业务发展赋能聚力。

1. 中央对手方的监管规定

2014年1月发布的《中国人民银行关于建立场外金融衍生产品集中清算机制及开展人民币利率互换集中清算业务有关事宜的通知》（银发〔2014〕29号），要求“自2014年7月1日起，金融机构之间新达成的，以FR007、Shibor_O/N和Shibor_3M为参考利率的，期限在5年以下（含5年）的人民币利率互换交易，凡参与主体、合约要素符合上海清算所有关规定的，均应提交上海清算所进行集中清算。不能进行集中清算的，应向中国人民银行说明”。

2020年3月，人民银行、国家发展改革委、财政部、银保监会、证监会、外汇局联合印发《统筹监管金融基础设施工作方案》，明确对包括中央对手方在内的6类金融基础设施统筹监管，在规范制度建设方面迈出了关键一步。

2022年12月，《金融基础设施监督管理办法（征求意见稿）》发布，其中专门规定了包括中央对手方在内的金融基础设施的定义与统筹监管总体安排、设立准入、运营要求及风险管理、监督管理规则、法律责任等，旨在明确金融基础设施监管总体制度框架，健全金融基础设施监督管理规范。

2. 中央对手方的监管评估

人民银行和证监会作为包括中央对手方在内的金融基础设施的监管部门，制定和发布了实施《金融市场基础设施原则》的相关要求，在中央对手方建设过程中持续规范、密切监督。

2013年，人民银行和证监会分别发布《中国人民银行办公厅关于实施〈金融市场基础设施原则〉有关事项的通知》（银办发〔2013〕187号）和《关于实施〈金融市场基础设施原则〉有关事项的通知》（证监办发〔2013〕42号），均要求充分认识落实《金融市场基础设施原则》的重要性，积极稳妥实施《金融市场基础设施原则》并对照《金融市场基础设施原则》开展自评估。其中，人民银行将依据《中国人民银行法》等法律法规，尽快将《金融市场基础设施原则》与自身职责相整合、组织开展评估活动，并要求相关金融机构配合人民银行和金融市场基础设施运行单位做好《金融市场基础设施原则》的落实工作；证监会将制订实施《金融市场基础设施原则》的具体方案，提出符合我国证券期货结算体系未来发展需要的指导性意见，修改完善证券期货结算的相关法律法规和业务规则等。这些要求为后续建立跨部门的评估机制奠定了制度基础。

2014 年 1 月，人民银行和证监会联合开展《金融市场基础设施原则》评估，上海清算所等 12 家金融基础设施机构参与评估。参评机构在进行内部评估的基础上，还需要接受人民银行和证监会联合成立的专家组进行的现场或非现场检查。通过联合监管评估，进一步推动了《金融市场基础设施原则》在我国的落实工作，确保我国中央对手方等金融基础设施对照国际标准规范发展。

2017 年，针对我国金融市场基础设施的整体情况，国际货币基金组织和世界银行组织对上海清算所等金融基础设施实施了金融部门评估规划（FSAP），其中《金融市场基础设施系统性概览技术文本》专门指出“上海清算所的风险管理安排总体设计良好，符合《金融市场基础设施原则》要求”。①

3. 合格中央对手方认证

2016 年 1 月，经评估，人民银行认定上海清算所为合格中央对手方，成为境内首家获得金融监管部门认定的合格中央对手方。2019 年后，上期所、郑商所、大商所、中金所、上期能源、上海黄金交易所等相继被证监会或人民银行认定为合格中央对手方。

2021 年 11 月，银保监会发通知明确，已经银保监会、人民银行或证监会认定为合格中央对手方，商业银行对其的违约风险暴露可以按照净额计算，并按合格中央对手方计量风险暴露的风险权重。

通过合格中央对手方的认定和风险权重的规范，在制度层面明确了合格中央对手方的权责范围。

二、我国中央对手清算的法制保障

我国法律制度与国际上中央对手清算机制的法律要求全面对接，对中央对手方的法律主体地位、合约替代等中央对手清算机制的核心安排均有明确规定，在每个关键环节均有坚实的法律支撑，保障中央对手清算机制稳健高效运行。

---

① IMF. The People's Republic of China：Financial Sector Assessment Program；Systemic Oversight of Financial Market Infrastructures – Technical Note［Z］. 2018.

（一）中央对手方的法律主体地位清晰明确

我国政府部门的相关文件对中央对手方进行了清晰界定。2012 年 9 月 18 日，国务院批准了由人民银行、银监会、证监会、保监会、外汇局共同编制的《金融业发展和改革“十二五”规划》。该规划在金融宏观审慎政策框架专栏中，提出“在会计准则、建立中央交易对手方面积极向国际标准靠拢等”。这是我国较早在中央政府文件中涉及中央对手方。

2012 年 11 月 5 日国务院法制办、证监会负责人在就《期货交易管理条例》修改有关问题回答记者提问中详细介绍了“中央对手方”的职责，表示“中央对手方制度是期货市场发展过程产生的一项交易结算制度，该项制度对预防交易对手方信用风险、控制多边净额结算风险以及活跃期货交易发挥了关键作用。期货交易的基本规则之一，是由结算机构作为交易各方的中央对手方，按照当日无负债制度统一对各方交易结果进行结算”。

2013 年 7 月 19 日，银监会发布《关于印发商业银行资本监管配套政策文件的通知》（银监发〔2013〕33 号），以及《中央交易对手风险暴露资本计量规则》等 4 个资本监管配套政策文件，将中央交易对手定义为“指在清算过程中以原始市场参与者的法定对手方身份介入交易清算，充当原买方的卖方和原卖方的买方，并保证交易得以执行的实体，其核心功能是合约更替和担保交收”。

同时，我国相关法律通过列举的方式明确了中央对手方的不同类型。如《期货和衍生品法》第三十七条规定衍生品交易可由国务院授权的部门或者国务院期货监督管理机构批准的结算机构作为中央对手方，第九十三条规定期货结算机构可以作为中央对手方，《证券法》（2019 年修订）第一百五十八条规定证券登记结算机构可以作为中央对手方。人民银行、证监会等金融管理部门在此基础上颁布相应的部门规章和规范性文件对中央对手方进行规制。前述《金融基础设施监督管理办法（征求意见稿）》对中央对手方等金融基础设施的定义、设立和准入等主体条件也作了具体规定，未经批准，任何单位或者个人不得设立或者以任何形式运营金融基础设施，不得使用“登记结算”“清算”等涉及金融基础设施服务或近似的名称。

（二）中央对手清算的法律基础坚实稳健

我国相关法律制度通过“立改废释”并举，有力支持了中央对手清算机制中的合约替代、保证金规则[1]、终止净额结算、结算最终性等核心安排，保证了中央对手清算机制运行的各个实质方面合法有效。

1. 合约替代的有效性

合约替代作为 Novation 的意译词，在中国法律中尚无对应的专有名词，但在内涵上有据可依。

就适用中国法作为合同准据法的原始交易而言，《民法典》第五百四十三条规定，当事人协商一致，可以变更合同。因此，“合约替代”概念中协议内容变更的内涵有法律依据。《民法典》第五百五十五条规定，当事人一方经对方同意，可以将自己在合同中的权利和义务一并转让给第三人。所以“合约替代”概念中协议主体变更的内涵也有法律依据。

总的来说，虽然中国法律中没有关于合约替代的直接规定，但合约替代的内涵已经为中国法律所规定。以合约替代的方式，将交易双方在交易协议中的权利义务转变为清算所与交易各方之间中央对手清算的权利义务，权利义务的承继关系在法律效力上具有确定性。

2. 保证金安排的有效性

中国有关担保安排的法律制度主要由《民法典》调整。同时，最高人民法院还就《民法典》担保制度的适用发布了司法解释。

《民法典》明确认可 3 种基于财产的担保物权：抵押权、质权和留置权。在中国法下，抵押权和质权的主要区别在于质权需要把动产出质给质权人占有[2]，而在抵押中，抵押物仍然由债务人占有。担保权人获得的是财产的担保权益而非所有权。一般来说，只能对不动产和某些动产（如机器设备、飞机和船舶）设定抵押权。在中国，为现金或者证券设定质权是很常见的。留置权的例子包括仓储保管人对仓储物拥有的优先受偿的权利。

在现金上创设质权的担保安排具有法律效力。此前，《最高人民法院关于适用〈中华人民共和国担保法〉若干问题的解释》（法释〔2000〕44 号）第八十五条允许以特户、封金或保证金的形式把现金作为动产出质，条件是现金应当

---

① 保证金规则是中央对手方履约担保的重要内容。2012 年 11 月 5 日国务院法制办、证监会负责人在就《期货交易管理条例》修改有关问题回答记者提问中明确，为进一步明确期货交易所作为中央对手方为期货交易提供集中履约担保的职责，《期货交易管理条例》将期货交易所“保证合约的履行”的职责修改为“为期货交易提供集中履约担保”。

② 《民法典》第四百二十五条。

被移交质权人占有，并且现金应当被特定化。对于账户余额波动是否会导致该出质特户中的现金丧失“特定化”的属性，从而可能导致质押无效，过去曾经存在争议。在《担保法》被《民法典》取代后，《最高人民法院关于适用〈中华人民共和国民法典〉有关担保制度的解释》（法释〔2020〕28 号，以下简称《担保制度解释》）第七十条明确规定，债务人或者第三人为担保债务的履行，设立专门的保证金账户并由债权人实际控制，或者将其资金存入债权人设立的保证金账户，债权人主张就账户内的款项优先受偿的，人民法院应予支持；当事人以保证金账户内的款项浮动为由，主张实际控制该账户的债权人对账户内的款项不享有优先受偿权的，人民法院不予支持。

在证券上创设质权的担保安排具有法律效力。《民法典》第四百四十一条对于证券质押有明确规定，有权利凭证的，质权自权利凭证交付质权人时设立；没有权利凭证的，质权自办理出质登记时设立。

保证金在破产程序启动前具有可执行性。根据中国法律的一般原则，只要不违反强制性的法律规定及公共利益，合同当事人可以自由约定其合同条款。以现金保证金账户的形式设立质权，也符合《担保制度解释》的规定，符合物权法定的原则。根据《期货和衍生品法》第三十七条，保证金作为结算资产应当优先用于结算和交割，不得被查封、冻结、扣押或者强制执行，因此保证金在破产程序启动后仍具有可执行性。

3. 终止净额结算的有效性

我国《民法典》第四百七十条规定：“合同的内容由当事人约定，一般包括下列条款：（一）当事人的姓名或者名称和住所；（二）标的；（三）数量；（四）质量；（五）价款或者报酬；（六）履行期限、地点和方式；（七）违约责任；（八）解决争议的方法。当事人可以参照各类合同的示范文本订立合同。”终止净额结算条款涉及交易的支付金额和履行期限，属于合同当事人自愿达成的内容，因此，在破产程序开始之前，终止净额结算条款在中国法下是合法和可执行的。

《期货和衍生品法》第三十七条在法律上承认场外衍生品的终止净额结算。参与中央对手清算的任何一方依法进入破产程序，根据中央对手清算文件进行的终止净额结算，不会被中止、无效或者撤销。

国家金融监督管理总局在 2023 年 10 月发布的《商业银行资本管理办法》附件 10 中规定“通过合格中央交易对手进行集中清算的衍生工具和证券融资交易可按净额计量交易对手交易风险暴露”。该条款从部门规章层面对中央对手清算中的净额结算部分作出了规定。

4. 结算最终性的有效性

结算最终性在中国法律环境下具备法律支持。《期货和衍生品法》第三十七条规定明确，结算财产应当优先用于结算和交割，不得被强制执行，且集中结算不因参与结算的任何一方破产而中止、无效或撤销，为衍生品的结算最终性提供了坚实的法律基础。

《银行间债券市场债券登记托管结算管理办法》（中国人民银行令〔2009〕第 1 号）第四十条、第四十三条和《中国人民银行关于建立场外金融衍生产品集中清算机制及开展人民币利率互换集中清算业务有关事宜的通知》（银发〔2014〕29 号）第六条第二款都明确规定，已进入结算过程处于待付状态的资金和债券，以及结算涉及的担保物只能用于结算，不能被强制执行。

最高人民法院、最高人民检察院、公安部等司法、行政机关所发布的部门规章或司法解释也明确规定了结算资金和证券不得冻结、扣划。在司法层面已经确保了结算最终性的实现。

结算最终性在经监管机构批准的中央对手方相关规则，以及中央对手方清算协议中均有明确约定。以上海清算所的相关规则为例，清算参与者在中央对手清算业务中的待结算证券、资金等资产，以及保证金、清算基金等履约保障资产，均属于清算参与者所有，仅可用于集中清算业务，上海清算所根据相关规定进行管理，其他单位和个人不得动用。上海清算所根据集中清算结果，按照同步结算的原则，组织完成与各清算参与者之间的结算，包括证券结算、资金结算等。结算一旦完成便不可撤销。上述法律、部门规章、规范性法律文件和协议为结算最终性提供了法律基础。

三、我国中央对手清算的配套机制

在中央对手清算的配套机制方面，我国与国际通行做法一致，通过建立健全强制中央对手清算、非中央对手清算保证金要求、风险资本计提等配套制度，在场外市场持续拓展中央对手清算机制的应用。

（一）强制中央对手清算政策

2014 年 1 月，以《中国人民银行关于建立场外金融衍生产品集中清算机制及开展人民币利率互换集中清算业务有关事宜的通知》（银发〔2014〕29 号）

为标志，我国开始在场外衍生品市场（具体为人民币利率互换）实施强制中央对手清算政策。

上海清算所作为场外市场的中央对手方，于2014年1月和7月分别推出人民币利率互换中央对手清算业务和代理清算业务，从业务上落实了利率互换强制中央对手清算的政策要求。为了更好地维护金融市场稳定运行，上海清算所持续优化清算业务，推广中央对手清算机制，包括提供抵押品管理功能，降低市场参与者成本；及时拓展清算合约期限和品种，增强价格发现功能，服务市场机构通过参与中央对手清算获得更丰富的经济效益。

（二）非中央对手清算保证金政策

2024年12月，国家金融监督管理总局发布《金融机构非集中清算衍生品交易保证金管理办法》（以下简称《保证金办法》），旨在有效防范金融机构非中央对手清算衍生品交易的对手方信用风险等，促进衍生品业务的稳健发展，并与包括2013年巴塞尔银行监管委员会与国际证监会组织共同制定的《非集中清算衍生品保证金要求》在内的相关国际监管标准对接。

《保证金办法》总体上要求衍生品市场的特定参与主体应当收取或交换保证金，以防范场外衍生品市场中的相关风险。例如，与存量衍生品交易净额结算组合每日盯市价值相关的当前风险暴露（风险敞口），需要由变动保证金及时覆盖；缓释衍生品交易对手发生违约后，潜在风险暴露（风险敞口）进一步扩大的风险，需要由初始保证金来覆盖。《保证金办法》主要适用于银行业金融机构、保险业金融机构和金融控股公司及其发行的资产管理产品。

（三）风险资本计提政策

2012年6月，银监会发布《商业银行资本管理办法（试行）》，扩大了商业银行资本覆盖风险范围，明确了资本覆盖风险范围包括信用风险、市场风险和操作风险，以及场外衍生品等复杂交易性业务的资本监管规则。2013年，银监会制定了资本监管配套政策，作为对2012年《商业银行资本管理办法（试行）》的补充，其中包括《中央交易对手风险暴露资本计量规则》，专门对中央对手清算模式下的风险资本计提提出了要求。

2023年10月，国家金融监督管理总局修订形成《商业银行资本管理办法》，取代《商业银行资本管理办法（试行）》，并在该办法下专门制定《中央交易对手风险暴露资本计量规则》，在资本监管框架下将中央交易对手视同为金融机构，同时明确通过合格中央交易对手进行集中清算的衍生工具和证券融资交易可按净额计量交易对手交易风险暴露；商业银行作为中央交易对手的清算会员，如果为自身提供清算，与中央交易对手交易风险暴露的风险权重为2%；以及其他优惠风险资本计提政策。

第九章　安全高效的
场外中央对手清算风险管理体系

《中共中央关于进一步全面深化改革、推进中国式现代化的决定》指出，“建设安全高效的金融基础设施，统一金融市场登记托管、结算清算规则制度，建立风险早期纠正硬约束制度，筑牢有效防控系统性风险的金融稳定保障体系”。中央对手方和中央对手清算的风险管理制度是金融市场安全平稳运行的重要基石。目前，上海清算所作为我国场外市场合格中央对手方，已初步建立一整套国际一流的风险管理体系，保障我国金融市场的风险管理朝着主动预判、提前预防的方向前进，创新建立中央对手方的跨境风险防控机制，推动拓展双边清算保证金的风险管理方式，服务完善我国金融宏观审慎管理的结构体系，强化了我国防范和化解系统性金融风险的制度基础和方法举措，全力为金融市场安全繁荣发展保驾护航。

一、场外中央对手清算风险管理架构

经济、金融、气候、技术、人的行为等在社会运行中广泛存在着不确定性，如宏观经济波动、信息不完全和不对称、信用变化、自然灾害、羊群效应等，可能引起金融市场中的价格波动风险、交易对手违约的信用风险、资金与资产短缺的流动性风险等多种单一风险，这些风险具有较高动态变化可能性和传染性，一旦处置不善，可能互相影响甚至演变为系统性风险。

立足服务我国金融高质量发展，对接《金融市场基础设施原则》国际标准，上海清算所将安全高效的风险管理作为创新发展的核心生命线，构筑了一整套国际化、专业化和数字化的风险管理模式，形成了中央对手方核心风控体系与全方位、全流程、全周期的风险管理机制，包括全面的风险治理与管理制度、严格的风险防控与资源体系、精准的风险计量与监测机制、创新的风险管理增值服务机制等（见图9－1）。自成立以来，上海清算所风险准备资源合理充沛，成功应对新冠疫情突发、包商银行处置等重大突发事件的考验。

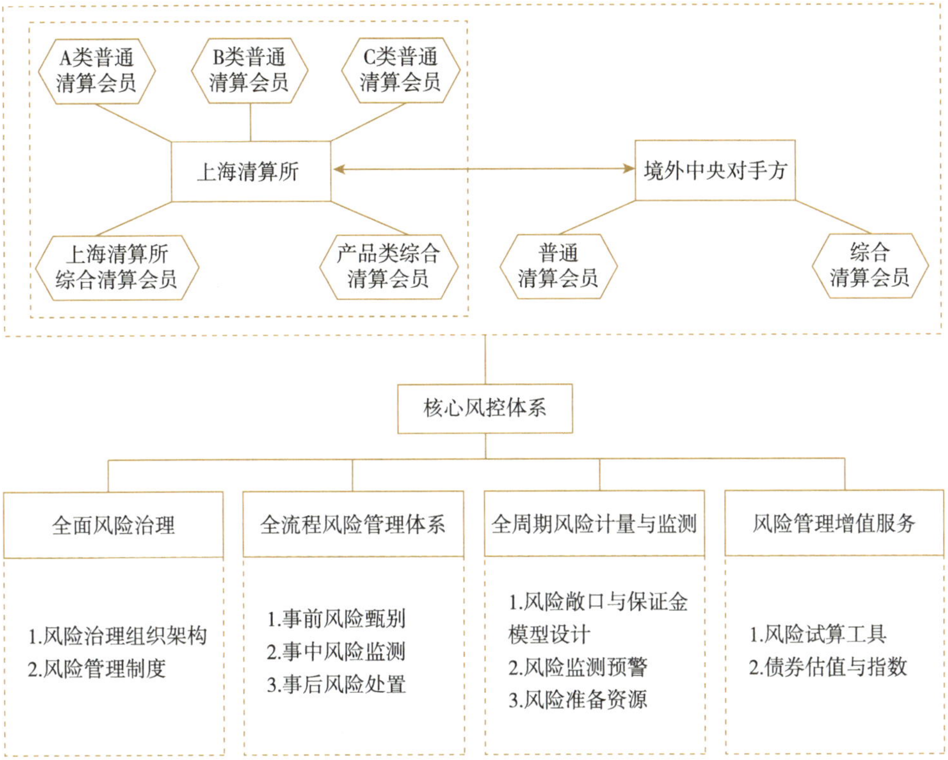

图 9－1　上海清算所风险管理整体架构

（一）全方位的风险治理与管理制度

全方位的风险治理与风险管理制度，是指在风险治理机制上建立专门的组织和运作机制，在风险管理制度上覆盖中央对手清算各项业务的全要素、全方位的动态风险管理机制，是上海清算所风险管理的基础性架构。其中，风险治理是风险管理的组织架构，风险管理制度是风险管理的执行依据。

1. 全面的风险治理

在风险治理方面，上海清算所董事会下设专门的风险治理机构，明确了风险治理的范围和内容，同时上海清算所内设专门部门负责日常风险管理工作，及时、专业、规范开展各项风险管理事项。

在风险治理机构方面，上海清算所风险管理委员会，专门负责对风险管理情况及重要风险管理事项进行评估、咨询与议事。风险管理委员会的委员由市场机构及学界风险管理专家及上海清算所高级管理层等构成。

在风险管理委员会职责方面，上海清算所风险管理委员会负责研究讨论风险治理框架、主要风险管理制度、保证金和压力测试体系、重大风险事件处置预案等重要风险管理事项。风险管理委员会的会议，通过综合所有参会委员意见，切实保障会议成果在理论上经得起推敲，在实践上经得起检验。

在风险日常管理方面，上海清算所设有专门的风险管理部门，根据上海清算所党委部署和风险管理委员会建议开展相关风险管理、日常监测、风险处置等工作，保障金融市场相关业务安全稳妥运行。

2. 健全的风险管理制度

在风险管理制度方面，上海清算所研究、制定和发布了覆盖清算会员资信管理、日常风险管理、违约处置管理等一系列风险管理制度，形成了多领域、多途径、多手段的立体风险管理体系。

在《银行间市场清算所股份有限公司集中清算业务规则》《银行间市场清算所股份有限公司集中清算业务指南》《银行间市场清算所股份有限公司清算会员资信评估业务指引》《银行间市场清算所股份有限公司集中清算业务违约处置指引》等风险管理制度中，对资信评估、清算限额、合规检查、保证金、逐日盯市、清算基金、风险准备金、违约处理等风险管理措施进行详细规定、严格执行，并结合实际持续优化。

在金融市场实践中，上海清算所将风险管理摆在最为重要的位置，根据我国金融市场的特点持续完善和拓展风控体系的功能作用，通过多边净额轧差，显著降低风险的总体规模；通过合约替代，切断风险传导链条，防止风险共振；通过全面的风险管理框架和程序，建立妥善处置各种违约事件的工具，包括分层清算、保证金等多重风险准备资源、盯市与持续风险监测、定期回溯测试与压力测试、流动性监测和多元流动性授信、DVP 结算机制等，保障市场安全稳定运行，并通过规范信息披露，提升市场透明度，从而精准识别、有效管理、有力应对各类潜在风险的冲击，全力防范化解系统性金融风险，切实发挥安全高效的金融市场“风险防火墙”重要作用。

（二）全流程的风险管理体系

全流程的风险管理体系，是指形成清算会员准确评估与及时跟踪，建立合理充沛的风险准备资源及瀑布式使用程序，规范违约处置与流动性安排，以及中央对手方的恢复处置安排等，保障对风险的全面有效管理。风险管理是上海清算所风险防控和处置、风险准备资源等具体管理、操作与执行措施、流程和资源的整体集合。其中，风险防控重点在于清算会员资信管理、瀑布式风险防范结构等事前、事中风险管理措施；风险处置重点在于违约处置及流动性安排等事后风险管理流程。

上海清算所通过一整套事前、事中、事后动态有序、全覆盖的风险管理体系，构建了有效的风险管理机制、有序的风险准备资源、精确的风险计量方法，有力应对潜在信用风险、市场风险、流动性风险等的冲击，切实提高了金融市场风险管理的标准、能力和水平（见图9－2）。

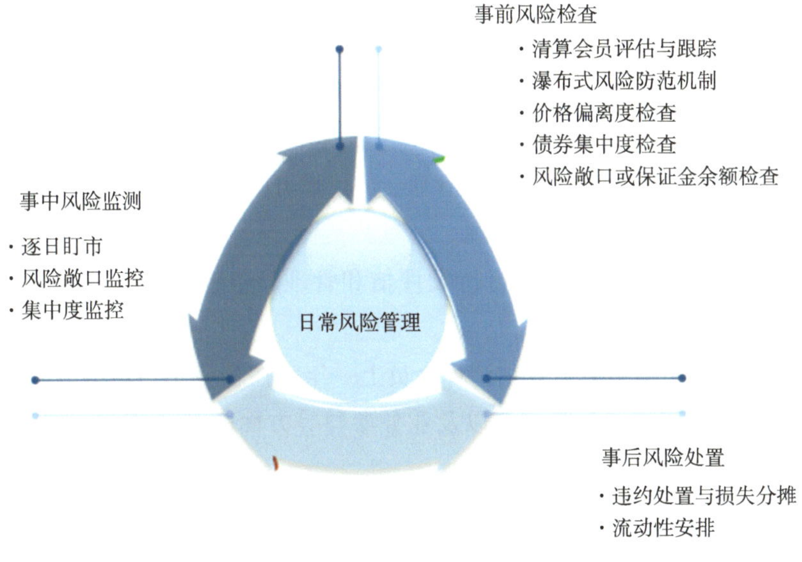

图9－2　日常风险管理框架

上海清算所在金融市场实践中，事前，准确甄别风险，提前把控参与者资质，建立分层清算和风险缓释体系，并同步对每个清算参与者进行管理、对每笔清算业务进行风险检查，确保准确识别、提早预防潜在风险。事中，实时开展动态风险监测和计量，每日将交易各方盈亏完成结算、风险清零、避免累积，并建立多层次、充足的风险准备资源缓冲垫，确保有能力应对极端市场波动。事后，组织市场规范开展违约处置，有序使用风险准备资源，有效阻断风险传染，防范系统性金融风险。

1. 准确的事前风险甄别

事前风险甄别是对清算参与者和清算业务的同步风险管理，包括清算参与者分层、持续管理和清算业务的合规性检查等。

（1）清算参与者分层体系

上海清算所专门制定《银行间市场清算所股份有限公司集中清算业务清算会员管理办法》，对中央对手清算业务实行清算会员制度，主要包括综合清算会员、普通清算会员和非清算会员（客户）（见图9－3）。

综合清算会员可参与中央对手清算自营和代理业务，分为上海清算所综合清算会员和产品类综合清算会员。其中，上海清算所综合清算会员可参与所有中央对手清算自营及代理业务，产品类综合清算会员可参与所有中央对手清算自营业务，以及对应业务的中央对手清算代理业务。

普通清算会员可参与中央对手清算自营业务，分为A类、B类、C类普通清算会员。其中，A类普通清算会员可参与所有中央对手清算自营业务，B类普通清算会员可参与两项或两项以上业务，C类普通清算会员只参与一项业务。

非清算会员（客户）通过综合清算会员代理可间接参与中央对手清算业务。

（2）清算会员持续评估和管理

上海清算所对清算会员进行持续评估和管理，包括年度评估、业务评估、资信评估等。

年度评估是上海清算所评估清算会员上一年度在合格中央对手方政策落实、风险管理、制度落实、系统安全以及业务参与等方面的综合情况。年度评估结果以书面方式通知清算会员。

业务评估是上海清算所对清算会员中央对手清算自营和代理业务综合开展情况，以及落实政策制度和支持配合业务创新发展等情况的评估，定期跟踪、提示和评估。业务评估结果用于清算会员参与中央对手清算业务范围等的动态管理。

资信评估是上海清算所使用统一的资信评估模型，运用定量分析与定性分析相结合的方法，对清算会员或申请机构的资信水平进行综合评价，是上海清算所有效管理对手方信用风险的重要手段。资信评估结果是上海清算所衡量清算会员资信情况的重要依据，主要用于清算会员资质管理，以及设置清算会员资信因子或信用系数的基准。年度资信评估是上海清算所根据清算会员最近一个会计年度的财务状况、经营结果以及清算会员参与上海清算所中央对手清算

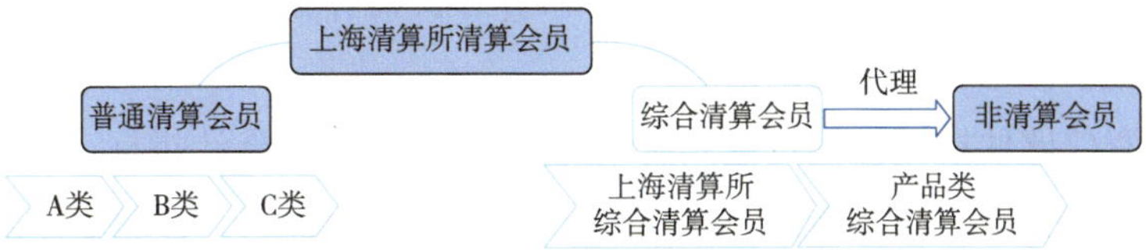

普通清算会员参与条件

·（一）依法登记注册的法人或其他机构；（二）具备相关业务经营资格；（三）已签署上海清算所中央对手方清算协议等；（四）最近三个会计年度期末净资产（证券公司等为净资本）均不低于20亿元人民币（或等值外币），基于风险审慎原则，相关集中清算业务的具体参与条件在申请参与时确认；（五）银行类金融机构的初始资信评分不低于55分，非银行类金融机构的初始资信评分不低于50分，基于风险审慎原则，相关集中清算业务的具体参与条件在申请参与时确认；（六）业务经营满足相关集中清算自营业务综合发展要求，申请A类普通清算会员的机构应已积极参与半数以上集中清算自营业务；（七）具备开展集中清算自营业务所必需的业务管理制度、风险管理制度、技术系统、集中清算业务政策落实及发展计划等；（八）具备3名以上相关业务能力的集中清算自营业务在岗人员，并指定相关联络人；（九）遵守监管机构的有关规定，在申请普通清算会员之前的三年内无重大违法、违规记录，未发生重大风险管理违规违约事件等；（十）具有较好的持续经营能力，未被行政机关、司法机关或监管机构采取停业整顿、托管、接管、重整以及其他可能影响持续经营能力的措施或行政、司法程序；（十一）上海清算所要求的其他条件。

普通清算会员权利

·直接参与相应的集中清算自营业务；获得与自身业务相关的集中清算自营业务信息；使用上海清算所提供的业务终端等设施；按照规定获取缴纳的保证金、清算基金等风险准备资源收益；参与上海清算所举办的业务培训；获得上海清算所提供的业务发展支持；上海清算所约定的其他权利。

普通清算会员义务

·遵守集中清算业务的相关规定，履行结算交收义务；按时、足额缴纳保证金、清算基金等风险准备资源，会员年费、注册费及清算费等相关费用；妥善保管集中清算业务资料；按要求如实提交机构信息、财务信息，配合上海清算所资信评估和自营业务评估等；及时报告发生或可能发生影响其履行清算会员义务的重大事项并提供相关的书面证明材料；上海清算所约定的其他义务。

综合清算会员参与条件

·产品类综合清算会员：（一）已成为A类普通清算会员，并已积极参与半数以上集中清算自营业务；（二）最近三个会计年度期末净资产（证券公司等为净资本）均不低于100亿元人民币（或等值外币）；（三）银行类金融机构的初始资信评分不低于65分，非银行类金融机构的初始资信评分不低于60分；（四）业务经营满足相关集中清算代理业务综合发展要求，根据业务实际，已积极参与相关自营清算业务；（五）具备开展集中清算代理业务所必需的业务管理制度、风险管理制度、技术系统、集中清算业务政策落实及发展计划等；（六）具备独立的代理业务团队和4名以上相应业务能力的代理业务在岗人员，并指定相关联络人；（七）上海清算所要求的其他条件。

·上海清算所综合清算会员：（一）已成为产品类综合清算会员，并已积极参与集中清算自营和代理业务；（二）最近三个会计年度期末净资产（证券公司等为净资本）均不低于100亿元人民币（或等值外币）；（三）银行类金融机构的初始资信评分不低于70分，非银行类金融机构的初始资信评分不低于65分；（四）上海清算所要求的其他条件。

综合清算会员权利

·综合清算会员在普通清算会员权利的基础上，还拥有以下权利：向代理的非清算会员收取集中清算代理业务的清算费等相关费用；向代理的非清算会员收取集中清算代理业务的保证金等风险准备资源，且保证金要求不低于上海清算所对综合清算会员的要求；因代理的非清算会员导致上海清算所对综合清算会员收取违约金时，有权要求非清算会员承担违约金等相关费用；在遵守约定保密事项的情况下，获得与自身业务相关的集中清算代理业务信息；与代理的非清算会员约定的其他权利；上海清算所约定的其他权利。

综合清算会员义务

·综合清算会员在履行普通清算会员义务的基础上，还应履行以下义务：集中清算自营业务和代理业务的账户、人员相互分离，安排专人负责办理集中清算代理业务；根据代理的非清算会员的需要，向非清算会员提供与其自身业务相关的集中清算代理业务信息；建立健全内部管理制度，按规定保管集中清算代理业务相关资料和信息；为代理的非清算会员保守商业秘密，法律法规或上海清算所另有规定的除外；对代理的非清算会员进行定期评估和集中清算代理业务评估，并协助上海清算所对非清算会员间接参与集中清算业务进行评估；及时向上海清算所报告非清算会员发生违规、违约等相关情况；与代理的非清算会员约定的其他义务；上海清算所约定的其他义务。

图9－3　上海清算所清算会员类型

业务的情况等，使用资信评估模型综合分析清算会员的资信水平，产生资信评分，用于清算会员年度评估。

资信评估指标包括定量指标、定性指标和风险统计指标。定量指标主要评估清算会员的财务状况，包括资本充足率、流动性、资产质量、盈利能力等；定性指标主要评估清算会员的经营情况，包括公司治理、风险管理能力、经营风格、重大事件等；风险统计指标主要评估清算会员参与上海清算所中央对手清算业务的情况，包括有无运营性违约等。

（3）牢固的第一道风险管理防线

上海清算所通过清算会员分层和持续管理机制，建立了中央对手清算的第一道风险管理防线，形成了匹配我国金融市场实际的清算参与者体系、满足高标准风险管理要求、适应业务发展的趋势性需求。截至 2024 年末，上海清算所共有清算会员 98 个，其中，上海清算所综合清算会员 6 个、产品类综合清算会员 7 个、A 类普通清算会员 32 个、B 类普通清算会员 26 个、C 类普通清算会员 27 个（见图 9 –4）。

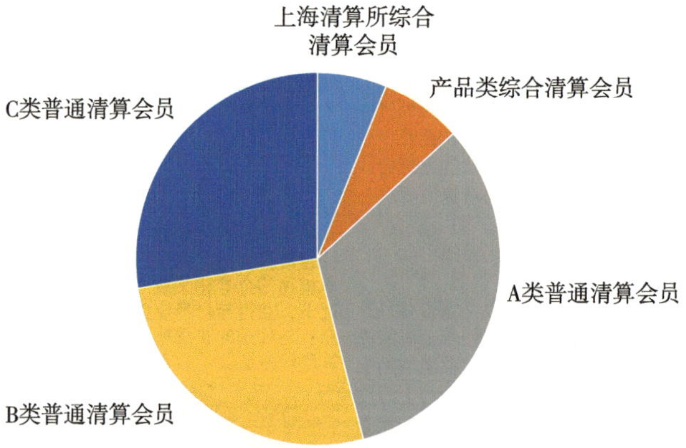

图 9 –4　上海清算所清算会员分布情况

上海清算所清算会员体系匹配我国金融市场实际，已经囊括主要市场参与者。我国金融市场的主要参与者，包括银行、证券公司、期货公司和基金管理公司、保险集团（控股）公司、保险公司和保险资产管理公司等机构，截至 2024 年末，从资产规模看，我国金融业机构以银行业为主、资产规模达到 444.57 万亿元人民币，占比为 89.7%。上海清算所的清算会员中，银行类机构数量占比为 72%、证券公司占比为 26%，基本涵盖了我国金融市场最主要的机构，比如开发性金融机构、政策性银行、大型商业银行、股份制商业银行、主要城市商业银行和证券公司等。

上海清算所清算会员体系充分满足中央对手清算高标准的风险管理要求。上海清算所通过制度对各类清算会员的资质标准进行了严格规定，包括最近三个会计年度期末净资产规模、初始资信评分、业务管理制度、风险管理制度、技术系统和人员安排，无重大违法、违规记录，未发生重大风险管理违规违约事件，具有较好的持续经营能力等要求，并根据会员资质设置差异化的风控参数，严格管理可能因清算会员违约引起的对手方风险。近些年，上海清算所清算会员年度评估结果均合格，会员资信较好，银行类会员资产质量稳定，各类银行的评估结果整体稳步提高，各清算会员在合格中央对手方政策落实、风险管理、系统安全、业务参与、反洗钱及反恐怖融资等方面均满足中央对手清算机制各项要求。

上海清算所清算会员体系建设提前适应业务发展的趋势性需求。目前，上海清算所综合清算会员和产品类综合清算会员作为重要的参与机构，普遍深度参与各项本外币中央对手清算业务。A 类、B 类和 C 类普通清算会员也广泛参与各项自营清算业务。在利率、外汇等发展相对成熟的金融市场，清算参与者已经基本覆盖市场主要参与机构，截至 2024 年末，外汇中央对手清算业务共有 48 个清算会员和 41 个客户，当年清算规模约 159.7 万亿元，覆盖约 60% 的同类外汇市场产品；利率互换中央对手清算业务共有 47 个清算会员和 294 个客户，当年利率衍生品清算规模约为 36.5 万亿元，覆盖约 99% 的场外利率衍生品市场。考虑到相关市场发展趋势，对于碳金融和大宗商品、信用衍生品等新兴领域的清算业务，上海清算所提前布局，广泛吸纳主要市场参与机构，为市场的快速发展奠定参与者基础。这一前瞻布局的效果已经在债券中央对手清算和大宗商品清算通业务中充分显现，债券中央对手清算和大宗商品清算通业务的清算会员较上年同期分别增加 9 个和 6 个，业务规模同比分别增长 153% 和 64%。

（4）清算业务的合规性检查

事前对清算业务的风险合规性检查，是对每一笔交易清算防患于未然的风险管理，包括要素合规性检查、代理清算确认、风险控制合规性检查等。

要素合规性检查是上海清算所对于提交中央对手清算的成交数据实时进行要素检查，主要包括：一是交易双方是否均具有清算参与者资质；二是成交数据是否符合中央对手清算产品要素规定。检查通过后，成交数据进入后续处理。对于未通过要素合规性检查的成交数据，在上海清算所客户端的成交数据备注栏显示其原因，供清算会员查询。

代理清算确认，对于综合清算会员的代理清算业务，需要完成代理清算确认，是综合清算会员确认是否为其代理的客户交易提供代理清算服务。对于通过代理清算确认的交易，由综合清算会员承担履约担保责任。

风险控制合规性检查，是上海清算所对于每项中央对手清算业务进行有针对性的风险检查。以债券中央对手清算业务为例，风险控制合规性检查包括价格偏离度检查、债券集中度检查和风险敞口限额检查（见表9－1）。

表9－1　风险控制合规性检查要点（以债券中央对手清算为例）

检查步骤	指标	处理方式
1	｜［（首期）结算金额/债券面额－最新盯市价格］/最新盯市价格｜≤价格偏离度阈值 且｜债券净结算面额/该债券托管余额｜≤债券集中度阈值 且实际风险敞口≤（1＋容忍度）×风险敞口限额	系统对该笔交易进行合约替代
2	｜［（首期）结算金额/债券面额－最新盯市价格］/最新盯市价格｜＞价格偏离度阈值 或｜债券净结算面额/该债券托管余额｜＞债券集中度阈值 或实际风险敞口＞（1＋容忍度）×风险敞口限额	该笔交易处于风险控制等待状态，可纳入后续批次风险控制检查，上海清算所有权拒绝清算接单

其中，价格偏离度检查，关注现券、买断式回购交易的标的债券（首期）成交价格是否超过该债券的价格偏离度阈值；债券集中度检查，关注清算参与者对某只债券的净买卖量是否超过该债券的净买卖集中度阈值；风险敞口限额检查，关注清算参与者实际风险敞口是否超过其风险敞口限额的最大容忍度。

通过清算业务合规性检查，上海清算所作为中央对手方介入并承继交易双方清结算的权利义务，适用清算协议，对成交数据进行轧差处理。此后，该笔交易不可撤销、不可更改。

上海清算所对于纳入中央对手清算、处于存续期的清算数据进行持续的风险监控，监控范围包括清算参与者头寸、盯市损益、集中度等信息。上海清算所通过实时监测，根据业务具体要求，对清算参与者采取风险提示、追加保证金等各项措施。

2. 实时的事中风险监测

上海清算所建立了规范完整、基于市场风险计量的瀑布式风险防范结构，构建逐日盯市、保证金、清算基金与风险准备金等为核心的计量、监测和管理市场风险的制度框架，确保总体风险准备资源能够覆盖最大两个清算会员同时违约的极端情景下的潜在损失（见图9－5）。

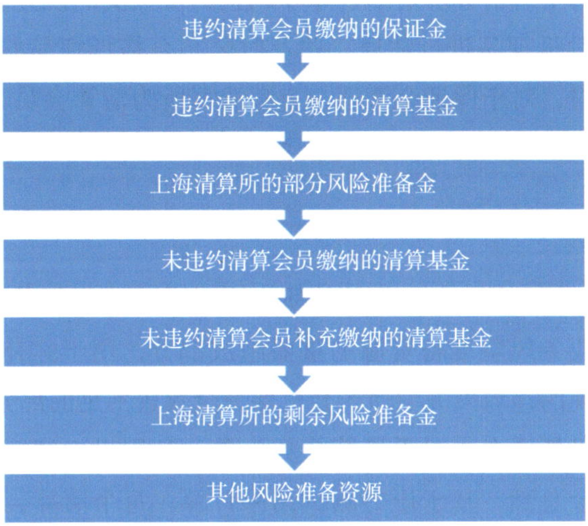

图9－5　风险准备资源使用顺序

上海清算所风险准备资源，主要包括保证金、清算基金、风险准备金等，通过合理的制度机制、科学的模型设计和审慎的测试演练，保障资源合理充沛。

（1）保证金

保证金是上海清算所用于弥补清算会员中央对手清算业务违规违约造成的损失，每日根据参与者所持头寸净额或风险敞口、盯市盈亏以及其他特殊风险因素计算保证金要求，包括初始保证金、盯市保证金和特殊保证金。

初始保证金是用于弥补清算会员违约情况下，上海清算所进行违约处理所产生的一定置信度下的潜在损失，分为最低保证金和超限保证金。最低保证金由上海清算所根据清算限额核定；超限保证金是清算会员所持头寸净额或风险敞口超出清算限额时缴纳的保证金，用于弥补清算会员违约时，上海清算所进行违约处理所产生的潜在损失中最低保证金无法覆盖的部分。

盯市保证金是上海清算所用于弥补清算会员持有头寸的盯市亏损。每日日终，根据清算会员盯市盈亏情况执行盯市盈亏的结算或保证金的追加和释放。若清算会员在日间出现大额盯市亏损，或清算会员的资信情况发生变化，上海清算所有权进行日间保证金追加。

特殊保证金是上海清算所用于弥补异常情况下清算会员违约造成的潜在额外损失。异常情况包括市场价格出现异常波动、清算会员持有头寸过度集中、连续假期、上海清算所认定的其他情况。

保证金类别为上海清算所定期公布和调整的可接受的现金与非现金抵押品，上海清算所每日对抵押品进行估值，并及时公布合格抵押品的种类、价值和折扣率等信息。同时，对于保证金管理，上海清算所为清算会员开立保证金专户，对各清算会员的保证金实行分类独立核算，保证金资产与上海清算所自有资产相隔离。

（2）清算基金

清算基金是清算会员参与上海清算所中央对手清算业务时缴纳的现金资产，是中央对手清算业务风险准备资源的重要组成部分，用于弥补相关中央对手清算业务过程中出现的违约损失中违约会员保证金覆盖不足的部分。

上海清算所以各项中央对手清算业务为单位分别设立清算基金。上海清算所收取的清算基金总额，基于压力测试结果计算。每个清算会员应缴纳的清算基金，依据该清算会员日常风险敞口规模计算其清算基金总额的分摊比例。

补充清算基金，上海清算所动用未违约的清算会员的清算基金弥补违约损失后，可要求未违约清算会员补充清算基金。对于单次违约，补充清算基金金额不超过该清算会员原清算基金金额。

（3）风险准备金

风险准备金是上海清算所根据主营业务收入的一定比例提取的专项资金，用于弥补清算会员重大违约损失以及与上海清算所金融市场清算业务活动有关的重大风险事故损失。

（4）合理充沛的风险准备资源

上海清算所风险准备资源的设计充分体现保障金融市场安全运行的根本目标。在瀑布式风险防范结构中，上海清算所投入了与管理清算活动风险规模成比例的自有资本（风险准备金），总金额达 20 亿元，而国际主要中央对手方的风险准备金如伦敦清算所英国公司为 1 亿美元，欧洲期货交易所清算公司为 2.1 亿美元，相比之下上海清算所处于领先地位，风险准备金约为清算基金平均份额的 5.5 倍，处于行业中等水平，较好地匹配了所管理清算活动的风险规模。

上海清算所合理充沛的风险准备资源规模能够覆盖极端情况下最大两个清算会员违约造成的风险敞口。近些年，上海清算所清算业务量稳步增长，清算基金增速大多数情况下低于清算业务量增速，整体上二者增速相互匹配，风险准备资源的使用效率较高。2024 年末，上海清算所的清算基金规模为 362.3 亿元人民币，初始保证金规模为 1728.3 亿元人民币，能够覆盖最大两个清算会员违约所造成的风险敞口，符合《金融市场基础设施原则》要求。

上海清算所具备国际一流的熨平市场波动的逆周期风险管理水平。2020 年上半年，新冠疫情期间，全球金融市场发生大幅震荡，全球主要中央对手方均大幅提高保证金要求。上海清算所在确保风险可控的前提下，保证金上调幅度远低于国际主要同业机构。在变动保证金方面，2020 年第一季度，洲际交易所、欧洲期货交易所清算公司、香港交易所、日本证券清算公司日均收取的变动保证金规模，环比增长分别为 307%、124%、69% 和 77%，而上海清算所环比增幅仅为 42%。在初始保证金方面，2020 年第一季度，全球中央对手方初始保证金要求总额环比增长 37.6%，伦敦清算所、洲际交易所欧洲清算公司环比增长分别为 18%、24%，而上海清算所的初始保证金要求环比基本持平。这表明，上海清算所初始保证金在新冠疫情前已经处于相对审慎的水平，对于风险的整体覆盖水平较高，保证金制度和模型设计有效体现了熨平市场波动的逆周期风险管理的理念。

3. 稳妥的违约风险处置

违约处置是上海清算所切断风险传染链条、防止风险共振的重要手段。基于我国金融实际，结合国际中央对手方在违约判定、平仓拍卖流程设计等方面的实践经验，上海清算所探索建立了一整套清算会员充分参与、公开公平的违约处置规则与程序，最小化违约影响、保障市场持续稳定运行。同时，上海清算所已建立充足的流动性应急安排，满足履行担保交收的即时资金需求，保障清算会员违约时上海清算所按时、足额对未违约方完成资金交付。

（1）违约处置程序

上海清算所违约处置程序，主要包括：一是违约判定，通知违约清算会员并评估违约风险；二是稳定市场，通过暂停业务权限、冻结违约清算会员应收资金或资产、启动银行授信或证券借贷机制、履行结算义务等方式，将风险控制在最小的范围内；三是通过风险对冲、平仓拍卖、移仓等手段，尽可能以市场化的方式转移违约头寸，将违约对市场的不利影响范围和程度最小化；四是使用预先准备的风险准备资源弥补违约损失，确保前述手段的顺利进行。

违约判定，清算会员出现包括但不限于下述情形时，上海清算所有权认定该清算会员违约：①未按照规定履行保证金缴纳或结算义务。②经营状况、财务状况持续恶化，不能清偿到期债务或明显缺乏清偿能力。③解散（出于联合、合并或重组目的而发生的解散除外）。④监管部门启动针对其的停业整顿、破产、清算、托管、接管、机构重组、行政重组、撤销等行政或司法程序，自身或其债权人启动针对其的接管、重整、破产、清算等行政或司法程序。⑤通过停业、清算或申请破产的决议。⑥就自身或自身的全部或大部分资产寻求任命临时清算人、托管人、受托人、接管人或其他类似人员，或被任命了任何前述人员。⑦其债权人作为担保权人采取行动取得了其全部或大部分资产，或使其全部或实质部分资产被查封、扣押、冻结或强制执行。⑧被其他清算机构、交易所判定违约或被暂停、终止会员资质，并可能导致其无法履行对上海清算所的清算义务。⑨可能导致其无法履行对上海清算所相关义务的其他情况。

（2）违约场景

运营性违约，若清算会员因操作失误、系统故障、短期流动性不足等而暂时无法履约的为运营性违约。当清算会员发生运营性违约时，上海清算所有权采取以下措施：①限制或暂停违约清算会员参与的业务。②冻结违约清算会员的应收资产。③冻结违约清算会员保证金账户和清算基金账户。④启动银行授信和借贷机制，融入资金或证券等完成对未违约清算会员的清结算义务。⑤按照违约金额计算和收取违约金。

违约清算会员在违约处置关键时点前，补足违约资金、保证金及违约金的，上海清算所将取消上述措施，并记录该违约清算会员运营性违约一次。

违约中止，若违约清算会员于关键时点前，补足违约资金、保证金及违约金，上海清算所有权采取以下措施：①恢复接受该会员的违约业务，解冻其保证金和清算基金，记录运营性违约一次。②将该违约清算会员冻结的应收资产（如有）划付至违约清算会员相应账户，并偿还流动性支持机构。

永久性违约，若清算会员在运营性违约的次一工作日未及时补足违约资金、保证金及违约金，或再次发生运营性违约，上海清算所有权判定会员永久性违约。清算会员发生除运营性违约外的符合违约判定情形的，上海清算所在合理期限内对清算会员是否永久性违约作出判定。当清算会员被认定为永久性违约时，在运营性违约处置中所涉及措施外，上海清算所还可采取以下一项或多项措施：①终止该违约清算会员参与业务的资质。②启动非现金类抵押品（若有）

的快速处置流程，上海清算所有权将非现金类抵押品部分或全部变现，用于弥补违约处置损失。③按需处置违约清算会员应收资产（包括资金、债券和实物资产）和保证金，以完成违约处置期间相关支付义务或偿还银行授信及借贷的债券。④根据实际违约情形，召集违约处置专家组，协助上海清算所进行违约处置。⑤如违约清算会员为综合清算会员，上海清算所对其未违约且在移仓前满足应付资金要求（包括保证金和结算资金）的被代理非清算会员进行移仓。⑥通过强行平仓等措施快速处理违约清算会员的未平仓头寸，并执行资产和头寸的转移。⑦使用风险准备资源弥补对违约清算会员头寸强行平仓造成的损失。⑧关闭违约清算会员在上海清算所的相关账户，终止其清算会员资质。⑨向监管机构报告违约清算会员的违约及处置情况。⑩及时向市场披露违约清算会员的违约及处置情况。

（3）违约处置和损失弥补

清算会员自营业务发生违约，且被认定为永久性违约的，上海清算所允许其未违约的被代理非清算会员采取移仓等保护措施。

非清算会员对综合清算会员构成违约，导致综合清算会员对上海清算所违约的，被认定为代理业务违约。在该情况下，若综合清算会员被认定为永久性违约的，上海清算所允许其未违约的被代理非清算会员采取移仓等保护措施。

非清算会员对综合清算会员构成违约，但并未导致综合清算会员对上海清算所违约的，该情况不被认定为代理业务违约，由综合清算会员处置。

综合清算会员应在代理清算协议中所约定的违约判定触发情形发生后的合理期限内对非清算会员是否构成违约作出判定。

非清算会员对综合清算会员构成违约的，综合清算会员应及时将非清算会员违约及处置情况通报上海清算所，上海清算所有义务协助综合清算会员对非清算会员违约进行处理。

违约损失的弥补措施包括：①融入资金或债券的费用以及由于风险对冲、平仓拍卖、头寸分摊、多边净额终止和冻结资产处置产生的损失等各项费用与成本，加总为违约损失。②上海清算所根据《银行间市场清算所股份有限公司集中清算业务规则》等相关规定，使用相关风险准备资源弥补违约损失。③违约处置流程结束后，上海清算所应向违约清算会员追偿或/和索赔，所得用于偿还此前融入的资金及相关费用后，按风险准备资源使用顺序相反的顺序进行偿还（见图9-6）。

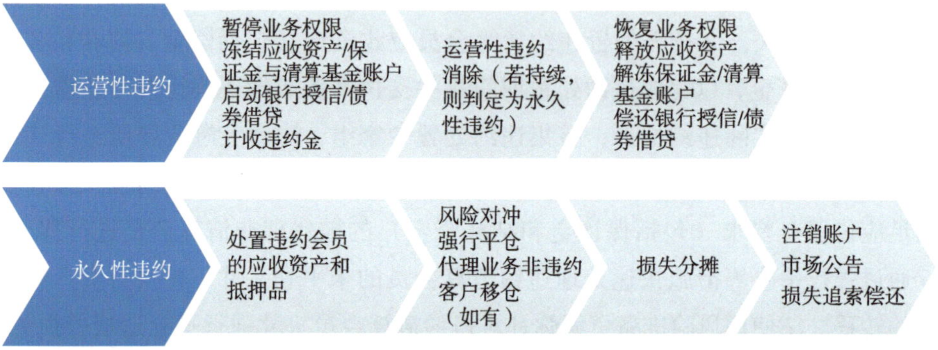

图 9－6　上海清算所违约处置流程

在违约处置制度建设方面，上海清算所于 2020 年发布了覆盖全业务全流程的、具有高度可操作性的中央对手清算业务违约处置指引，并逐年更新修订并同步发布违约处置指引中英文版本，为境外清算参与者提供便利。在违约演练方面，每年开展全业务的违约演练，并结合业务发展情况，进行多样化的测试场景设计，在演练中持续验证和优化处置流程，违约处置制度运行比较成熟，得到了金融管理部门和市场机构的高度认可。在系统建设方面，先后推出了上海清算所官方网站的违约处置专区和拍卖处置平台，有效保障违约处置流程的公平、公正、专业，全方位支持中央对手方违约处置的各类业务场景，切实提升违约风险处置能力。

（三）全周期的风险计量与监测

全周期的风险计量与监测体系，是指科学建立风险管理模型，精准计算各项投资组合的风险准备资源规模，通过持续的压力测试与流动性测试对风险进行全周期管理，保障对风险的实时发现并提前做好处置安排，最大限度避免风险负面影响。风险计量与监测体系，是上海清算所对于市场参与者头寸进行全周期持续风险管理的核心手段，并通过定期开展回溯测试与压力测试，验证风控参数的有效性。其中，风险计量是对风险敞口、保证金、压力测试、流动性测试等的风险测量与计算；监测体系是对市场参与者头寸的盯市损益、风险敞口等进行实时监测的指标体系。

逐日盯市，是上海清算所根据清算参与者头寸的成交价与最新公允价值，计算其各项清算业务的浮动盈亏的过程。上海清算所对所有中央对手清算业务至少在日终进行一次盯市计算，对风险较高、波动较大的清算产品还会进行一次或多次的日间盯市。

压力测试，上海清算所计算在不同压力场景下最大的两个清算会员同时违约产生的额外损失，该额外损失等于两个清算会员在同一压力场景下的损失与两个清算会员已交纳保证金的差额。压力测试结果等于不同场景下计算结果的最大值。

流动性测试，上海清算所定期开展流动性测试，检验在极端市场条件下，上海清算所的流动性资源是否足以覆盖最大单家清算参与者违约对上海清算所造成的所有币种的债务总额，并测算相应的缺口值。流动性测试的极端场景与压力测试的极端场景保持一致，并假设各业务同时发生违约，同时考虑到了授信机构发生违约的情况。经营管理层定期审议流动性风险评估报告，以避免出现流动性短缺。

风险敞口，是指上海清算所基于损失分布假设及清算参与者的当前头寸数据，在历史及特殊场景下计算出的在平仓期间、一定置信度下该清算参与者头寸组合可能产生的最大潜在损失。

1. 科学精细的风险敞口与保证金模型设计

为更好地适应业务创新发展，上海清算所建立了以风险价值（VaR）理论为核心的历史模拟法进行风险敞口及保证金模型的计算，并适应各项中央对手清算业务的风险特点，设计了具有业务特色的风险管理模型。

对于债券中央对手清算业务，针对近年来债券信用风险分化、回购期限延长等市场发展特点，通过审慎量化信用债风险异质性以及按衍生品思维对回购风险建模，确保业务风险得到全面、充分、精准覆盖，并通过风险合理对冲，提高风险管理精细化水平，有力促进提升市场效率和交易活跃度。风险敞口计算主要包括构建历史和保留场景、计算各类交易品种在各场景平仓期内价差损失、计算各场景下总平仓价差损失、计算风险敞口，并通过相关参数对于风险敞口的计算结果进行合理调整共 5 个步骤。

对于外汇中央对手清算业务，上海清算所作为全球首家在外汇业务实现即期、远期、掉期和期权产品的充分对冲的中央对手方，对冲效率处于国际领先水平。2023 年，在外币对业务中首创应用经波动率调整的期望损失保证金模型，显著提升模型计量优势，还创新应用了 ES（Expected Shortfall）模型，进一步提高外汇业务尾部风险覆盖水平。

在外汇中央对手清算业务中，一般情况下，基于历史模拟法的 VaR 模型计算得出的保证金可以覆盖清算会员一定置信度下的损失，如图 9 - 7 所示的清算会员损失分布曲线，收取 100 万元保证金即可以覆盖 99% 场景下的风险。而在一些特殊情况下，清算会员的损失分布曲线如图 9 - 8 所示，其尾部出现超出 VaR 值 100 万元损失的概率较高，此时上海清算所使用的 ES 模型对尾部风险进行计量，极大地提高了尾部风险覆盖能力。

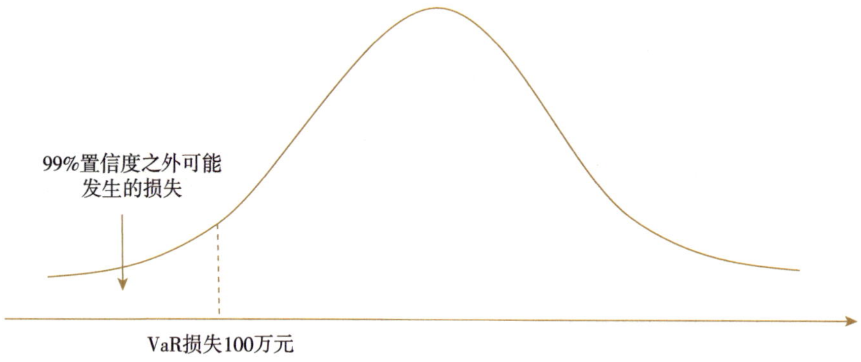

图 9 - 7　一般情况下清算会员外汇中央对手清算业务损失分布曲线

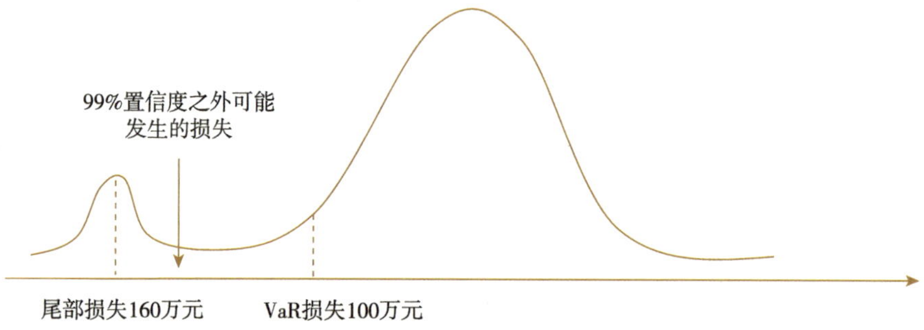

图 9 - 8　特殊情况下清算会员外汇中央对手清算业务损失分布曲线

2. 灵敏前瞻的风险监测预警

上海清算所对于纳入中央对手清算、处于存续期的清算数据进行逐日风险监控，监控指标包括清算参与者风险敞口、盯市损益、集中度等信息，并根据实时监测情况，对清算参与者采取风险提示、追加保证金等各项措施（见图 9 - 9）。同时，强化宏观经济动态、业务相关价格指标及风险事件的跟踪与评估，扎实细致做好各类风控参数测算与调整、风险管理体系和模型校验、风险准备资源计收、《金融市场基础设施原则》量化披露、现金抵押品折扣率调整等工作。

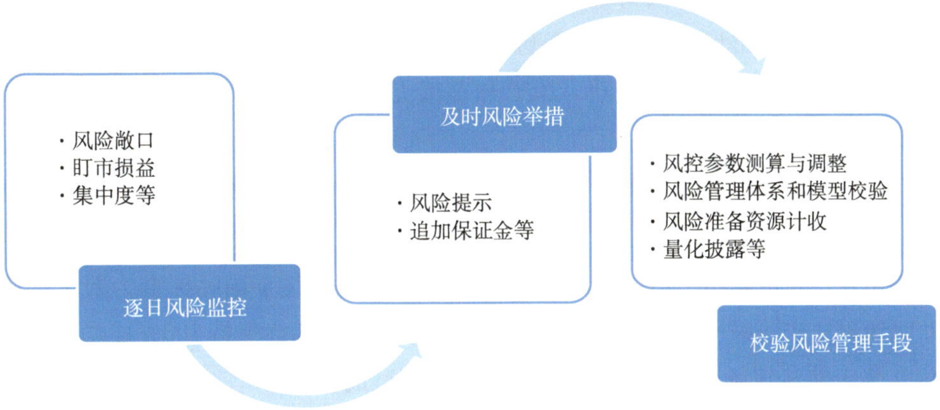

图 9－9　风险监测及措施

上海清算所风险预警准确率与提前预警天数在行业处于前沿水平。上海清算所积极深化有效管理和应对债券业务风险，通过科学的模型和先进的理念对债券市场进行动态监测。2018—2020 年，风险预警准确率分别为 66.67%、85.71% 和 89.47%，2021 年达到了 100%，2024 年持续保持在 100%；2018—2024 年的平均提前预警天数为 380 天，处于国际先进水平。

3. 经济合理的风险准备资源

上海清算所逐日开展综合业务压力测试与流动性测试，以评估极端但可能的市场条件下风险准备资源的充足性，信用风险场景设定为未覆盖平仓损失最大的两个清算会员同时违约的场景（见图 9－10）。

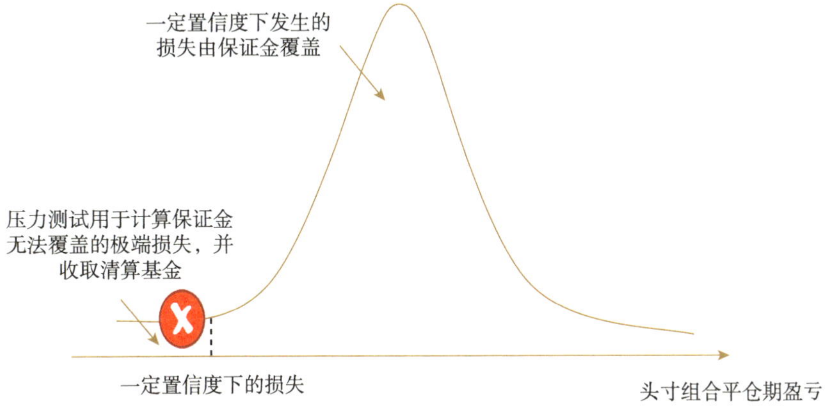

图 9－10　清算参与者头寸损失分布曲线

上海清算所在压力场景构建方法上不断突破创新，除参考历史极端场景外，还建立了以多种统计方法为基础的人造压力场景构建方法。市场风险综合考虑历史价格波动及市场流动性变化等因素，并不断地将2013年6月商业银行流动性管理事件、2016年英国脱欧、2020年美国大选、2022年新冠疫情等历史极端波动情况纳入场景考量。

上海清算所回溯测试实现了高水平的成功率。《金融市场基础设施原则》要求，中央对手清算机构应定期对保证金覆盖情况进行回溯测试，以检验保证金是否充分，规定成功率不得低于99%。上海清算所以优于国际标准为要求，业务回溯测试成功率均高于99%的水平，其中债券业务始终保持100%成功率。表9-2为上海清算所各中央对手清算业务回溯测试成功率。

表9-2　各中央对手清算业务回溯测试成功率　单位：%

时间	债券	大宗商品衍生品	利率互换	外汇	标准债券远期
2024年第一季度	100	100	100	100	100
2024年第二季度	100	100	100	100	100
2024年第三季度	100	100	100	100	99.96
2024年第四季度	100	100	100	100	99.96

二、风险管理的“中国示范”

2023年，中央金融工作会议提出要做好科技金融这篇大文章。为更好服务科技金融发展，需要加快构建与高水平科技自立自强高度适配的金融服务体系。上海清算所坚持自主创新、科技赋能，在对接国际标准的基础上，开发新型风险管理模式，强化风险监测预警，优化风险计量手段，切实保障风险处置有效性，不断提升风险管理质效，成为中央对手方和中央对手清算在国际领域创新实践的“中国示范”。

（一）全球首创中央对手方互联互通风险管理安排

在中央对手方互联互通风险管理中，上海清算所在全球首创、自主研发的“互换通资源池”这一风险管理模式，有效管理了清算互联互通模式下的风险敞口，创造了全球基于场外衍生品进行中央对手方互联互通的成功案例，成功支持全球第一个中央对手方之间关于金融衍生品的互联互通——“北向互换通”

业务顺利开展，进一步拓展了境内外投资者管理利率风险的工具，助力我国金融市场高水平开放发展。

在“北向互换通”推出之前，全球范围内的中央对手方互联互通业务主要针对权益或债券现货、货币市场产品等，还没有基于场外衍生品的中央对手方互联互通的成功案例。

1. 中央对手方连接面临的风险管理难点与监管要求

根据《金融市场基础设施原则》，中央对手方的连接存在两个基本类型：一是同业连接模式（Peer - to - peer Link），两个中央对手方通过特殊安排，对等交换保证金和其他风险准备资源，互相不受普通参与者规则管理。二是参与者连接模式（Participant Link），一个中央对手方作为另一个主中央对手方的参与者，受到主中央对手方的普通参与者规则管理，并向其缴纳保证金。以上两种模式的中央对手方连接都会产生新的风险。在参与者连接模式下，如果主中央对手方违约，因为参与者中央对手方不持有其缴纳的抵押品来化解违约的风险，因而参与者中央对手方可能无法得到充分的保护，因此这种模式只有单向的风险保护。在同业连接模式下，由于对参与者之间已清算的交易进行轧差，两个中央对手方之间产生替代（净）头寸，互联互通的中央对手方面临彼此当前和潜在的未来风险敞口，并通过相互交换的风险准备资源覆盖，这种模式是双向的风险保护。

目前，中央对手方连接最具挑战的问题，就是对连接安排可能产生的风险敞口进行管理。如果在中央对手方之间的网络连接中，不能恰当地识别和解决多个中央对手方连接的内在复杂性，可能产生不可预计的风险。

欧洲系统性风险委员会（ESRB）在《中央对手方互操作安排》（*CCP Interoperability Arrangements*）[①] 中，指出了几类监管难点：一是中央对手方之间的制度差异引起的潜在监管风险。在中央对手方互联互通安排下，中央对手方间保证金的来源与分配方式、清算会员违约处置等存在差异的情况下，可能对中央对手方间的潜在风险产生较大扰动，同时因两家中央对手方对抵押品种类的不同要求和可能引入的抵押品转换服务商的操作风险等均需审慎处理。二是衍生品的复杂程度所引起的监管风险。与现券、货币市场产品和证券等相比，对衍生品（尤其是场外衍生品）进行中央对手方连接存在更大的挑战，包括产品复

① ESRB. CCP Interoperability Arrangements [Z]. 2019.

杂度增加引起的更高要求的风险管理、违约处置，更大的交易规模和更长的存续期限引起的中央对手方间单边敞口的累积，以及更大的流动性需求等。上述多种因素的综合影响，在一定程度上曾经制约了中央对手方成功开展场外衍生品的互联互通安排。

针对以上监管难点，国际金融组织对中央对手方互联互通的风险管理安排提出了具体要求。《金融市场基础设施原则》的“原则 20：金融市场基础设施的连接”对金融基础设施连接安排提出了相关管理原则，包括应识别、监测和管理的法律风险、运行风险、信用风险以及流动性风险等管理要求。其中，相关要点包括：一是连接安排的设计应确保每个中央对手方能够符合《金融市场基础设施原则》的其他原则。二是在连接安排建立前后应持续识别、监测和管理连接安排产生风险的所有潜在源头，应识别和评估连接的中央对手方违约可能存在的风险溢出效应。三是连接安排中的每个中央对手方应能以高置信度水平（至少在每日基础上）覆盖对连接的中央对手方及参与者的当前敞口和潜在的未来敞口，而且在任何时候都不能降低对自身参与者履行义务的能力。

此外，2013 年，欧洲证券和市场管理局发布了关于指导欧洲各国监管机构建立一致、高效和有效的中央对手方互联互通安排评估机制的报告（ESMA，2013）①。2015 年，英格兰银行正式出台相应政策（Bank of England，2015）②，细化规范了英国中央对手方在此类连接中应符合的具体要求，主要侧重于对中央对手方连接中风险准备资源的来源、水平以及违约处置方面的内容。2019 年，欧洲系统性风险委员会在报告中建议，欧盟在未来关于中央对手方互联互通的立法框架中应当明确恢复和处置工具的适用方式，并明确衍生品清算的互联互通是否可以实施以及适用条件和产品类型等（ESRB，2019）③。

2. 创新的“北向互换通”风险管理框架设计

在尊重国际监管实践、符合国内监管要求的原则下，上海清算所与香港场外结算公司（OTCC）立足我国金融市场实际情况，经过创新探索、严谨论证和

---

① ESMA. Final Report: Guidelines and Recommendations for Establishing Consistent, Efficient and Effective Assessments of Interoperability Arrangements ［R］. 2013.

② Bank of England. Implementation by the Bank of England of ESMA's Guidelines and Recommendations on CCP Interoperability Arrangements: Summary of Feedback Received and Policy Response ［Z］. Bank of England, 2015.

③ ESRB. CCP Interoperability Arrangements ［Z］. 2019.

规范实践，成功弥合双方法律基础和风险管理等方面的差异，确定了基于单一资源池模式的北向互换通风险管理方案（见图9－11）。在“北向互换通”下，境外参与者与境内参与者之间达成利率互换交易，由OTCC与上海清算所共同完成合约替代，OTCC与上海清算所分别管理境外/境内两端的风险，并共同管理由此产生的两家中央对手方之间的净风险敞口。

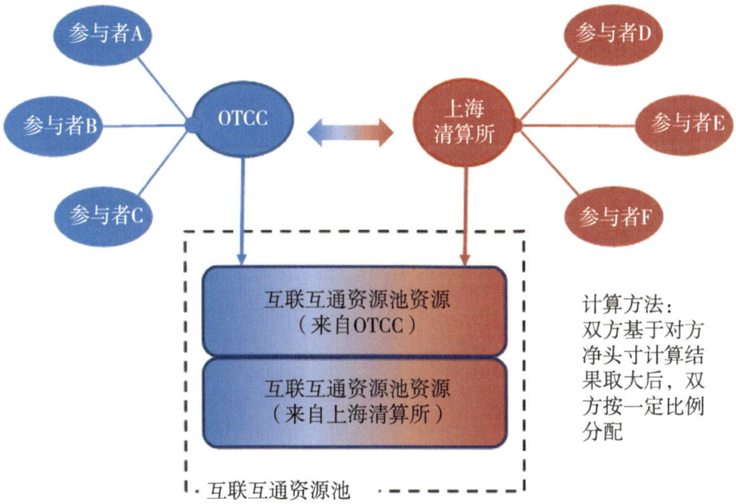

图9－11　“北向互换通”单一资源池安排

（1）上海清算所与OTCC最大限度保留了境内外原有的交易习惯和清结算流程

一是在日常风险监测与风险管理中，境内外清算参与者分别面对各自的中央对手方，相应遵守上海清算所与OTCC的风险管理相关制度规定，接受相关中央对手方的风险检查、风险监测和每日风险准备资源测算结果。二是对于境内清算会员，上海清算所最大限度实现了本币市场利率互换合约和互换通利率互换合约的风险准备资源计量（包括保证金、清算基金等的测算）轧差，并相应打通了非现金抵押品的使用渠道。三是在违约处置方面，双方中央对手方将各自使用违约清算会员与中央对手方的风险准备资源，根据各自违约处置流程完成违约处置，相互做好必要的风险隔离。

（2）上海清算所与OTCC共同管理“北向互换通”业务可能产生的两家中央对手方之间的净风险敞口

一是兼顾风险准备资源充足与市场效率提高，创新引入单一互换通资源池机制，每日计算并缴纳资源池资源，保证风险准备资源可以充分覆盖风险敞口。二是为控制本币互换市场风险，维持市场稳定，针对场外衍生品的风险特性，设置多层次限额管理措施，控制中央对手方间风险敞口规模积累带来的集中度风险。三是坚持底线思维，建立互换通业务特色违约管理机制与损失分摊流程，并创设中央对手方违约的事前监测管理和事中事后处置安排（见图9－12）。四是落实《金融市场基础设施原则》相关要求，通过互不参与对方清算会员损失分摊、限额管理、盯市盈利扣减（VMHC）等互相豁免等方式，控制中央对手方间的溢出风险。

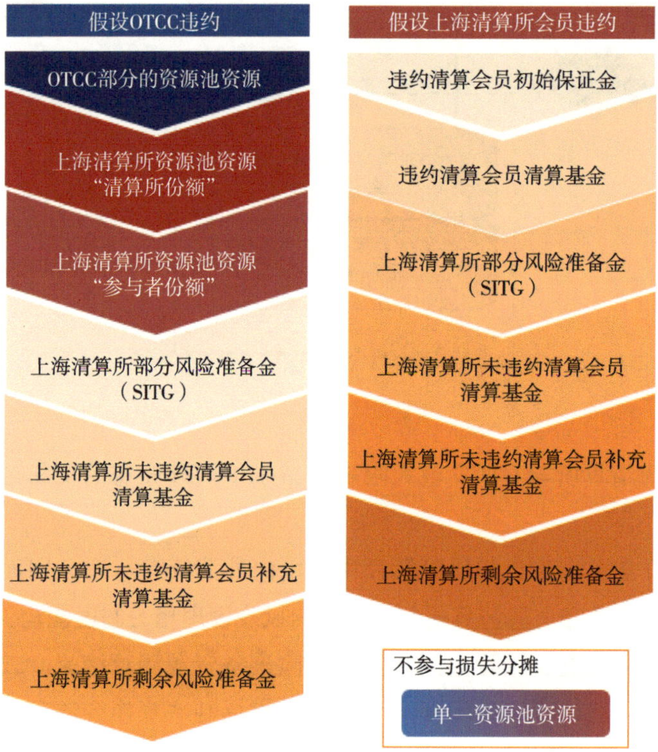

图9－12　假设OTCC或上海清算所会员违约情形下的瀑布式风险防范结构

（二）科技赋能强化风险监测预警

上海清算所立足风险管理核心职责，积极构建动态多维的风险监测体系，守牢风险防范第一线。积极推进风险监测系统建设，落地基于大数据平台的债券信用分析系统，自主设计推出中央对手清算业务风险管理数据地图，做好前瞻性风险判别，密切关注业务运行、市场风险及交易异常等潜在风险，扎实完成中央对手清算业务回溯测试、压力测试及流动性测试等。

1. 中央对手清算业务风险管理数据地图

在衍生品市场风险监测方面，为提升我国银行间市场系统性风险管理能力、服务上海人民币资产全球风险管理中心建设，上海清算所将大数据、图计算、知识图谱等前沿技术与中央对手清算的风险管理量化模型相结合，自主设计研发金融科技系统——中央对手清算业务风险管理数据地图。

该系统基于上海清算所大数据平台，应用分布式计算框架，实现对大规模数据深度挖掘和分析，覆盖我国银行间市场近 400 家主要金融机构和产品，每日可处理超过 100 万条的金融交易合约数据。通过构建我国银行间利率衍生品市场和外汇衍生品市场的多层结算网络，形成日频迭代更新的动态知识图谱，搭建银行间衍生品市场风险全景数据地图，对全市场和会员机构进行多维度、跨市场风险画像，分析银行间衍生品市场风险传导过程、会员跨市场风险溢出效应，实现对重点清算会员全市场风险等级的动态可视化监测，提升风险管理预警的前瞻性和可预测性。

一是对利率市场和外汇市场的交易数据、结算数据拆解、重匹配、还原，建立银行间衍生品市场多层交易结算网络，包括双边交易网络、中央对手清算模式下的资金结算网络，实现快速识别重点会员机构、标记网络位置，直观监测上下游关系和潜在风险传导链条等（见图 9 - 13）。

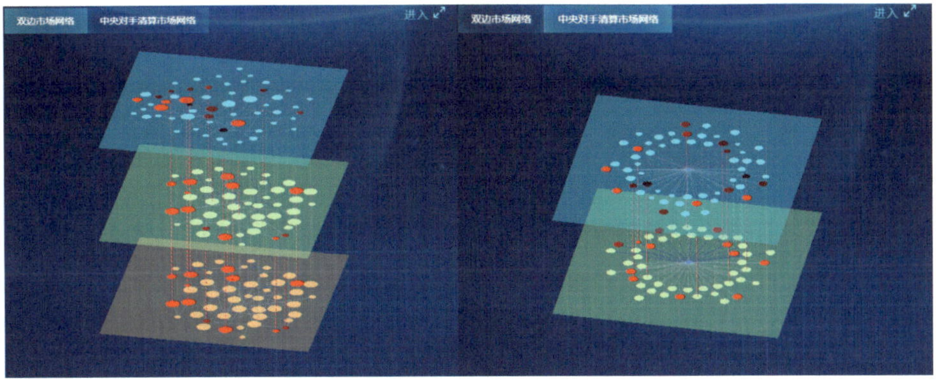

图 9 - 13　双边清算市场网络（左图）、中央对手清算市场网络（右图）

二是整合市场维度、机构会员维度和交易维度的关键风险管理量化指标与网络，形成“可视化+量化”整体风险监测系统，清晰、直观地监控风险分布、传导、溢出效应。

三是通过发挥上海清算所海量交易和结算数据价值，深度挖掘了清算会员之间交易和结算关系、跨业务关联关系等高价值数据所提供的风险管理信息，有效提升了上海清算所对于银行间衍生品市场风险提早识别和有效处置的风险管理能力，更好防范和阻断系统性金融风险的发生（见图9－14）。

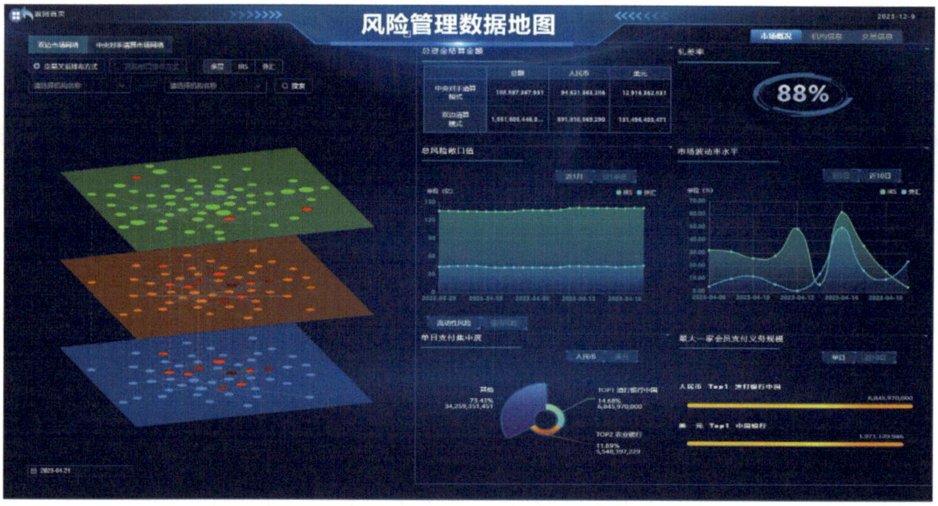

图9－14　风险管理数据地图——风险指标

2. 全景式债券信用分析系统

在债券信用风险监测方面，上海清算所作为国际上为数不多为信用债券提供中央对手清算与风险管理的机构，立足中国银行间债券市场，全力建设高质量风险识别和风险防控机制，持续提升信用债风险管理精准化程度和精细化水平。

一是强化前瞻预测债券信用风险，随着我国债券市场信用风险逐步释放、信用风险分化日益显著，上海清算所为保障债券中央对手清算业务安全稳健，通过研发市场隐含评级（MIR）、建立发行主体负面清单、差异化的风险管理手段等，形成信用债风险监测常态化机制。上海清算所基于监管要求、市场变化以及债券风险监测实践经验，对债券风险监测的执行指标与流程持续优化，自主研发了基于评级、价格信息、舆情、财务数据、机构行为、关联关系等多维度的信用债发行人信用风险分析模型，显著提升债券风险预警成功率与增加提前预警天数（见图9－15）。

二是立足上海清算所大数据平台，落地全景式债券信用分析系统。通过强化机器学习、数据挖掘在风险监测预警中的应用，兼顾方法迭代与功能拓展，增强对数据信息、模型库的管理能力，高效整合上海清算所内外部跨区域、跨市场、跨主体、跨业务的多样化数据源，逐日自动完成债券交易、结算、托管、股权关系、舆情、评级、财务信息、区域情况等多方数据信息的获取、清洗和处理，同时建设智能舆情分析平台，分析舆情情感走势，实现舆情数据处理智能化、分析链路自动化、风险信息动态汇聚、风险监测实时预警。

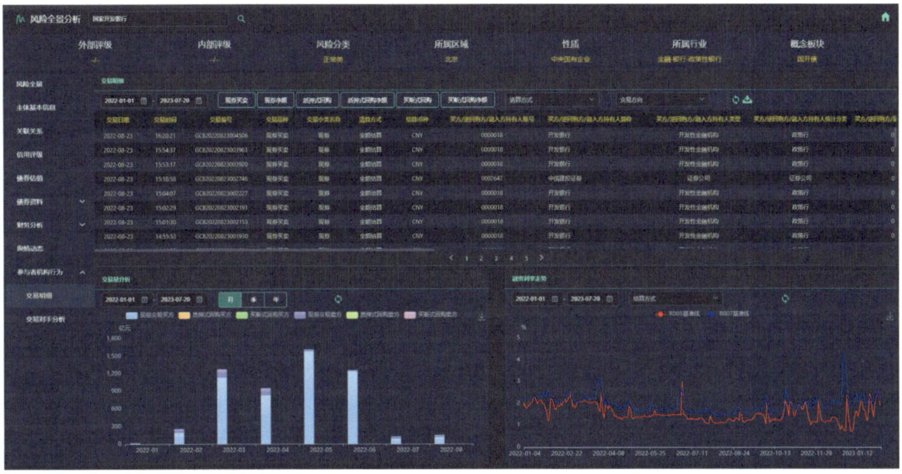

图9－15　债券信用分析系统风险全景分析界面

三是采用自主研发的图谱平台可视化构建多维度、一体化的主体风险画像，赋能多业务场景的图查询、图分析、图人工智能应用，辅助实现债券市场风险早识别、早预警、早处置，有效提升行情数据分析水平和债券风险监测预警质效，健全债券市场风险监测预警机制（见图9－16）。

（三）难点突破优化风险计量方法

上海清算所是银行间市场专业化的风险管理金融基础设施，在为银行间市场外汇、利率、债券、大宗商品和信用等全部资产类别的现货和衍生品提供中央对手清算和风险管理服务的过程中，有针对性地持续优化风险计量模型与风险控制手段，提高风险管理效率和效果，更好服务银行间市场安全平稳运行。

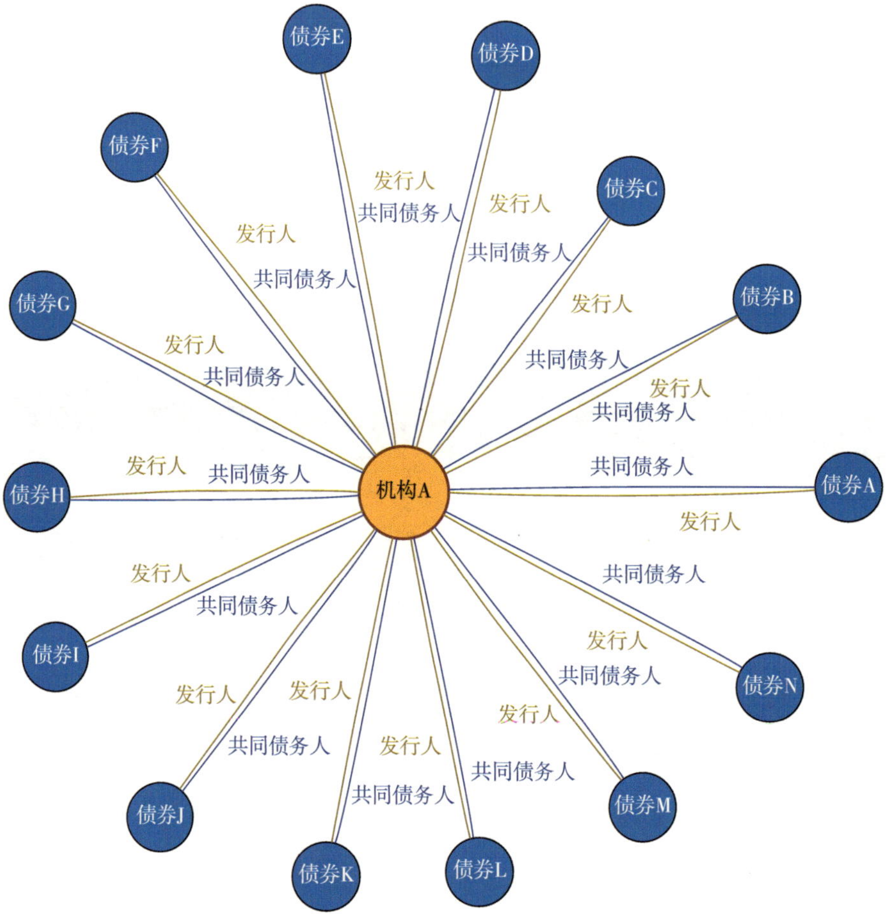

图 9－16　发行主体全市场关系网络

1. 国际领先的模型组合

为更好地适应金融业务快速创新和高质量发展的需要，上海清算所不断通过模型组合的形式实现风险管理计量模型的迭代与创新，有效降低复杂模型的模型风险，保证模型的稳定性，实现不同类型模型之间的优势互补、取长补短，更有针对性、更为快速有效地解决风险管理的最新难点。

（1）外币对中央对手清算案例

2023 年，上海清算所在外币对业务中首创应用经波动率调整的期望损失保证金模型（FHS _ ES），显著提升模型在波动聚集性和敏感性上的计量优势，同时更好管理尾部风险、顺周期风险等，进一步强化了上海清算所在保证金模型创新性和先进性上的国际领先水平。

经波动率调整的期望损失保证金模型由经波动率调整的历史模拟模型（FHS）和期望损失模型（ES）两个模型组合形成。其中，FHS 模型是对传统的以 VaR 理论为核心的历史模拟法的优化，对波动率采用指数加权移动均值（EWMA）方法进行调整以反映市场的波动聚集效应，即当前市场波动率高，则第二天市场波动率也倾向于高，有效弥补了传统历史 VaR 模型中对于波动聚集效应的计算缺失，成功解决了市场高波动阶段的波动低估以及模型反应滞后的风险。ES 模型是未经波动率调整的基础模型。虽然 FHS 模型在应对波动聚集性和增强模型敏感性上的优势明显，在市场高波动下能够迅速提高保证金保障水平，但在市场波动较小的情况下可能低估未来头寸潜在损失，采用未经波动率调整的 ES 模型作为风险敞口下限，既可提高模型总体覆盖率，也可有效降低 FHS 模型的顺周期风险。通过 FHS 和 ES 模型的创新组合，可以有效应对外汇市场的各类波动场景，既可使保证金要求在低波动市场环境下维持一定合理水平，又能在危机期间更好地刻画潜在损失分布，在模型敏感性和稳定性中找到了合理平衡，进一步推动了风险精细化计量方法的创新。

（2）大宗商品中央对手清算案例

上海清算所是我国第一家推出大宗商品衍生品组合保证金管理的中央对手方。为了进一步实现精细化的风险管理，推进我国保证金对冲机制发展，以及为实体经济提供更高效的大宗商品风险管理工具，2020 年 7 月，上海清算所推出了大宗商品组合保证金业务。

在该组合保证金业务中，上海清算所以大宗商品衍生品的市场参与者投资组合为单位，对于同一产品买卖方向不同、期限不同、数量相等的头寸，按照一定优先级建立跨期头寸组合，收取跨期组合保证金，剩余未组合头寸按照原有逻辑对买、卖持仓双向收取保证金。组合保证金业务合理利用产品协议之间的联动性，实现了在风险可控的前提下，合理降低清算参与者保证金要求。同时，上海清算所还同步新增了组合交易功能，同一组合内的单笔交易同时确认合约替代结果，市场参与者可通过组合交易的方式实时享受更低的组合保证金。

在探索建立符合我国大宗商品衍生品业务特点的保证金对冲模型过程中，上海清算所对国内外同业机构的相关保证金计算模型开展了深入研究。国际上，芝加哥商业交易所（CME）、伦敦清算所（LCH）等同业机构多采用国际主流保证金模型——标准风险投资组合分析（SPAN）模型。SPAN 模型的优势在于可根据市场风险全面衡量组合风险，但较为依赖风险参数设置，且风险参数计算属于“黑箱”，风险参数设置不准确将致使风险计算产生偏差。经过多次数据测算与方法验证，上海清算所创新采用了预期损失（ES）框架，使用 Copula 模型捕捉不同协议之间的关联性，实现了对各期限协议之间对冲风险的更为精准的计量。大宗商品组合保证金业务推出以来，大宗商品业务跨期协议组合回溯测试成功率达 100%，最高可实现 80% 跨期保证金对冲折扣率。2024 年 5 月，为深入贯彻落实国家碳达峰碳中和政策部署，上海清算所进一步将大宗商品组合保证金业务拓展到上海碳配额远期产品，有效支持国内碳金融衍生品发展，全力推进绿色金融创新。

作为场外衍生品市场重要的风险管理制度，大宗商品组合保证金的推出，一方面，有助于推动组合资产的全面综合管理，实现跨期协议之间风险的合理对冲，有效推进我国保证金对冲机制发展；另一方面，通过精细化的风险管理制度，切实提升清算参与者资金利用效率，助力激发场外大宗商品衍生品市场活力，为实体经济提供更高效的大宗商品风险管理工具，是服务和支持产业发展的积极创新举措。

2. 有针对性的精准估值模型

产品估值的准确性是风险计量基石。对于银行间市场的部分产品，由于交易活跃度较低，基于交易或者报价数据形成的估值无法准确反映产品的公允价值，或者由于现行估值方法的固有缺陷导致估值偏差。针对这一问题，上海清算所在风险计量中通过优化模型、完善参数等多种手段，实现了符合业务产品特点的估值调整，进一步提升了风险计算的精确性和风险管理的有效性。

（1）债券中央对手清算案例

上海清算所是全球有能力为信用债券提供中央对手清算和风险管理的部分金融基础设施之一，通过较完善的信用债风险管理，活跃信用债交易，支持实体经济直接融资。

考虑到信用债风险异质性大，而且市场成交、报价活跃度相对较低，行情数据连续性较差，只依赖债券估值及收益率曲线进行信用债定价，可能在一定程度上存在风险低估的情况。上海清算所针对近年来债券信用风险分化、回购期限延长等市场发展特点，对债券中央对手清算业务研发启用基于历史模拟法计量风险价值（VaR）的风控模型。其中，针对信用债券估值可能的偏差问题，上海清算所在保证金和清算基金计算中，在考虑债券对应收益率曲线的基础上，根据发行主体历史评级，评级调降概率和价格波动幅度，设置债券风险因子参数和债券压力风险因子参数，反映发行主体信用风险，进行收益率曲线及个券估值结果的修正，充分计量上海清算所如进行违约处置债券平仓时的债券公允价值，通过审慎量化信用债风险异质性以及按衍生品思维对回购风险建模，确保潜在风险得到全面、充分、精准覆盖，严守不发生系统性风险底线。

（2）以贷款市场报价利率（LPR）为标的的利率互换中央对手清算案例

作为全球首家为 LPR 利率互换提供中央对手清算服务的中央对手方，2019 年 LPR 形成机制改革完善后，为更好服务央行履职，发挥衍生品价格发现作用，支持货币政策传导，促进 LPR 在市场资源配置中的引导作用，上海清算所第一时间研发 LPR 利率互换中央对手清算的风控方案。

考虑到 LPR 利率结构有其特殊性，因此以 LPR 为标的的利率互换合约的估值及风险计量与常规利率互换合约不同。当时市场机构对 LPR 利率互换的估值曲线构造方法尚未形成统一的估值方案，出于简化处理、内部系统等原因，大多数机构选择沿用类 Shibor _ 3M 方法构建 LPR 利率曲线并进行合约估值。但这一处理忽略了 LPR 利率互换一个月公布一次的本质特征，会导致估值偏差。除此之外，LPR 利率互换估值还存在短端利率不确定，以及其本身所代表的贷款期限与利率互换合约 3 个月支付频率不匹配等问题。

上海清算所对上述问题进行了充分的研究，力求设计出公允且合理的估值，从而能在风险敞口模型中充分考虑 LPR 利率互换的模型风险，确保为该业务设计的保证金模型能充分覆盖违约平仓损失。经研究，上海清算所初步确定了单曲线模型、准双曲线模型和双曲线模型 3 个备选模型，就这 3 个备选模型广泛征询市场机构与行业专家意见。综合各方意见，上海清算所确定使用准双曲线模型为 LPR 利率互换构建光滑曲线，并将其作为估值的主模型，经过曲线稳定性、估值稳定性验证，结合对短期利率、凸性调整的处理方案，最终形成了完整的针对 LPR 利率互换产品的曲线、估值、风险敞口计量的整体方案。2021 年 11 月 8 日，上海清算所利率互换中央对手清算品种正式拓展至 LPR 利率互换，成为全球首家为 LPR 利率互换提供中央对手清算服务的中央对手方。

3. 活跃市场的交易实时承接机制

银行间市场实时承接，是指外汇交易中心根据上海清算所提供的各参与机构实时承接额度和转换算法，对交易实现前端额度控制，交易成交即纳入清算。

实时承接机制，可以最大限度缩短交易从成交到完成合约替代的时间差，降低交易的不确定性风险，有效提高机构授信管理效率，促进市场交易活跃。实时承接的风险管理主要难点在于将上海清算所交易检查计算逻辑转换为前端的实时承接额度等。

目前，基于对风险检查效率的不断提升，上海清算所已经对债券、利率等资产类别的现货和衍生品中央对手清算实现了实时承接。为实现实时承接机制下逐笔秒级的风险检查，上海清算所自主创新研发了便于交易前台复制的基于额度和参数的简化风险检查模型，并在非实时承接交易批量风险检查过程中，将实时承接交易轧差纳入，保证风险可控，为银行间市场交易、中央对手清算和风险管理的效率提升增添新的利器。

以利率互换业务为例，上海清算所于2019年推出了利率互换实时承接机制。在实时承接机制推出前，市场上仍然存在占用交易双方的双边授信情况，利率互换交易成交后，需要经过2天的交易确认，才能到达上海清算所进行风险检查，检查通过后立即实现合约替代，因此在确认合约替代前，该交易仍将占用交易双方的双边授信。在实时承接机制推出后，交易双方的双边授信可以迅速释放，在利率互换交易中风险检查实现了实时的、分钟量级的基于历史模拟法（VaR）的批量合约组合风险敞口计算，能够复制日终保证金计算结果，最大限度保证风险计量日间与日终结果的统一，充分满足实时承接交易的风险检查效率要求。

在实时承接机制下，通过研发便于交易前台复制的基于额度和参数的简化风险检查模型，以及在非实时承接交易批量风险检查过程中，在保证风险可控的前提下，将实时承接交易轧差纳入，交易确认时间从原有的2天缩短至实时，实现逐笔秒级的风险检查。2023年，“北向互换通”业务推出后，上海清算所进一步创新实现了实时承接逐笔检查、非实时承接批量检查和互换通逐笔检查三轨并行，充分兼容的日间风险检查逻辑，灵活应对各类交易模式，有效满足境外参与者对接单效率的要求。

（四）实物结算保障风险处置成效

实物结算是通过实物进行结算的一种结算模式，是与现金结算相对的一种方式。对于债券和外汇业务，实物结算模式主要是为了满足投资者对于债券、外币的实际持有需求。对于期货产品，实物交割作为现金交割机制的重要补充，具有确保期货市场与现货市场紧密联系，实现期货市场的价格发现功能，发挥期货市场的套期保值功能，并使套利交易具有可行性等重要意义。由于实物结算标的的多样化和风险异质性，实物结算模式需要额外增加对于实物资产价格波动、实物资产处置集中度风险与流动性风险等多维度的深入考量。

目前，上海清算所已经对外汇、债券、标准债券远期与上海碳配额远期中央对手清算业务等采用了实物结算模式，针对实物结算与现金结算模式的差异，在风险计量、保证金制度、流动性测试等多个方面进行了配套研究，稳妥处理实物结算模式下的结算风险。

首先，充分考虑实物结算模式的风险特质，持续优化风险计量与保证金制度。例如，在外汇业务中，充分评估本金结算对于风险敞口的影响，以及近远端头寸方向相反带来的对冲效应，创新了根据不同结算场景精准计量风险敞口和保证金的方式，同时探索建立外汇业务交割风险和流动性风险附加保证金制度，应对临近交割头寸过大和整体风险敞口过大引起的额外市场冲击和平仓成本。在债券业务中，通过合理评估各类债券的集中度风险，在交易接单、通用回购债券入库等阶段，设置差异化的债券集中度风控检查标准，保证违约处置在损失可控的范围内，实现债券头寸的快速处置。

其次，定期开展流动性测试，满足中央对手方履行担保交收的即时本外币资金需求。流动性测试的极端场景与压力测试的极端场景保持一致，涵盖了极端的债券收益率波动、汇率利率波动、融资利率波动、发行主体评级下降导致债券价格波动等场景，并假设各业务同时发生违约，同步考虑授信机构发生违约的情况下违约机构所提供的授信和结算便利也将一并从流动性资源中扣除等情况。通过定期开展流动性测试，评估在极端市场条件下，上海清算所的流动性资源是否足以覆盖单日及多日风险场景下，清算参与者违约对上海清算所造成的所有币种的实际流动性需求。

同时，建立债券借贷与资金授信机制，支持在清算会员违约场景下快速融入债券与各币种资金。一方面，上海清算所已储备多元化的商业银行提供的多币种货币流动性支持，并定期开展流动性测试。目前，上海清算所可获得的流动性资源充足，能够保障清算会员违约时上海清算所按时、足额对未违约方完成资金交付。另一方面，上海清算所已经推出中央债券借贷机制，可以在违约处置时快速、及时地从可借债券池中匹配所需债券，还与多家债券持仓丰富的机构签订债券借贷协议，可以在违约处置时获得多渠道的债券支持。

上海清算所标准债券远期实物交割合约以及上海碳配额远期业务均采用实

物交割模式，即买卖双方在合约到期时，卖方向买方交付实物（债券、上海碳配额），买方向卖方交付本金，以了结到期未平仓合约。上海清算所设计了完备的风险管理制度，有效防范实物交割业务相关风险。

一是建立实物交割业务保证金模型，精准计量相关风险。

对于标准债券远期实物交割合约，为精准计量市场预期和利率波动对实物交割合约价格的影响，上海清算所同时采用两种模型推导合约理论价格，进而合理推算合约保证金率。一种是持有成本模型，该模型是基于无套利定价理论的简化模型，由于简单易行而被市场广泛应用。该模型在一定程度上考虑了个券因流动性等因素导致的估值差异，但其忽略了利率随机波动的影响。因此，上海清算所还同时使用了另一种模型，即 BDT 模型（Black Derman Toy Model），该模型是无套利利率模型，通过构建利率二叉树的方式，模拟符合历史期限结构的利率运动过程，对合约价格及其内含最廉券的选择期权进行定价。BDT 模型充分考虑了债券远期隐含的交割期权的价值，能够更为精确地捕捉利率变动对实物交割合约价格的影响。上海清算所同时采用两种模型，进一步提高了实物交割合约保证金率测算的准确性，确保实物交割合约的市场风险得到了准确、全面覆盖。

对于上海碳配额远期业务，在到期交割时，若卖方违约，可能导致买方无法收到足额碳配额进行清缴，甚至可能面临碳市场管理的相关处罚；若买方违约，可能导致卖方的配额因市场流动性差无法在现货市场卖出，引发资金周转问题。为了降低未违约投资人因违约处理而可能发生的损失，对于碳配额远期产品设置了补偿金比例参数：若有一方违约，则其交割保证金的一定比例将作为补偿金，支付给由于其违约而被迫终止交割的未违约方弥补损失。在到期月保证金标准测算时，相应将根据上海市发展改革委相关规定计算得出的补偿金加入保证金总额，以充分覆盖碳配额到期交割风险。

二是实施梯度保证金和梯度限仓制度，切实防范交割风险。

对于临近交割月份的合约，充分考虑交割违约可能导致的风险，采取提高保证金率和降低持仓上限双项举措，同时对超出交割月份持仓上限的头寸加收超仓保证金，通过增加参与者持仓资金要求促使其尽快降低头寸集中度。在上海碳配额远期业务中，对于临近次到期月的合约，也将逐步降低持仓上限，并对于卖方向超仓的头寸加收次到期月超仓保证金。上海清算所实时监测清算参与者的持仓情况，对其持仓占限额比例开展分级预警，对达到一定预警级别的清算参与者，上海清算所对其进行风险提示。如果清算参与者连续多日超仓且未能自行减仓的，上海清算所将视情况采取强行平仓等措施，以确保风险可控。

三是完善实物交割违约处置，进一步降低逼仓风险。

标准债券远期实物交割合约上线初期，使用上海清算所托管债券开展实物交割，根据合约对应的可交割券余额规模情况，提前研发风控措施以应对逼仓风险以及交易稀疏带来的流动性风险。逼仓风险会导致现券价格畸形，甚至可能导致付券方在实物交割环节因无券可买、无券可交而违约。上海碳配额市场作为促进碳排放控制和减排的政策工具，目前交易周期性较强，通常在碳配额履约截止日前市场交易活跃度较高，履约完成后交易流动性大幅降低，同样面临较大的逼仓风险和流动性风险。为缓解逼仓风险，确保相关现货市场平稳运行，上海清算所在上述两个业务发生实物交割违约时，均设计采用转现金结算的方式了结未平仓头寸，对未违约对手方支付一定补偿金，具体处置措施两个业务略有不同。标准债券远期实物交割合约实施现金差额补偿机制，实物交割违约发生后，上海清算所采用现金差额补偿的方式了结未平仓头寸，违约方通过上海清算所向未违约对手方支付差额补偿金；上海清算所还将按照未完成交割部分合约价值的一定比例向违约方计收履约补偿金，并将履约补偿金的一定比例支付给未违约对手方。上海碳配额远期业务实施违约交割分配机制，在实物交割产品最终结算日，上海清算所将违约清算参与者的实物交割头寸强制转为现金结算，并向其计收补偿金交付受影响的未违约清算参与者。

（五）先行先试提升风险管理质效

1. 全球首例金融测试案例

（1）全球首例金融测试案例的核心要素

为防范化解违约处置中面临的潜在法律风险，上海清算所联合交通银行、浦发银行、兴业银行、法国兴业银行（中国）共同向上海金融法院提交金融测试案例首案申请，就中央对手清算业务违约处置场景中的前沿重大法律问题进行案例测试。

首例测试案例的法律争议焦点：一是上海清算所规则的法律效力问题，即上海清算所业务规则、违约处置指引等是否有效，是否为《中央对手方清算协议》的一部分以及是否对违约清算会员产生效力。二是上海清算所违约处置行为的合理性问题，即上海清算所的违约处置行为是否合理，本案中是否存在因处置不当导致损失扩大，以及上海清算所是否需要承担赔偿责任。

2023 年 2 月，上海金融法院公开宣告首例测试案例司法意见。上海金融法院系统地提出了本测试案例的法律适用原则：优先适用符合民法基本原则的金融法具体规则，充分尊重国内外金融市场惯例，全面考量金融监管和金融审判规则协同。在此基础上，意见从司法角度认定了上海清算所违约处置规则符合生效要件，具有法律拘束力，同时对上海清算所违约处置行为的合理性予以认可。

（2）全球首例金融测试案例对完善金融法治环境具有重要现实意义

首例金融测试案例的成功落地，是上海清算所联合司法和市场各方，坚决贯彻落实党的二十大关于“提高防范化解重大风险能力”以及党的二十届三中全会关于“筑牢有效防控系统性风险的金融稳定保障体系”决策部署的重要成果，有助于完善金融法治环境，提升各方对重大风险的预判与防范能力。

一是提升中国金融基础设施规则的法律确定性，强化金融市场参与各方对相关法律风险的预判与防范能力。中央对手方作为金融市场的“系统性风险管家”，制定的违约处置规则以及在具体情况下形成的处置方案，关系到金融市场的稳定和交易各方的利益。本测试案例聚焦中央对手方违约处置的合法性和合理性判断标准，经双方当事人充分交换意见并由法院形成司法意见，是提前对中央对手清算违约处置过程中的潜在纠纷进行“法律风险压力测试”，为中国衍生品市场主体提供了明确的指引和稳定的预期，有利于降低司法成本，提升市场效率，防范化解系统性金融风险。

二是促进兼容金融市场国际惯例，服务中国金融市场制度型开放。充分尊重国内外金融市场惯例，是本测试案例中明确的法律适用原则之一。在本测试案例中，上海清算所联合各参与方梳理总结了多个司法辖区的法律法规、国际同业机构违约处置规则指引、司法判例等。上海金融法院在审前程序、庭审过程中充分听取市场各方观点，审理庭结论符合国际金融市场的相关司法实践。这一创新司法举措，有利于推动构建与国际市场规则和惯例相兼容的司法环境，助力中国金融市场制度型对外开放。

三是加强金融创新发展司法服务保障，为全球新兴的中央对手清算市场法治化建设提供有益参考。实践中，当金融创新领先于法律供给时，会因缺乏明确规则而引发争议，形成法律风险点，可能对金融市场发展产生影响。金融市场案例测试机制，为金融创新发展提供了司法服务保障。虽然 G20 国家已经基本落实强制中央对手清算机制，但从全球金融市场看，强制中央对手清算相关立法和司法环境建设进展不完全一致。场外市场违约处置，以保障金融市场效率、维护整体市场利益为出发点，容易导致违约方不满，引发纠纷甚至诉讼。对这一情形的顾虑会降低市场参与者对中央对手方违约处置措施的信赖，影响金融市场发展。中国的金融市场案例测试机制在中央对手清算违约处置领域的首例应用，不仅为全球新兴市场中央对手方业务规则法律效力、违约处置机制合理性等问题提供了重要借鉴，该机制本身也为全球新兴市场拓展完善金融司法服务保障功能提供了可参考的现实路径。

2. 全国首创跨境违约演练

为切实防范跨市场、跨境金融风险传导与共振，进一步检验、优化“北向互换通”违约场景下的风险管理措施和实操流程，上海清算所与 OTCC 共同组织 30 余家境内外互换通参与机构，分别于 2023 年、2024 年成功组织开展跨境联合违约处置演练。这是我国首创联合境内外中央对手方共同开展的违约演练，对于提高管理跨境金融风险的能力，完善风险应急处置机制，筑牢跨境金融风险“防火墙”具有重要价值。

在“北向互换通”业务的违约处置流程中，为避免因离岸市场流动性问题导致境外会员违约引起的风险溢至境内市场，在风险准备资源充足的情况下，OTCC 可邀请上海清算所的境内本币市场参与者参与拍卖。基于这一互换通特有场景，2023 年、2024 年的跨境联合违约处置演练分别演练了假设常规交易日和非常规交易日（调休工作日）发生一家境外清算会员违约，OTCC 就其人民币利率互换头寸申请上海清算所协助，在境内组织违约处置拍卖的场景。两家中央对手方配合密切，信息共享迅速高效，在各个处置关键时点均能完成既定演练任务安排。通过两家中央对手方和境内外互换通参与机构的大力配合，跨境联合违约处置演练顺利完成（见图 9 – 17）。

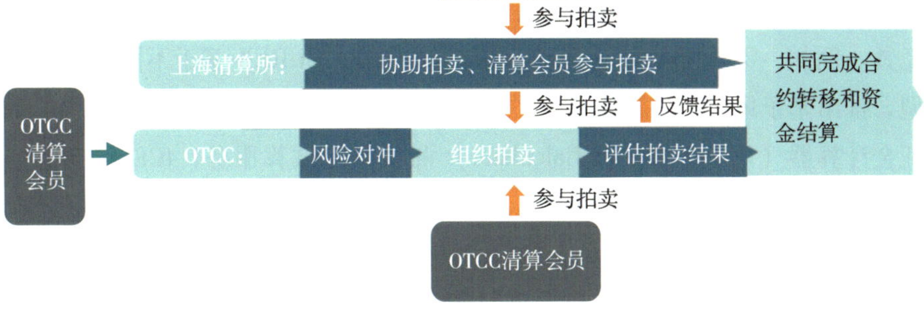

图 9 – 17　跨境联合违约处置演练流程

跨境联合违约处置演练的成功开展，验证了互换通业务跨中央对手方联合违约处置流程的有效性与可行性，加深了境内外参与机构对互换通业务违约处置流程的熟悉度。两家中央对手方通过演练也进一步深化了违约处置合作、提高了运营衔接效率，对优化完善违约处置方案、保障互换通业务风险的及时控制和快速处置具有重要价值。

3. 全国首个中央对手清算业务拍卖处置平台

为进一步提升债券中央对手清算业务违约处置的专业性、规范性和高效性，确保违约处置流程的公平公正，上海清算所基于中央对手清算业务发生清算参与者违约的假设，针对违约处置在各类业务场景下可能涉及的环节与要素，积极研发设计包括账户维护、参拍机构维护、拍卖公告发布、线上投标、实时监测、中标处理、信息查询等在内的违约处置平仓拍卖的全流程机制和功能，可支持对违约参与者的担保品（单只债券或债券组合）、交易头寸组合以及其他特殊资产或交易组合进行拍卖，实时接收市场拍卖报价反馈，并经美式招标、荷兰式招标等中标处理逻辑自动化计算，形成中标结果后向市场发布。拍卖处置平台作为上海清算所中央对手清算业务违约处置系统建设的重要一环，提高了违约处置平仓拍卖的效率和自动化程度，强化了维护市场稳健运行的保障能力。

三、风险管理的创新增值服务

（一）多层次的风险试算工具

随着中央对手清算在全球范围的稳步有序推进，国际上各中央对手方的业务和风险管理模式日臻成熟，中央对手清算的逐日盯市、初始保证金风险管理理念和制度在全球金融机构中得到普遍认同和广泛实施。在此过程中，为进一步帮助市场机构提高风险管理能力和流动性管理能力，全球各主要中央对手方陆续推出风险试算服务等增值服务，向市场提供专业的衍生品估值和保证金试算工具。例如，CME 推出线上风控引擎（CORE）；EUREX 基于不同保证金计算模型，推出基于风险的保证金计算器（Risk - based Margin Calculator）和 Prisma 保证金计算器（Prisma Margin Calculator）两项风险试算服务；ICE 推出衍生品定价和分析工具（Derivatives Pricing & Analytics Tools）；OCC 推出组合保证金计算器（Portfolio Margin Calculator）。

同时，提供风险试算服务也是满足我国境内金融机构特别是中小金融机构的风险管理需要，助力衍生品市场高质量发展的内在要求。近年来，随着我国衍生品市场持续稳健繁荣发展，《中国人民银行关于建立场外金融衍生产品集中清算机制及开展人民币利率互换集中清算业务有关事宜的通知》《关于规范金融机构资产管理业务的指导意见》《商业银行资本管理办法》等监管规则的逐步实施，市场机构对于衍生品风险管理的需求不断增加、精细化要求不断提高。但是，我国市场上缺少公允、安全、高效、便捷的风险试算工具，特别是部分中小机构反馈，由于其内部风控系统相对滞后，无法满足日常风控需求，对其内部估值运营等产生较大压力。此外，还存在部分产品类客户内部缺乏风控系统的情况，完全依靠交易员手工维护头寸和进行风险预估。

为满足我国金融机构特别是中小金融机构风险管理需要，上海清算所推出了风险试算平台（RiSCc）、标债计算器等多样化的试算工具，这种由中央对手方推出的集中式风险管理增值服务，为市场提供了一种成本较低、实施周期短的风险计量手段，打破了部分机构有效参与衍生品市场的技术壁垒，提升了全市场风险管理水平，助力我国金融市场数字化发展。

1. 风险试算平台

上海清算所始终注重估值和保证金等风控模型的理论研究与实践经验积累，积极推进将风控模型和方法论进行产品化的有益探索，并于2021年推出自主设计研发的高性能衍生品风险试算系统——风险试算平台，其主要功能如下（见图9－18）。

图9－18　风险试算平台主要功能

一是风险试算，包括曲线和曲面计算、衍生品估值、风险敞口和风险敏感值计算等。在风险试算平台上，市场机构可在自主构建真实或虚拟的头寸组合后，既可完全模拟上海清算所集中清算系统的算法，也可进行高度自由化的参数配置和调试，从而模拟交易达成后对现有持仓组合估值、风险敞口等风险值带来的变化；或根据机构预测的曲线波动形态，模拟计算持仓头寸组合盯市价值、风险敞口变化，实现风险前瞻预判和有效应对，最大化地满足市场机构主动、精细化管理保证金，开展交易前风险试算、动态监测持仓风险等需求。目前，该平台支持人民币利率互换（IRS）、信用违约互换（CDS）产品。特别值得一提的是，2024 年 5 月，为配套“北向互换通”业务优化功能，风险试算平台实现支持以国际货币市场结算日为支付周期的利率互换合约（IMM 合约）以及含前端费历史起息合约的全流程估值及风险试算，可以有效满足境内外投资者多样化风险管理需求，丰富人民币利率互换业务跨境市场风险管理手段，助力金融市场高水平对外开放。

二是资本计提测算和发布。上海清算所是我国境内第一家根据《巴塞尔协议》和中央对手方量化信息披露等国际监管要求披露资本计提参数的合格中央对手方。在此基础上，上海清算所通过风险试算平台，向市场机构提供衍生品交易对手信用风险和市场风险计量的轻量化解决方案，助力银行安全、精准、高效实施资本监管规则。市场机构可对其自营、代理清算交易组合或任意组合，在中央对手清算/双边清算、净额/全额、有保证金/无保证金等不同模式下计算其在交易对手信用风险敞口计量的标准法（SA - CCR）和现期敞口法下的违约风险敞口（EAD）。同时，风险试算平台定期发布各项中央对手清算等业务的资本计提参数，包括中央对手方虚拟资本要求（Kccp）、全市场清算会员清算基金规模（DFcm）、风险准备金规模（DFccp）和清算会员缴纳的清算基金的资本要求（Kcmi）等。

2. 标债计算器

为满足标准债券远期业务市场参与者个性化风险试算需求，上海清算所于 2022 年 9 月推出自主设计研发的市场机构交易辅助的试算工具——标债计算器。同时，上海清算所不断丰富和迭代升级试算服务，于 2024 年 5 月推出标债计算器 2.0 版本，为市场参与者打造更贴合实际需求、更高效便利的风险试算工具。

从操作习惯看，市场机构普遍以收益率波动为主要指标研究债券价格走势，对于标准债券远期合约按百元报价的情况，不少市场机构希望获得债券收益率与价格互相转换的计算器作为交易辅助工具。上海清算所于 2020 年上半年自主设计推出标准债券远期估值试算模板，供机构使用。随着标准债券远期业务不断推陈出新，尤其是 2021 年 11 月上海清算所推出标准债券远期实物交割机制后，上海清算所快速推出了功能更丰富的试算工具——标债计算器。

标债计算器是本地部署的轻量化应用程序，主要功能包括：一是标准债券远期合约要素与可交割券基本信息查询功能，以及实时价格监测和历史价格查询功能。市场机构可通过标债计算器便利获取存续合约及其可交割券的相关信息，及时掌握合约价格走势。二是融资利率曲线构建功能。市场机构可在标债计算器上灵活配置曲线参数，包括选择曲线来源、设置利率形式、计息基准等，同时构建多条全期限的、包含额外资金成本的即期利率曲线，满足机构预测曲线形态和估值的需求。三是标准债券远期现金交割合约和实物交割合约定价试算和套利试算功能。市场参与者可针对合约品种与交割机制，自由选择试算模式与定价模型，快速完成合约和可交割券的定价试算与套利试算，极大地提高了机构交易员的计算效率和准确性，有助于其制定合理的交易策略，充分开展交易前的风险试算与预判。四是保证金试算功能。市场机构可自主构建不同头寸组合，试算交易达成后头寸组合对应保证金要求的变化，满足机构对保证金动态管理的需求。五是策略分析与套利统计功能。标债计算器可展示标准债券远期合约价差、合约价差差值、合约及其可交割券价差之间的变化情况，为机构交易研判提供信息支持。

多样化试算工具的推出提升了全市场风险管理水平与效率，有助于防范和化解金融风险：一是有助于提高市场机构专业化、精细化风险管理能力，助力防范化解金融风险。风险试算平台全面整合上海清算所经过市场充分检验的中央对手清算估值和风险计量模型，不仅为市场机构准确计量和高效管理衍生品风险敞口、前瞻测算和调配保证金资源提供了有效的风险试算解决方案，更为引导市场机构完善衍生品风险管理理念和方法提供了有效抓手，有利于推动市场机构树立正确的风险管理认知并高效地开展风险管理。截至 2024 年底，已有 45 家市场机构开通使用风险试算平台，44 家市场机构下载使用标债计算器。二是贯彻科技金融、普惠金融理念，促进衍生品市场发展。随着我国不断推进利率市场化和人民币国际化发展，金融机构对于使用衍生品对冲利率和汇率风险的需求日益增长。对于部分中小型金融机构尤其是产品类客户，缺少风险试算工具已经对其业务发展形成了一定制约，进而可能影响市场整体的交易活跃度。例如，对于由交易员手工进行头寸管理的机构，难以及时准确进行风险计量，不但增加不必要的工作量，而且管理难度大，甚至会错失交易时机。风险试算平台是上海清算所基于金融科技理念打造的、采用普惠金融方式推广的创新服务，将帮助机构补足短板，有效提升市场活跃度，促进衍生品市场健康发展。三是提升金融基础设施服务能级和专业影响力，助力我国金融市场高水平对外开放。2023 年 8 月，上海清算所风险试算平台接入彭博终端，成为国内唯一、全球第五家通过彭博提供风险试算功能的中央对手方，全球衍生品市场参与者均可通过风险试算平台对人民币衍生品进行风险计量，吸引更多境外机构深入了解并逐步参与我国衍生品市场，切实服务我国金融市场高水平对外开放。

（二）多序列的债券估值与指数

为积极推动我国债券市场定价机制完善，上海清算所主动向市场提供公允的第三方估值与指数服务，自 2010 年推出估值服务以来，已经建立了覆盖全市场、全品种的债券估值与指数服务体系，并形成了一套科学成熟的方法论和运营体系，成为中央对手方市场监测和风险计量的基准（见图 9－19）。

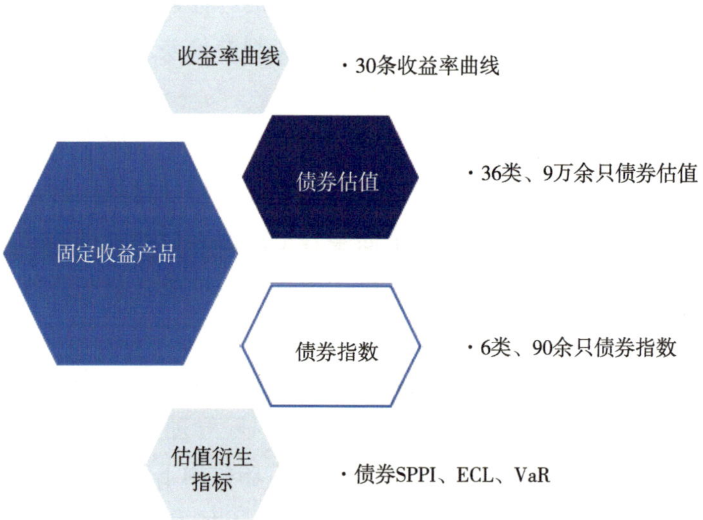

图 9－19　上海清算所估值与指数产品组成

1. 全覆盖的债券估值与指数产品

上海清算所以自身登记托管债券品种为起点，持续拓展债券估值覆盖范围，丰富产品类型，形成了覆盖全市场债券品种，涵盖债券估值、债券收益率曲线、债券指数、债券衍生指标、市场隐含评级等多类估值数据产品的债券估值与指数产品体系。

一是债券估值覆盖全市场全品种，包括银行间和交易所市场各类债券以及中资美元债券，每日发布 30 条收益率曲线，36 类、9 万余只债券估值，并提供详尽的债券估值指标，包括久期、凸性等 24 个价格指标（见图 9－20）。

图 9－20　估值覆盖银行间和交易所全市场、全品类债券

二是建立债券指数产品体系，推动债券指数化投资市场发展（见图 9－21）。在债券估值的基础上，2016 年推出债券指数服务，并以市场需求为导向，持续丰富债券指数产品，目前债券指数体系包括共 6 大类、90 余只债券指数，发布市场首批碳中和债券指数等产品，并提供债券指数定制化编制服务，满足市场机构指数化投资需求。

三是推出债券估值衍生指标产品体系，满足市场多元需求。研发债券合同现金流量特征测试（SPPI）和预期信用损失（ECL）数据、债券 VaR 等衍生指标数据，满足市场机构执行新金融工具会计准则的数据需求和风险管理需要。

四是建立债券市场隐含评级体系，有效支撑发行人信用风险预警。为及时反映发行人资信情况变化，上海清算所建立债券市场隐含评级体系，覆盖 6000 余家发行人。市场隐含评级对市场变化敏感，评级区分度高、时效性强，可及时预警信用风险，反映市场预期，提升债券估值的公允性。

2. “双支柱”业务塑造估值比较优势

上海清算所债券登记托管和中央对手清算的“双支柱”业务为估值与指数服务赋予了独特的比较优势。

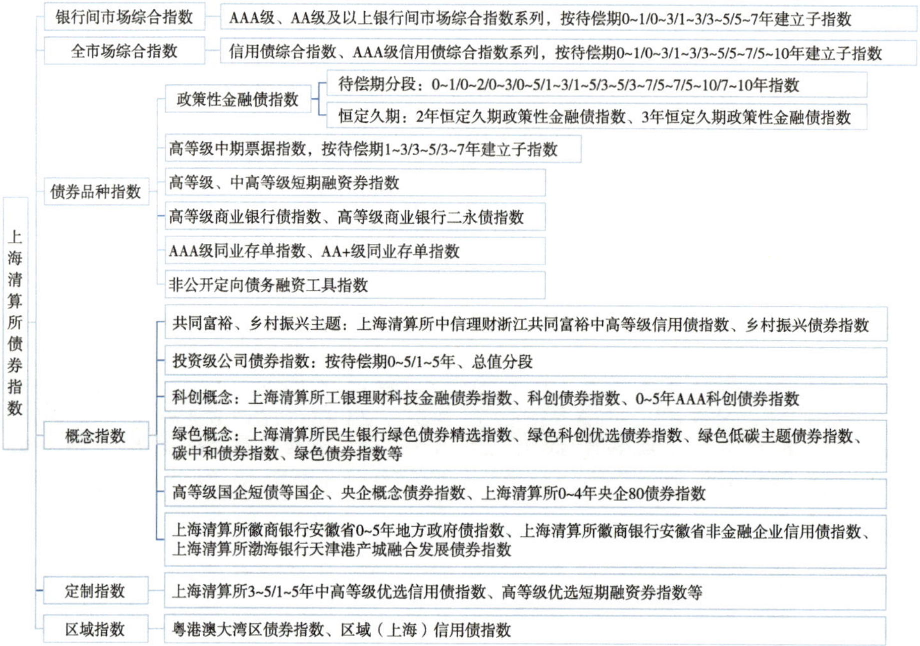

图 9－21　上海清算所债券指数产品体系

一是估值公允性是上海清算所的内在要求。中央对手方共担风险的本质和内在约束，解决了其他估值机构提供估值过程中可能产生的外部性问题，估值具有更强的约束力，是有别于其他估值机构的独特之处。上海清算所作为中央对手方承担了金融产品交易的违约风险和市场风险，公允价值是上海清算所盯市的基础。如果上海清算所的公允价值与可执行市场价格产生偏差（无论是高估还是低估），在违约事件处理过程中均将对上海清算所造成额外损失。因此，持续提高估值的公允性和及时性是中央对手清算管理风险的内在要求，是上海清算所估值的核心。

二是具有突出的信息优势。上海清算所作为债券登记托管结算机构，具备完整、详细、准确的债券基础信息，特别是对于非公开发行债券和提前兑付频繁的资产支持债券产品，能够在第一时间掌握关键基础信息和付息兑付情况。同时，作为债券结算机构和中央对手方，上海清算所具有独家的债券结算数据和持仓信息，可对一级市场发行信息和二级市场报价成交等行情数据进行有效甄别和筛选，识别异常数据，大大提高估值结果的可信度。

三是形成了复合型金融产品联动估值特色。除债券估值产品外，上海清算所建立了覆盖债券、利率、汇率和大宗商品等复合型的金融产品估值体系，可充分结合关联市场的信息，为债券估值定价提供多方面参考，同时也为市场机构提供多种金融产品的“一站式”估值服务。

四是赋予债券指数基金产品特色功能，增强债券指数吸引力。上海清算所结合中央对手清算业务创新债券指数基金应用场景，将上海清算所债券指数基金产品用于充抵中央对手清算业务保证金，为中央对手清算业务提供具有信用风险较低、流动性较好、期限永续的优质担保品，同时通过这一将存量资产盘活的特色功能，增强了债券指数产品的吸引力。

3. 丰富的价格基准应用场景

一是为债券风险管理提供价格基准。风险管理是上海清算所债券估值的天然应用场景，已被广泛应用于上海清算所债券清算业务的风险计量、市场监测和抵押品管理等各场景。二是为市场机构提供第三方债券估值与指数服务。上海清算所通过公司官方网站、授权数据商和综合业务系统等为市场机构免费提供债券估值数据，为市场机构的交易、风险管理、会计入账提供价格参考；同时，上海清算所债券指数产品也得到银行、证券公司和基金公司的广泛认可，已应用于债券指数基金、结构性存款产品、银行理财产品和证券公司总收益互换产品等指数化资管产品，并与市场机构合作发布科技金融、绿色金融等主题债券指数，助力做好金融“五篇大文章”。

第十章　国际领先的场外外汇中央对手清算

习近平总书记强调，金融强国应当具备一系列关键核心金融要素，其中强大的货币位于各金融要素之首。2023 年中央金融工作会议强调“稳慎扎实推进人民币国际化”“加强外汇市场管理，保持人民币汇率在合理均衡水平上的基本稳定”。在人民银行指导下，上海清算所全力服务深化汇率市场化改革，建立完善外汇中央对手清算机制，逐渐形成了功能完善的多层次外汇清算体系，服务外汇市场高效运行，促进外汇资源优化配置，已经建立了全球规模领先、富有“中国优势”的外汇中央对手清算平台，银行间外汇市场交易清算体系已达到国际先进水平，目前外汇中央对手清算年度规模已居全球首位。

一、外汇中央对手清算的重要意义

（一）服务人民币国际化和汇率市场化稳健发展

从 1994 年我国建立统一的外汇市场以来，我国外汇市场从无到有、从小到大、从境内到全球，逐渐形成了开放包容、功能完善的多层次外汇市场体系，外汇市场基础设施不断完善。随着人民币汇率形成机制改革的深化，市场在外汇资源配置中的决定性作用不断加强，特别是 2015 年以来，人民币对美元汇率中间价形成机制不断完善，人民币成为国际货币基金组织特别提款权篮子货币，人民币国际化稳步推进。

2024 年，我国 GDP 总量已超 134 万亿元人民币（约合 19 万亿美元），稳居世界第二位。2024 年，全球贸易总额约 33 万亿美元，我国货物贸易进出口总值 43.85 万亿元，同比增长 5%，保持了世界第一货物贸易国的地位。当前人民币国际化各项指标整体向好，外汇储备货币、跨境收付、投融资货币和离岸人民币市场交易等国际货币功能进一步深化，截至2024年底，人民币已成为全球第五大储备货币、第四大支付货币、第三大贸易融资货币。同时，根据国际清算银行2022年《全球外汇市场外汇交易报告》，美元、欧元、日元、英镑的全球外汇市场交易量份额分别为88.5%、30.5%、16.7%和12.9%，位列第一至第四名，与其国际货币的地位相匹配。人民币交易量份额从2019年上升2.7%至2022年的7%，从全球第八大交易货币跃升至全球第五（见图10－1）。但是，与我国经济体量和进出口贸易在全球的领先地位相比，人民币需求和外汇市场交易规模仍具备非常大的发展空间。

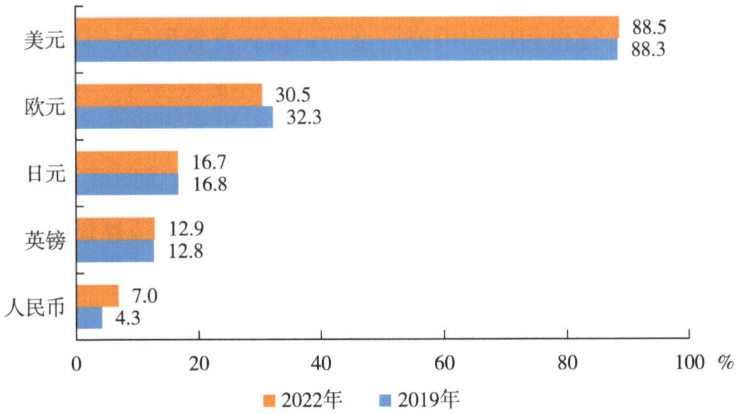

图10－1　2022年全球外汇市场货币交易量占比

（资料来源：BIS. BIS Triennial Central Bank Survey［Z］. 2022）

根据国家外汇管理局《2024年人民币国际化报告》，人民币在跨境交易中被更广泛地使用，服务实体经济能力持续提高，投融资货币功能进一步强化。在中国资本项目开放进程中，人民币形成了集中进行交易的特点。中国银行间外汇市场推广中央对手清算顺应了市场发展的自然趋势，使我国的金融基础设施体系更加完备。随着人民币国际化的发展，人民币国际化水平的提升进一步促进境外市场主体在贸易、融资和金融交易中选择以人民币计价和结算，有助于全球多样化资产配置和分散风险，更好地分享中国经济开放发展的红利。

同时，汇率波动风险是贸易和投资面临的重要风险，具有广泛影响和较大危害。防范化解金融风险是金融基础设施特别是中央对手方的天然使命，通过中央对手清算机制的不断创新并建立稳慎的风险管理体系等，有力支持金融高水平对外开放与系统性风险防范的平衡发展。在人民币国际化和汇率市场化的大背景下，上海清算所自2014年以来不断创新拓展外汇中央对手清算和外汇双边清算业务体系，建立安全高效的新时代外汇集中清算平台，多维度、多层次支持了我国外汇市场健康发展。

（二）构建安全稳妥的国际跨境交易风险防火墙

外汇市场具有独特的结算风险（Settlement Risk）和重置风险（Replacement Risk）。外汇交易结算风险［又称赫斯塔特风险（Herstatt Risk）］①，是指由于全球跨时区结算的原因，交易的一方在已经支付交易资金的情况下，交易的另一方没有按交易规定支付相应货币或资金的风险。重置风险，是指当交易对手没能履行资金结算义务，需要重新寻找交易对手达成交易时，可能由于重置价格不理想而蒙受损失。由于外汇市场规模较大且涉及对手方多，量化和管理结算过程中的风险一直是相关金融基础设施需要面对的挑战。

目前，全球外汇市场普遍认可净额轧差和同步交收结算在降低外汇结算风险中的重要作用。上海清算所以及伦敦清算所、香港场外结算公司、欧洲期货交易所清算公司等均已推出外汇中央对手清算业务，尤其是上海清算所在全球率先推出场外外汇期权中央对手清算业务。据统计，2024年中国银行间市场使用净额轧差和PVP结算的外汇交易占比均超过60%（按交易规模计算），明显高于全球外汇市场19%的净额轧差占比和40%的PVP结算占比。② 国际实践普遍表明，采用中央对手清算机制有助于管理交易对手违约带来的信用风险，同时通过轧差节约参与者的资金成本，降低流动性风险。

面对外汇市场规模扩大和活跃度增强带来的新发展机遇，上海清算所通过提升平台风险管理、系统安全性及运营效率等，持续进行产品创新、服务机制完善、新技术迭代升级，促进提升外汇清算专业化程度和服务水平，增强金融内核竞争力。同时，通过风险管理功能完善的外汇清算平台，能够有力保障我

---

① 1974年6月26日，由于赫斯塔特银行资不抵债，德国监管部门强制该银行进入清盘。但是一些银行在这之前已经和该行达成了德国马克/美元的外汇交易，并且由于时差的原因，这些银行已经先向该行支付了德国马克，而赫斯塔特银行停止向交易对手支付美元。此次违约事故造成高达4.7亿德国马克的资金损失。赫斯塔特银行破产所导致的影响给国际银行业敲响了警钟，跨时区外汇交易潜在的支付结算风险引起了各界的高度关注。

② 全球数据引自国际清算银行关于2022年4月全球外汇市场结算方式调查结果报告。

国金融对外开放和全球贸易活动过程中跨境资金流动、资金交易的风险管理，更好防范和应对潜在外部冲击，服务金融市场安全稳健高水平对外开放。

（三）夯实强大的人民币主场地位

掌握外汇衍生品市场特别是人民币相关外汇产品的清算主导权和定价权，是支持守护国家货币主权的重要组成部分。各国金融监管当局十分重视本币计价外汇衍生品的清算主导权，清算权的背后实际上是货币主权，关系央行货币政策传导、市场流动性和金融体系稳定。与以发达经济体货币计价的衍生品交易相比，以新兴市场和发展中经济体货币计价的衍生品更有可能发生在本国经济体之外，如在纽约、伦敦等全球主要国际金融中心，因此位于国际金融中心的国际中央对手方比新兴经济体本土中央对手方更有区位竞争优势。例如，伦敦清算所、芝加哥商业交易所清算公司、欧洲期货交易所清算公司、洲际交易所信用衍生品清算公司等多家国际中央对手方先后获准在新加坡提供利率类、信用类衍生品清算业务，并逐步在以新加坡元计价的衍生品清算中占据了主导地位，挤占了新加坡本土中央对手方即新加坡交易所衍生品清算公司的市场份额。受此影响，新加坡交易所衍生品清算公司于 2019 年 4 月停止了利率类和信用类衍生品的清算业务，此前其曾是唯一提供期限在 15 年以上的新加坡元计价利率互换的中央对手方。此外，即使是发达经济体，也同样面临清算业务遍布全球的国际中央对手方与本土中央对手方的竞争压力。例如，伦敦清算所和日本证券清算公司是日元利率衍生品市场的主要清算机构，2021 年以前，二者各自占据日元利率衍生品市场约 50% 的份额。2021 年末，日元 LIBOR 基准不再使用，日元利率衍生品市场的流动性转向以日元无担保隔夜拆借利率（TONA）为基准的利率互换，日本证券清算公司的市场份额上升至三分之二以上。但由于日本证券清算公司受到美国商品期货交易委员会监管要求限制，无法为在日本的美国客户提供清算服务，这些客户只能选择通过伦敦清算所清算其日元利率互换，由于日本证券清算公司在日元利率衍生品市场的高占有率和流动性优势，客户被迫选择伦敦清算所会导致无法获得最有效率的合约压缩等清算服务。①

---

① 日本证券清算公司（JSCC）已获得美国衍生品清算组织（DCO）注册豁免。根据美国商品期货交易委员会（CFTC）关于注册豁免清算机构的规定，日本证券清算公司只能为美国清算会员提供直接清算服务，不得通过非美国综合清算会员代理、间接为美国客户提供清算服务，也不得吸纳美国综合清算会员提供代理清算服务。

在我国金融高水平开放过程中，上海清算所发挥在人民币外汇中央对手清算平台的全球领先规模优势，以及与外汇交易平台紧密协同的合力强项，通过充足的市场流动性和定价优势，有助于全球投资者资产配置多元化和分散风险，在吸引更多境外机构参与我国金融业务的同时，能够助力上海国际金融中心打造全球外汇交易和清算中心；有助于提高我国在国际合作中争取主导权的能力，助力形成我国金融规则标准逐渐对国际市场的输出和引导，积累形成我国清算领域的制度影响力，增强上海国际金融中心的影响力和吸引力，更好推进金融高水平制度型开放。

二、外汇集中清算的发展背景

自 1994 年建立以来，我国银行间外汇市场深度和广度持续拓展。2015 年汇率制度改革调整后，银行间外汇市场进入高质量发展阶段，其间交易量突破十万亿美元量级，其中外汇衍生品交易成为推动交易量稳步增长的主力。2023 年境内人民币外汇银行间市场单边交易量为 30.57 万亿美元，其中衍生品交易量占比为 71.2%（见图 10－2）。① 在政策支持下，市场参与者范围和数量也在不断扩大，外资银行、城市商业银行、农村商业银行等主体在外汇市场日益活跃，截至 2024 年末，银行间外汇市场已有 692 家银行和 117 家非银行金融机构，形成以大型银行为做市商向中小银行和其他机构提供流动性的自然合理分层。②

紧密契合外汇市场发展趋势，我国外汇市场的清算机制由双边全额发展为多边净额清算，再到中央对手清算和外汇双边集中清算，清算机制实现了快速升级发展，与外汇市场的发展形成了相互促进的良性循环。作为人民币外汇的关键清算平台，上海清算所顺应实体经济和市场发展需求，不断丰富优化外汇清算品种，拓宽参与者范围，严格管理市场风险，通过将不同外汇产品进行整合，上海清算所在清算环节形成外汇市场合力的凝聚点，成为服务我国外汇市场高质量发展的重要枢纽。

（一）起步于外汇全额清算

1993 年 12 月国务院发布《关于进一步改革外汇管理体制的通知》，明确指

① 国家外汇管理局．国家外汇管理局年报（2023）［R］．2024.

② 国家外汇管理局．2024 年中国国际收支报告［R］．2025.

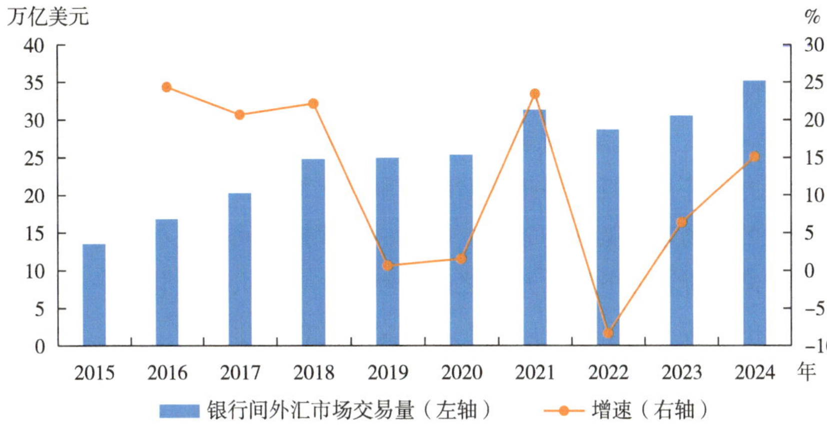

图 10-2　2015—2024 年银行间外汇市场交易量及增速

出 1994 年起我国实现汇率并轨，取消外汇留成，实行银行结售汇制以及以市场供求为基础的、单一的、有管理的浮动制，全国统一的银行间外汇市场开始起步。在定价方面，各外汇指定银行以人民银行每日公布人民币对美元交易的中间价和人民币对其他主要货币的汇率为依据，结合供求变化，在规定的浮动幅度范围内自行挂牌，对客户买卖外汇。在交易方面，即期交易采取竞价方式在中国外汇交易中心平台进行。交易币种先后开办人民币对美元、港元、日元和欧元的交易。2005 年 7 月，人民银行宣布我国开始实行以市场供求为基础、参考一篮子货币进行调节、有管理的浮动汇率制度。2006 年，中间价引入做市商报价机制，使得改革后的汇率制度更加富有弹性；同年，询价交易模式推出之后，询价交易量占比大幅增长，成为银行间外汇市场占主导地位的交易模式。与此同时，交易品种大幅扩展，先后推出了外汇远期交易、掉期交易、货币掉期交易和期权交易。

在外汇市场成立之初，双边全额清算是最常见的清算模式，其处理过程与权利义务关系相对简单，但整体清算历时长、本金风险及流动性风险大，包括人力成本在内的总体清算成本较高，一旦出现违约事件存在连锁反应甚至导致系统性风险发生的潜在可能。

（二）成长于外汇净额清算

为提高市场清算效率、降低市场信用风险，2009 年 6 月，中国外汇交易中心宣布推出人民币外汇即期询价交易净额清算业务，首批参与者为 21 家做市商，以多边净额清算为基础。2011 年 7 月，外汇掉期、远期交易净额清算业务试运行，参与者为 18 家做市商。外汇净额清算业务自推出后，市场参与踊跃、业务稳步增长，主要体现在净额清算业务量占比较高、参与者资金利用率较高两个方面①。

2013 年 4 月，上海清算所顺利承接人民币外汇询价交易净额清算业务，作为中央对手方为外汇市场交易提供清结算服务，标志着我国外汇市场交易、清算专业分工的市场基础架构的建立。同时，随着银行间外汇市场的发展，市场形态较询价净额清算业务设计开发之时已经发生了较大的变化：一是原净额清算会员之间的交易占整个银行间外汇市场交易量的比重逐步下降；二是新的货币对的交易量逐渐增加；三是期限一年内的远掉期交易更加活跃（见图 10－3）。

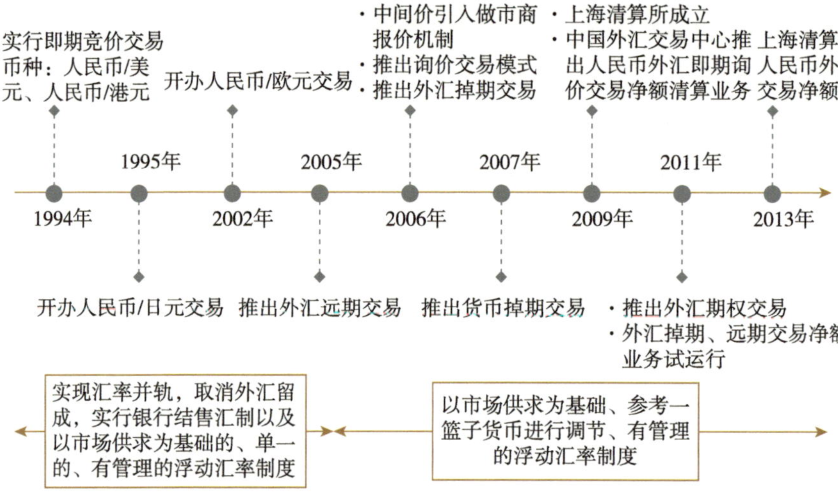

图 10－3　中央对手清算业务推出前银行间外汇市场清算发展历程

（三）领先于外汇中央对手清算

2015 年 8 月，人民银行进一步完善人民币兑美元汇率中间价报价机制，形成“前一交易日收盘汇率＋一篮子货币汇率变化＋逆周期因子”的定价方式，外汇市场也由此进入高质量发展阶段。2016 年，全国外汇市场自律机制成立，2017 年发布《中国外汇市场准则》，标志着我国外汇市场进一步规范。外汇交易

① 2013 年数据显示，参与净额清算业务的 26 家做市商间的 T＋2 交易占所有的 T＋2 交易的比例约为 62.13％。平均资金轧差率已达 78％，部分参与者的资金轧差率已超过了 90％。

产品也在原有基础上进行优化和创新，推出标准化人民币外汇掉期（C－Swap）、标准化人民币外汇远期（C－Forward）等。为满足全球全时区交易需求，银行间人民币外汇市场、外币对及外币利率市场交易结束时间均延长至次日凌晨3:00。

全力支持外汇市场高质量发展，2014年11月，立足我国实际并结合国际外汇清算实践经验，在外汇询价交易净额清算业务基础上，上海清算所正式推出人民币外汇交易中央对手清算业务，覆盖即期、远期、掉期三个交易品种，并将可清算产品期限延长至1年。中央对手清算在净额轧差的基础上，引入具有法律约束力的合约替代安排，能够更好地支持汇率市场化改革，防范银行间外汇市场系统性风险。此后，上海清算所不断优化拓展清算服务，扩充可清算产品币种、品种和期限，先后将人民币/澳大利亚元、期权、T＋1日以及长期限交易等纳入中央对手清算范围。2023年3月，上海清算所成功推出外币对交易中央对手清算业务，持续为我国银行间外汇市场提供高效、稳定的外汇交易清算服务。在不断拓展中央对手清算业务的基础上，上海清算所积极响应市场参与者诉求，持续优化产品设计和风险管理水平，2024年10月推出外汇中央对手清算业务合并轧差和保证金账户合并服务，进一步便利市场机构流动性和内部账户管理。

为服务更广泛的市场机构全面参与中央对手清算，2015年4月上海清算所人民币外汇中央对手清算推出代理清算模式。“自营＋代理”分层清算便利了中小银行以及证券公司等非银金融机构更活跃地参与银行间外汇市场，为外汇清算业务后续发展奠定了良好的基础。

2024年，外汇中央对手清算业务共325.1万笔，金额159.7万亿元，居全球首位。截至2024年末，外汇中央对手清算业务在银行间外汇市场占比已超过60%。

（四）扩展于外汇双边集中清算

在外汇中央对手清算基础上，上海清算所将中央对手清算的成功经验向双边集中清算领域拓展，提供外币回购双边集中清算和外汇交易双边集中清算等外汇双边集中清算业务。

2019年12月，上海清算所正式推出外币回购双边清算业务，创新打通银行间本外币市场，银行间外币利率市场参与者可使用上海清算所托管债券作为抵押品，通过外汇交易中心外汇交易平台达成外币回购交易，上海清算所为外币回购市场参与者提供清结算和抵押品管理相关服务。2021年8月，上海清算所推出银行间外汇市场外汇交易双边集中清算服务，业务开展后有针对性地推出了产品期限拓展、结算方式调整、接入境内外币支付系统等一系列优化服务（见图 10－4）。

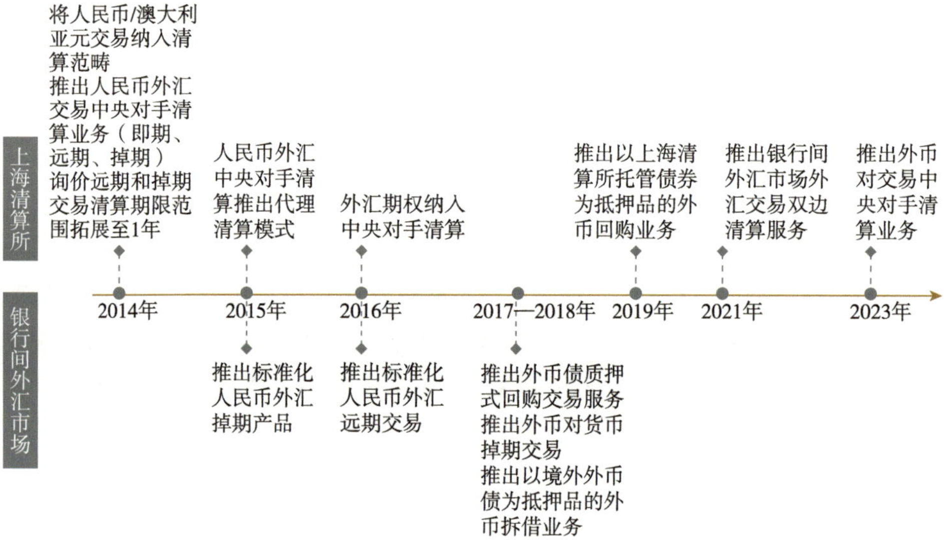

图 10－4　上海清算所外汇集中清算业务发展历程

作为中央对手清算业务的有机补充，外汇双边集中清算业务丰富了上海清算所外汇清算产品体系，为市场参与者提供灵活选择和清算便利，助推上海清算所成为全方位服务银行间外汇市场的重要金融基础设施。

三、外汇集中清算业务实务

上海清算所通过多层次的外汇集中清算业务模式为全市场提供服务，包括外汇交易中央对手清算和外汇双边集中清算业务等。目前，我国银行间外汇市场已具备即期、远期、掉期、期权等国际成熟产品体系，所有产品均已纳入上海清算所集中清算（见表 10－1）。

即期，是指交易双方以约定的币种、金额、汇率，在交易日（T 日）后两个工作日（T+2 日）及以内结算的交易。

掉期，是指交易双方约定一前一后两个不同的起息日、方向相反的两笔货币交易，在前一次交易（近端交易）中，一方用货币 A 按照约定汇率从另一方换入货币 B（或货币 B 换入货币 A）；在后一次交易（远端交易）中，该方再用货币 B 按照另一约定汇率从另一方换回货币 A（或货币 A 换回货币 B）。

表 10－1　　我国银行间外汇市场产品种类和交易清算模式

银行间市场产品		交易模式	上海清算所提供的清算方式	上海清算所覆盖的币种数[1]	上海清算所业务占比（2024 年）
人民币外汇	即期	竞价	集中净额清算[2]	12/12	79.7%
		询价	中央对手清算、全额清算、双边净额清算	6/29	
		撮合			
	远期	询价		1/26	28.5%
		撮合			
	掉期	询价			55.6%
		撮合			
	货币掉期	询价	—[3]	—	—
	期权	询价	中央对手清算	1/5	67.7%
外币对	即期	竞价	集中净额清算	9/9	100.0%
		询价	中央对手清算	6/13	20.0%
		撮合			
	远期	询价			
		撮合			
	掉期	询价			
		撮合			
	货币掉期	询价	—	—	—
	期权	询价	—	—	—
外币利率	外币拆借	询价	—	—	—
	外币回购	询价	全额清算	9/9	50.8%
	外币利率互换	询价	—	—	—
	外币同业存款	询价	—	—	—

注：1. 指上海清算所清算的币种数量/银行间市场总的币种数量。

2. 本书中，集中净额清算纳入中央对手清算范围，双边全额清算和双边净额清算均是双边集中清算。

3. 由机构间自行清算，下同。

远期，是指交易双方以约定的币种、金额、汇率，在约定的未来某一日期结算的交易。

期权，是指在未来某一交易日以约定汇率买卖一定数量外汇资产的权利。期权的买方以支付期权费的方式拥有权利，期权卖方收取期权费，并在买方选择行权时履行义务。

（一）外汇中央对手清算

1. 业务模式

上海清算所外汇中央对手清算业务，包括人民币外汇交易中央对手清算和外币对交易中央对手清算，为外汇即期、远期、掉期、期权等多种类型交易提供清算服务。

（1）参与主体

上海清算所外汇中央对手清算业务参与者均为中国外汇交易中心银行间外汇市场会员机构，且符合上海清算所清算会员相关规定条件。目前，外汇中央对手清算业务参与机构涵盖开发性金融机构、政策性银行、大型商业银行、股份制商业银行、城市商业银行、农村商业银行、证券公司和外资银行。

截至2024年末，人民币外汇交易中央对手清算业务共有综合清算会员9家、普通清算会员39家、代理客户41家；外币对交易中央对手清算业务共有综合清算会员5家、普通清算会员13家、代理客户19家。

（2）产品要素

在上海清算所外汇中央对手清算产品设计方面，以落实人民币国际化和汇率市场化改革要求为原则，以实体经济和市场需求为导向，各项产品的推出是顺应发展趋势、完善外汇市场清算基础设施建设的重要举措。在产品种类方面，能够支持国际主要币种外汇交易的清算，覆盖即期、远期、掉期、期权全品种。在产品要素方面，充分满足个性化需求，各类市场参与者均可参与，支持外汇市场主要币种，成交日期、到期日、外币买入和卖出量均不作限制，努力扩大服务的市场范围（见表10－2、表10－3）。

表10－2　　人民币外汇交易中央对手清算交易要素

交易要素			
对手方	清算参与者	成交类型	即期、远期、掉期、期权
成交日期	不限	成交时间	不限
近（远）端起息日	不限	期权到期日	不限
近（远）端交易货币对	即期：USD/CNY、EUR/CNY、JPY/CNY、GBP/CNY、HKD/CNY、AUD/CNY；远期、掉期、期权：USD/CNY		
近（远）端基础币种	USD、EUR、100JPY、GBP、HKD、AUD	近（远）端成交价格	汇率数值精确到小数点后4位（其中HKD精确到小数点后5位）
近（远）端外币买入量	不限	近（远）端外币卖出量	不限

表 10－3　外币对交易中央对手清算交易要素

交易要素			
对手方	清算参与者	成交类型	即期、远期、掉期
成交日期	不限	成交时间	不限
近（远）端起息日	不限		
近（远）端交易货币对	EUR/USD、USD/JPY、USD/HKD、AUD/USD、GBP/USD		
近（远）端基础币种	USD、EUR、100JPY、GBP、HKD、AUD	近（远）端成交价格	汇率数值精确到小数点后 5 位
近（远）端外币买入量	不限	近（远）端外币卖出量	不限

（3）业务流程

外汇交易主要由交易双方通过中国外汇交易中心系统达成并确认交易，外汇交易中心每日分批次将符合集中清算要素的成交数据发送至上海清算所。

上海清算所系统每日 9:30 及 15:15 分两批次接收来自中国外汇交易中心的人民币外汇成交数据，每个工作日 9:30 接收来自中国外汇交易中心的外币对交易数据，并进行后续处理。交易双方也可通过其他符合要求的方式，将成交数据提交给上海清算所进行集中清算。上海清算所每日对通过要素检查及风控合规性检查的交易进行合约替代，于结算日前一日完成清算轧差，并生成结算清单。在结算日，上海清算所依据结算清单与清算会员完成各币种的本金结算（见图 10－5）。

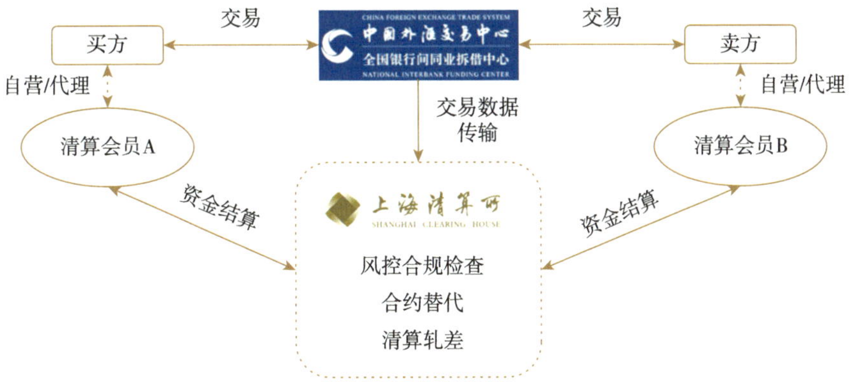

图 10－5　上海清算所外汇中央对手清算业务流程

特别地，为顺应市场需求，便利市场机构管理资金、提升资金使用效率，上海清算所于 2024 年 10 月 28 日正式推出外汇中央对手清算业务合并轧差和保证金（含清算基金）账户合并服务。

外汇中央对手清算业务合并轧差服务，是指在清算轧差层面实现人民币外汇和外币对两项业务的结算资金轧差方式灵活管理，市场机构可根据自身流动性管理需求，自由选择将两项业务的结算资金单独或合并轧差。2023 年外币对中央对手清算上线后，部分市场参与者出于自身流动性管理需要，在结算环节将两项业务应收应付资金合并管理，出现了等一项业务资金到账，影响另一项业务资金支付的情况。因此，创新推出合并轧差服务，跨业务合并清结算处理，全方位满足了市场机构在流动性安排、账户体系等方面多样化的内部管理需求。

保证金（含清算基金）账户合并服务，是指在风险计量层面遵循现有分业务管理模式的基础上，将两项业务的保证金账户和清算基金账户进行合并，同时对两项业务中指定类型的保证金指令进行合并轧差。市场机构可根据中后台资金管理要求和自身流动性管理需求，自由选择维持现有模式或进行账户合并，提高机构资金使用效率。

2. 应用场景及案例

外汇中央对手清算业务可通过多边净额轧差及合约替代，释放交易对手授信，在统一集中管理清算风险的同时，使得任何交易方支付次数最优。

例如，交易方 A 和交易方 B 间在同一结算日（2024 年 12 月 31 日）有五笔 USD/CNY 交易需要进行结算（见表 10－4）。

在双边全额逐笔清算场景下，不同成交合同之间的应收应付义务完全独立，不相互轧抵。结算日交易方 A 需要准备 150 万美元和 436 万元人民币支付给交易方 B，交易方 B 需要准备 60 万美元和 1093 万元人民币支付给交易方 A，对双方资金储备均有较大要求，容易造成流动性风险。

在双边净额清算场景下，不同成交合同之间的应收应付义务可以合并计算，通过对交易主体账户借方和贷方进行轧差，产生一个较小的净额收付责任，减少结算系统处理数量和风险水平，进而最大限度降低流动性要求及交易成本。在同样交易下，交易方 A 需要准备 90 万美元，交易方 B 需要准备 657 万元人民币，二者支付资金的压力均有所减轻。

进一步地，如引入交易方 C 与交易方 B 之间三笔交易，经双边净额轧差后形成如表 10－5 所示的应收应付关系。

表 10-4　　双边清算场景下结算情况

<table>
<tr><th>编号</th><th>交易品种</th><th>交易期限</th><th>交易日期</th><th>结算日期①</th><th>交易方 A</th><th>交易方 B</th></tr>
<tr><td>1</td><td>即期</td><td>SPOT（起息日：T+2）</td><td>2024 年 12 月 29 日</td><td rowspan="9">2024 年 12 月 31 日</td><td>付 30 万美元；收 219 万元人民币</td><td>付 219 万元人民币；收 30 万美元</td></tr>
<tr><td>2</td><td>掉期</td><td>T/N（近端起息日：T+1）</td><td>2024 年 12 月 30 日</td><td>付 365 万元人民币；收 50 万美元</td><td>付 50 万美元；收 365 万元人民币</td></tr>
<tr><td>3</td><td>掉期</td><td>1M（远端起息日：T+2 后一个月）</td><td>2024 年 11 月 28 日</td><td>付 100 万美元；收 730 万元人民币</td><td>付 730 万元人民币；收 100 万美元</td></tr>
<tr><td>4</td><td>远期</td><td>1Y（起息日：T+2 后一年）</td><td>2023 年 12 月 29 日</td><td>付 20 万美元；收 144 万元人民币</td><td>付 144 万元人民币；收 20 万美元</td></tr>
<tr><td>5</td><td>远期</td><td>3Y（起息日：T+2 后三年）</td><td>2021 年 12 月 29 日</td><td>付 71 万元人民币；收 10 万美元</td><td>付 10 万美元；收 71 万元人民币</td></tr>
<tr><td colspan="4">未经轧差应付金额</td><td>付 150 万美元、436 万元人民币</td><td>付 60 万美元、1093 万元人民币</td></tr>
<tr><td colspan="4">未经轧差应收金额</td><td>收 60 万美元、1093 万元人民币</td><td>收 150 万美元、436 万元人民币</td></tr>
<tr><td colspan="4">净额轧差后应付金额</td><td>付 90 万美元</td><td>付 657 万元人民币</td></tr>
<tr><td colspan="4">净额轧差后应收金额</td><td>收 657 万元人民币</td><td>收 90 万美元</td></tr>
</table>

表 10-5　　多边清算场景下结算情况

<table>
<tr><th>结算日期</th><th></th><th>交易方 A</th><th>交易方 B</th><th>交易方 C</th></tr>
<tr><td rowspan="2">2024 年 12 月 31 日</td><td rowspan="2">双边净额轧差后金额</td><td>向交易方 B 支付 90 万美元
向交易方 B 收 657 万元人民币</td><td>向交易方 A 支付 657 万元人民币
向交易方 A 收 90 万美元</td><td>—</td></tr>
<tr><td>—</td><td>向交易方 C 支付 70 万美元
向交易方 C 收 300 万元人民币</td><td>向交易方 B 支付 300 万元人民币
向交易方 B 收 70 万美元</td></tr>
</table>

① 即起息日（此处交易日期为假设），金额为结算日应收应付金额。

在多边清算场景下，交易方 B 向交易方 A 支付的人民币依赖交易方 C 的人民币支付，交易方 B 向交易方 C 支付的美元也依赖交易方 A 的美元支付。银行间外汇市场交易者众多，对手方之间资金结算关系复杂，不但降低市场运行效率而且容易产生流动性和信用风险。若中间有一方违约，在缺乏违约处理机制的情况下，风险极有可能传导扩散至整个市场。

在中央对手清算场景下，由清算所作为中央对手方统一为外汇市场交易提供集中清算服务，通常采用多边净额清算。外汇交易在交易平台达成后，由中央对手方进行净额轧差和合约替代。以上述情形为例，由中央对手清算机构收到交易数据后，系统统一对各交易方进行净额轧差，在结算日向交易方 B 和 C 分别支付 20 万美元和 70 万美元，向交易方 A 支付 657 万元人民币。交易方 A 向中央对手方支付 90 万美元，交易方 B 向中央对手方支付 357 万元人民币，交易方 C 向中央对手方支付 300 万元人民币，三者均只需支付一次。与全额逐笔清算相比，清算笔数大幅下降、流动性准备金额大幅降低（见表 10－6）。

表 10－6　　中央对手清算场景下结算情况

结算日期		交易方 A	交易方 B	交易方 C
2024 年 12 月 31 日	多边净额轧差后金额	向 CCP 支付 90 万美元 向 CCP 收 657 万元人民币	向 CCP 支付 357 万元人民币 向 CCP 收 20 万美元	向 CCP 支付 300 万元人民币 向 CCP 收 70 万美元

如果参与者的数量继续增加，任意参与者应收应付的对象仅为中央对手方，中央对手方担保已达成交易的最终履行。中央对手方不仅提供集中清算服务，同时集中管理清算风险，建立完整的风险管理体系和损失分担机制，可以阻断金融市场个体违约风险向全市场的蔓延，从而提升市场的系统性风险防范能力。

3. 人民币外汇中央对手清算运行特点

人民币外汇中央对手清算业务于 2014 年 11 月上线，为顺应市场发展新趋势和广大市场成员需求，在上线的同时将外汇询价远期和掉期交易清算期限范围由 1 个月拓展至 1 年。2016 年 8 月，上海清算所成为全球首家为场外市场外汇期权交易提供中央对手清算服务的清算机构。2020 年 11 月，上海清算所进一步拓展外汇中央对手清算业务的清算期限和清算品种，上线 T＋1 日交易清算业务和外汇期权组合清算业务。2021 年 11 月，人民币外汇中央对手清算业务年度清算量首次突破百万亿元。2024 年 3 月，上海清算所将人民币外汇远掉期的可清算期限由 1 年拓展至 5 年。

目前，上海清算所的人民币外汇交易中央对手清算产品包括人民币外汇即期交易①、人民币外汇掉期交易、人民币外汇远期交易及人民币外汇期权（含组合）交易，产品详情如表 10－7 所示（其中，T 日表示交易日，下同）。

表 10－7　　人民币外汇中央对手清算业务产品

产品种类			货币对	近端结算日	远端结算日
即期交易		Spot	USD/CNY	T+1 日、T+2 日	无
			GBP/CNY、HKD/CNY、JPY/CNY、AUD/CNY、EUR/CNY	T+2 日	
掉期交易	隔夜	Tom/Next	USD/CNY	T+1 日	T+2 日
	即期对远期	Spot－Forward		T+1 日、T+2 日	T+F 日（2<F≤5Y+2）
	远期对远期	Forward1－Forward2		T+F1 日	T+F2 日（2<F1<F2≤5Y+2）
远期交易		Forward		无	T+F 日（2<F≤5Y+2）
期权交易（含组合）期权费结算日支持 T+1 至交割日		Option		无	T+F 日（2<F≤1Y+2）

2024 年人民币外汇中央对手清算业务清算金额 21.7 万亿美元，同比增长 13.2%，占银行间外汇市场交易量的 62.3%，单一业务清算量已高于伦敦清算所全年外汇业务清算量。人民币外汇中央对手清算业务自 2014 年上线以来，清算金额和覆盖率经历快速增长期后步入稳健增长阶段。分产品来看，2024 年掉期交易和即期交易清算金额分别占清算总金额的 61.8% 和 34.7%，位列前两位。

① 未包括结售汇竞价即期交易。

从各品种清算量占银行间外汇市场交易量比重来看，79.7%的即期交易已纳入中央对手清算，而仍有44.4%的掉期交易未纳入，人民币外汇中央对手清算业务仍具有一定拓展空间（见图10－6）。

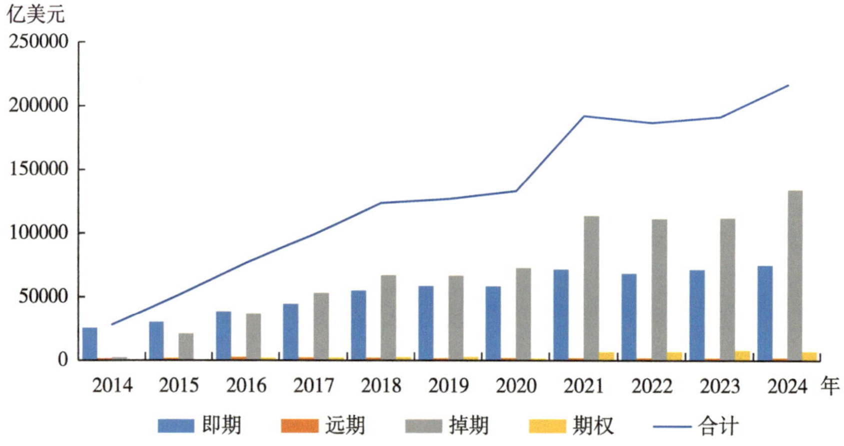

图10－6　2014—2024年人民币外汇中央对手清算业务量

4. 外币对中央对手清算运行特点

近年来，银行间外汇市场外币对询价交易迅速发展，逐步成为外币对市场主流的交易模式。为主动响应市场参与者诉求，进一步发展外汇集中清算业务，上海清算所于2023年3月在外币对竞价交易集中清算业务基础上，推出针对外币对询价（含撮合）交易的中央对手清算服务。中央对手清算业务的推出使得外币对交易资金清算机制进一步完善，业务推出后市场外币对交易量明显提升。根据《2024年银行间外汇市场运行报告》，2024年外币对市场交易量增长迅速，同比增长30.36%，在全市场中增速较快。

纳入外币对交易中央对手清算业务的交易，包括在中国外汇交易中心平台达成的外币对询价交易以及外币对撮合交易。清算的产品包括外币对即期交易、外币对远期交易以及外币对掉期交易，支持的货币对为欧元对美元、美元对日元、美元对港元、澳大利亚元对美元、英镑对美元。目前，上海清算所提供的外币对交易中央对手清算业务产品如表10－8所示[①]（其中，T日表示交易日，下同）。

① 起息日及清算日落在人民币节假日的外币对交易，不纳入外币对交易中央对手清算业务。

表 10－8　　外币对中央对手清算业务产品

产品种类			货币对	近端结算日	远端结算日
即期交易		Spot	EUR/USD、USD/JPY、USD/HKD、AUD/USD、GBP/USD	T+2 日	无
掉期交易	即期对远期	Spot－Forward		T+2 日	T+F 日 ($2<F\leq 1Y+2$)
	远期对远期	Forward1－Forward2		T+F1 日	T+F2 日 ($2<F1<F2\leq 1Y+2$)
远期交易		Forward		无	T+F 日 ($2<F\leq 1Y+2$)

外币对中央对手清算业务 2024 年全年清算金额约 4718.3 亿美元，同比增长 96.4%。上海清算所将探索外币对业务产品及期限拓展可行性，丰富市场深度，提高整体覆盖率（见图 10－7）。

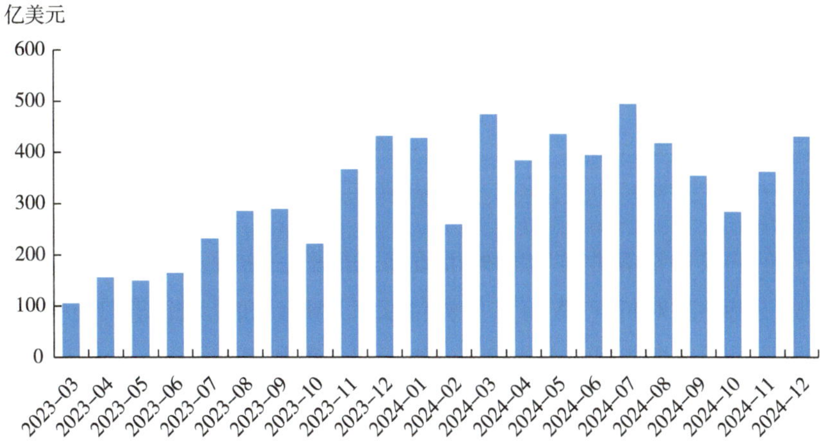

图 10－7　业务上线以来外币对中央对手清算业务量

（二）外汇双边集中清算

上海清算所外汇双边集中清算业务，包括外汇交易双边集中清算业务和外币回购双边清算业务。

1. 业务模式

（1）参与主体

上海清算所外汇双边集中清算业务参与者均为中国外汇交易中心银行间外汇市场会员机构。截至2024年末，外汇交易双边集中清算业务共有13家参与机构，主要为大型商业银行、股份制商业银行和证券公司。外币回购双边清算业务参与者类型更加多元，共有71家机构参与业务，既有各类银行，也有证券公司、财务公司、租赁公司等非银机构。

（2）产品要素

为防范清结算风险，上海清算所对未纳入中央对手清算的外汇双边即期、远期、掉期交易提供集中统一的清算、结算平台，支持货币对为人民币对美元，清算方式包括双边全额清算及双边净额清算（见表10－9）。

表10－9　外汇交易双边集中清算交易要素

交易要素			
对手方	清算参与者	成交类型	即期、远期、掉期
成交日期	不限	成交时间	不限
近（远）端起息日	不限	近（远）端基础币种	USD
近（远）端交易货币对	USD/CNY	近（远）端成交价格	汇率数值精确到小数点后4位
近（远）端外币买入量	不限	近（远）端外币卖出量	不限
近（远）端人民币买入量	不限	近（远）端人民币卖出量	不限

外币回购双边清算业务包含外币质押式回购、外币买断式回购两种类型，结算方式支持券款对付（DVP）、见券付款（PAD）和见款付券（DAP）。在业务实践中，外币质押式回购占比较高，银行间外币利率市场参与者可使用托管在上海清算所的债券（含同业存单）作为抵押品，进行外币融资（见表10－10）。

表10－10　外币回购双边清算交易要素

回购币种	USD、EUR、GBP、JPY、HKD、AUD、CAD、SGD、NZD等		
回购类型	外币质押式回购、外币买断式回购		
结算方式	券款对付（DVP）、见券付款（PAD）和见款付券（DAP）		
回购标的券	在上海清算所托管的可在银行间市场公开发行流通的债券		
单笔标的券种数量	1～10	业务服务时间	09:00～17:00

（3）业务流程

外汇双边交易由交易双方通过中国外汇交易中心达成并确认，外汇交易中心实时将符合集中清算要素的成交数据发送至上海清算所（见图 10－8）。

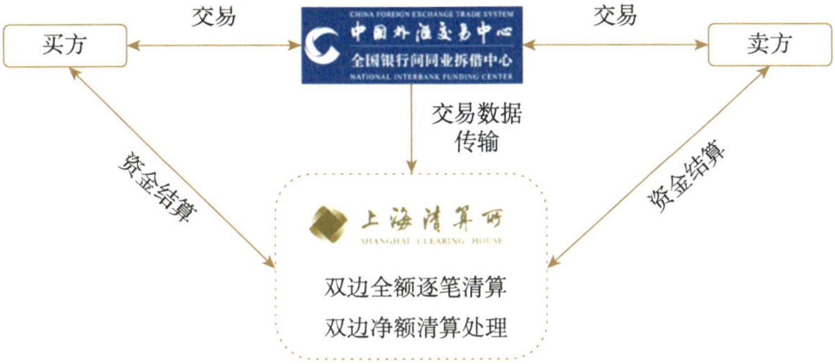

图 10－8　上海清算所外汇交易双边集中清算业务流程

外币回购，是指金融机构之间基于抵押品的外币资金融通行为，正回购方为资金融入方，逆回购方为资金融出方。外币质押式回购是交易双方进行的以债券为权利质押的一种短期外币资金融通业务，正回购方在将债券出质给逆回购方融入外币资金的同时，双方约定在将来某一日期由正回购方按约定回购利率计算的资金额向逆回购方返还资金，逆回购方解除出质债券上质权的融资行为。外币买断式回购是正回购方将债券卖给逆回购方的同时，交易双方约定在未来某一日期，正回购方再以约定的价格从逆回购方买回相等数量同种债券，且首期资金结算额币种和到期资金结算额币种均为同一种非人民币币种的买断式回购的交易行为。交易双方协商交易要素后，通过中国外汇交易中心达成交易，外汇交易中心实时将符合集中清算要素的成交数据发送至上海清算所。

在清结算环节，对于外汇交易双边集中清算业务，上海清算所实时接收来自中国外汇交易中心的双边清算成交数据，按收到数据时间划分双边全额逐笔清算和双边净额清算进行后续操作。基于市场参与者对流动性风险管理的需求，上海清算所为业务参与机构提供灵活的结算选择：一是 16:00 前可通过客户端进行结算顺序调整且无申请次数限制，但须在当前已提交的排序指令完成后才可进行下一次指令排序调整。二是如遇特殊原因导致外币资金无法及时到账的，清算参与者可在每日 16:00～16:45 通过客户端逐笔选择受影响的结算指令，对其进行结算方式调整，经对手方确认后生效。

对于外币回购双边清算业务，上海清算所实时接收来自中国外汇交易中心的成交数据，参与者需在上海清算所客户端分别对结算要素进行确认（见图 10－9）。上海清算所根据不同结算模式在首次结算日和到期结算日完成相应的外币资金过户和债券抵押、解押或过户。

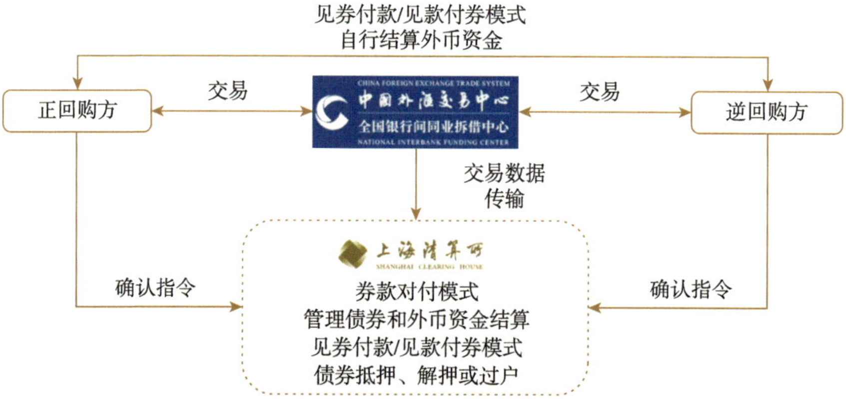

图 10－9　上海清算所外币回购双边清算业务流程

2. 外汇交易双边集中清算业务运行特点

为规范银行间外汇市场外汇交易双边清算服务，保障金融市场稳定，防范清算风险，提高清算效率，上海清算所于 2021 年 8 月推出外汇交易双边集中清算服务。清算的产品包括人民币外汇即期交易①、人民币外汇远期交易以及人民币外汇掉期交易，支持的货币对为人民币对美元（见表 10－11）。2024 年 3 月，外汇双边集中清算推出代理结算服务，参与机构也可选择通过代理行接入境内外币支付系统完成外币资金结算，提升了中小机构外币资金结算处理效率。

表 10－11　　外汇交易双边集中清算业务产品

产品种类			货币对	近端结算日	远端结算日
即期交易		Spot	USD/CNY	T+0 日、T+1 日、T+2 日	无
掉期交易	隔夜	O/N	USD/CNY	T+0 日	T+1 日
		T/N		T+1 日	T+2 日
	即期对远期	Spot－Forward		T+0 日、T+1 日、T+2 日	T+F 日（2<F≤3Y+2）
	远期对远期	Forward1－Forward2		T+F1 日（F1>2）	T+F2 日（2<F1<F2≤3Y+2）
远期交易		Forward	USD/CNY	无	T+F 日（2<F≤3Y+2）

① 未包括结售汇竞价即期交易。

上海清算所外汇交易双边集中清算业务上线以来业务运行安全稳定，发展势头持续向好，充分体现了上海清算所专业高效的清结算处理能力和运营优势。2024 年外汇交易双边集中清算业务量为 3671.2 亿美元，同比增长 8.9%（见图 10－10）。

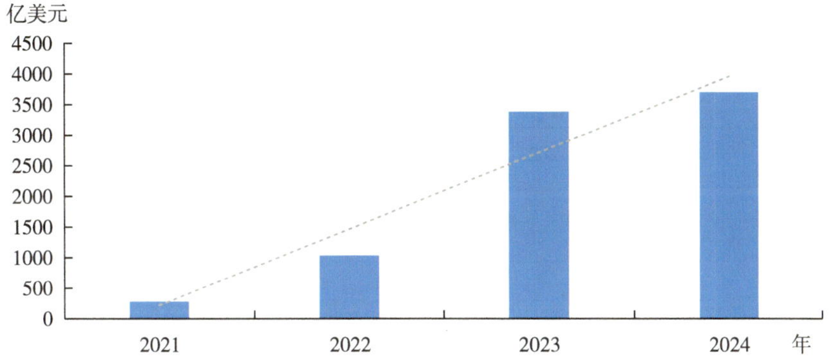

图 10－10　上海清算所外汇交易双边集中清算业务量

3. 外币回购双边清算业务运行特点

上海清算所外币回购双边清算业务于 2019 年 12 月正式推出，业务上线以来，上海清算所密切关注市场机构焦点诉求，有针对性地丰富结算方式、增加标的券数量、拓展结算期限、扩大抵押品范围和种类，持续提高外币回购清算结算的时效性、灵活性和安全性（见图 10－11）。

图 10－11　上海清算所外币回购双边清算业务发展历程

外币回购双边清算是银行间市场首个跨币种融资产品，以本币债券进行外币抵押拆借融资，协助市场主体拓宽外币融资渠道，衔接了上海清算所集中清算与登记托管“双支柱”业务。外币回购的抵押品类型和方式多样，能够有效节约参与机构授信资源和融资成本，提高外币利率市场流动性。2024 年外币回购双边清算业务清算量约 3137.8 亿美元，同比增长 24.5%，整体发展稳中有进（见图 10－12）。

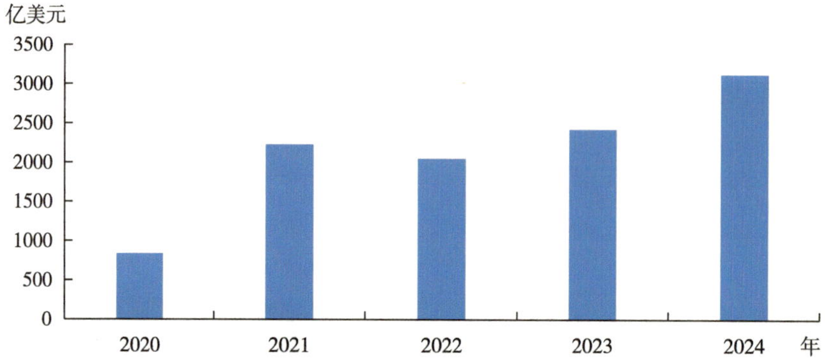

图 10－12　上海清算所外币回购双边清算业务量

四、外汇集中清算的“中国优势”

我国外汇集中清算虽然起步较晚，但在充分吸取国际经验的基础上实现了“跨越式发展”和“弯道超车”。上海清算所外汇清算平台集中统一了我国人民币外汇、外币对和外币利率多个市场交易后的清算途径。业务自推出以来，依托丰富的业务产品、国际领先的全流程风险管理和高效率的多渠道结算体系，整体取得了突出成效，充分体现人民币外汇市场的“中国优势”（见图10－13）。

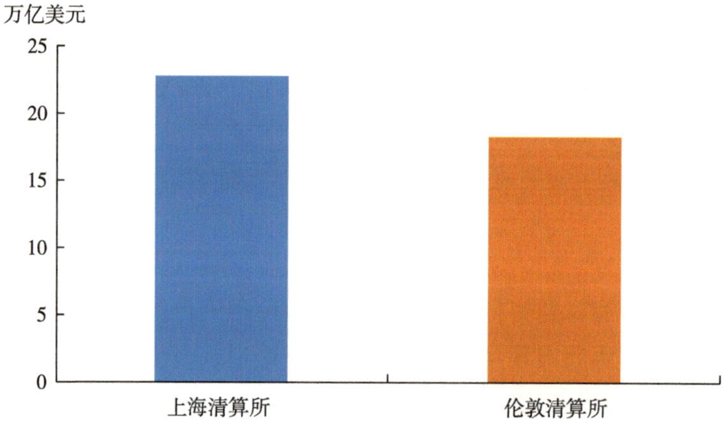

图 10－13　上海清算所及伦敦清算所 2024 年外汇中央对手清算业务量

（一）世界领先水平的外汇清算平台

在全球外汇中央对手清算领域，上海清算所在清算规模、业务启动时间、创新能力、清算比例等方面均处于国际外汇中央对手方的第一梯队。在清算规模方面，2024 年上海清算所外汇清算量 164.5 万亿元人民币（约合 22.8 万亿美元），已成为全球规模最大的外汇清算平台，超过伦敦清算所清算量约 25%①。在业务启动时间方面，上海清算所是全球首批推出外汇清算服务的中央对手方，伦敦清算所于 2012 年推出外汇清算平台，上海清算所仅比其晚一年于 2013 年推出了人民币外汇中央对手清算服务，覆盖即期、远期、掉期 3 个交易品种。在创新能力方面，上海清算所在全球率先推出场外外汇期权中央对手清算业务，创新推出外汇中央对手清算业务合并轧差和保证金（含清算基金）账户合并服务。在清算比例方面，2024 年中国市场使用净额轧差和 PVP 结算的外汇交易占比均超过 60%（按交易规模计算），明显高于全球外汇市场 19% 的净额轧差占比和 40% 的 PVP 结算占比。

（二）一体化全覆盖的外汇清算体系

上海清算所统一多个外汇子市场，构建一体化全覆盖的外汇清算服务体系（见图 10－14）。目前，上海清算所已形成中央对手清算和双边集中清算“两个维度”，人民币外汇市场、外币对市场和外币利率市场“三个市场”，人民币外汇中央对手清算、外币对中央对手清算、外汇双边集中清算和外币回购双边清算“四个产品”的立体式业务布局，有效服务我国外汇市场高质量发展。外汇中央对手清算业务产品覆盖即期、远期、掉期、期权等全市场交易品种，期限范围从 T+1 到 5 年，满足了不同市场参与者的个性化交易清算诉求。对于大型银行机构，充分帮助拓展其对手方范围，增强报价吸引力。对于中小银行和外资机构，有效破解其授信制约和清算痛点，降低清算结算成本和后台压力与风险，更好满足其清算需求，有效提升市场整体运作效率。对于非银金融机构，有效破解其交易清算困境，降低双边全额逐笔清算模式下的外汇头寸占用，改善清算参与者资金使用效率。

---

① 伦敦清算所官网（https：//www.lseg.com）数据显示，2024 年伦敦清算所外汇清算量约为 18.31 万亿美元。

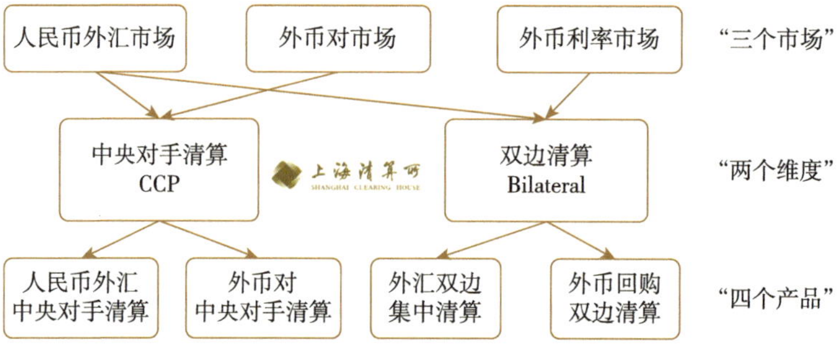

图 10－14　上海清算所一体化外汇清算服务体系

（三）多层次多渠道的外汇结算模式

上海清算所通过在外汇中央对手清算平台上建立多层次、多渠道结算体系，满足了市场机构资金结算的多元化、个性化需求，同时也为市场提供了安全的后备选择，有力支持外汇市场稳健有序运行。上海清算所外汇中央对手清算人民币资金均通过人民币大额支付系统划转，相较而言，外币结算由于涉及参与主体和币种均较多，从而形成了特有的多渠道结算体系，参与者可选择通过外币结算银行或境内外币支付系统两种渠道进行外汇中央对手清算业务外币结算。

关于外币结算银行模式，上海清算所与大部分市场机构主要采用结算银行模式进行外币结算。在结算银行模式下，市场机构通过上海清算所指定的境内商业银行完成外币资金的收付（见图 10－15）。市场机构在上海清算所指定的商业银行开立资金账户，商业银行根据上海清算所的指令，在结算参与者资金账户和上海清算所资金账户之间完成资金的同步交收和结算。在本模式下，信息传输层面主要通过通信工具或直连接口完成。在市场机构付外币的情况下，上

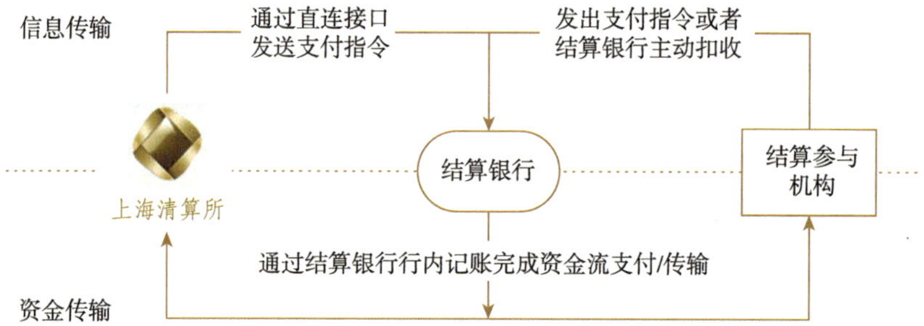

图 10－15　结算银行模式下结算流程

海清算所将收付款金额以及路径通知市场机构后，市场机构向结算银行发出支付指令或授权结算银行主动扣收。在市场机构收外币的情况下，由上海清算所向结算银行发出支付指令。资金传输层面的处理则由结算银行根据收到的各类信息流在行内系统进行记账和划拨处理。

上海清算所通过与结算银行的紧密合作实现同步交收，有效缓解外汇结算风险，并且实现担保交收的功能。市场机构也能够通过外汇结算银行提供的日间授信缓解调款时的压力。上海清算所指定的外汇结算银行均为境内大型商业银行，具有资金实力雄厚、信誉可靠、服务覆盖面广、响应速度快、实务经验丰富等优点，助力了结算环节的高效运转。

关于境内外币支付系统模式，2023 年 10 月，上海清算所进一步拓宽外币结算渠道，支持使用境内外币支付系统完成人民币外汇交易中央对手清算业务的美元资金结算，2024 年 6 月外币对中央对手清算业务结算也可选择境内外币支付系统进行结算。境内外币支付系统由中国人民银行清算总中心运营，于 2008 年 4 月投产。在境内外币支付系统模式下，市场机构通过接入境内外币支付系统完成外币资金的收付。具体来说，境内外币支付系统的直接参与机构、特别参与机构等集中接入该支付结算系统；上海清算所通过与境内外币支付系统的报文往来，完成外币资金的收付结算（见图 10－16）。在本模式下，信息传输层面主要通过境内外币支付系统各类报文完成，由境内外币支付系统负责对支付指令进行接收、清算和转发。资金传输层面的处理则由境内外币支付系统相应结算银行根据收到的各类信息流在行内系统进行记账和划拨处理。境内外币支付系统由央行参与组织和监督，拥有完备的风险防范措施，在提高资金安全性

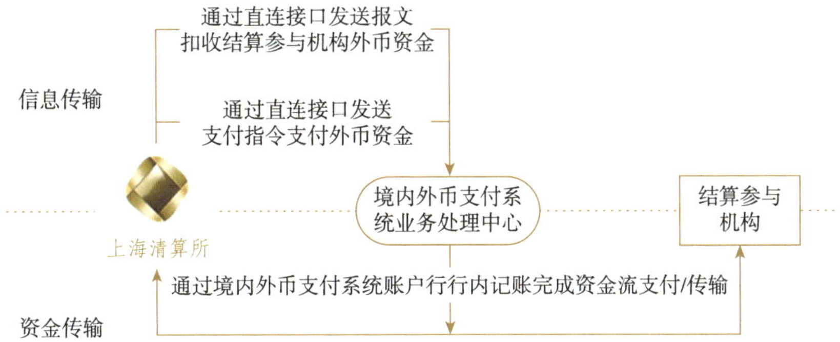

图 10－16　境内外币支付系统模式下结算流程

的同时也有利于市场机构流动性管理。

上海清算所外汇中央对手清算平台上结算模式的多元化，可以有效防范系统性风险的发生。随着银行间外汇市场交易和清算规模的增长，上海清算所将持续与结算银行通力合作，提升结算信息处理效率。一方面，通过推动结算银行提升授信额度等方式，加强其对市场机构开展境内外币结算的支持力度与服务水平，降低市场机构资金跨境调拨的成本，进一步便利市场机构的资金流动性管理；另一方面，加大结算银行对上海清算所的流动性支持力度，通过增加日间授信额度等方式，进一步提升日间付款的效率，更好服务外汇市场的安全平稳运行。

第十一章　创新发展的场外利率衍生品中央对手清算

2023 年中央金融工作会议强调，要坚持深化金融供给侧结构性改革。利率市场化是金融供给侧结构性改革的核心内容之一。在人民银行指导下，上海清算所服务落实 G20 匹兹堡峰会国际承诺、策应利率市场化改革，建立完善利率衍生品中央对手清算机制，加强利率衍生品创新和市场培育，推出“互换通”高效支持内地和香港投资者参与两地利率衍生品市场，引领中央对手方国际联通的发展新模式，已初步建成全球领先的人民币利率互换清算和人民币资产利率风险管理平台。

一、利率衍生品中央对手清算的重要意义

（一）服务我国落实衍生品强制中央对手清算的国际承诺

2008 年国际金融危机后，二十国集团（G20）在匹兹堡峰会提出改进场外衍生品市场，所有标准化的场外衍生品应通过中央对手方进行清算。场外市场引入中央对手清算成为国际共识，各国相继对利率、信用等场外衍生品实施强制中央对手清算（见表 11－1）。

我国利率衍生品中央对手清算的实施时间和实际效果均处于国际前列。在时间上，人民银行于 2014 年 1 月发布《关于建立场外金融衍生产品集中清算机制及开展人民币利率互换集中清算业务有关事宜的通知》（银发〔2014〕29 号），要求同年 7 月起对人民币利率互换业务实施强制中央对手清算，由上海清算所作为中央对手方，标志着我国成为全球继日本、美国之后第三个实施场外金融衍生品强制中央对手清算的国家，落实了 G20 峰会对标准化场外衍生品实施中央对手清算的承诺。在效果上，我国场外利率衍生品中央对手清算比例保

表 11－1　　相关司法辖区的强制中央对手清算政策①

序号	司法辖区	监管机构	实施时间和类别
1	阿根廷	阿根廷证券委员会（CNV）	2015 年，外汇类
2	澳大利亚	澳大利亚证券投资委员会（ASIC）	2015 年 12 月，利率类
3	加拿大	加拿大证券管理局（CSA）	2017 年 4 月，利率类
4	中国	中国人民银行（PBC）	2014 年 7 月，利率类
5	欧盟	欧洲证券和市场管理局（ESMA）	2016 年 6 月，利率类；2017 年 2 月，信用类
6	中国香港	香港证券期货监督委员会（SFC）	2016 年 9 月，利率类
7	印度	印度联邦储备银行（RBI）	2014 年 6 月，外汇类
8	印度尼西亚	印度尼西亚央行（BI）	2018 年，商品类
9	日本	日本金融服务局（JFSA）	2012 年 11 月，利率类、信用类
10	韩国	韩国金融服务委员会（FSC）	2014 年 6 月，利率类
11	墨西哥	墨西哥央行（BOM）	2016 年 4 月，利率类
12	俄罗斯	俄罗斯央行（BOR）	2021 年第四季度，利率类②
13	新加坡	新加坡货币监管局（MAS）	2018 年 10 月，利率类
14	瑞士	瑞士金融市场监督管理局（FINMA）	2018 年 9 月，信用类、利率类
15	美国	美国商品期货交易委员会（CFTC）	2013 年 9 月，信用类、利率类

持在 95% 以上，相较于全球场外利率衍生品 76% 左右的中央对手清算比例，已处于全球领先水平。

（二）布局支持利率市场化改革的重要风险防范举措

从国际经验看，利率风险是各类市场机构面临的最主要风险，利率衍生品是利率风险管理的主要工具，具有广泛的市场需求，全球利率衍生品市场规模占全球衍生品市场总规模（以未平仓合约名义本金计算）的 80%。随着我国利率市场化改革，利率波动增加、利差收窄，市场机构亟须通过利率衍生品

① IOSCO. Information Repository for Central Clearing Requirements [Z]. 2019.
FSB. OTC Derivatives Market Reforms Note on Implementation Progress for 2022 [Z]. 2022.

② 俄罗斯立法通过了确定衍生品纳入强制中央对手清算的标准，自 2021 年 1 月生效，2021 年第四季度起实施（根据前三个季度数据计算是否达到规定的最低金额门槛）。

更好管理利率风险。在传统双边清算模式下，双方主要通过授信的方式管理对手方信用风险，需持续占用交易授信额度、加大各自的运营结算压力，同时双方信息获取、风险管理能力存在差异，导致风险敞口的复杂性和不透明性及违约风险的传染性，存在引发系统性风险的隐患。与之相对，中央对手清算能够及时帮助市场机构释放授信额度，降低风险资本计提，减少风险管理成本，并有利于提高市场透明度，提升监管效率，能够更好地满足市场机构风险管理需求。

在我国，上海清算所作为专职管理风险的金融基础设施，通过为场外利率市场等多个金融细分市场提供专业高标准的风险管理服务，不仅能督促市场参与者积极提升自身利率风险管理水平，切实防范单一市场参与者发生违约事件时引发的市场过度反应以及潜在连锁反应，还有利于防范并隔离不同细分市场之间的风险传染，同时通过增强各市场风险管理整体标准，完整统计和监测市场总体风险信息、重点业务或机构风险信息等，能够为监管机构科学决策并及时采取应对措施提供有力支持，切实服务利率市场化改革相关的重要风险防范举措合理布局。

（三）推动利率衍生品中央对手清算效果实现国际领先

上海清算所继 2014 年推出利率互换中央对手清算业务后，持续拓展利率衍生品中央对手清算领域，创新推出可实物交割的标准债券远期和标准利率互换中央对手清算业务等，更好满足市场发展日益增长的风险管理等需求（见图 11－1）。同时，上海清算所中央对手清算机制的建立，有利于完善交易、清算、

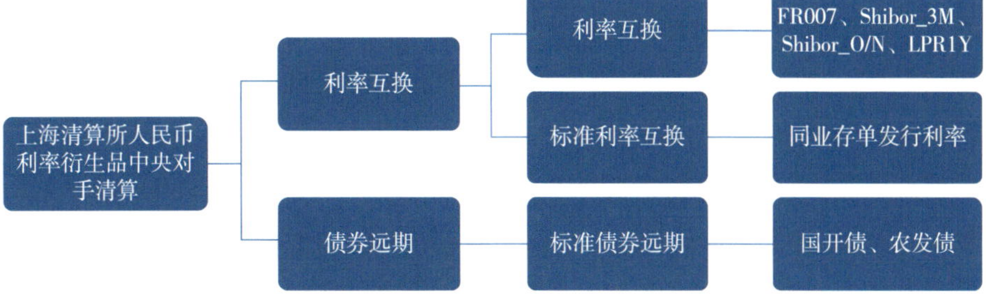

图 11－1　上海清算所利率衍生品中央对手清算产品

结算等环节分工协作的市场架构，并通过与交易前台和结算后台密切配合，不断满足市场参与者多元化的需求，有助于促进业务和产品创新，推动我国金融市场繁荣稳健发展。

2014 年以前，利率衍生品市场发展在一定程度上受到双边清算模式的影响。2005 年 6 月、2006 年 2 月、2007 年 9 月，在场外利率市场先后推出债券远期、利率互换、远期利率协议，这些衍生产品相较于即期产品，存续期限长、产品定价复杂且不透明，传统双边清算模式的不足在一定程度上制约了市场持续扩容发展。在实施中央对手清算前，利率衍生品市场规模一直未突破 3 万亿元，2012 年最高达 2.9 万亿元，2013 年又回落至 2.7 万亿元。

2014 年以后，利率衍生品市场引入中央对手清算机制，迅速实现规模扩大和质量提高。2014 年，上海清算所在场外利率衍生品市场率先推出利率互换中央对手清算业务，当年场外利率衍生品市场规模增长 52%，达 4.1 万亿元，中央对手清算比例为 57%。2015 年，场外利率衍生品市场规模翻一番，达到 8.8 万亿元，中央对手清算比例也提高到 92%，此后利率衍生品市场保持稳健发展趋势。2024 年，我国场外利率衍生品市场规模 36.9 万亿元，其中，上海清算所中央对手清算的利率衍生品占比约为 99%，有效支持利率衍生品市场安全高效运行。

二、利率衍生品中央对手清算的发展背景

（一）国际背景

20 世纪 80 年代以来，伴随欧美利率市场化的快速推进，浮动利率被广泛运用于金融市场各个领域，利率风险成为金融市场最主要的风险，同时债券作为金融产品体系中最主要的组成部分，市场机构对利率风险管理工具需求迫切，利率衍生品因此成为最主要的衍生品，其中，利率互换、利率期权为全球市场中最活跃的品种。

根据国际清算银行统计，2001—2023 年，全球利率衍生品呈现整体增长态势，年均复合增长率约为 8%。截至 2023 年末，全球利率衍生品存续期规模约为 617 万亿美元，占全球衍生品市场总量的 80%。全球场外利率衍生品市场规模约为 530 万亿美元，其中最主要的品种利率互换占比为 80%。全球场内利率衍生品市场规模为 87 万亿美元，其中最主要的品种利率期权占比

为57%。

由于利率作为重要的宏观经济变量影响着各市场主体具体行为，企业主要通过与金融机构开展利率互换交易来管理利率风险，并根据企业实际资产负债情况制定个性化的产品，这决定了利率衍生品以场外品种为主。从全球来看，场外利率衍生品市场是市场机构开展利率避险的主要场所，2001—2023年，利率衍生品场外市场相较场内市场的规模从4倍增长至6倍。与此同时，在场外衍生品中，利率衍生品是中央对手清算比例最高的产品，2023年达76%。

（二）我国背景

我国场外利率衍生品以利率互换为主，标准利率衍生品为辅，两者清算模式呈现不同的发展路径。利率互换从主要采用双边清算转向主要采用中央对手清算；标准利率衍生品自推出之日起，就采用中央对手清算模式。

2014年以前，利率互换以双边清算为主。人民银行于2006年2月9日发布《中国人民银行关于开展人民币利率互换交易试点有关事宜的通知》，标志着人民币利率互换交易在我国的诞生。利率互换的交易方式既可以通过同业拆借中心的交易系统进行，也可以由交易双方通过电话、传真等其他方式进行。清算方式，主要是交易双方自行完成双边清算。同时，从事利率互换交易的市场参与者应将交易情况报同业拆借中心备案（通过同业拆借中心交易系统达成的交易除外）。2011年3月，同业拆借中心推出通过电子化方式利率互换交易确认业务，并发布了《全国银行间同业拆借中心利率互换交易确认细则》。通过本币交易系统提供电子化确认平台，并出具统一格式的确认书。该业务有助于市场成员缓解手工处理纸质确认书过程中存在的确认时滞与操作风险，提升利率互换市场的标准化程度和市场效率。

2014年以后，利率互换以中央对手清算为主。在人民银行的指导下，2014年1月2日，上海清算所在场外市场正式推出人民币利率互换（IRS）中央对手清算业务，持续纳入挂钩更多标的、囊括更广泛期限的利率互换产品，丰富金融市场层次，并不断提升业务能级，先后推出抵押品冲抵保证金、直连接口、优化收费体系、合约压缩、实时承接、合约移仓等服务，便利市场机构盘活存量资产、节约成本和存续期管理等（见图11－2）。

场外标准利率衍生品包括标准债券远期和标准利率互换两个品种，由上海

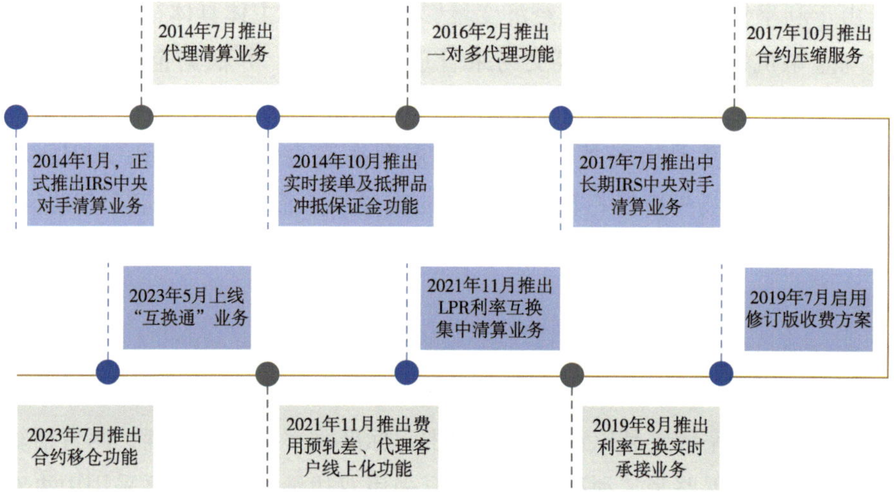

图 11－2　利率互换中央对手清算发展历程

清算所在人民银行指导下创新推出，采用中央对手清算模式。

标准债券远期是在银行间市场交易且标的券种、合约期限、交割日期等要素标准化的债券远期合约，涵盖国开债、农发债等活跃政策性金融债，兼顾现金交割与实物交割两种交割方式。2015 年，经人民银行批准，上海清算所与外汇交易中心共同推出挂钩国开债的标准债券远期现金交割合约，此后两家金融基础设施紧密合作，持续优化业务机制，先后于 2018 年和 2020 年两次优化现金交割机制，业务开展日益活跃；2020 年，增加以农发债为标的债券的标准债券远期现金交割合约，进一步丰富标的债券品种；2021 年，推出了以上海清算所托管的国开绿债和农发债为标的的标准债券远期实物交割合约，完善交割机制，满足市场参与者多样化需求；2025 年，新增 5 年期和 7 年期国开债标准债券远期实物交割合约，进一步满足市场机构多元化需求，推动标准债券远期市场发展，促进远期市场价格发现。

标准利率互换是参考利率、到期日、期限等产品要素标准化的利率互换合约。2023 年 11 月，在人民银行的指导下，上海清算所与外汇交易中心联合优化标准利率互换交易清算服务，推出挂钩 3 个月期主要全国性银行同业存单发行利率指标 PrimeNCD 的标准利率互换合约，进一步便利市场机构管理短端利率风险（见图 11－3）。

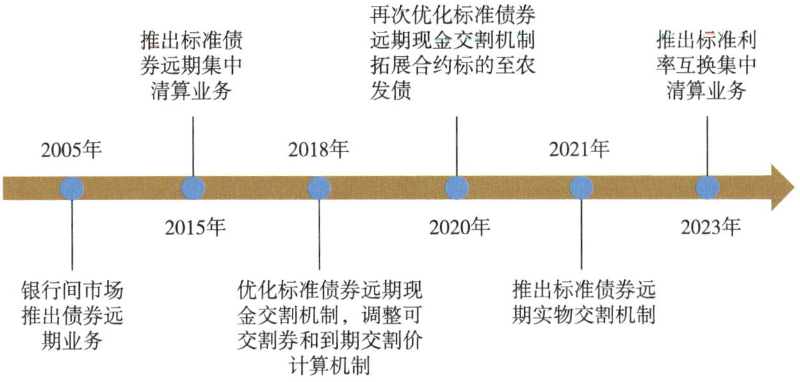

图 11－3　标准化利率衍生品中央对手清算发展历程

三、利率衍生品中央对手清算业务实务

（一）利率互换

1. 业务模式

（1）参与主体

人民币利率互换市场参与主体均为银行间市场合格机构投资者，已入市的合格机构投资者获得其相应机构监管部门的批准即可开展人民币利率互换交易，并可参与上海清算所人民币利率互换中央对手清算业务。

人民币利率互换中央对手清算业务参与机构类型，涵盖银行、证券公司、保险公司、各类型非法人产品、境外机构等。其中，主要参与机构为股份制商业银行、证券公司和外资银行。截至 2024 年末，上海清算所人民币利率互换中央对手清算业务参与机构共 341 家，2024 年度股份制商业银行、证券公司和外资银行清算量占比分别为 37.3%、25.8% 和 17.3%。

（2）产品要素

上海清算所提供中央对手清算服务的利率互换交易的标的利率，包括 7 天回购定盘利率（FR007）、上海银行间同业拆放利率（Shibor）、贷款市场报价利率（LPR）等；合约类型，包括普通合约和国际货币市场（IMM）合约，满足机构投资者多元化资金管理的需要。其中，国际货币市场合约指以国际货币市场结算日为支付周期的利率互换合约，使人民币利率互换产品更加适应国际标准，从而提高了境外投资者参与中国市场的积极性（见表 11－2）。

表 11－2　　　　利率互换中央对手清算的交易要素

<table>
<tr><th colspan="6">交易要素</th></tr>
<tr><td>固定利率支付方</td><td colspan="2">清算参与者</td><td>浮动利率支付方</td><td colspan="2">清算参与者</td></tr>
<tr><td>成交日</td><td colspan="2">不限</td><td>名义本金（万元）</td><td colspan="2">最小交易量 10 万元，最小变动单位 10 万元</td></tr>
<tr><td rowspan="2">起息日</td><td>普通合约</td><td>不限</td><td rowspan="2">首期起息日</td><td colspan="2" rowspan="2">等于起息日</td></tr>
<tr><td>IMM 合约</td><td>3/6/9/12 月的第三个周三，不做节假日调整</td></tr>
<tr><td rowspan="2">到期日</td><td>普通合约</td><td>不限</td><td rowspan="2">交易剩余期限</td><td colspan="2" rowspan="2">期限范围：5 天（含）至 10 年（含）[Shibor _ O/N、LPR1Y 最长剩余期限为 3 年（含）]；交易期限为支付周期的整数倍</td></tr>
<tr><td>IMM 合约</td><td>3/6/9/12 月的第三个周三</td></tr>
<tr><td>支付日营业日准则</td><td colspan="2">经调整的下一营业日。若支付日非营业日，则顺延至下一营业日，但如果下一营业日跨至下个月，则提前至上一营业日</td><td>计息天数调整</td><td colspan="2">实际天数调整。若支付日发生调整，计息天数按实际天数进行调整</td></tr>
<tr><td>前端费结算日</td><td colspan="2">纳入集中清算后的下一营业日</td><td></td><td colspan="2"></td></tr>
<tr><td colspan="6">固定利率支付明细</td></tr>
<tr><td>固息支付周期</td><td colspan="5">同浮动利率支付周期</td></tr>
<tr><td>固息计息方式</td><td colspan="2">单利</td><td>固息计息基准</td><td colspan="2">A/365</td></tr>
<tr><td colspan="6">浮动利率支付明细（一）</td></tr>
<tr><td>参考利率</td><td>重置周期</td><td colspan="2">支付周期</td><td>计息方式</td><td>计息基准</td></tr>
<tr><td rowspan="2">Shibor _ O/N</td><td rowspan="2">天</td><td>普通合约</td><td>季、期满</td><td rowspan="2">复利</td><td rowspan="2">A/360</td></tr>
<tr><td>IMM 合约</td><td>季 [IMM 周期 (3/6/9/12 月的第三个周三)]</td></tr>
<tr><td rowspan="2">FR007</td><td rowspan="2">周</td><td>普通合约</td><td>季、期满</td><td rowspan="2">复利</td><td rowspan="2">A/365</td></tr>
<tr><td>IMM 合约</td><td>季 [IMM 周期 (3/6/9/12 月的第三个周三)]</td></tr>
</table>

续表

<table>
<tr><th colspan="6">交易要素</th></tr>
<tr><td rowspan="2">Shibor _ 3M</td><td rowspan="2">季</td><td>普通合约</td><td>季</td><td rowspan="2">单利</td><td rowspan="2">A/360</td></tr>
<tr><td>IMM 合约</td><td>季［IMM 周期（3/6/9/12 月的第三个周三）］</td></tr>
<tr><td>LPR1Y</td><td>季</td><td>季</td><td>季</td><td>单利</td><td>A/360</td></tr>
<tr><td colspan="6">浮动利率支付明细（二）</td></tr>
<tr><th>参考利率</th><th>重置日规则</th><th>利率确定日</th><th colspan="2">参考利率取值</th><th>负利率处理</th></tr>
<tr><td>Shibor _ O/N</td><td rowspan="4">每个支付周期内，第一个利率重置日为本支付周期的首日，其余重置日按照重置周期依此类推。尾部可以有残端</td><td>重置日当日。当日没有参考利率时，依次取前一有参考利率营业日</td><td colspan="2">中国人民银行授权全国银行间同业拆借中心于利率确定日 11:00 在 www.shibor.org 发布的上海银行间同业拆放利率</td><td rowspan="4">负利率方法：浮动利率支付方的应付金额为零，固定利率支付方应付金额应加上应付浮动金额的绝对值</td></tr>
<tr><td>FR007</td><td rowspan="3">重置日前一日。当日没有参考利率时，依次取前一有参考利率营业日</td><td colspan="2">中国人民银行授权全国银行间同业拆借中心于利率确定日 11:30 在 www.chinamoney.com.cn 发布的 7 天回购定盘利率</td></tr>
<tr><td>Shibor _ 3M</td><td colspan="2">中国人民银行授权全国银行间同业拆借中心于利率确定日 11:00 在 www.shibor.org 发布的上海银行间同业拆放利率</td></tr>
<tr><td>LPR1Y</td><td colspan="2">中国人民银行授权全国银行间同业拆借中心于每月 20 日上午 9:30 在 www.chinamoney.com.cn 发布的 1 年期贷款市场报价利率（LPR1Y）</td></tr>
</table>

在上述规定中，交易要素的定义与《中国银行间市场利率衍生产品交易定义文件（2022 版）》一致。“互换通”业务现有可集中清算交易的参考利率包括 Shibor _ O/N、FR007、Shibor _ 3M。

（3）业务流程（见图 11－4）

在交易环节，人民币利率互换交易主要通过外汇交易中心平台达成，外汇交易中心将符合集中清算要素的成交数据实时发送至上海清算所。上海清算所对成交数据进行要素检查和风控检查，通过检查的成交数据，实时进行合约替代。

在清结算环节，通过清算会员进行分层清算。上海清算所作为中央对手方为清算会员提供风险管理服务，进行资金清结算，其中，综合清算会员为其客户提供风险管理服务，进行资金清结算。

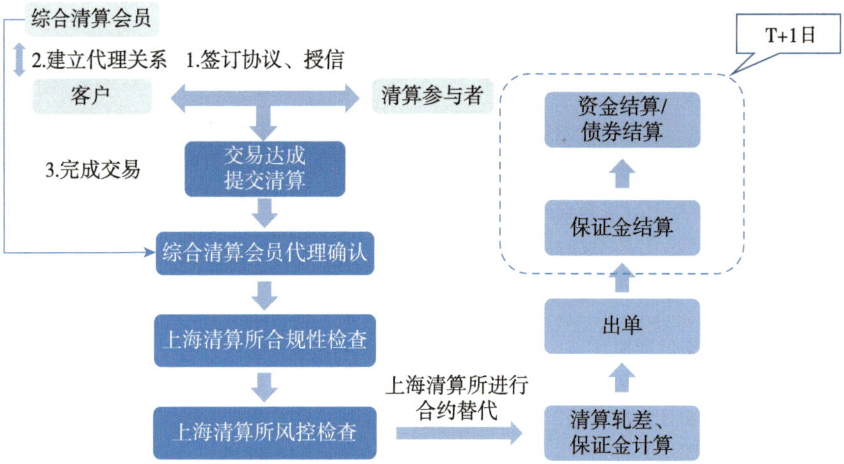

图 11－4　利率互换中央对手清算业务流程

2. 应用场景及案例

利率互换是交易双方在一笔名义本金数额的基础上相互交换具有不同性质的利率支付，通常为固定利率和浮动利率的互换。上海清算所利率互换集中清算业务现支持的利率标的为 FR007、Shibor _ 3M、Shibor _ O/N 和 LPR1Y。

（1）固定利率转浮动利率案例

某银行发行 3 年期票面利率为 2.5% 的债券 50 亿元，由于该银行的其他负债和其对外发放的贷款多为浮动利率，因此该银行选择将这笔 3 年期债券负债同样转换成浮动利率。该银行选择收取 3 年期限 Shibor _ 3M 将原本的固息债券转换为挂钩 Shibor _ 3M 的浮息债券。

该笔交易将原本 3 年的负债久期降低至 3 个月，一方面，将负债的利率风险敞口由 3 年降至 3 个月（每 3 个月重置）；另一方面，以获得 3 年/3 个月间的期限利差（Term Premium）的形式降低了实际负债成本。更重要的是，该笔债券由固定转浮动之后与其原本的资产负债结构相匹配。

（2）浮动利率转固定利率案例

某金融机构的固定收益部门长期在市场上以 7 天质押式回购融入资金，融入的资金用于购买固息债券。该金融机构为了减小负债端融资成本波动，选择支付 1 年期限 FR007。

该笔交易以支付 7 天/1 年期限 FR007 期限利差为成本，将原本 FR007 的波动性消除，从而获得稳定的负债成本。

3. 运行特点

一是规模增长迅速，FR007 为主要活跃品种。人民币利率互换中央对手清算业务（不含标准利率互换）现支持挂钩 FR007、Shibor _ 3M、Shibor _ O/N、LPR1Y 等产品标的。自该业务推出以来，保持稳定的增长态势，清算规模从 2014 年的 2.45 万笔、名义本金 2.3 万亿元增长到 2024 年的 32.86 万笔、名义本金 32.35 万亿元，名义本金的年均增长率达到 30%（见图 11－5）。从挂钩利率标的品种看，主要集中于挂钩 FR007 标的的交易。2024 年各产品清算规模中，FR007 占比为 96.49%，Shibor _ 3M 占比为 3.29%，Shibor _ O/N 占比为 0.009%，LPR1Y 占比为 0.22%。

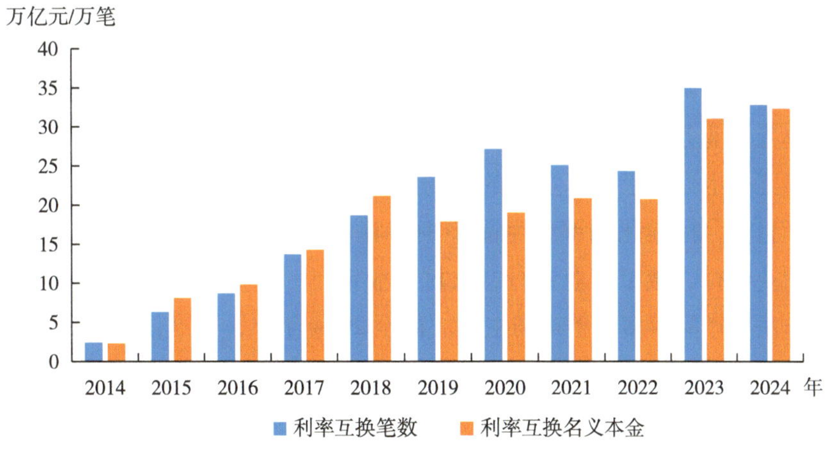

图 11－5　2014—2024 年利率互换中央对手清算规模

二是参与者众多，代理清算广泛满足中小机构需求。利率互换中央对手清算业务的代理清算比例高，越来越多的中小机构通过成为客户间接参与人民币利率互换中央对手清算业务，2014—2024 年，客户数量从 77 家增长至 294 家，客户类型涵盖银行、证券公司、保险、基金、资管产品、理财产品等。相应地，利率互换中央对手清算业务的代理清算比例（客户清算规模占清算总规模的比例）由3%增长至13%。

三是对外开放不断提速，多渠道并行满足风险管理需要。我国金融市场对外开放新形势为上海清算所向境外机构拓展中央对手清算服务提供重要契机。一方面，2016年，在债券市场直投模式（CIBM Direct）下，各类境外投资者基于套期保值需求开展利率互换、远期利率协议等交易和结算。另一方面，2023年5月，“互换通”正式上线，为境外投资者提供了更加便利的衍生品交易清算渠道。双渠道的并行，有效满足了境内外投资者风险管理的需要，有利于发挥利率衍生品管理利率风险、助力实体融资、促进价格发现等多方面作用。2024年，通过“互换通”和债券市场直投模式入市的境外机构分别达74家和16家，机构类型主要是银行、证券公司、私募基金等。2024年，境外机构利率互换交易规模4.4万亿元，其中互换通渠道3.7万亿元，CIBM渠道0.7万亿元。

（二）标准化利率衍生品

1. 业务模式

（1）参与主体

标准化利率衍生品市场参与主体，均为银行间市场合格机构投资者。其中，标准利率互换业务，沿用现有利率互换中央对手清算分层清算体系，已入市并开展利率互换中央对手清算业务的市场成员可直接开展标准利率互换交易和集中清算。目前，标准化利率衍生品集中清算业务参与者已覆盖大型商业银行、股份制商业银行、城市商业银行、农村商业银行、外资银行、证券公司、境外机构和非法人产品等多类型市场主体。截至2024年末，标准债券远期业务共有参与者98家，标准利率互换入市参与者45家，市场参与主体呈现多元化发展趋势。

（2）产品要素

作为银行间市场创新型利率衍生品，标准化利率衍生品分别与政策性金融债和同业存单发行利率挂钩，合约要素高度标准化，交易时间安排、T+1日结算时点设置等方面具有银行间市场特色和优势，有利于市场机构便捷地通过反向交易了结头寸，满足多样化的策略应用和风险管理需求（见表11-3、表11-4）。

表 11-3 标准债券远期合约要素（以现金交割合约为例）

合约名称	国开债标准债券远期现金交割合约	农发债标准债券远期现金交割合约
合约品种	3 年期、5 年期和 10 年期国开债标准债券远期现金交割合约	5 年期和 10 年期农发债标准债券远期现金交割合约
合约代码	合约代码由标的债券缩写和到期月份组成 CDB3_2112、CDB3_2203 CDB5_2112、CDB5_2203 CDB10_2112、CDB10_2203	合约代码由标的债券缩写和到期月份组成 ADBC5_2112、ADBC5_2203 ADBC10_2112、ADBC10_2203
合约标的	票面利率为 3%、按年付息的 3 年期、5 年期和 10 年期虚拟国开债	票面利率为 3%、按年付息的 5 年期和 10 年期虚拟农发债
合约月份	最近的 2 个季月	
合约到期交割日（D 日）	合约月份的第三个星期三，若非营业日，则调整到下一个营业日	
最后交易日	交割日前一个营业日（D-1 日）	
新合约上市日	旧合约交割日	
报价方式	百元报价	
交易时间	银行间市场交易日 9:00~12:00，13:30~16:30	
最小价格变动单位	0.005 元	
单位报价量	1000 万元	
价格涨跌幅	每日价格涨跌停板幅度，为上一交易日结算价的 ± 百分比，合约上市首日涨跌停板幅度为挂牌基准价的 ± 百分比	
清算方式	集中清算	
结算方式	现金交割	
可交割债券	为一篮子债券，由外汇交易中心商上海清算所后确定或调整： 1. 合约上市日发布，合约存续期内不变； 2. 按待偿期范围选取固息、不含权、按年付息、合约上市前 21 个营业日流动性最好的 2 只国开债，若有并列则发行较晚的优先； 3. 待偿期范围：按合约交割日计算待偿期范围	为一篮子债券，由外汇交易中心商上海清算所后确定或调整： 1. 合约上市日发布，合约存续期内不变； 2. 按待偿期范围选取固息、不含权、按年付息、合约上市前 21 个营业日流动性最好的 2 只农发债，若有并列则发行较晚的优先； 3. 待偿期范围：按合约交割日计算待偿期范围
保证金率	各合约保证金率由上海清算所定期测算并公布。国开债标准债券远期合约与农发债标准债券远期合约一同计算并收取	

表 11－4　　标准利率互换合约要素

合约品种		3 个月同业存单利率互换
合约代码		合约代码由浮动利率名称、合约期限和到期月份组成 PrimeNCD3M _2309、PrimeNCD3M _2310 PrimeNCD3M _2312、PrimeNCD3M _2311 PrimeNCD3M _2403 PrimeNCD3M _2406
合约月份		4 个季月合约和不在季月循环里的最近 2 个日历月合约
到期结算日		合约月份的第三个星期三，若非工作日，则调整到下一个工作日（D 日）
最后交易日		结算日前一个工作日（D－1 日）
新合约上市日		前一个合约最后交易日的下一个工作日，D 日
最小报价单位		0.0001%（0.01 个基点）
合约面值		1000 万（1 手）
报价收益率		为最后交易日（D－1 日）PrimeNCD3M 的预期值（年化利率），单位为%，精确到 0.0001%
浮动利率支付明细	参考利率	PrimeNCD3M
	重置周期	—
	重置日规则	—
	支付周期	期满
	计息周期	计息期首日为结算日的下一个工作日（D＋1 日），计息期尾日为计息期首日往后 3M 对应的日历日
	计息方式	单利
	计息基准	A/A－bond
	利率确定日	D－1 日
	参考利率取值	中国人民银行授权外汇交易中心于利率确定日发布的 PrimeNCD3M 利率
到期结算利率		中国货币网公布的最后交易日的 PrimeNCD3M 的数值（年化利率）
累计到期结算金额		（合约到期结算利率－合约成交价）×合约面值×A/A
挂牌基准利率		合约上市前一营业日外汇交易中心的同业存单（AAA）收盘收益率曲线推算出的对应计息期的远期利率
每日结算利率		1. 取当日最后 1 小时成交的加权价格，该时段因系统故障等原因导致交易中断的，扣除中断时间后向前取满相应时段； 2. 若最后 1 小时成交笔数少于 5 笔，则取当日最后 5 笔交易的加权价格； 3. 若全天该合约成交笔数少于 5 笔，取最后一小时的（bid 的平均＋ofr 平均）×0.5； 4. 若无报价或出现其他难以确定结算利率的情况，则可取前一日结算利率（如为合约上市首日，则取挂牌基准利率）或外汇交易中心计算的其他利率

续表

保证金率	各合约保证金率由上海清算所定期测算并公布
交易时间	银行间市场交易日 9:00～12:00，13:30～16:30
清算方式	集中清算
结算方式	现金结算

（3）业务流程

在交易环节，标准化利率衍生品采用集中交易模式。市场参与机构在交易中心 X－Swap 系统通过匿名报价、点击成交的方式开展交易，符合交易限额的交易自动达成。上海清算所作为中央对手方实时承接，并对符合要素检查的交易进行合约替代，交易清算一体化无缝衔接（见图 11－6）。

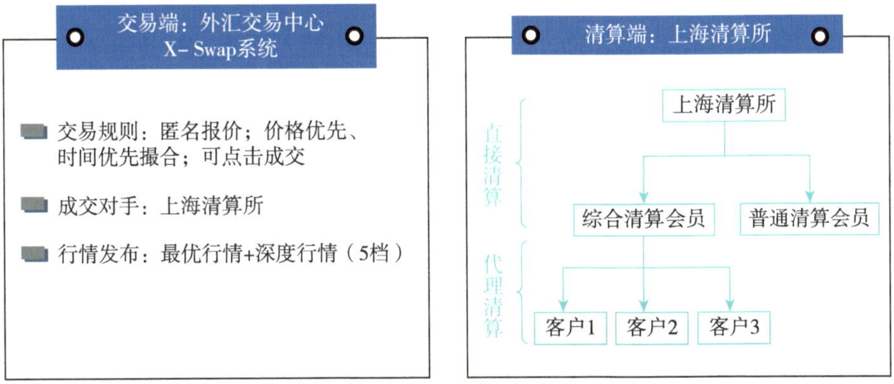

图 11－6　标准化利率衍生品交易清算模式

在清结算环节，在分层清算机制下，清算会员与上海清算所直接清算，代理客户通过综合清算会员间接参与清算。上海清算所建立相应的风险控制机制，保证合约履行，于每日日终进行保证金要求和盈亏计算，于次日日间完成净额结算（见图 11－7）。

2. 应用场景及案例

金融机构可使用标准化利率衍生品对冲所持基础资产的利率风险，开展方向性投资以及多样化套利策略等。

以套期保值案例为例（见图 11－8）。

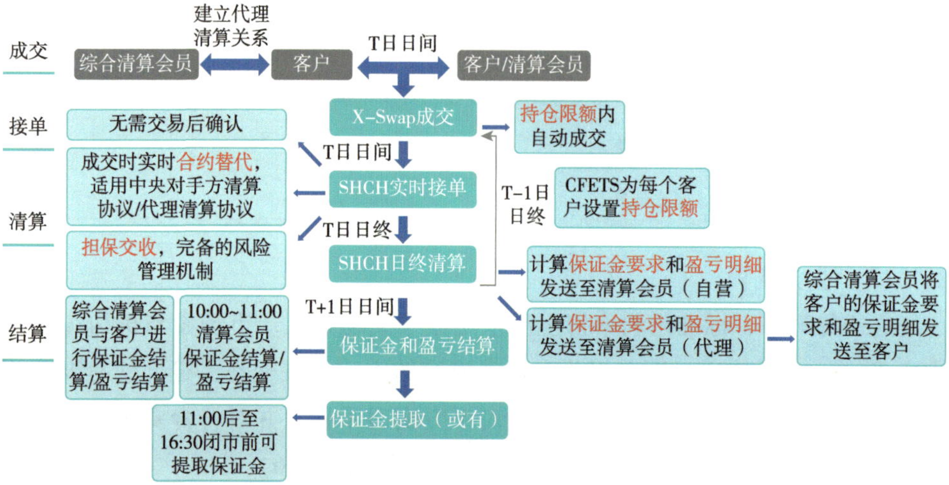

图 11－7　标准化利率衍生品业务流程

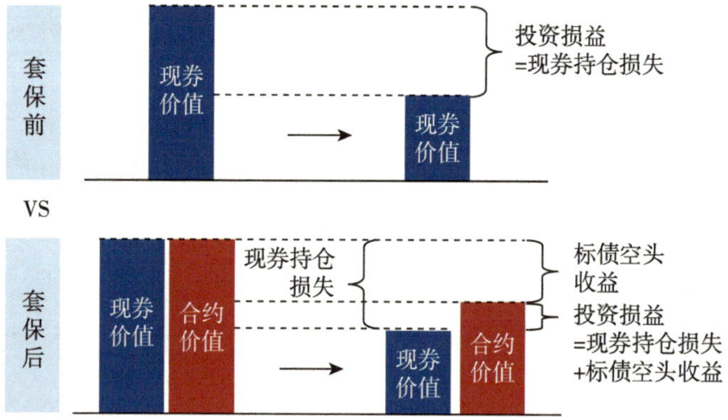

图 11－8　投资者套期保值

（1）使用标准债券远期对冲利率风险

若投资者持有政策性金融债现券，可通过标准债券远期合约进入与现货相反的头寸（空头头寸），使投资组合尽可能少受现货价格涨跌的影响。

例如，投资者 A 持有价值 X 亿元的 3 年期国开债现券，并通过进入价值 X 亿元的国开债标准债券远期 3 年期现金交割合约的空头头寸进行风险对冲。待到标准债券远期合约交割日，3 年期国开债收益率上行，现券头寸产生相应亏损 Y1 元。

根据标准债券远期定价公式：

$$现金交割合约到期交割价\ p = \sum_{i=1}^{t} \frac{100 \times 3\%}{(1+r)^i} + \frac{100}{(1+r)^t}$$

式中，r 为可交割券的平均到期收益率。可交割券收益率上行将使3年期国开债标准债券远期合约价值下降，投资者A作为空头方共获得合约持仓和交割盈利Y2元。通过套期保值应用，投资者A的综合投资损益为（Y2－Y1）元，其损失大幅减少，并有效降低了投资组合的波动率。

（2）使用标准利率互换锁定同业存单发行利率

若商业银行希望锁定未来同业存单的发行利率，可通过使用同业存单标准利率互换合约，以支付固定利率、收取浮动利率的方式，锁定发行成本（见图11－9）。

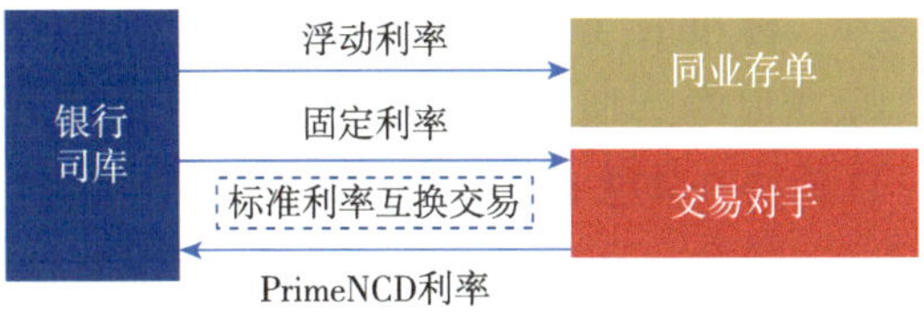

图11－9　商业银行开展标准利率互换交易

例如，银行A未来拟发行X亿元的3个月期同业存单，起息日为2024年3月21日。同时，银行A以y的收益率价格买入3个月期标准利率互换合约PrimeNCD3M_2403（即支付固定年化利率y，收取浮动年化利率PrimeNCD3M）并持有至合约到期，名义本金X亿元。2024年3月20日，PrimeNCD3M_2403合约到期交割，结算利率为最后交易日PrimeNCD3M的数值（年化利率），对应计息期为2024年3月21日至2024年6月21日。通过标准利率互换交易，银行A累计获得（PrimeNCD3M－y）的年化盈亏，将同业存单发行成本由浮动利率转化为固定成本y（见图11－10）。

3. 运行特点

标准化利率衍生品，通过挂钩流动性最好的政策性金融债和同业存单，采用匿名交易、实时承接机制，具有产品要素标准化，交易清算一体化，应用场景多样化等优势。在实践中，金融机构可使用标准化利率衍生品应用于多种风险管理和投资策略，包括作为套保工具，对冲现货资产的利率风险；或作为交易工具开展方向性投资，节约资金成本；开展曲线套利、跨期套利、跨品种套利等多样化套利策略，获取超额收益。

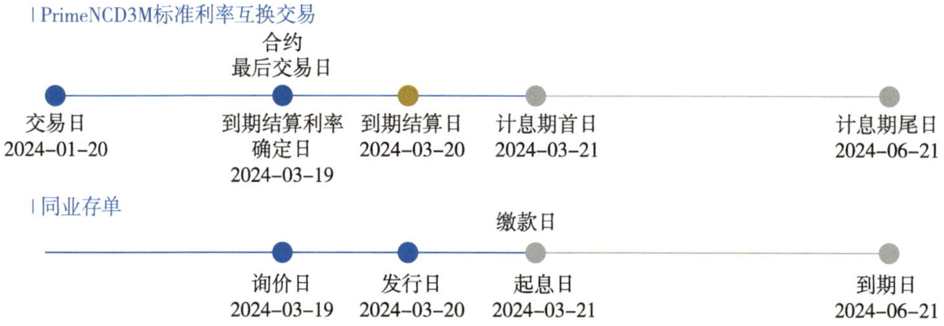

图 11 – 10　商业银行开展标准利率互换交易细节

（1）业务规模稳步提升

自业务推出以来，标准债券远期中央对手清算规模稳步增长（见图 11 – 11）。2024 年，标准债券远期累计交易 8050 笔，名义本金 10665.9 亿元，同比增长 245.4%；日均持仓 472.6 手（47.26 亿元），同比增长 143%。其中，现金交割合约为主要交割品种，占全市场交易的 99%；国开债和农发债标的合约分别占 49.8% 和 50.2%，成交分布较为均衡；5 年期和 10 年期合约合计成交占比为 95.5%，中长期合约交易较为活跃。整体来看，市场运行平稳，交易持仓稳步提升，市场机构使用标准债券远期常态化管理风险敞口的需求进一步显现，业务呈现稳中有进、积极向好的发展趋势。

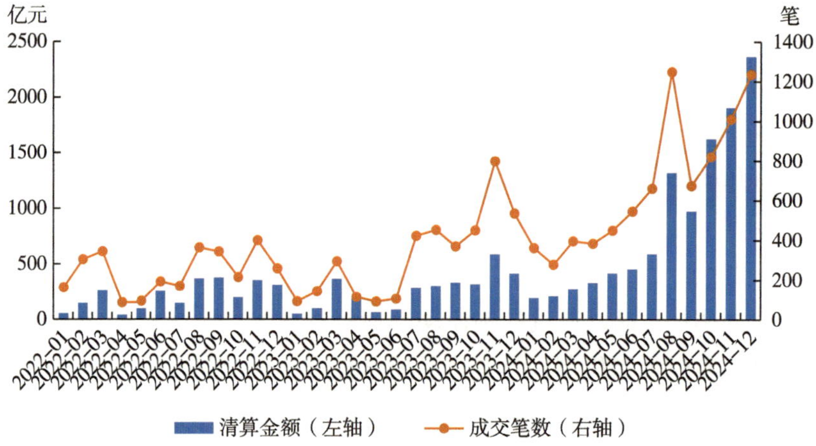

图 11 – 11　2022—2024 年标准债券远期中央对手清算业务量

在标准利率互换方面，自业务上线以来，标准利率互换中央对手清算规模快速增长，2024年，累计达成交易清算6616笔，名义本金30648.6亿元，月度清算量从上线初期的5.8亿元增长至千亿元级别，成交合约覆盖近远月合约（见图11－12）。随着市场培育逐步深化，标准利率互换业务有望继续保持快速发展的势头。

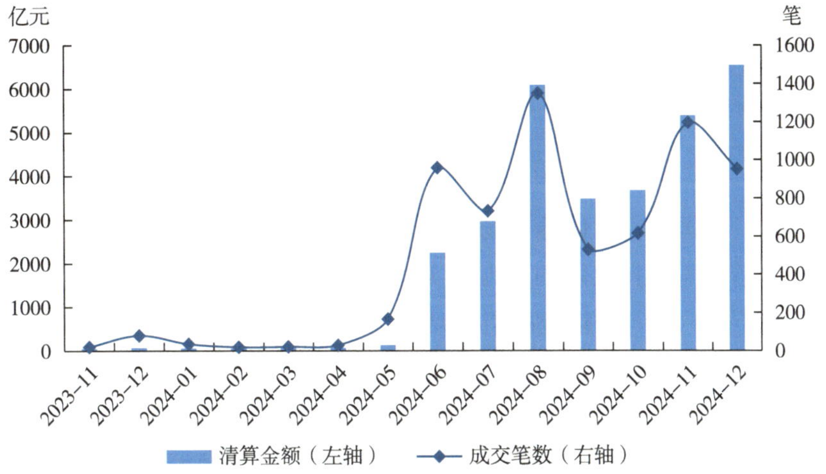

图11－12　标准利率互换中央对手清算业务量

（2）参与者持续扩容、类型不断丰富

目前，标准化利率衍生品中央对手清算业务参与者已覆盖大型商业银行、股份制商业银行、城市商业银行、农村商业银行、外资银行、证券公司、境外机构和非法人产品等多类型市场机构主体。截至2024年末，标准债券远期业务参与者共98家，标准利率互换参与者共45家，市场参与主体呈现多元化发展态势。

（3）境外投资者入市路径有序拓展

上海清算所顺应金融市场对外开放的时代潮流，积极研究境外机构参与标准化利率衍生品业务的有效路径。2023年10月，在银行间债券市场直投模式（CIBM Direct）下，新增首批境外非法人产品入市开展标准债券远期交易清算。2024年11月，引入首家境外投资者开展标准利率互换业务，拓展首家境外法人机构入市并参与标准债券远期业务。境外投资者类型持续多样化，市场差异化交易需求进一步激发。

四、利率衍生品中央对手清算的“中国创新”

我国利率衍生品中央对手清算业务已经形成以利率互换为核心，辅以标准债券远期、标准利率互换等标准化衍生品持续创新的发展格局，践行“中国创新”精神，推出全球首个衍生品市场中央对手方互联互通机制，标准债券远期实物交割机制、合约压缩服务等创新实践，并发展成为全球最大的人民币利率互换中央对手清算平台。

（一）国际金融衍生品市场中央对手方互联互通的重要模式创新

近年来，我国银行间债券市场对外开放程度不断加深，境外参与者对人民币利率风险管理需求持续增加。为落实我国关于稳步推进金融市场对外开放的战略部署，促进内地与香港金融衍生品市场共同发展，2022 年 7 月 4 日，中国人民银行、香港证监会、香港金融管理局发布联合公告，宣布开展内地与香港“互换通”。“互换通”是场外衍生品中央对手清算国际联通模式的重要创新，有助于境内银行间人民币利率市场与国际规则兼容，为金融衍生品市场互联互通提供安全高效的解决方案，形成国际利率衍生品中央对手清算联通合作的“中国创新”。

在“互换通”下，上海清算所与香港场外结算公司两家中央对手方之间实现跨境互联互通，能够为跨境交易提供合约替代、多边净额结算、担保交收等机制安排，建立跨市场的风险防火墙，并通过多防线违约处置机制有效管理系统性风险。境外投资者无须改变现有交易习惯和清结算安排，即可参与在岸人民币利率互换业务，进一步完善了人民币资产生态圈，吸引国际投资者不断增加对境内人民币债券的配置，实现人民币资产的跨市场交易和全球化资源配置。

（二）中央对手清算机制创新发展的前沿阵地

上海清算所的利率衍生品中央对手清算业务作为发展较为成熟的业务，是中央对手清算机制探索创新实践的前沿阵地，包括创新推出标准债券远期实物交割机制、合约压缩服务等。

在标准债券远期实物交割机制中，上海清算所充分发挥中央对手清算和债券登记托管“双支柱”业务联动优势，既作为中央对手方为标准债券远期实物交割合约提供中央对手清算服务，又作为登记托管机构提供合约到期实物交割服务。标准债券远期实物交割机制的推出，对债券现券和远期市场的发展具有积极作用：一是有利于提高标准债券远期交易活跃度和现券流动性，增强远期交易的价格发现能力；二是有利于完善现货和远期市场价格收敛机制，促使远期市场充分发挥价格“晴雨表”的作用；三是有利于提升参与者套保套利效率，助力搭建多样化的交易策略。

基于市场需求，上海清算所在人民币利率互换中央对手清算业务中推出合约压缩服务。在合约压缩服务中，上海清算所作为中央对手方，在符合风险控制要求和参与者自愿的条件下，对参与者已纳入中央对手方清算的存续期合约进行匹配计算、提前终止，减少参与者的存续期合约数量及名义本金。为更好地满足市场需求，合约压缩还进一步分为单一、双边和若干机构合约压缩。其中，单一机构合约压缩，是指单一机构提出合约压缩申请，并由中央对手方对其提交的合约进行合约压缩处理的过程。双边和若干机构压缩，是指多家机构提出合约压缩申请，并由中央对手方将这些机构提出的合约在同一批次进行合约压缩处理的过程。合约压缩服务的推出，可有效解决市场机构的多项痛点，包括减少存续期合约数量及名义本金，帮助市场参与者降低衍生产品所占用的风险资本，减轻市场机构后台合约管理的操作压力及运营风险，释放占用的授信额度，从而进一步推动衍生品市场蓬勃发展。

（三）全球最大人民币利率互换中央对手清算平台

国际上，伦敦清算所为 27 种货币计价的利率互换提供中央对手清算服务，在美元、欧元、英镑等 24 种货币计价的利率互换中央对手清算市场中，伦敦清算所市场份额高达 95%，在一定程度上已经形成伦敦清算所对全球利率互换的垄断局面。目前，全球仅人民币、日元计价的利率互换中央对手清算由本土中央对手方占主导地位，即上海清算所、日本证券清算公司分别占人民币、日元计价的利率互换中央对手清算全球市场的 60%、52%。上海清算所已经成为全球最大的人民币利率互换中央对手清算平台。

经过十余年的发展，我国银行间人民币利率衍生品市场已将国际场外衍生品市场电子交易、标准化发展、集中清算等趋势与银行间市场前后台线上化连接架构相结合，实现了交易清算一体化，初步形成以利率互换为核心，辅以标准债券远期、标准利率互换等标准化衍生品持续创新的发展格局。2024 年，上海清算所人民币利率互换中央对手清算规模超 30 万亿元，已成为全球提供人民币利率互换中央对手清算服务的最主要中央对手方，全球约六成的人民币利率互换中央对手清算由上海清算所提供，助力我国牢牢把握住场外人民币利率衍生品的清算权和话语权，为我国有效应对全球性的金融风险和挑战，筑牢了自主可控、安全高效的金融基础设施保障。

第十二章　优势联动的场外债券中央对手清算

《中共中央关于进一步全面深化改革、推进中国式现代化的决定》指出，加快多层次债券市场发展。在人民银行指导下，上海清算所积极服务债券市场高质量发展，在银行间债券市场构建了产品类型丰富、创新服务完善、安全高效发展的银行间债券中央对手清算服务体系，通过制度健全、透明高效的债券分层清算体系，更好满足各类投资者资产配置、流动性管理和风险管理需求，提高债券市场运行效率、防范化解金融风险，充分发挥债券市场对支持宏观调控和优化资源配置的重要作用，全力服务我国经济高质量发展。

一、债券中央对手清算的重要意义

债券市场是我国金融市场的重要组成部分，近年来，随着我国债券市场的深化发展，客观上要求提供更加高效安全的中央对手清算服务，支持债券市场在宏观调控、资金配置、价格形成和风险管理中更好发挥不可替代的作用。在此背景下，上海清算所于2011年起为银行间市场提供债券中央对手清算服务，并持续优化清算机制，全力为银行间债券市场安全稳妥高效运行保驾护航。

（一）保障我国债券市场安全的重要抓手

2008年国际金融危机后，各国在控制金融交易风险方面达成了共识，即降低交易对手风险和进行有效监管是保证金融市场安全和有序发展的关键。其中，建立和推广中央对手清算机制能够为此提供有效的制度保障。中央对手清算机制已成为各国防范金融市场系统性风险的重要手段，发展中央对手清算也是我国积极应对国际金融危机影响，解决场外债券市场问题的关键所在。①

同时，提高金融体系运行效率、防范化解金融风险，是我国金融改革发展的永恒主题。在银行间市场最基础、业务规模最大、影响范围最广的债券市场推出中央对手清算服务，是上海清算所积极应对国际金融危机影响、服务深化金融市场改革的重大举措，不仅能提高债券市场清算效率、降低清算成本、为金融产品创新提供必要的技术支持，而且可以切实提高银行间债券市场的安全性、更全面地把握市场参与者的风险敞口等信息、更好防范系统性金融风险、维护金融体系稳定和效率。

（二）服务我国银行间债券市场高质量发展的重要举措

在2008年国际金融危机中，美国存管信托与清算公司成功处置雷曼公司违约风险的案例表明，通过中央对手清算与登记托管职能的高效联动，是进一步提升债券市场发展质效的重要经验。一方面，中央对手清算不仅可为市场参与者提供较传统全额清算更加高效、安全的清算模式，还能对债券登记托管业务有效赋能，促进登记托管产品供给的持续丰富和创新机制的不断发展。另一方面，登记托管职能也对债券中央对手清算进行了很好的反哺，尤其是中央对手清算开展违约处置时，托管机构能够为风险处置及时提供相关抵押品，保障中央对手清算违约处置的高效开展，推动形成金融基础设施功能“1+1>2”的效果，增强清算和托管联动效能，形成银行间债券与衍生品市场的高效协同发展。

上海清算所作为兼具中央对手清算和登记托管双重职能的金融基础设施，一方面，上海清算所中央对手清算通过合约替代和担保交收等机制可以增强债券交易的安全保障，提升债券流通效率和市场接受度，为债券托管业务赋予新内涵、添加新动能。另一方面，上海清算所通过为非金融企业债务融资工具、货币市场工具、金融债券等多种债券产品提供全生命周期的发行登记托管结算服务，可以向市场机构提供专业的第三方担保品服务，日常的风险监测和逐日盯市工作也更为简便快捷，进一步保障了债券市场安全稳健发展。

---

① 李智军，郭磊，王晗．场外债券市场中央对手方清算业务拓展研究［J］．金融理论与实践，2015（4）：60-61.

（三）对接国际金融市场支持高水平对外开放的重要渠道

在欧美等国际金融市场，债券中央对手清算业务已发展多年，大力发展债券中央对手清算业务是市场的主流选择。近年来，随着美国债券市场风险事件的频发，其监管已将中央对手清算作为解决问题的重要手段和未来发展的主要方向。

上海清算所债券中央对手清算业务是我国在落实 G20 国际承诺、建设场外交易中央对手清算机制的大背景下推出的首个成果，对提升我国债券市场全球竞争力和国际化水平以及提升上海金融市场的服务能力均有十分重要的示范意义。

二、债券中央对手清算的发展背景

我国债券市场最初起源于场外柜台市场，随着市场交易流通需求的不断扩展，并为满足市场规范发展的需要，逐渐发展到交易所市场和银行间市场。当前，在人民银行大力推动下，已形成了以银行间市场为主的债券市场发展格局。随着银行间债券市场的蓬勃发展，产品条线不断丰富，创新品种推陈出新，先后推出了现券、双边回购、双边借贷以及三方回购、集中债券借贷等更高能级的创新品种，为满足市场灵活的投融资需求、统筹不同市场流动性分布、提升市场稳定性、助力货币政策操作与传导等创造了良好的金融环境。

（一）机制建立

上海清算所债券中央对手清算业务伴随着银行间债券市场的发展而兴起。2011 年 12 月 19 日，上海清算所首次推出现券中央对手清算业务，这是我国银行间债券市场第一项中央对手清算业务，标志着银行间债券市场中央对手清算机制的正式建立，具有里程碑意义。现券中央对手清算业务是上海清算所实施的首个中央对手清算业务品种，是在面对银行间债券市场快速发展、市场规模迅猛增长、清结算安全日益重要的背景下，落地的重要举措，可有效提升市场清算效率、防范清算风险。

2015 年 3 月 30 日，上海清算所推出债券中央对手清算业务，将现券中央对手清算业务进一步拓展，将现券、质押式回购、买断式回购统一轧差处理，并推出代理分层清算机制，实现了业务品种和参与者范围的双扩容，全面提升了风险管理能力和市场服务能力。

债券中央对手清算机制在促进债券市场分层和效率提升方面有着深远的意义。一方面，有效降低市场成本，由于债券中央对手清算统一轧差债券交易，可以提高资金和债券使用效率。另一方面，大幅提升银行间市场流动性，债券中央对手清算机制有效解决银行间市场交易对手授信，尤其是中小机构交易对手范围有限等问题，可以提升市场活跃度，特别是在商业银行信用债回购交易方面，实现了新的突破。同时，回购交易中央对手清算业务在提升市场效率、降低成本等方面具有显著优势，还具有传导货币政策、便利融资等重要功能。

（二）功能扩展

2023 年 12 月 12 日，上海清算所进一步推出了中央债券借贷业务，该业务是采用中央对手清算机制的集中债券借贷业务，进一步提升债券融券效率以及结算成功率。中央债券借贷业务精准服务银行间市场结算环节普遍存在的自动化融券需求，可显著提高债券交易结算成功率，防范化解结算风险。该业务首次引入可借债券池和集中清算担保交收机制，是债券借贷领域的重大创新，也是清结算配套机制创新发展的重要成果。

2024 年 4 月 10 日，上海清算所推出了通用回购交易清算业务，该业务是采用中央对手清算机制的三方回购交易业务，实现更高效的交易达成方式、更紧密的交易平台和登记托管机构合作、更专业的担保品管理，更好满足市场机构对债券市场高质量发展的需求。近年来，我国银行间债券市场回购交易参与主体日益多元化，风险与成本效率意识不断提升，对于回购交易担保品精细化管理的需求十分迫切，与此同时，回购市场的风险防控也有待强化。在银行间债券市场推出通用回购交易清算业务，有利于市场参与者更加便利地开展回购业务，降低结算失败等风险，也有利于保证回购交易存续期间风险敞口得到有效覆盖，提升风险防控能力。作为国际成熟市场常见的一种回购业务模式，通用回购交易清算业务不仅服务于银行间债券市场平稳健康发展，更有助于强化货币市场风险防控，助力打赢防范化解重大风险的攻坚战（见图 12－1）。

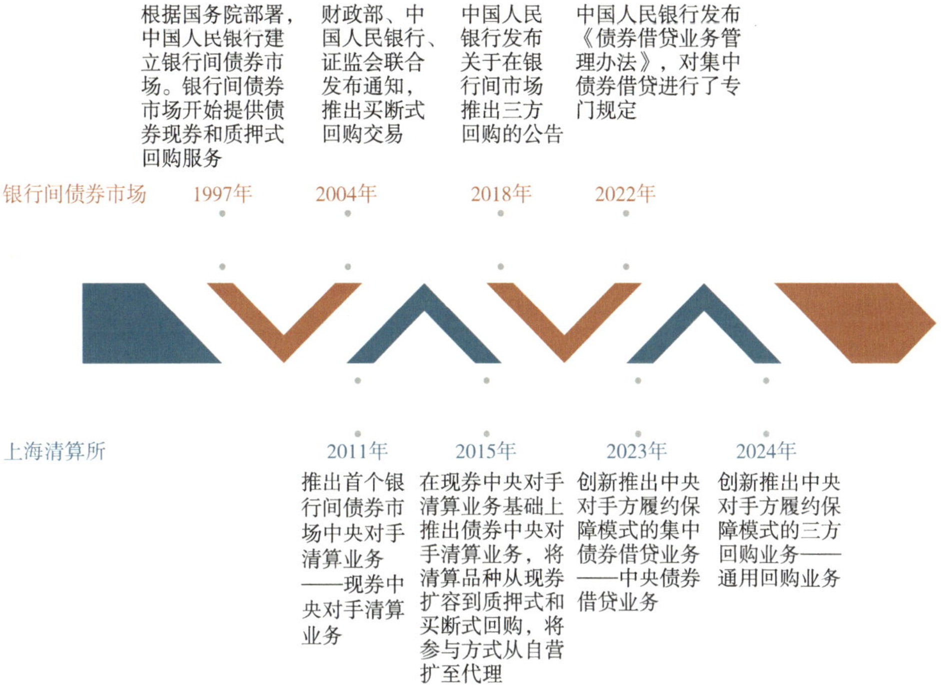

图 12－1　银行间债券市场与上海清算所债券中央对手清算业务发展历程

三、债券中央对手清算业务实务

（一）现券中央对手清算

1. 业务模式

（1）参与主体

上海清算所提供的现券中央对手清算业务是债券中央对手清算业务下设的现券品种，参与主体均为银行间市场合格机构投资者。已入市的合格机构投资者既可在申请成为上海清算所债券业务清算会员后，通过自营的方式参与业务；也可通过综合清算会员以被代理的方式参与。目前，现券中央对手清算业务的参与机构主要为大型商业银行、股份制商业银行、城市商业银行及农村商业银行和证券公司等。

（2）产品要素

为贴合市场参与者的交易习惯，现券中央对手清算的产品要素种类与现券全额清算保持一致，同时为满足上海清算所中央对手清算、担保交收的需要，在具体要求上较全额清算有一定区别，主要是交易时间、清算结算流程等，比如当日结算的交易截止时间早于全额清算，采用一次性的、净额的清算结算而非全额逐笔的清算结算（见表 12－1）。

表 12－1　　现券中央对手清算产品要素

产品要素	具体要求
交易日期	交易达成当日，为工作日
结算日期	可为交易日期，也可为交易日期的下一个工作日
交易对手	需开通现券中央对手清算资质
债券代码	需符合上海清算所债券中央对手清算业务的合格标的券要求，每笔交易仅能有一只标的债券
债券面额	单位：万元
结算金额	单位：元 结算金额和标的债券价值需满足价格偏离度要求
交易接收时间	当日结算的交易：9:00～15:30 下一工作日结算的交易：9:00～20:00
日终清算时间	15:30～15:45
结算时间	结算采用参与机构先付后收的模式： 付款付券时间：15:45～16:15 付款付券截止时点及结算违约判定时点：16:15 收款收券时间：16:15～16:20

（3）业务流程

业务参与者均需从同业拆借中心发起交易，并在发起时手动选择净额的清算方式。上海清算所日间实时接收同业拆借中心传送的交易数据，并对交易进行清算检查、合约替代和实时轧差。净额清算截止时点后，上海清算所对当日结算的所有交易计算最终轧差结果，并据此进行结算处理。业务参与者根据上海清算所计算的最终轧差结果向上海清算所支付或收取资金或债券，仅需按净头寸进行一次性结算，无须逐笔结算。在结算过程中，若业务参与者违约，上海清算所将履行对未违约方的担保交收职责和对违约方的违约处置（见图 12－2）。

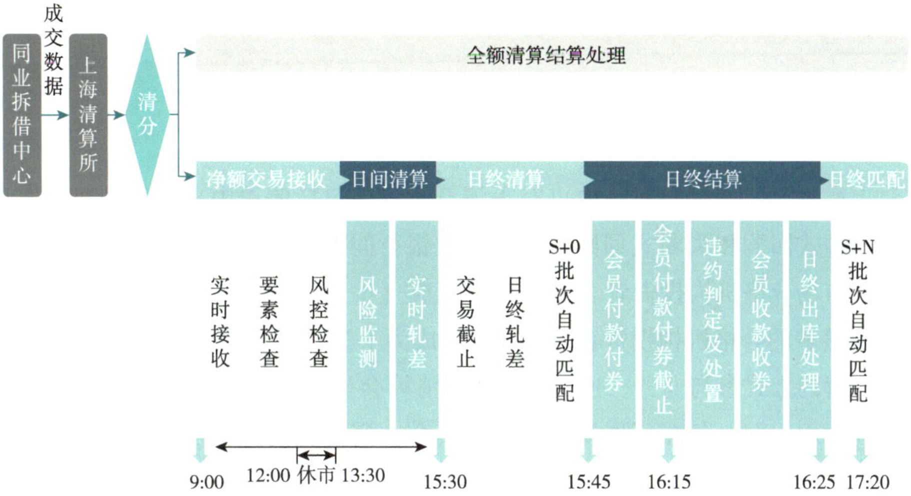

图 12－2　现券中央对手清算业务流程

2. 应用场景及案例

现券中央对手清算业务可显著节约交易频繁机构的日间流动性压力，降低业务开展的风险和成本。例如，做市商 A 根据市场需要，对债券 X 进行做市，于 T 日发生 5 笔交易，3 笔买入，2 笔卖出。具体交易情况如下：

①买入债券 X，面额 10 亿元，金额 10 亿元。

②买入债券 X，面额 8 亿元，金额 7.9 亿元。

③买入债券 X，面额 12 亿元，金额 11.8 亿元。

④卖出债券 X，面额 15 亿元，金额 15.1 亿元。

⑤卖出债券 X，面额 15 亿元，金额 15.2 亿元。

在全额清算情形下，做市商需对所有交易进行全额逐笔的清结算，做市商 A 如先买入，再卖出，则日间最多需要准备资金 29.7 亿元（交易①、②和③，10 亿元 +7.9 亿元 +11.8 亿元）全额资金；做市商 A 如先卖出，再买入，则日间最多需准备 X 债券面额 30 亿元（交易④和⑤，15 亿元 +15 亿元），在流动性相对紧张的情况下，易对机构造成较大的压力和成本。

采用中央对手清算情况下，做市商 A 仅需对所有交易进行净额、一次性的清结算，由于全天买入和卖出的债券 X 规模相等，全天资金收入略高于支出，因此做市商 A 全天无须准备任何的债券或资金，且可直接在结算时点收到资金 0.6 亿元（－10 亿元－7.9 亿元－11.8 亿元＋15.1 亿元＋15.2 亿元），展业成本及风险显著降低。

（二）回购中央对手清算

1. 业务模式

（1）参与主体

上海清算所提供的回购中央对手清算业务，包括债券中央对手清算业务下设的质押式回购和买断式回购品种，以及银行间通用回购业务，参与主体均为银行间市场合格机构投资者。已入市并完成《中国银行间市场债券回购交易主协议》签署的合格机构投资者，可在申请成为上海清算所债券业务清算会员后，通过自营的方式参与业务；也可通过综合清算会员以被代理的方式参与。其中，银行间通用回购业务在开展初期，先以符合上海清算所债券业务清算会员要求的公开市场业务一级交易商、银行间现券做市商为试点，未来稳妥有序扩容。目前，回购中央对手清算业务的参与机构主要为大型商业银行、股份制商业银行、城市商业银行及农村商业银行和证券公司。

（2）产品要素

回购是银行间债券市场最主要的交易品种，在维护金融市场稳定、实现货币政策目标等方面发挥着重要的作用。上海清算所于2015年起，就在回购这个重要交易品种上推出了中央对手清算服务。2024年，上海清算所落实人民银行三方回购公告［中国人民银行公告（〔2018〕第18号）］，对回购中央对手清算业务进一步升级，创新推出了银行间通用回购业务，满足回购市场多层次需求，以更加安全高效的清算机制赋能债券市场更好更快发展。

为贴合市场参与者的交易习惯，质押式回购、买断式回购中央对手清算的产品要素种类分别与质押式回购、买断式回购全额清算保持一致。同时，为满足上海清算所中央对手清算、担保交收的需要，在具体要求上较全额清算有一定区别，主要包括交易时间、标的券和担保券范围和折扣率、清算结算流程等，比如质押式回购担保债券和买断式回购标的债券的范围由中央对手方确定，质押式回购的担保债券价值需要覆盖到期结算金额（见表12－2）。

在通用回购方面，产品要素进一步简化，提升机构开展交易的便利度。一方面，上海清算所在开展交易前，事先将正回购方放入担保券库的债券统一折算成可融资额度，参与者在达成通用回购交易时，不再需要考虑债券相关要素；另一方面，交易于同业拆借中心达成时，上海清算所实时承接，交易对手直接显示为上海清算所，参与者无须自行寻找交易对手（见表12－3）。

表 12－2　质押式回购、买断式回购中央对手清算产品要素

产品要素	具体要求
交易日期	交易达成当日，为工作日
结算日期	首期：可为交易日期，也可为交易日期的下一个工作日 到期：晚于首期的工作日，回购期限为 1 天至 1 年
交易对手	需开通质押式回购、买断式回购中央对手清算资质
债券代码	质押式回购：需符合上海清算所债券中央对手清算业务的合格担保券要求，每笔交易可有一只或多只担保债券 买断式回购：需符合上海清算所债券中央对手清算业务的合格标的券要求，每笔交易可有一只或多只标的债券
债券面额	单位：万元
结算金额	单位：元，包含首期和到期 质押式回购：担保债券价值需覆盖到期结算金额 买断式回购：结算金额和标的债券价值需满足价格偏离度要求
交易接收时间	当日结算的交易：9:00～15:30 下一工作日结算的交易：9:00～16:30
日终清算时间	15:30～15:45
结算时间	结算采用参与机构先付后收的模式： 付款付券时间：15:45～16:15 付款付券截止时点及结算违约判定时点：16:15 收款收券时间：16:15～16:20

表 12－3　银行间通用回购产品要素

产品要素	具体要求
交易日期	交易达成当日，为工作日
结算日期	首期：交易日期 到期：晚于首期的工作日，回购期限为 1 天至 1 年
交易对手	无须填写，直接显示上海清算所
结算金额	单位：元，包含首期和到期 正回购方到期结算金额≤正回购方可融资额度 逆回购方首期结算金额≤逆回购方可融出额度
债券代码	通用回购交易不涉及债券要素
债券面额	
交易接收时间	9:00～15:30
日终清算时间	15:30～15:45
结算时间	结算采用参与机构先付后收的模式： 付款时间：15:45～16:15 付款截止时点及结算违约判定时点：16:15 收款时间：16:15～16:20

（3）业务流程

债券中央对手清算业务下设的质押式回购和买断式回购品种的业务流程与现券相似。具体而言，回购中央对手清算业务参与者均需从同业拆借中心发起交易，并手动选择净额的清算方式。上海清算所作为债券登记结算机构和中央对手清算机构做好交易数据接收、清算检查、合约替代、清算轧差、结算处理、合资格债券管理、违约判定和处置等工作。在清算环节，债券中央对手清算业务的各个交易品种的资金和债券将一并轧差，并根据这一结果进行结算。

在通用回购业务方面，参与者开展业务前，需先从上海清算所获得交易额度，正回购方需将符合上海清算所要求的债券提交担保券库，由上海清算所根据入库债券的价值计算出可融资额度；逆回购方需向上海清算所申报限额并缴纳保证金，由上海清算所根据限额计算可融出额度。当正回购方或逆回购方有融资或出资需求时，可在额度范围内通过同业拆借中心发起交易，需自行确定回购金额、利率和期限等要素，无须确定担保债券相关要素。上海清算所将做好交易数据接收、清算检查、合约替代、清算轧差、结算处理、担保券选取、合资格债券管理、违约判定和处置等工作。

在清算环节，资金方面，为进一步提升轧差效率，上海清算所将对通用回购交易和债券中央对手清算交易的资金进行合并轧差，计算业务参与者的资金净头寸；债券方面，由于正回购方已提前将通用回购担保债券提交入担保券库，交易发生后无须再提交债券，上海清算所因此不对通用回购业务进行债券的清算轧差，仅对债券中央对手清算交易的债券进行清算轧差。

在结算环节，上海清算所将根据清算轧差结果进行结算交割。需要注意的是，由于通用回购业务不涉及债券过户，但为确保担保券库中债券和交易的一一对应关系，上海清算所将对担保券库中的债券和交易进行匹配。特别地，在匹配环节，上海清算所充分考虑市场诉求，专门增加了日终场次匹配环节，满足机构担保品监管报送要求。通用回购业务流程参见图 12－3。

2. 应用场景及案例

（1）回购到期滚动续作

回购中央对手清算业务可大幅节约融入方的流动性压力，并可节约作为资金融出方的商业银行的风险资本。例如，商业银行 A 与证券公司 B 进行质押式回购到期滚动续作，商业银行 A 为资金融出方，证券公司 B 为资金融入方，使用的担保债券均为某公司发行的中期票据 Y，T 日为季末。具体交易情况如下：

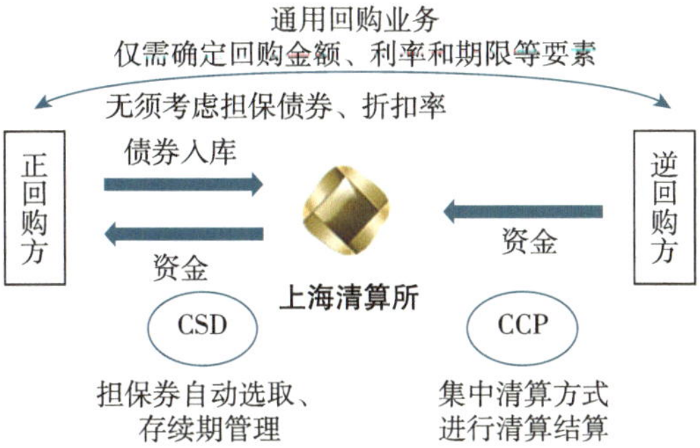

图 12－3　通用回购业务流程

①第一笔回购，T 日为到期结算日，到期结算金额为 10.2 亿元，担保债券为中期票据 Y，面额 11 亿元。

②第二笔回购，T 日为首期结算日，首期结算金额为 10 亿元，到期结算金额为 10.3 亿元，担保债券为中期票据 Y，面额 11 亿元。

在全额清算情形下，证券公司 B 需先全额归还第一笔交易的到期结算资金 10.2 亿元，才能将质押的担保债券 Y 解押出来，并进行第二笔回购，融入 10 亿元，对于证券公司这种轻资产的机构来说，实现回购滚动续作的成本较高；同时，由于质押的担保债券为某公司发行的中期票据 Y，根据《商业银行资本管理办法》，这类债券不能进行风险资本缓释，商业银行在跨季时需按照回购到期结算金额 10.3 亿元的 100% 计提风险资本，给商业银行也带来了较大的成本压力。

在采用中央对手清算情况下，证券公司 B 第一笔交易的到期结算金额和第二笔交易的首期结算金额可以轧差抵销，仅需在结算时点支付 0.2 亿元（第一笔回购到期结算支付 10.2 亿元－第二笔回购首期收到 10 亿元）资金即可实现回购滚动续作，成本大幅降低；同样根据《商业银行资本管理办法》，当商业银行进行资金融出、由合格中央对手方进行清算结算和担保交收时，跨季时仅需按照回购到期结算金额的 2% 进行风险资本计提优惠，大幅降低了商业银行回购交易的资本占用。

（2）简化回购交易流程

在回购中央对手清算业务中，如开展通用回购，在前文所述的节约交易双方成本的基础上，还可进一步简化交易达成流程。例如，商业银行 A 需于 T 日融出资金 100 亿元，证券公司 B、C、D 需融入资金 30 亿元、50 亿元和 20

亿元。

在全额清算情形下，商业银行 A 需自行找到证券公司 B、C、D，逐一了解融资需求，协商回购利率、担保债券信息和折扣率。与此同时，商业银行还要按照自身的风险偏好选择特定担保品，交易达成难度和复杂度较大。

在通用回购情况下，商业银行 A 只需要在额度范围内通过同业拆借中心挂单，自行确定融资利率，证券公司 B、C、D 将根据自身情况进行点击，迅速达成交易，交易对手显示为“上海清算所”。担保债券范围和折扣率由中央对手方确定，并已提前折算成通用额度。因此，交易双方不仅无须自行寻找交易对手，也不需要协商担保债券和折扣率信息，交易的达成便利度显著提升。

（三）借贷中央对手清算

1. 业务模式

（1）参与主体

上海清算所提供的借贷中央对手清算业务为中央债券借贷业务，参与主体均为银行间市场合格机构投资者，分为借入方和借出方。借入方需遵循上海清算所清算会员管理体系，上海清算所债券业务清算会员以及其他在同业拆借中心本币交易系统开立相关交易账户并符合上海清算所相关资质要求的市场机构可申请成为借入方；所有在同业拆借中心本币交易系统开立交易账户，并在上海清算所开立债券账户的投资人均可申请成为借出方。借入方和借出方需完成《银行间市场债券借贷交易主协议》的签署，并与上海清算所签订《中央债券借贷业务服务协议》。目前，借贷中央对手清算业务的参与机构主要为大型商业银行、股份制商业银行、城市商业银行及农村商业银行和证券公司。

（2）产品要素

近年来，债券借贷需求在银行间债券市场持续提升，特别在《银行间债券市场债券借贷业务管理办法》（中国人民银行公告〔2022〕第 1 号）落地后，债券借贷的参与机构数量和业务规模均显著提升。在此背景下，上海清算所创新推出中央债券借贷业务，精准服务银行间市场结算环节普遍存在的自动化融券需求，提高债券交易结算成功率，防范化解结算风险。

为提升参与者“缺券”时的融券效率，中央债券借贷的产品要素较普通债券借贷进一步简化。上海清算所在开展交易前，事先组织全市场借出方建立可借债券池，借入方发起交易时，将由上海清算所自动寻找借出方，交易对手将直接显示为上海清算所；借贷费用也无须约定，上海清算所将根据市场利率水平自动确定（见表12－4）。

表12－4 中央债券借贷产品要素

产品要素	具体要求
交易日期	交易达成当日，为工作日
结算日期	首期：交易日期 到期：首期的下1个工作日
交易对手	无须填写，直接显示上海清算所
标的债券代码	需符合上海清算所中央债券借贷业务的合格标的券要求，每笔交易仅可有一只标的债券
标的债券面额	单位：万元
担保债券代码	需符合上海清算所中央债券借贷业务的合格担保券要求，每笔交易可有一只或多只担保债券，担保债券价值需覆盖标的债券价值和借贷费用之和
担保债券面额	单位：万元
交易接收时间	支持全额结算指令缺券：9:00～16:50 支持净额结算指令缺券：15:45～16:10
结算时间	首期：交易达成后实时结算，9:00～17:00 到期：债券、资金足额后实时结算，9:00～16:15 结算违约判定时点：16:15

（3）业务流程

业务参与者在开展业务前，需先与上海清算所签署协议，上海清算所根据借出方指定的可借债券建立可借债券池，并进行集中管理。在债券结算日应付债券不足时，借入方可通过同业拆借中心发起借贷指令，并由上海清算所完成标的债券的匹配和借入、担保债券的管理。业务参与者在借贷期间始终保持匿名，由上海清算所作为借入方的借出方和借出方的借入方，业务到期时若借入方违约，上海清算所确保向借出方履约并进行违约处置（见图12－4）。

2. 应用场景及案例

中央债券借贷业务在市场机构缺券时，可快速达成借贷交易，提升融券便利度，进而提升债券结算的安全和效率。例如，市场机构A在T日用面额10亿元的债券Z作为担保债券，进行质押式回购，结算时出现缺券，为确保结算成功，需及时进行融券。

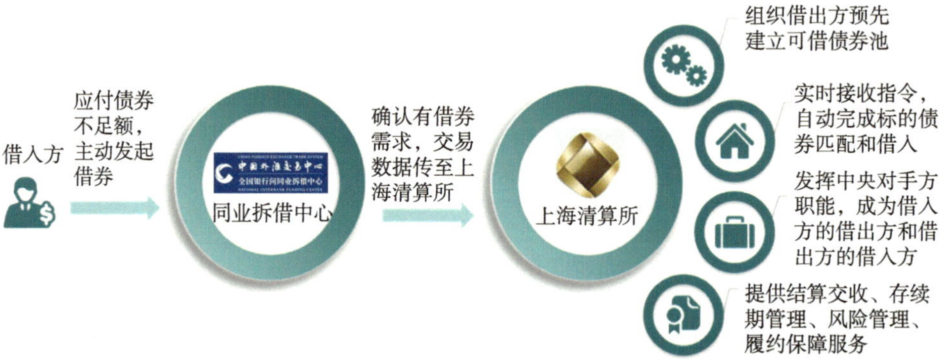

图 12－4　中央债券借贷业务流程

在全额双边借贷情形下，借贷要素相对复杂，难度较大。市场机构 A 需自行寻找愿意出借债券的交易对手，一对一协商担保债券及折扣率、借贷费用。由于借贷交易的时间相对紧张，在短时间内完成上述操作，可能需要接受交易对手的临时加价，借贷失败的概率也较高。对借出方来说，需要与市场机构 A 洽谈细节，同时如市场机构 A 借贷到期未偿还债券，还需要双边协商进行违约处置。

在中央债券借贷情形下，在市场机构 A 发起借贷后，交易对手将由上海清算所自动在可借债券池中进行匹配，不再需要自行寻找，担保债券只需满足合资格债券要求，借贷价格也自动按照前一日 R001－0.5%的水平确定，全流程便捷高效。对借出方来说，只需提前将债券放入可借债券池，无须自行参与交易达成环节，便可自动借出债券获取收益。若借入方到期未偿还债券，将由中央对手方确保对借出方履约并对违约方进行违约处置。

四、债券中央对手清算的“中国方案”

我国债券中央对手清算机制充分吸取国际经验，并根据我国金融市场的不同业务类型和发展阶段，综合考虑市场发展、风险防范、货币政策传导等多方面要求，稳中求进，成功建立并拓展中央对手清算机制应用，持续丰富债券中央对手清算的“中国方案”场景。

（一）首次将中央对手清算引入银行间债券市场，促进债券市场稳健发展

为支持债券市场平稳运行，国际上主要经济体均已在 2008 年国际金融危机

前就在债券市场引入中央对手清算。特别是，美国为应对债券市场流动性冲击事件频发，进一步提升市场流动性，平抑价格波动，已于2023年末发布对国债实施强制中央对手清算的政策。以银行间债券市场为主体的我国债券市场规模已跃居世界前列，前期仅有“实时全额结算”的双边清算模式。银行间债券市场的快速发展，迫切需要完善和创新清算机制，提高清算效率，防范清算风险。在人民银行的指导下，2011年上海清算所推出现券中央对手清算业务，标志着银行间债券市场中央对手清算机制的正式建立，是我国在落实G20国际承诺、推动场外交易中央对手清算上迈出的重要一步，是银行间市场基础设施建设和市场机制创新的重要里程碑。

（二）整合中央对手清算和登记托管职能，实现优势互补、能级提升

上海清算所提供债券中央对手清算和登记托管“双支柱”业务，在充分发挥中央对手清算机制优势的同时，能高效联动登记托管结算职能，便捷证券交割，充分利用高度专业化、自动化的担保品管理系统，大幅提高交易安全性和便利度。对于回购中央对手清算业务，上海清算所作为独立的第三方机构创新设计担保券库并提供担保品管理服务，能够突破市场现状下机构对于债券的选择偏好，有效提高债券市场尤其是信用债的整体流动性。对于中央债券借贷业务，上海清算所建立并集中管理的可借债券池，有效解决银行间现行债券借贷业务模式下，融券方需要广泛咨询、寻找券源的困境，同时也进一步盘活闲置债券流动性，提高交易结算的自动化水平和债券借贷业务效率。

（三）支持畅通货币政策传导链条，提升政策效能

债券回购市场是我国货币市场重要组成部分，直接服务央行货币政策传导。上海清算所提供的回购中央对手清算业务，搭建了合格机构投资者、合格担保品、合格中央对手方三位一体的业务框架，能有效服务核心交易商、做市商等最活跃最主要机构防控风险、提升效率、降低成本，全力打造层次丰富、风险可控、运行高效的债券市场，为货币政策实施提供有力支持。例如，中央对手清算支持债券回购市场从最初的质押式回购、买断式回购，逐步发展到通用回购等创新回购类型，拓宽资金融通渠道，更好地服务货币政策调控。

第十三章　聚能增势的场外大宗商品中央对手清算

习近平总书记指出，“要完善战略储备市场调节机制，增强大宗商品储备和调节能力，更好发挥战略储备的稳定市场功能”。上海清算所充分借鉴国际金融市场成熟经验，主动在场外大宗商品衍生品市场探索引入、广泛拓展中央对手清算机制，现已覆盖航运、黑色、能源、有色、化工、碳排放等广泛领域，并将中央对手清算机制中专业规范的清算和风险管理经验创新应用于大宗商品现货市场，建立大宗商品清算通平台，形成了大宗商品衍生品中央对手清算与大宗商品现货清算双轮驱动完善我国多层次大宗商品业务体系，全力满足实体企业风险管理等需求，努力提升人民币在全球大宗商品市场的定价话语权，服务构建实体经济与金融体系良性互动的高质量发展局面。

一、大宗商品中央对手清算的重要意义

发展场外大宗商品衍生品市场对于完善多层次大宗商品市场体系、服务实体经济高质量发展、助力提升人民币定价话语权等具有重要意义。上海清算所将中央对手清算机制引入场外大宗商品衍生品市场，既是服务人民银行履职、落实人民银行战略部署的必然举措，也是深化银行间市场内涵、拓展上海清算所业务外延的重要实践。

（一）增强期现联动服务实体经济资源高效配置

随着我国经济和金融高质量发展，大宗商品的金融属性日渐增强。现已出现部分大宗商品实体企业利润增长不单纯地依靠生产经营，需更多依靠现货市场与金融市场的协同操作的情况。这使得大宗商品的定价机制由“现货价格决定衍生品价格”逐步向“衍生品价格影响现货价格”转变。国际大宗商品市场

发展普遍经历了从现货市场到场外衍生品市场，再到场内衍生品市场的发展历程，不同层次的市场在满足不同需求的同时紧密协作发挥作用。在我国，场内大宗商品期货市场发展较早且更为成熟，场外大宗商品衍生品市场起步较晚且发展尚不充分。随着我国经济的迅速发展，形成了对大宗商品的巨大市场需求，对于期货无法覆盖的更广阔的场外大宗商品衍生品市场，迫切需要有效、有针对性、多元化的创新产品和风险管理服务。

上海清算所以中央对手清算机制为核心搭建了大宗商品集中清算平台，通过统一、规范的集中清算机制、风险管理体系、合作机构对接标准、系统建设方案、业务管理制度等，形成了完善的大宗商品集中清算业务体系，形成了丰富多元的产品体系，有力支持场外大宗商品衍生品市场的规范发展，与现货市场、场内期货市场互为补充、协同发力，助力完善了我国良性循环的多层次大宗商品市场体系（见图 13－1、图 13－2）。

图 13－1　上海清算所大宗商品集中清算业务体系

（二）强化风险管理护航实体经济稳健发展

与其他金融产品相比，场外大宗商品衍生品市场结构较为复杂，信用风险和市场风险相对较高。潜在信用风险可能存在于：一是市场参与者类型繁杂，涉及实体产业链的生产商、贸易商、加工商、终端商等实体企业以及金融机构

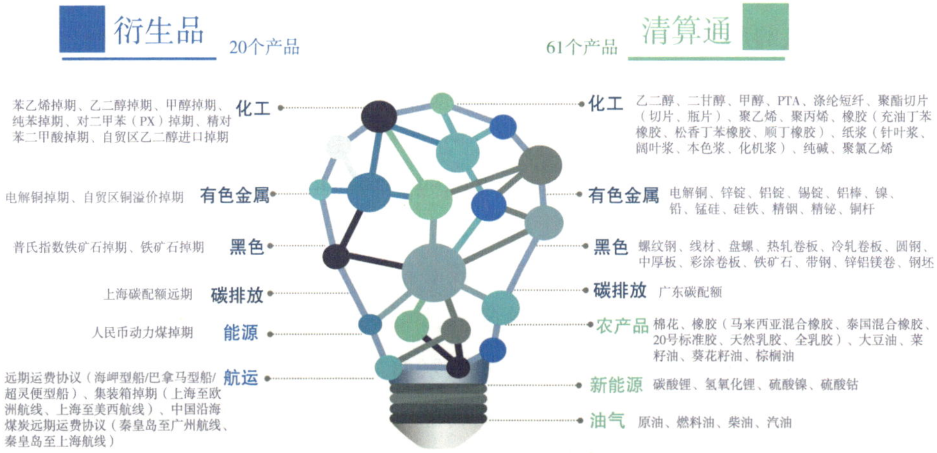

图 13－2　上海清算所场外大宗商品衍生品及清算通产品体系

等；二是市场参与者规模资质不一，特别是贸易商数量多、准入门槛低、风险承担能力弱，易成为风险传播源头。潜在市场风险可能存在于：一是场外大宗商品衍生品价格的影响因素多，传导机制更为复杂，价格受产品基本面、产业链格局、运输成本、进出口政策、地缘政治因素、相关产品价格波动等影响；二是以询价达成交易为主的场外大宗商品衍生品市场流动性相对较低，市场价格更易发生剧烈波动。

在引入中央对手清算机制以前，虽然我国已经形成了相对松散的、非标准化的双边清算的场外大宗商品衍生品市场，但品类少，不能匹配各类大宗商品现货贸易模式，实体企业多样化的、精准化的风险管理需求还没有得到满足。我国实体企业面对每年 30% ~50% 的大宗商品价格波动，使用大宗商品衍生品进行套期保值的需求强烈。在上海清算所推出大宗衍生品中央对手清算业务之前，我国很多未纳入期货市场的大宗商品缺乏有效的风险管理工具，有些大宗商品产品只在境外有美元计价结算的衍生品，有些甚至在全球都没有相关衍生品。

上海清算所将中央对手清算机制引入大宗商品市场后，主动深挖大宗商品衍生品市场的需求潜力，推出多个化工掉期产品均为全球首创，同时在设计大宗商品衍生品产品时不仅引入了季度、年度协议，满足更长期限的风险对冲需求，还采用了以现货价格指数为标的、现金交割的掉期产品设计，能够更精准地服务大宗商品行业长约贸易模式①的套期保值需求。特别是，针对碳排放这一大宗商品领域的新兴产品，上海清算所根据其特性设计了特有的实物交割和现金交割并存的业务模型，并且支持实物交割转现金交割的结算模式。此外，针对大宗商品市场风险的具体特征，上海清算所增加了对风控参数监测的频率，结合行业特点设置个性化保证金收取比例，防范各个商品市场价格波动较大时的风险累积，及时增加风险准备资源应对潜在损失。

（三）促进价格发现争掌全球大宗商品定价权

我国已经是全球无可争议的大宗商品消费中心和生产中心，我国企业已成为国际大宗商品贸易的最主要力量之一。但是，长期以来我国在大宗商品的定价上却没有与生产、消费、贸易相匹配的话语权，经常出现所谓的“国际价格”与我国市场实际情况相背离的情况，使我国大宗商品实体企业蒙受巨额损失。场外大宗商品衍生品所具有的良好的价格发现功能是争取大宗商品定价权的基础，建设完善场外大宗商品衍生品市场，积极主动争取国际大宗商品市场定价的话语权，促进“中国声音”“中国价格”伴随“中国需求”一同壮大已成为普遍共识。

为提升我国在大宗商品领域的定价话语权，上海清算所通过支持我国本土指数力量与自主编制远期价格曲线的方式两个角度联合发力，积极支持建设具有国际影响力的、交易活跃的、风险可控的场外大宗商品衍生品市场。一方面，在我国首次推出了一批采用我国本土指数方发布的人民币大宗商品现货价格指数为标的场外衍生品，拓展了本土指数的应用场景，打破了“中国作为大宗商品的重要消费者，但交易均以国外指数方提供的美元价格指数定价”的局面，切实支持和壮大我国大宗商品现货价格指数市场影响力和国际市场份额。另一方面，上海清算所每日构造并发布 17 条人民币大宗商品中远期价格曲线，更加真实地反映中国市场的供需情况，形成实体企业按照人民币价格开展生产经营及价格管理的基础，有助于减少实体企业对价格信息的搜寻和谈判成本，为其生产经营持续提供符合我国市场实际的价格基准和预测依据，便于提前应对后续价格变化，及时制订套期保值计划，提高交易的有效性和经营决策的准确性。

---

① 长约贸易是大宗商品实体企业现货贸易中常用的贸易模式，在上下游企业贸易中通常占比较大，是指买卖双方在当年年末商谈下一年度的采购、销售需求，商定每个月度的买货/卖货数量、以现货指数计价定价公式（通常为月度均价）、年度升贴水。

（四）创新服务绿色金融等前沿市场发展

上海清算所发挥金融基础设施的优势，积极推动碳市场发展助力我国生态文明建设和绿色低碳转型。碳市场的发展有助于优化环境资源配置，金融基础设施是促进碳市场良性发展的关键，特别是专业中央对手清算机构的支撑更是不可或缺，不仅可以有效优化碳市场的资源配置作用，更能助推构建多层次碳市场体系。上海清算所紧密跟踪碳市场发展，借鉴国际成熟碳市场发展经验，基于清结算、风险管理方面扎实丰富的经验，主动与我国重要碳交易所开展合作，创新推出我国首个中央对手清算的碳金融衍生产品——上海碳配额远期。

上海碳配额远期中央对手清算业务的推出对于服务我国绿色低碳发展具有特殊意义。从落实国际战略角度而言，是积极落实我国关于发展低碳经济、推动节能减排的重要举措，能够逐步影响和形成环境成本定价，助力实现我国的国际减排承诺，引导实体经济开展节能减排、绿色生态等高新技术的研发和应用。就业务创新角度而言，该业务填补了我国绿色金融市场空白，进一步发挥市场机制对环境容量资源的优化配置作用，充分满足实体经济多样化需求，促进上海碳配额现货及衍生品市场共同发展。就服务市场发展角度而言，上海清算所为相关市场提供统一中央对手清算服务，努力推动建立碳排放市场统一的清算机制，从制度上保障市场发展的规范性，同时上海清算所能够为监管部门及时、全面提供相关市场交易和清算基础数据，加强监测、分析，防范系统性风险，保障我国碳排放市场持续、规范、有序发展。

二、大宗商品衍生品中央对手清算业务实务

我国场外大宗商品衍生品市场，泛指除期货交易所的场内市场外，开展大宗商品远期、商品互换/掉期、商品期权等衍生品交易的市场，覆盖航运、有色金属、黑色金属、能源、化工、碳排放等领域。上海清算所基于银行间市场风控和清算的优势与经验，借鉴国际市场成熟的交易、清算模式，着力做大做强场外大宗商品衍生品业务，目前已经形成符合大宗商品市场特点、较为成熟的业务发展模式。

（一）发展历程

整体上，上海清算所于2012年正式提出了构建场外大宗商品衍生品多层次

市场集中清算平台的构想，经历研究探索、快速发展和拓展升级3个阶段，从航运行业起步，业务覆盖行业快速拓展至黑色、能源、有色、化工、碳排放等广泛领域（见表13－1）。

表13－1　　大宗商品衍生品中央对手清算发展历程

阶段	时间	中央对手清算业务发展历程
研究探索阶段	2012年	正式提出构建场外大宗商品衍生品多层次市场集中清算平台的构想
	2013年4月	推出人民币远期运费协议中央对手清算业务，是我国首个场外大宗商品衍生品中央对手清算业务
快速发展阶段	2014年8月	推出人民币铁矿石掉期、人民币动力煤掉期中央对手清算业务，首次采用中国大宗商品价格指数方发布的人民币现货价格指数为标的
	2015年2月	推出以跨境人民币计价、清算、结算的自贸区铜溢价掉期中央对手清算业务
	2015年7月	推出人民币苯乙烯掉期、自贸区乙二醇进口掉期中央对手清算业务，是全球首批液体化工品掉期
	2015年12月	推出人民币集装箱掉期、中国沿海煤炭远期运费协议中央对手清算业务
	2016年7月	推出人民币电解铜掉期中央对手清算业务
	2017年1月	推出上海碳配额远期中央对手清算业务，我国首个场外碳排放衍生品
	2018年	先后推出人民币乙二醇掉期、人民币甲醇掉期、人民币普氏指数铁矿石掉期中央对手清算业务
拓展升级阶段	2020年7月	推出大宗商品衍生品组合保证金业务
	2021年5月	推出人民币纯苯、精对苯二甲酸（PTA）、对二甲苯（PX）掉期中央对手清算业务
	2023年5月	搭建面向经纪公司、投资人、远期报价成员、指数方等主体的线上化、互联网化的服务平台
	2024年5月	大宗商品衍生品组合保证金业务覆盖品种拓展至上海碳配额远期

在业务发展过程中，上海清算所积极响应国家重大战略部署，通过业务创新、机制优化等有力支持了上海国际金融、贸易、航运以及经济中心建设，落实国家低碳发展、长三角一体化发展、设立临港新片区等重大战略的具体实践。在服务上海大力推动自贸区发展的过程中，推出两个自贸区掉期产品，以跨境人民币计价和结算，成为服务自贸区大宗商品贸易的范例。2017年，上海清算所创新推出服务于上海碳市场的上海碳配额远期，进一步完善并规范上海绿色金融市场，有力服务上海确立全国碳市场交易中心重要地位。

截至2024年末，上海清算所场外大宗商品衍生品中央对手清算业务覆盖航运、黑色、有色、能源、化工、碳排放6个行业，包括19个指数掉期以及上海碳配额远期等20个产品（见表13－2），620余家实体企业及金融机构、19个清算会员（商业银行和证券公司）、10家经纪公司及1家合规交易平台参与业务，累计清算金额超5700亿元。

表13－2　大宗商品衍生品中央对手清算业务产品

行业	产品	
航运	人民币远期运费协议（人民币FFA）	海岬型船（STC）
		巴拿马型船（PTC）
		超灵便型船（CTC）
	人民币集装箱掉期（CS）	上海至欧洲（ECS）
		上海至美西（WCS）
	中国沿海煤炭远期运费协议（CFFA）	秦皇岛至广州（GCF）
		秦皇岛至上海（SCF）
黑色金属	人民币普氏指数铁矿石掉期（CPIS）	
	人民币铁矿石掉期（CIS）	
有色金属	人民币电解铜掉期（CUS）	
	自贸区铜溢价掉期（FCP）	
能源	人民币动力煤掉期（CSS）	
化工	人民币乙二醇掉期（CMEG）	
	人民币苯乙烯掉期（CSM）	
	人民币甲醇掉期（CMEOH）	
	人民币纯苯掉期（CBZ）	
	人民币对二甲苯掉期（CPX）	
	人民币精对苯二甲酸掉期（CPTA）	
	自贸区乙二醇进口掉期（FMEG）	
碳排放	上海碳配额远期（SHEAF）	

（二）业务模式

1. 参与主体

场外大宗商品衍生品中央对手清算业务的参与主体，主要包括投资人、经纪公司、合规交易平台、指数方及上海清算所清算会员（见图13－3）。

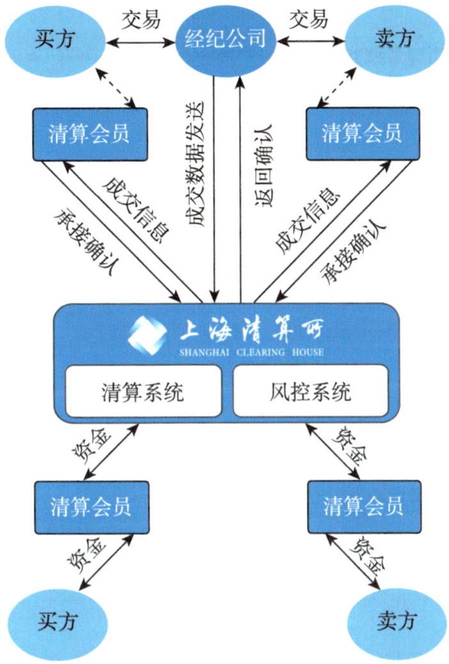

图 13－3 大宗商品衍生品中央对手清算业务流程（以掉期产品为例）

在业务开展中，各方分别发挥不同作用：一是投资人通过经纪公司或合规交易平台达成交易，主要包括实体企业及金融机构（无个人参与者）；二是经纪公司、合规交易平台作为认定的中介服务机构，帮助交易双方达成交易；三是上海清算所提供中央对手清算服务；四是指数方向上海清算所提供相关掉期产品的标的现货价格指数；五是上海清算所与清算会员进行资金清结算，综合清算会员与客户进行资金清结算。

2. 产品要素

上海清算所场外大宗商品衍生品中央对手清算业务，以人民币计价、清算和结算的掉期和远期产品为主，产品要素的具体设计均基于充分的市场调研，以市场需求为导向，同时响应国家重大战略方针（见表 13－3）。

在协议规模方面，大于期货市场又小于线下现货市场，兼顾满足机构投资者交易规模需要和交易灵活性的需要。协议标的指数、最后交易日、最终结算价计算公式的选择均基于不同产品现货贸易特点设计，其中，标的指数是市场中广泛用于定价的指数，最终结算价计价公式与长约贸易结算价计算公式一致，有助于提升实体企业套期保值率。

表 13 -3　　大宗商品衍生品协议要素（以纯苯掉期为例）

产品种类	人民币纯苯掉期
协议简称	CBZ
协议规模	100 吨
报价单位	元人民币/吨
最低价格波幅	0.01 元人民币/吨
协议数量	Y 个
协议期限	当月起连续十二个月度协议
成交数据接收时间	工作日：10:30 至 18:00（北京时间，下同） 最后交易日：10:30 至 17:00
最后交易日	协议最后交易日为当月 25 日，遇节假日则为 25 日前最后一个中国工作日
最终结算日	协议存续期内每月最后交易日的下一个中国工作日
每日结算价格	根据上海清算所发布的远期价格确定
最终结算价格	上月 26 日至当月 25 日 ICIS 发布的纯苯华东出罐价格中间值的算术平均值，精确至小数点后 2 位

同时，上海碳配额远期在产品设计时则考量了碳排放市场的特殊情况，还综合考虑了控排企业履约相关规定和对市场的影响等方面（见表 13 -4）。

表 13 -4　　上海碳配额远期协议要素

产品种类	人民币碳配额远期
协议名称	上海碳配额远期协议
协议简称	SHEAF
协议规模	100 吨
报价单位	元人民币/吨
最低价格波幅	0.01 元人民币/吨
协议数量	Y 个
协议期限	当月起，未来 1 年的 2 月、5 月、8 月、11 月月度协议
成交数据接收时间	工作日：10:30 至 15:00（北京时间，下同） 注：工作日指周一至周五（国家法定节假日除外）
最后交易日	到期月倒数第五个工作日
最终结算日	最后交易日后第一个工作日
每日结算价格	上海清算所发布的远期价格
最终结算价格	最后 5 个交易日日终结算价格的算术平均值，精确至小数点后 2 位
交割方式	实物交割/现金交割
交割品种	可用于到期月协议所在碳配额清缴周期清缴的碳配额

3. 业务流程

除上海碳配额远期通过合规交易平台（上海环境能源交易所）线上询价达成交易外，大部分场外大宗商品衍生品交易通过经纪公司线下一对一询价达成，经纪公司或合规交易平台将成交数据实时发送至上海清算所。上海清算所对成交数据进行要素检查和风控检查，对通过检查的成交数据，实时进行合约替代，担保履约。

场外大宗商品衍生品中央对手清算业务实行分层清算。上海清算所作为中央对手方为清算会员提供风险管理服务，进行资金清结算，综合清算会员为其客户提供风险管理服务，进行资金清结算。上海碳配额远期既支持实物交割，也支持现金差额结算。除上海碳配额远期的所有产品均为现金结算，协议到期后根据最终结算价计算公式和周期内标的指数计算出最终结算价并进行现金差额结算。

（三）应用场景及案例

场外大宗商品衍生品中央对手清算的关键目标，是服务提升实体企业应对风险的能力，保障企业稳健生产经营。实体企业通过选择合适的衍生工具及交易策略进行风险管理，可以有效减少因市场突发事件或现货资产价格波动等不确定性因素对经营造成的负面影响。同时，随着大宗商品金融属性的增强，大宗商品在资产配置体系中的重要性也日益凸显，实体企业充分发挥自身资金以及靠近现货市场的优势，运用大宗商品衍生品优化投资组合和资产配置，在有效对冲风险的同时，改善和实现盈利，支持企业进一步发展。结合业务实践情况，本书简要介绍上下游生产企业实际用于套期保值的模拟场景和案例。

1. 规避价格波动风险

近年来，受新冠疫情及全球宏观环境不确定性影响，化工企业普遍面临较大的价格波动风险，部分企业选择使用掉期等衍生品规避价格波动风险。

某醋酸工厂，对于原材料甲醇的采购完全采用长约贸易模式，遵循行业惯例，采购价格为当月某第三方机构发布的甲醇现货月均价。2024 年 5 月中旬，甲醇现货价格出现上涨趋势。工厂计划在 2024 年第三季度末开始加大醋酸产出，为保证醋酸生产需提高甲醇库存，因而将来需额外采购一部分甲醇，同时又希望甲醇采购价格控制在 2600 元/吨以内。

因此，为避免甲醇价格上涨对利润的影响，工厂在掉期市场进行如下操作：

在测算出未来几个月的采购量后，该工厂于2024年5月15日，买入对应规模的人民币甲醇掉期CMEOH0624协议，成交价格为2560元/吨。同时，工厂在现货市场签订了相应规模的甲醇采购合同，2024年6月24日，到期采购结算价为2700元/吨（第三方指数机构发布的甲醇现货月均价），同时掉期协议到期结算，结算价也为2700元/吨。综合掉期和现货市场操作来看（不考虑手续费等交易成本，下同），该工厂的实际采购价保持在2560元/吨，具体如表13－5所示。

表13－5　　套期保值效果分析

甲醇掉期	5月15日成交价	2560元/吨
	6月24日最终结算价	2700元/吨
	交易盈利	2700－2560＝140元/吨
现货	6月24日结算成本	2700元/吨
	考虑衍生品盈利后的实际采购价	2700－140＝2560元/吨

2. 优化库存管理

企业通常可以通过临时调整采购量在一定程度上规避价格的短期上涨风险，但却不能规避相应库存（包括已采购但未到货的原料）价值下降的风险。而且，一旦下游产品市场价格跌到成本线，下游工厂一般会选择减产，所需的原材料也相应减少，但是长约贸易模式限定了工厂每月最低的采购数量，一旦工厂减产至消耗量低于进货量时，会造成原料库存盈余，长期盈余将造成累库，增加企业存储成本，甚至降低原料品质。为避免这类问题，企业可以在库存盈余时，将多出的部分在现货市场抛售，同时在掉期市场买入掉期合约，相当于建立了虚拟库存，从而降低仓储成本和资金成本。

2023年，某苯乙烯工厂采购原材料纯苯是以长约贸易形式采购，约定规模为2万吨/月。遵循行业惯例，采购价格为当月某第三方机构发布的纯苯现货月均价。从2023年第三季度起，随着国内苯乙烯供大于求，导致苯乙烯价格下跌，企业利润萎缩，该工厂决定减产，导致第四季度末原材料纯苯累库达1万吨。同时，工厂预计未来受春节备货、宏观经济向好等因素刺激，2024年第一季度的需求会有所提振，推动纯苯价格上涨。为降低原材料积压带来的各种成本，盘活库存提高资金流动性，2024年1月5日，工厂决定将1万吨纯苯库存在现货市场以7350元/吨的价格抛售，同时在掉期市场买入对应数量（100手）

的人民币纯苯掉期 CBZ0224 掉期合约，成交价格为 7600 元/吨，建立虚拟库存。2 月上旬，苯乙烯价格如期上涨，工厂计划在 3 月上旬恢复生产至正常水平，于 2 月 25 日以长约贸易模式采购 1 万吨纯苯以弥补原料库存缺口，采购结算价为 8406.39 元/吨（第三方指数机构发布的纯苯现货月均价），同时掉期合约到期结算，该公司的库存优化管理效果如表 13－6 所示。

表 13－6　　库存优化管理效果分析

纯苯掉期	1 月 5 日成交价	7600 元/吨
	2 月 25 日最终结算价	8406.39 元/吨
	交易盈利	8406.39－7600＝806.39 元/吨
纯苯现货	2 月 25 日长约模式采购价	8406.39 元/吨
	计入衍生品盈亏，实际采购价	8406.39－806.39＝7600 元/吨
库存盈余管理	1 月 5 日库存卖价	7350 元/吨
	盘活资金规模	7350×10000＝73500000 元

（四）运行特点

一是产品覆盖行业面较广，类型以现金结算的掉期产品为主。上海清算所场外大宗商品衍生品中央对手清算的相关产品创新跟随国家深化供给侧结构性改革步伐，避免产品设计中存在较强投机性或出现市场价格严重偏离基本面的情况。从产品覆盖的行业看，坚持全面性，广泛覆盖关系国计民生的行业，如有色金属、黑色、能源、化工；同时，积极支持低碳发展，在服务传统重要行业的基础上，积极向碳排放等创新行业拓展，密切跟踪新能源行业的发展趋势。从产品类型看，重点发展以现金结算的掉期产品，一方面，实物交割流程烦琐，增加企业套期保值成本；另一方面，与实物交割期货产品形成差异化，服务实体企业不同的需求。从产品序列看，由于大宗商品行业普遍存在产业链条较长的特点，为了满足实体企业上下游同时进行风险管理或者跨产品资产配置需求，在产品研发过程逐渐探索围绕重点产业链推出新产品，在化工行业已经形成了围绕化纤、芳烃、煤化工产业链的产品序列。

二是参与者均为境内注册的机构，活跃参与者集中在华东地区。上海清算所场外大宗商品衍生品中央对手清算业务以服务实体经济为宗旨，参与者必须是在境内注册的法人机构，不接受个人投资者参与。参与者包括各行业的上下游生产企业和贸易商，以及投资机构、金融机构，其中包括了部分在我国境内注册的外资企业。从机构数量来看，贸易商和投资机构占主流（见图 13 -4），也是参与活跃度最高的主体，其中民营企业是主要参与者，现阶段我国国有企业正在逐渐审慎参与场外大宗商品衍生品市场。从业务规模看，金融机构清算金额占比最大，主要依托其雄厚的资金实力和专业的风险管理能力。从分布区域看，上下游生产企业围绕大宗商品生产、消费中心分布，投资机构和贸易商则主要分布在经济更为发达的长三角地区，由于这类主体数量更多，因此，综合来看参与者中约 70% 分布在华东区域。

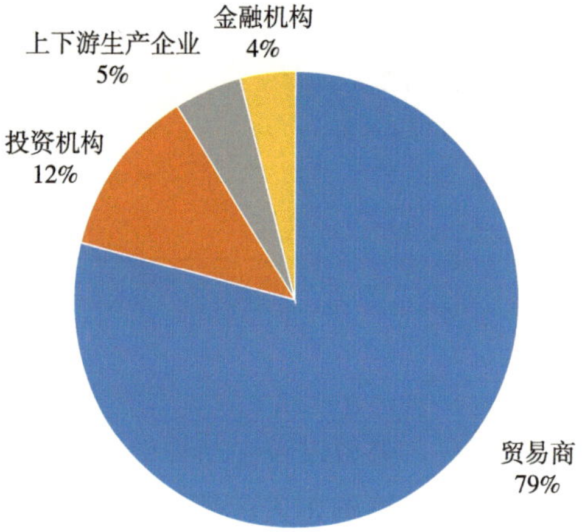

图 13 -4　大宗商品衍生品中央对手清算业务参与者结构

三是近月连续的清算协议最为活跃，发挥套期保值功能。清算协议中最为活跃的通常为近 3 ~4 个月连续月度协议，当月协议较少，不同产品基于不同市场交易习惯可能存在细微差别，如人民币乙二醇掉期业务集中在 M +1、M +2、M +3 协议①，人民币甲醇掉期业务偏向集中在 M +1 和 M +2 协议，这种特点能够更好地满足实体企业套期保值需求，特别是每个月有稳定采购、销售需求的企业，便于其安排套期保值策略来稳定生产经营活动。

四是与国内期现货市场，以及国际市场形成联动，参与主体交易策略多样化。上海清算所的场外大宗商品衍生品与国内大宗商品期货市场、现货市场、国际场外大宗商品衍生品市场之间既有高度相关性又有所差异，相互之间形成

① M 为当月月度协议，M +1 即为下一个月度协议，依此类推；例如，当前为 11 月，M 协议即为 11 月到期的月度协议，M +1 协议即为 12 月到期的月度协议，M +2 即为明年 1 月到期的月度协议。

错位竞争、互相补充发展态势的同时，已经逐步形成跨市场的套利空间，投资人可以通过参与多个市场实现跨市场套利。比如，新加坡交易所快速发展化工品市场后，其化工掉期与上海清算所化工掉期对标品种存在一定重合度，部分投资者同时参与两个市场获取投资收益。

三、大宗商品清算通业务实务

在推进大宗商品衍生品中央对手清算业务发展的过程中，上海清算所深刻认识到我国大宗商品现货贸易中仍然存在痛点、堵点，必须夯实现货市场根基、补齐现货市场短板，才能更高质量地支持场外大宗商品市场的整体发展。为此，上海清算所搭建起服务实体企业大宗商品现货及衍生品资金清算、风险管理、融资和定价需求的境内外连接、期现联动的大宗商品综合服务体系，形成良性循环的产业生态系统，夯实我国多层次大宗商品市场高质量发展基础。

（一）发展历程

聚焦实体企业“急难愁盼”，夯实大宗商品衍生品中央对手清算业务发展的现货市场基础，发挥专业的清结算和风险管理经验向大宗商品现货交易交收服务拓展，2021 年 3 月，上海清算所创新推出了大宗商品现货清算业务（清算通），对接合规现货交易交收服务平台及其合作仓储企业，会同银行为实体企业的大宗商品现货交易提供大额实时、规范高效的资金清结算服务，通过以金融基础设施为枢纽的统一、合规、标准化清算模式，切实引领市场规范发展，服务各地方政府强化对市场的监管效能，全面响应统一大市场、长三角一体化等国家战略落地，推动构建新发展格局（见图 13 – 5）。

为更好地服务中小微实体企业，上海清算所在清算通业务中先后推出集中接入服务、供应链金融服务，以及碳配额线上抵（质）押融资业务。2021 年 9 月，上海清算所推出集中接入服务，与城银清算实现金融基础设施间的互联互通，批量引入城市商业银行，提升服务中小微企业的灵活性和便捷度。2022 年 6 月，推出供应链金融服务，是上海清算所协同银行和现货平台基于清算通打造的、为大宗商品产业链中小微实体企业现货贸易提供的线上融资服务，有效克服传统线下融资业务面临的痛点难点，累计融资交收结算金额超 2000 万元。2024 年 11 月，上海清算所推出基于大宗商品清算通的碳配额线上抵（质）押融资业务，服务广东碳市场发展，帮助中小微企业盘活碳资产、拓宽融资渠道。

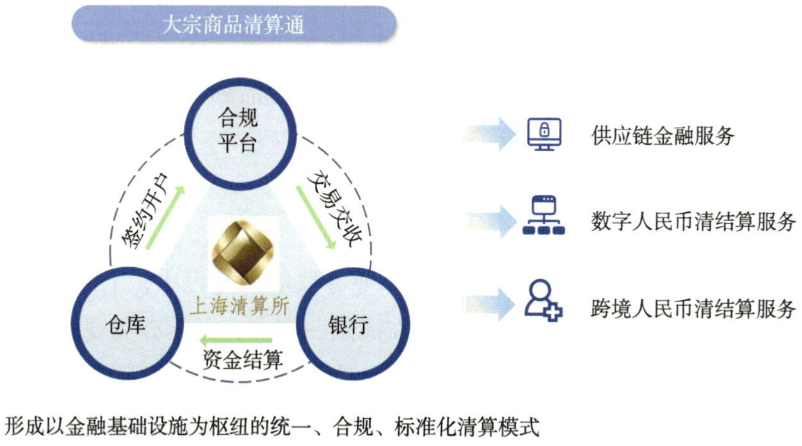

图 13－5　大宗商品清算通的清算模式

为进一步提升清结算效率，上海清算所在清算通业务中先后推出数字人民币清结算服务和跨境人民币清结算服务。2023 年 6 月推出的数字人民币清结算服务，是上海清算所依托清算通业务架构与实践经验，会同银行和现货平台创新推出的可靠稳健、快速高效、安全普惠的数字化结算方式，目前合作机构包括工商银行、农业银行、中国银行、建设银行、交通银行、浦发银行、兴业银行、华夏银行、浙商银行以及 4 家现货平台，累计清算金额超过 18 亿元。2024 年 12 月推出的跨境人民币清结算服务，是金融基础设施服务大宗商品跨境清结算领域的首次尝试，创新构建了基于上海清算所与跨境银行间支付清算有限责任公司（CIPS）金融基础设施互联互通的大宗商品现货跨境清结算路径，采用标准统一的系统直连方式，构建交易流、资金流、货物流合一的良性循环的产业生态系统，服务重点行业具有战略意义的大宗商品现货交易，提供更为安全、可靠、便利的跨境资金支付清算环境（见图 13－6）。

自上线以来，清算通支持实体经济发展成效获得实体企业、地方政府等的广泛认可，2021 年以来被上海市政府列入上海国际金融中心建设“十四五”规划及年度工作要点，临港新片区、青岛自贸片区管委会分别与上海清算所签订战略合作协议。清算通曾获上海金融业助企纾困优秀成果优秀奖、上海金融业赋能新质生产力优秀成果优秀奖、2022 年度中国（上海）自由贸易试验区金融创新案例并入选上海国际金融中心支持长三角高质量一体化发展优秀案例集等。

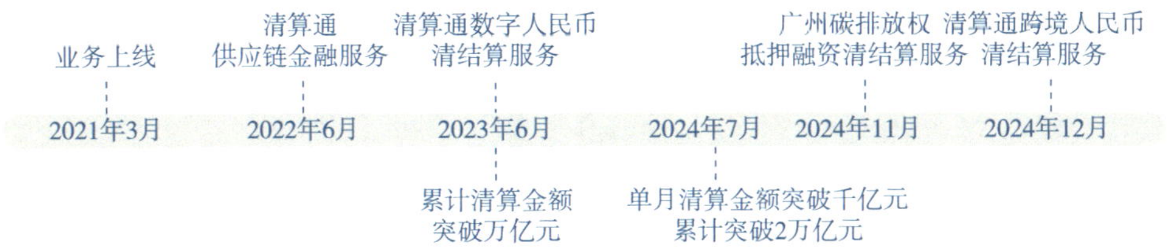

图 13－6　清算通发展历程

（二）业务模式

1. 参与主体

交易商为现货平台认可的参与业务的交收主体，现货平台及其合作仓储机构保障货物的真实有效性，上海清算所及现货清算成员保障资金支付的安全高效。其中，现货平台包括现货交易平台和现货交收平台两类：现货交易平台为交易商提供大宗商品现货相关交易交收服务，现货交收平台为交易商提供大宗商品现货相关交收服务。

2. 清算产品

清算产品是经现货平台和上海清算所认可的，由上海清算所提供资金清结算的现货产品。截至 2024 年末，清算通覆盖 7 个行业 61 个产品，具体为：化工产品 18 个，分别是乙二醇、二甘醇、甲醇、PTA、涤纶短纤 、聚酯切片（切片、瓶片）、聚乙烯、聚丙烯、橡胶（充油丁苯橡胶、松香丁苯橡胶、顺丁橡胶）、纸浆（针叶浆、阔叶浆、本色浆、化机浆）、纯碱和聚氯乙烯。有色金属产品 12 个，分别是电解铜、锌锭、铝锭、锡锭、铝棒、镍、铅、锰硅、硅铁、精铟、精铋和铜杆。黑色金属产品 12 个，分别是螺纹钢、线材、盘螺、热轧卷板、冷轧卷板、圆钢、中厚板、彩涂卷板、铁矿石、带钢、锌铝镁卷和钢坯。农产品 10 个，分别是棉花、橡胶（马来西亚混合橡胶、泰国混合橡胶、20 号标准胶、天然乳胶、全乳胶）、大豆油、菜籽油、葵花籽油和棕榈油。新能源产品 4 个，分别是碳酸锂、氢氧化锂、硫酸镍和硫酸钴。油气产品 4 个，分别是原油、燃料油、柴油和汽油。碳排放产品 1 个，即广东碳配额。

3. 业务流程

交易商达成交易后，通过现货平台发送成交数据至上海清算所。上海清算所对接现货平台，实时接收交易商通过现货平台发送的资金冻结、划转、解冻等指令，并会同现货清算成员提供逐笔、全额的资金清结算服务（见图 13－7）。

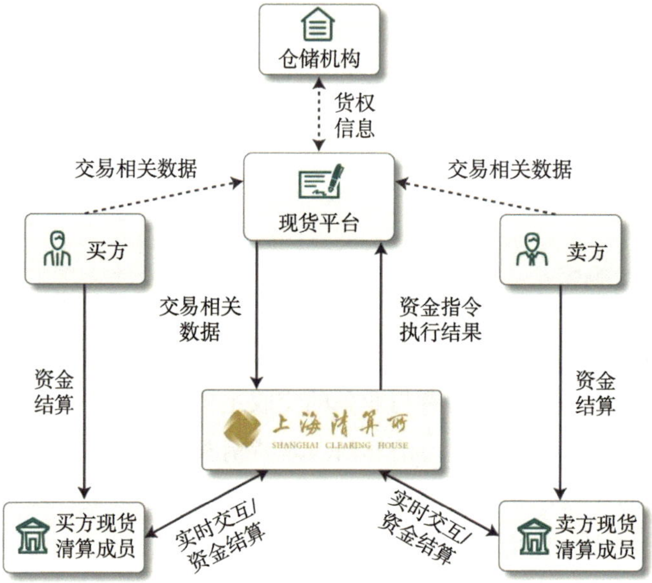

图 13－7　清算通业务流程

依托清算通业务架构，上海清算所还创新推出数字人民币清结算服务，助力探索创新数字人民币应用场景，为交易商提供可靠稳健、快速高效、安全普惠的结算路径。在数字人民币清结算服务中，上海清算所以大宗商品清算通现有业务体系为基础，增加了基于数字人民币的资金结算路径：交易端，买卖双方交易商在提交成交数据时均选择使用数字人民币对公钱包进行交收结算；结算端，上海清算所向已接入数字人民币互联互通平台的商业银行发送资金支付指令并由其完成买卖双方交易商对公钱包间资金结算，相关数字人民币结算完全依托现有体系执行（见图 13－8）。

（三）运行特点

上线以来，清算通参与主体快速拓展、业务规模迅猛增长，在防范风险的基础上，以高质量金融服务赋能大宗商品市场规范稳健发展，支持实体经济转型升级，与中央金融工作会议重点强调的坚持金融服务实体经济的根本宗旨、防范化解金融风险，以及做好金融“五篇大文章”等要求高度契合。

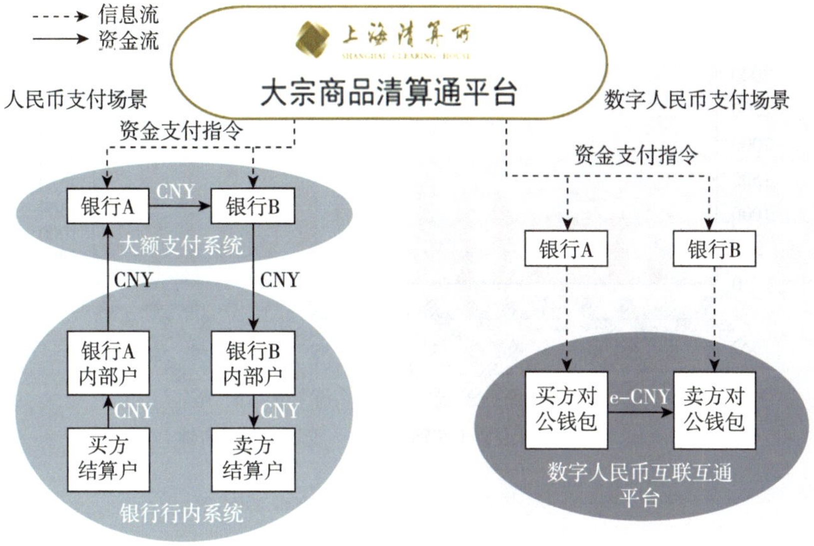

图 13－8　清算通人民币和数字人民币支付场景对比

截至 2024 年末，已对接位于上海自贸区、长三角一体化示范区、粤港澳大湾区、青岛自贸区等战略区域的 8 家政府支持的现货平台及 23 家合作仓储机构，会同大型商业银行、股份制商业银行以及城市商业银行在内的共计 22 家银行服务 1.2 万余家以中小微为主的实体企业，累计承接覆盖化工、有色、黑色、农产品、新能源、油气、碳排放 7 类大宗商品行业 61 个产品的近 56 万笔现货交易，交割数量超 3.8 亿吨，清算金额突破 2.5 万亿元（见图 13－9）。

一是资金结算体系符合金融监管和法规要求，有力保障实体企业资金安全。首创以金融基础设施为枢纽的大宗商品现货合规清算模式，基于实体企业在银行的实体账户进行资金清结算，上海清算所及现货平台不触及、不留存企业资金，破解大宗商品现货贸易资金清结算体系合规性不足的瓶颈，切实保障实体企业资金安全，同时资金凭证能够满足相关税务要求。

二是跨行跨境清算网络实时高效，节约实体企业资金与时间成本。通过银行间支付清算体系对接银行，实现跨行跨境实时清结算，打通现货平台对接银行难度大、成本高、效率低的堵点，为实体企业提供签约开户、交易交收、资金结算等一站式、线上化服务，助力实体企业无障碍、低成本参与业务并大幅节约跨行支付成本。

三是搭建钱货实时对付（DVP）闭环，实现秒级交收体验。通过金融创新、

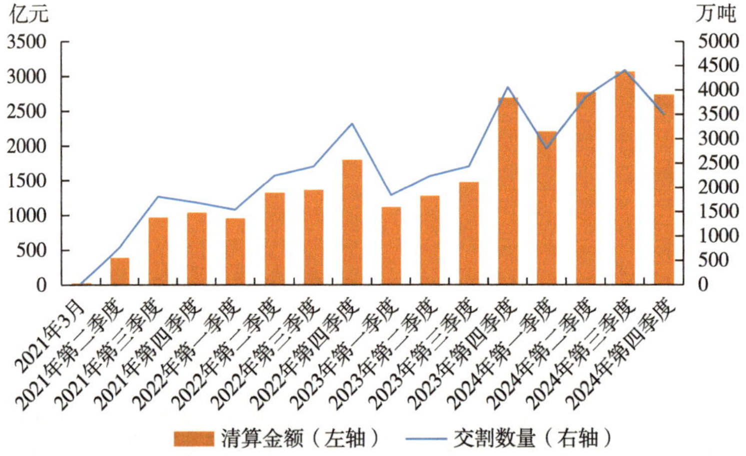

图 13－9　清算通上线以来季度业务情况

科技赋能，有效整合市场优势资源，采用标准统一的系统直连方式对接多平台、多银行，形成线上交收闭环，将原有数小时甚至数天完成的大宗商品现货交收时间缩短至数秒，力克资金交收效率低的壁垒，能够实现钱货实时对付。

四是实现“三流合一”，“金融＋科技”赋能良性循环的大宗商品生态圈建设。整合实现交易流、资金流、货物流合一，构建良好的产业生态体系，助力银行叠加数字化的供应链金融服务，打破制约中小微实体企业发展的融资难点，同时支持数字人民币和跨境人民币清结算服务、期现联动等业务创新，多管齐下服务实体企业高质量发展。

五是首创可复制、可推广的大宗商品现货清算标准，引领市场规范发展。通过规范业务流程、明确应对措施、实现系统交互，形成参与主体准入、交易交收流程、风险控制、适用法律等一套统一规范的标准，已应用于化工、有色金属、黑色金属、农产品、新能源、油气、碳排放等行业，引领遍布全国、覆盖各行业的现货平台规范发展，助力建设大宗商品统一大市场。

四、大宗商品中央对手清算的“中国路径”

上海清算所在推动场外大宗商品衍生品市场发展过程中始终坚持以实体企业迫切需求为出发点，以防范化解金融风险为关键点，以助力我国多层次、高质量金融体系建设为落脚点，通过中央对手清算机制带动赋能区域和全国大宗商品市场的多角度、全方面发展，形成了航运、化工等传统大宗商品与碳排放、新能源等新兴大宗商品清算协同发展的“中国路径”。

（一）创建我国场外大宗商品衍生品市场“多交易模式、集中清算平台”稳健高效的市场架构

在我国场外大宗商品衍生品市场发展之初，上海清算所按照国内市场实际情况对国际行之有效的制度方法等进行适应性结合及有机改进，借鉴国际金融市场通行的交易清算模式，率先在国内场外大宗商品衍生品市场采用经纪公司帮助达成交易模式，并首次为该市场引入了专业规范的中央对手清算机制，形成了统一、规范、标准的清算业务模式，已建成“多交易模式、集中清算平台”的场外大宗商品衍生品市场稳健高效的运作架构，有效推动了我国场外大宗商品衍生品中央对手清算规范化发展，建立了大宗商品现货清算模式的新标杆。

（二）首创大宗商品清算通，形成期现联动孕育创新发展的市场环境

规范、高效、充满活力的大宗商品现货市场是发展场外大宗商品衍生品市场的重要基础，在高速发展大宗商品衍生品中央对手清算业务的同时，上海清算所全力探索推进大宗商品期现联动发展，带动大宗商品整体市场体系的有效运行。2021 年，首创推出大宗商品清算通，为实体企业的大宗商品现货交易交收提供大额实时、跨行跨境、规范高效的资金清结算服务，切实强化了实体企业生产经营的安全保障，与衍生品业务从多角度一同服务实体企业多样化需求，基于清算通推出的跨境人民币清结算服务、碳配额线上抵（质）押融资业务都是大宗商品清算通形成期现联动市场环境下孕育出的创新内驱力的最新成果。同时，大宗商品市场汇聚交易、交收、定价、风险管理、融资、数据、资讯等多种市场需求，大宗商品清算通也为深化金融科技创新提供了更多样的应用场景，为进一步探索数字货币、区块链等新技术应用提供肥沃土壤，现已创新推出大宗商品清算通数字人民币清结算服务。

（三）营造形成参与者多元、产品多样的场外大宗商品市场良好生态环境

目前，我国场外大宗商品衍生品市场仍处于发展初期，上海清算所以中央对手清算业务为抓手，培育引入了多元化的参与者，创新推出了多样性的产品，持续推进市场生态环境建设完善。

拓展场外大宗商品衍生品市场各类参与者，支持现货和衍生品协同发展。

在重视市场推广和投资者教育方面，上海清算所积极向实体企业（多数是民营企业）和金融机构普及运用大宗商品衍生品进行风险管理的经济价值、方式方法以及对经营管理的重要作用，多年来已经培育出多家具有一定衍生品交易报价能力的实体企业和金融机构。在培育和引入衍生品经纪公司方面，上海清算所已将多家化工、黑色、有色等行业的优质现货经纪公司或现货交易平台发展成为衍生品经纪公司，根据各产品市场的具体情况为客户提供交易建议，大幅提高了大宗商品衍生品市场的交易撮合能力，培养大宗商品跨市场组合的交易撮合能力，助力大宗商品市场构建以现货业务为基础的现货和衍生品多元化的发展模式。

丰富场外大宗商品衍生品的产品种类，形成可复制可推广的业务发展模式。2017 年 1 月，上海清算所联合上海环境能源交易所正式推出上海碳配额远期中央对手清算业务，这是我国首个中央对手清算的碳排放衍生品，也是我国唯一采用中央对手清算模式、完全对接国际金融市场惯例的标准化碳金融衍生品。上海清算所作为金融基础设施对接上海环境能源交易所，创造了全国碳金融市场前后台机构专业经营、紧密合作的标杆，并通过严格的市场风险预警与防控机制，有效防范系统性风险，运行多年来，风控机制、业务规则、技术系统等的规范性和可靠性得到充分检验，形成了可快速复制推广的碳金融衍生品中央对手清算业务模式。同时，上海清算所积极搭建碳金融专业知识宣介平台，并组织开展相关培训，强化金融机构间的业务交流，助力提升金融机构参与碳市场专业能力，通过积极参与碳金融产品标准等标准编制工作，助力全国碳市场建设发展。

第十四章　蓬勃兴起的场外信用衍生品中央对手清算

《中共中央关于进一步全面深化改革、推进中国式现代化的决定》提出健全民营中小企业增信制度。在人民银行指导下，在立足我国实际、借鉴国际衍生品市场经验教训的基础上，上海清算所积极服务我国信用衍生品市场建设，目前已建立覆盖我国场外市场全部信用衍生品的清算平台，构建了中央对手清算和双边清算两种模式，服务信用违约互换（CDS）、信用风险缓释合约（CRMA）、CDS 指数等多种产品，同时积极响应市场需求创新建设多层次清算服务体系，助力提升融资主体债务信用等级、增强债务履约保障水平、提高融资可得性、降低融资成本，服务我国信用衍生品市场在防范化解信用风险、支持实体经济发展等领域发挥积极作用。

一、信用衍生品集中清算的重要意义

目前，上海清算所已创建信用衍生品清算和存续期管理一站式服务平台，助力金融机构拓展信用衍生品多样化应用场景。通过积极发挥和拓展中央对手清算机制在服务信用衍生品市场健康稳定发展中的重要作用，有助于形成与经济金融各方面深度融合的信用机制，进一步优化实体企业的金融服务生态环境，强化和夯实高质量发展的稳固微观基础，对维护金融市场稳定、更有效为实体经济注入金融活水具有重要意义。

（一）构建维护市场稳定的风险缓释管理机制

通过市场化行为对市场风险进行分散与缓释，将信用风险从风险厌恶型投资者转移到风险偏好型投资者，使得风险能够在更广泛的市场参与者之间进行分配，既合理优化资源配置，也起到了风险缓释的作用。通过信用违约互换等产品，银行等金融机构可以将持有的企业贷款信用风险部分转移给其他金融机构或投资者。当企业出现违约情况时，风险不会过度集中在银行体系内，从而有效分散了信用风险，降低了系统性风险发生的可能性。金融机构通过买入信用风险保护对冲持有的参考债务或参考实体信用风险，将信用风险转移至交易对手。尤其在中央对手清算机制下，可通过合约替代将交易对手替换为中央对手方，进一步降低交易对手信用风险，形成风险管理闭环，有效发挥信用风险对冲作用，更好管理基础资产信用风险。同时，CDS 指数为信用债投资者提供信用利差波动管理工具，可精准对冲一揽子具有某类特征实体的风险敞口，提高对冲效率。

（二）拓宽服务实体经济的多元化融资渠道

在传统的银行贷款渠道下，借助信用衍生品能够更有效地管理信用风险，在向企业提供贷款时，可以要求较低的风险溢价，以较低的利率向企业发放贷款成为可能。在债券等直接融资渠道，可创建“债券发行 + 单名 CDS/CRMA”的综合模式，在债券发行时由承销商向投资人同步卖出同等规模的单名 CDS 或 CRMA，为投资人提供标的债务保护，强化承销商与发行人的信用风险联动，助力民企融资。创新引入信用增进公司开展含 CRMA 的交易型信用增进，由信用增进公司向承销商买入 CDS 或 CRMA 获得信用保护，支持集合票据融资，助力科创企业、先进制造业企业等集合票据发行，建立信用风险市场化分担机制，更好服务实体企业融资。当金融机构对某实体或部分行业、区域的客户因授信额度限制无法新增贷款或债券投资额度时，可通过买入相应的信用风险保护转移信用风险，释放其内部对参考实体或参考债务的授信额度，进而有效提高授信管理效率、加大投资力度，优化风险准备资源配置。

（三）丰富支持金融高质量发展的价格发现工具

流动性较好的信用衍生品市场能够反映市场参与者对信用风险的定价预期，与债券市场等其他金融市场的价格相互影响，共同完善了金融市场的价格发现机制。债券市场的投资者可以根据信用违约互换价格来评估债券的合理价值，从而更准确地判断债券的投资风险。CDS 指数信用曲线可用于监测信用利差变化，反映某类特征实体的信用风险，作为信用债投资、交易定价的依据，发挥价格风向标作用。同时，金融机构可将 CDS 指数作为交易型产品，应用于多样化交易策略，开展趋势交易、配对交易等，具备报价能力的金融机构也可通过卖出 CDS 指数获得保费，提升投资收益。

二、信用衍生品集中清算的发展背景

（一）国际背景

国际信用衍生品市场的发展经历了从野蛮生长到回归本源的过程，21 世纪前后，国际掉期与衍生工具协会相继发布信用衍生品定义文件和信用违约互换主协议，奠定国际信用衍生品市场发展基础。

在 2008 年国际金融危机前，监管环境较为宽松，市场规模高速增长。信用衍生品市场在 2002—2007 年步入高速增长期，各种结构复杂的创新产品涌现。2008 年国际金融危机期间，信用风险价格大幅攀升、市场流动性急剧下降，信用衍生品市场遭受严重冲击，金融机构出现巨额损失，触发系统性风险（见图 14 - 1）。

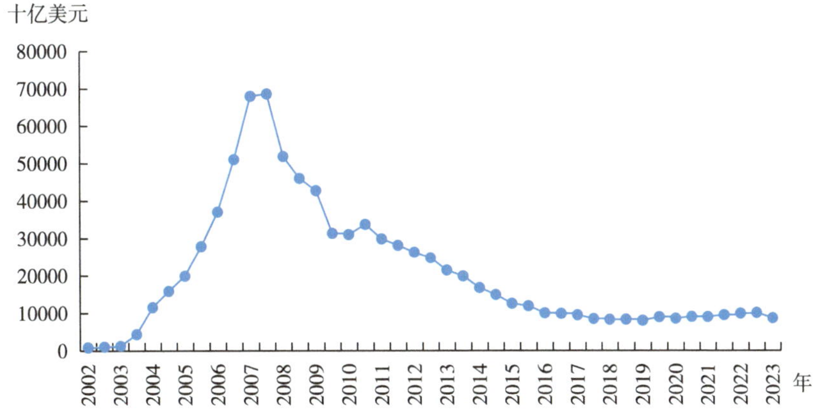

图 14 - 1　2002—2023 年全球场外信用衍生品未平仓名义本金

在 2008 年国际金融危机后，监管机制完善，回归简单产品本源，监管当局和市场各方通过采取中央对手清算、合约压缩、交易报告库等机制，形成对信用衍生品市场的有效监管，提高市场透明度，降低交易对手信用风险。自此，信用衍生品回归简单产品本源，市场有序发展。截至 2023 年末，全球信用衍生品未平仓名义本金约 8.55 万亿美元，约占所有场外衍生品的 1.3%，其中，单名产品 3.94 万亿美元、多名产品 4.61 万亿美元（其中 CDS 指数 4.3 万亿美元），信用衍生品中央对手清算比例约为 65.4%。

（二）我国背景

我国信用衍生品市场虽然建立发展相对较晚，但是在充分借鉴国际衍生品市场经验教训的基础上，发展节奏紧凑、基础扎实，产品和机制创新直接满足实体经济的本源需求，市场建立和发展过程总体呈现三个阶段。

一是初期起步阶段，奠定制度和产品基础。2010 年以来，银行间市场相继推出信用风险缓释合约（CRMA）、信用风险缓释凭证（CRMW）、信用违约互换（CDS）、信用联结票据（CLN）4 类信用衍生品，并于 2016 年发布试点业务规则和定义文件，初步奠定了银行间信用衍生品市场发展的制度基础和产品基础。这一阶段，信用衍生品主要是双边交易、双边清算，上海清算所提供登记托管和清结算服务，整体市场规模较小，增速相对平稳。

二是活跃成长阶段，同步创新交易模式与中央对手清算机制。自 2018 年以来，作为人民银行民企支持政策“三支箭”之一，市场机构通过“债券发行 + 信用保护”模式，为暂时遇到流动性困难的民营企业发债提供信用支持，以 CRMW 为代表的凭证类产品逐步发展，活跃度逐渐提升。这一阶段，信用衍生品在双边交易、双边清算的基础上，上海清算所创新引入中央对手清算和双边逐笔清算，提高了交易对手风险的有效管理和资金使用效率，信用衍生品市场规模逐步扩大，增长速度快速提升。

三是深化发展阶段，持续延伸中央对手清算服务链条。2022 年以来，在助力实体企业融资、强化信用风险管理等背景下，信用衍生品市场加快发展步伐，2024 年新增交易额 549.9 亿元，为 2018 年的 6.2 倍（见图 14 - 2）。尤其是合约类产品在缓释额度、管理风险、分散集中度、助力债券发行等方面的作用逐步彰显，市场份额逐渐提高，其中 CRMA 逐步替代 CRMW，成为主力品种。这一阶段，信用衍生品中央对手清算机制的服务进一步延伸，上海清算所创新存续期管理等增值服务，涵盖逐笔清算、参考估值和双边履约保障品管理，实现交易清算一体化，助力提高市场信用衍生品存续期管理效率，支持信用衍生品市场保持高速发展。

三、信用衍生品集中清算业务实务

上海清算所立足兼具中央对手清算和登记托管结算金融基础设施的职责使命，积极构建我国信用衍生品稳健发展和持续创新的平台，打造信用衍生品集

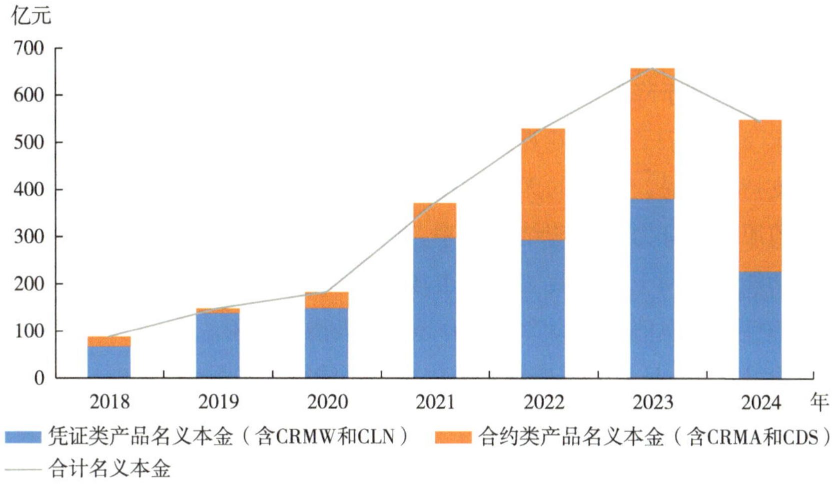

图 14－2 银行间信用衍生品年度新增规模

中化管理理念，努力为我国信用衍生品市场发展修桥铺路。目前，上海清算所已经建立了集信用衍生品登记托管、清算结算、存续管理的综合服务平台（见图 14－3）。

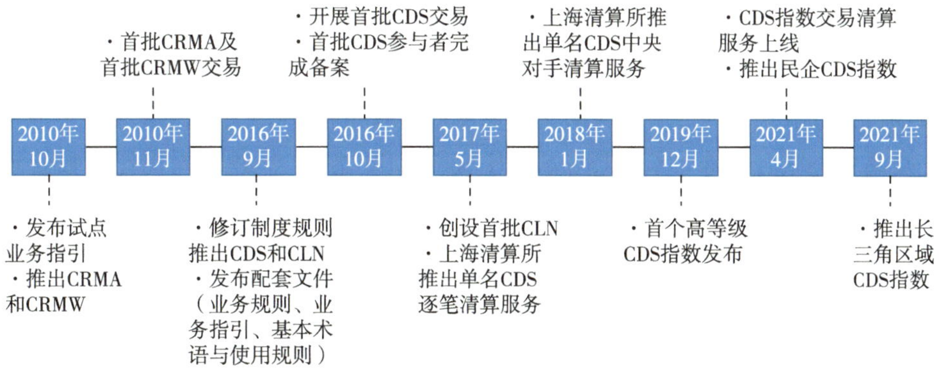

图 14－3 银行间信用衍生品市场及清算业务发展

（一）发展历程

自 2010 年银行间市场信用衍生品推出以来，上海清算所率先为信用衍生品提供登记托管服务。2017 年，上海清算所为银行间市场成员提供信用风险缓释工具登记托管、清结算服务，丰富投资者管理和对冲风险手段。一方面，通过为参与者提供清算结算服务，便利参与者电子化信息核对；另一方面，采用参与者在上海清算所登记托管相关账户，以自动化逐笔全额实时划付方式完成相关资金结算，有助于降低市场成员的清算结算成本，提升市场清算服务质效。

2017年5月2日，上海清算所推出信用违约互换非标准化合约双边逐笔清算服务，支持了交易、清算的无缝对接，同时作为独立第三方，为市场提供日终盯市估值服务，有力提升清结算效率。信用违约互换产品具有转移和分散信用风险的功能，有利于完善我国债券市场信用风险定价机制，为提升信用风险定价的准确性、增强信用风险管理能力起到积极推动作用。

2018年1月30日，信用违约互换中央对手清算业务顺利推出，填补了我国金融市场信用衍生品中央对手清算业务空白，充分体现了上海清算所具备强有力的信用衍生品定价、清算和风险管理能力，标志着我国信用风险专业化管理水平再上新台阶。

2019年12月26日，上海清算所与中国外汇交易中心和国泰君安证券联合发布我国首个CDS指数产品“CFETS-SHCH-GTJA高等级CDS指数”，三家发布机构共同担任指数管理人。高等级CDS指数的推出，强化了信用风险合理定价，促进市场对信用风险的有效识别，进而实现资源更有效配置。

2021年4月，上海清算所进一步拓展信用衍生品清算服务序列，推出CDS指数逐笔清算业务，助力完善CDS指数交易清算和信用风险定价功能，满足了市场机构分散和管理信用风险的实际需求。2021年4月，上海清算所与中国外汇交易中心联合发布“CFETS-SHCH民企CDS指数”，并共同担任指数管理人，按照一定规则筛选出一揽子具有较好流动性的民营企业CDS参考实体的集合。该指数的推出有助于提升市场的透明度和规范性、分散信用风险、提升民营企业债券投资吸引力，活跃市场交易，改善民营企业融资环境。2021年9月，上海清算所与中国外汇交易中心、中债资信评估有限责任公司联合发布“CFETS-SHCH-CBR长三角区域CDS指数”，三家机构共同担任指数编制管理机构，按照一定规则筛选出一揽子具有较好流动性的长三角区域中高等级CDS参考实体的集合，该指数的推出有利于配合国家关于推动长三角一体化发展的战略部署，可以更精准地反映区域内企业的信用状况，为投资者提供更具针对性的风险管理工具，提升整个区域金融竞争力和影响力。

历经多年发展，上海清算所已建立中央对手清算和双边清算“两种模式”，横跨CRMA、单名CDS、CDS指数等多个品种的信用衍生品清算服务体系，形成清算环节向前支持交易、向后保障结算、全面促进创新的高效链条，成为支持我国信用衍生品市场创新发展的有效发力点（见图 14－4）。2024 年，上海清算所达成信用衍生品清算 188.4 亿元，包括 CDS 中央对手清算 11 亿元、信用衍生品逐笔清算 177.4 亿元。截至 2024 年末，信用衍生品清算业务存续名义本金 197.0 亿元，同比增长 55.9%。

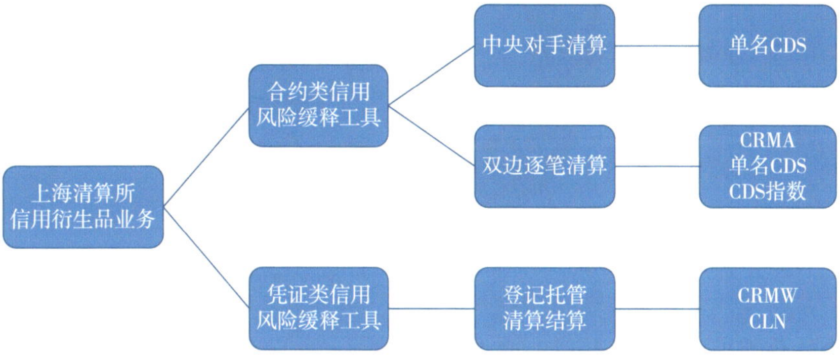

图 14－4　上海清算所信用衍生品业务架构

（二）业务模式

1. 参与主体

银行间信用衍生品市场参与主体为具有中国银行间市场交易商协会信用风险缓释工具核心交易商与一般交易商资质的机构投资者，现已覆盖大型商业银行、股份制商业银行、城市商业银行、农村商业银行、外资银行、证券公司、信用增进机构、非法人产品等多类型市场主体（见图 14－5）。

截至 2024 年末，上海清算所信用衍生品清算参与者 45 家；其中，证券公司、外资银行参与度较高，证券公司发挥专业优势，作为主要净卖方，基于交易对手需求，提供信用保护，清算量占比为 56%；外资银行作为主要净买方，通过信用衍生品缓释额度、对冲风险，清算量占比为 36%。

2. 产品要素

上海清算所以市场需求为导向，构建契合业务流程、应用场景和市场特色的银行间信用衍生品清算服务体系。一方面，纳入中央对手清算的信用违约互换合约具有要素标准化、固定设置等特点，适用净额结算；另一方面，采取双边逐笔清算的信用衍生品具有要素灵活设置、兼容性强等特点，有效满足参与

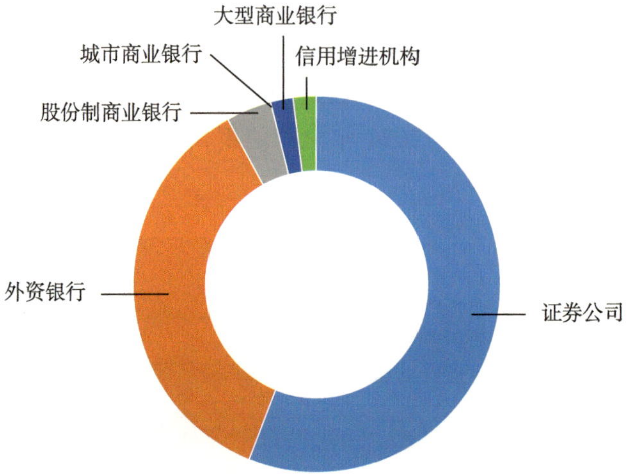

图 14－5　合约类信用衍生品清算业务参与者结构

者的个性化需求（见表 14－1、表 14－2）。

表 14－1　信用违约互换中央对手清算交易要素

交易要素			
信用保护买方	清算参与者（清算会员或非清算会员）	信用保护卖方	清算参与者（清算会员或非清算会员）
参考实体	属于上海清算所中央对手清算参考实体清单	交易名义本金	约定，单位（万元人民币）
交易日	约定	期限	5 年（含）以内
起始日	交易日的下一个自然日	约定到期日	季月末 20 日，不按营业日准则调整
参考比例	100%	贴现曲线	上海清算所 FR007 利率互换收盘曲线（即期）
支付方式	前端贴现支付	支付频率	季（固定的 3 月 20 日、6 月 20 日、9 月 20 日、12 月 20 日）
利差	约定，单位（基点）	费率（标准票息）	25 个基点、50 个基点、100 个基点、250 个基点
前端费	约定，单位（元）	期初返还金额	约定，单位（元）
交付金额	交付金额＝前端费－期初返还金额	交付金额支付日	交易日的下一个营业日

续表

交易要素			
首期支付金额	约定，单位（元）	首期支付日	生效之后的第一个依照营业日准则调整的季末20日
营业日	适用在北京的营业日	营业日准则	经调整的下一个营业日
计息天数调整	实际天数	计息基准	A/365
关联条件	信用保护买方和卖方均不是参考实体的关联企业		
与信用事件有关要素			
信用事件	破产、支付违约（起点金额100万元人民币或其等值金额；宽限期3个营业日；适用宽限期顺延）、债务重组（起点金额1000万元人民币或其等值金额；所涉最小债务持有人数1人）		
债务种类	非金融企业债务融资工具	债务特征	一般债务、交易流通
结算方式	现金结算	约定最终比例	25%

表14-2　　信用违约互换逐笔清算交易要素

交易要素			
信用保护买方	本业务参与者	信用保护卖方	本业务参与者
参考实体	约定	交易名义本金	约定，单位（万元人民币）
交易日	约定	期限	约定
起始日	约定	约定到期日	约定，不按营业日准则调整
参考比例	100%，可约定	营业日准则	经调整的下一个营业日、下一个营业日、上一个营业日
支付频率	月、季、半年、年	首期支付日	起始日起按支付频率推算或约定，按营业日准则调整
前端费	约定，单位（元）	期初返还金额	约定，单位（元）
计息天数调整	不调整、实际天数	计息基准	A/360、A/365、A/A、A/365F
前端费支付日	约定	费率	约定，单位（基点）
与信用事件有关要素			
信用事件	破产、支付违约、债务加速到期、债务潜在加速到期、债务重组、其他		
债务种类	付款义务、借贷款项、贷款、债务工具、贷款或债务工具、仅为参考债务、非金融企业债务融资工具、其他		
债务特征	一般债务、次级债务、交易流通、本币、外币、其他		
结算方式	现金结算、实物结算	最终比例	约定

信用衍生品的保护标的类型丰富，挂钩商业银行及其债券标的的交易占比较高。基于市场多元化需求，合约类产品挂钩标的从传统的非金融企业债务融资工具，逐步拓展至同业存单、商业银行永续债、熊猫债、绿色债券、集合票据、科创票据、境外债等不同类型（见图 14－6）。2024 年，上海清算所清算的合约类产品标的中，同业存单、熊猫债、商业银行永续债占比位列前三，分别为 47%、19% 和 13%。

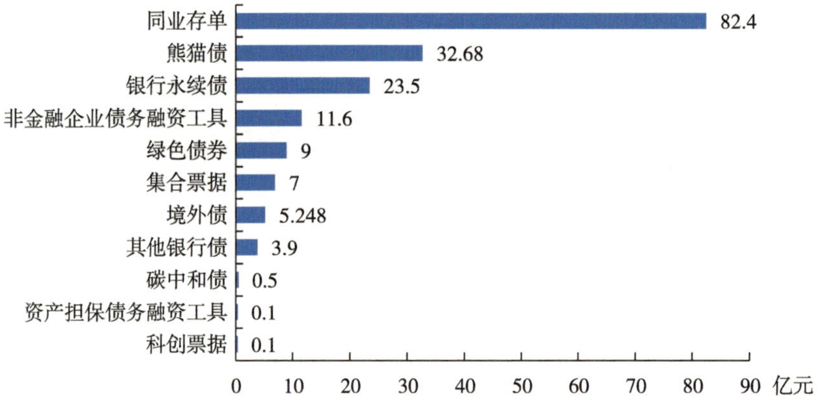

图 14－6　合约类信用衍生品挂钩标的分布

3. 应用场景及案例

金融机构可通过参与上海清算所信用衍生品业务有效管理基础资产信用风险、优化风险准备资源配置、降低融资成本等，满足多样化信用风险管理需求。

在基础资产信用风险对冲场景下，外资银行 A 作为信用保护买方，向证券公司 B 购入名义本金 X 元、交易标的为中资美元债的信用风险保护，以对冲持有中资美元债的信用风险，并释放内部对标的实体的授信额度（见图 14－7）。若该信用风险保护的费率为 100 个基点，回收率为 40%，采用现金结算，外资银行 A 应按照约定费率定期向证券公司 B 支付保费（年度费用 = X × 1% 元）。当该参考债务发生违约时，证券公司 B 应当向外资银行赔付相应的现金结算金额 [= 名义本金 × （1 － 回收率）]，即 X × 60% 元。

目前，上海清算所信用衍生品清算业务已覆盖中资美元债、点心债、日元债、熊猫债等多类型债券，满足投资者对不同基础资产的信用风险管理需求。

在配合债券发行场景下，证券公司 A 作为债券发行承销商，为企业 B 提供债券发行服务。为进一步提升债券发行效率，降低企业融资成本，证券公

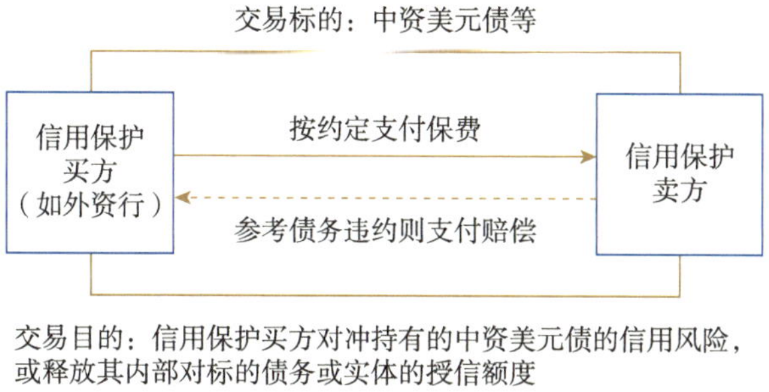

图 14－7　使用信用衍生品开展信用风险对冲

司 A 同步卖出参考债务为发行债券的 CRMA 或参考实体为企业 B 的单名 CDS。在此场景下，一方面，证券公司 A 作为信用保护卖方，对企业 B 的信用风险暴露进一步增加，彰显了其对企业 B 的乐观判断，有助于提升债券投资人的投资信心；另一方面，债券投资人可作为交易对手购买信用风险保护以对冲投资债券的信用风险，并有效缩短对企业 B 的信用评级和资质评估流程（见图 14－8）。

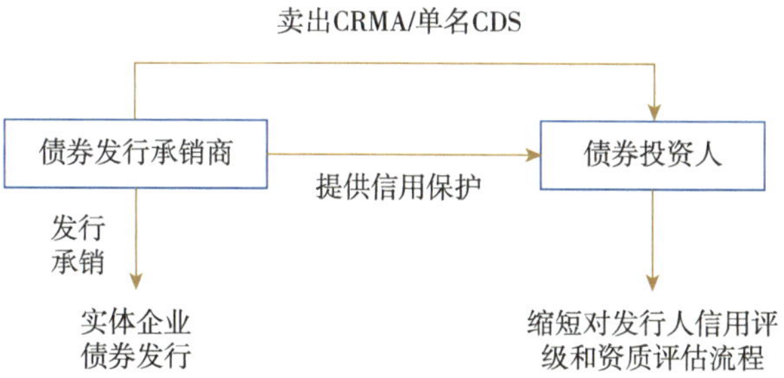

图 14－8　信用衍生品配合企业债券发行

在交易型增信模式场景下，信用增进公司 A 为企业 B 的债券发行提供担保，同时作为信用保护买方与主承销商证券公司 C 达成一笔参考债务为企业 B 债券的 CRMA 交易，实现风险共担。当企业 B 的债券发生违约时，投资人有权将债券转让给信用增进公司 A。信用增进公司 A 通过债券违约后交易，实现对投资人本息的救济保障，将传统担保代偿行为转变为债券交易行为，达到信用增进效果。同时，信用增进公司 A 基于买入的信用风险保护，有效控制信用风险敞口，保障增信业务平稳运行，促进企业债券发行（见图 14－9）。

在中央对手清算的应用场景下，例如，在信用衍生品中央对手清算业务中，

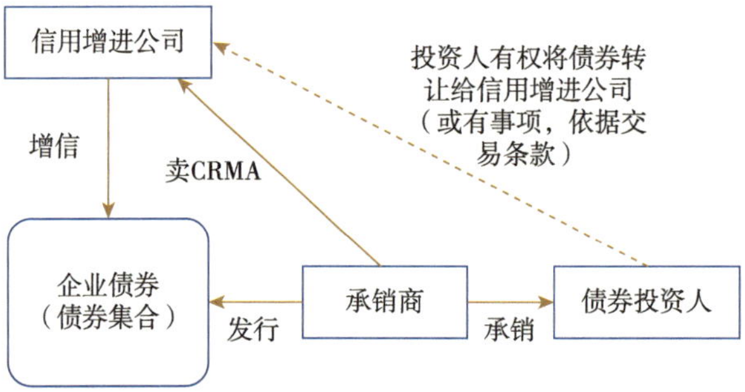

图 14－9　信用衍生品支持交易型增信

上海清算所按多边净额方式计算各清算会员在相同结算日的现金流净额，通过建立相应的风险控制机制，保证合约履行，完成净额结算，有效提高清算效率和资金使用效率。

例如，银行 A 分别作为信用保护买方和信用保护卖方，与金融机构 B 和金融机构 C 各达成一笔 CDS 交易。根据约定，银行 A 应于 T 日向金融机构 B 支付信用保护费 X 元，于 T 日向金融机构 C 收取保护费 Y 元。在双边清算场景下，银行 A 需在 T 日对所有交易的现金流进行全额逐笔清结算，现金流不轧差。在中央对手清算模式下，银行 A 可在 T 日对所有交易的现金流进行净额、一次性的清结算（现金流包括交付金额、信用保护费和其他或有现金流等），在此案例下，其轧差后的现金流收入净额为（Y－X）元。

同时，信用衍生品中央对手清算模式能够进一步发挥信用衍生品转移并分散信用风险的作用。例如，银行 A 作为信用保护买方与金融机构 B 达成 CDS 交易，能够将参考实体信用风险转移至交易对手风险（金融机构 B 的信用风险）。在中央对手清算模式下，银行 A 的交易对手通过合约替代由金融机构 B 替换为中央对手方，进一步降低了银行 A 面临的交易对手信用风险，形成风险管理闭环。

4. 业务流程

在交易环节，信用衍生品交易主要通过外汇交易中心平台达成，外汇交易中心将符合相关清算要素的成交数据实时发送至上海清算所。对于纳入中央对手清算的交易，上海清算所对交易数据实时进行要素合规性检查、代理清算确认、风险合规性检查，对通过检查的交易实时进行合约替代操作；对于提交逐笔清算的交易，上海清算所实时进行要素合规性检查，检查通过后经交易双方清算确认，成功后实时生效。

在中央对手清算机制下的清结算环节，上海清算所作为中央对手方为清算会员提供风险管理服务，按多边净额方式计算各清算会员在相同结算日的现金流净额，清算会员与上海清算所直接清算，代理客户通过综合清算会员间接参与清算（见图 14－10）。

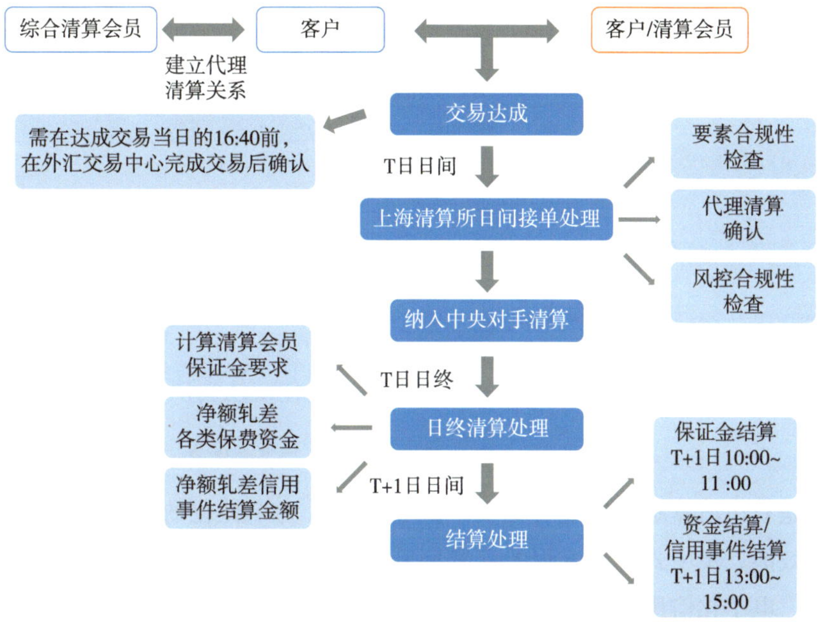

图 14－10　信用衍生品中央对手清算业务流程

在双边逐笔清算模式下的清结算环节，上海清算所根据清算参与双方的应收应付义务，在指定日期组织完成前端费、首期支付金额、应计保费等交易存续期内各类资金的自动化清结算，并依托债券登记托管机构优势为双方提供自动化的信用事件结算服务，同时提供交易存续期内的参考估值服务等。

四、信用衍生品集中清算的“中国探索”

为满足我国市场实际需求，上海清算所构建了同时覆盖中央对手清算和双边逐笔清算的信用衍生品清算服务体系，并不断拓展信用衍生品增值服务，包括提供存续期管理服务、CSD 指数编制清算一体化服务等，在信用衍生品清算领域积极开拓“中国探索”。

（一）搭建中央对手清算和双边逐笔清算服务体系

上海清算所基于市场需求，构建信用衍生品多层次清算服务体系，为个性化的 CDS、CRMA 提供双边清算，为标准化的 CDS 提供中央对手清算服务，逐步实现合约类产品交易清算一体化、清结算流程便捷化（见图 14－11、图 14－12）。

图 14－11　上海清算所信用衍生品逐笔清算业务流程

图 14－12　上海清算所信用衍生品中央对手清算业务流程

一是双边清算服务实现合约类产品全覆盖，为个性化的 CDS、CRMA 交易提供高效能、集中式、全流程的存续期管理服务，覆盖现金流计算、自动化资金划付、电子化信用事件结算，以及双边履约保障品线上化管理、第三方参考估值等配套增值服务，大幅提高信用衍生品交易后处理环节的标准化、自动化水平。

二是为标准化单名 CDS 交易提供中央对手清算，覆盖 113 家非金融企业参考实体，具有产品要素标准化、净额结算、有效转移并分散信用风险、加速交易授信释放等优势。

三是清算业务量升品扩，累计清算合约类产品 496.86 亿元，参与者拓展至 45 家，广泛覆盖大型商业银行、股份制商业银行、城市商业银行、农村商业银行、外资银行、证券公司、信用增进公司、非法人产品等多种市场主体。

（二）拓展综合清算服务的内涵和外延

1. 完善信用衍生品存续期管理服务

上海清算所以创新为引领，不断拓展信用衍生品增值服务，满足市场多元化的场外衍生品存续期管理需求。充分发挥清算与登记托管“双支柱”业务联动优势，提供双边清算参考估值、履约保障品线上化管理等配套增值服务，搭建服务于信用衍生品生命周期的全链条闭环管理机制。2024 年，完成首单以科创票据为标的、以 ABN 为履约保障品的信用衍生品清算，并成功支持履约保障品指令线上化操作，有效提升市场机构信用衍生品存续期管理效率，激发多元化市场主体积极性，提升风险防范能力，促进信用衍生品市场扩容。

2. 建立 CDS 指数编制清算一体化服务平台

上海清算所与各方合力创新发展 CDS 指数，丰富产品序列，助力培育提升市场信用风险定价水平。CDS 指数由多个参考实体按照约定规则编制而成，具有标准化、透明化、风险分散化等优势，在有效管理投资组合信用风险、促进价格发现等方面发挥重要作用。自 2019 年起，上海清算所作为指数管理人，联合市场各方相继发布高等级、民营企业和长三角区域 3 只 CDS 指数，覆盖信用评级、企业性质、地域类型等不同主题，并联合外汇交易中心推出 CDS 指数交易与双边清算服务。通过 CDS 指数一站式交易清算，市场机构可有效管理交易对手信用风险，缩短交易链条，降低交易清算成本，防范系统性风险，进一步提高市场透明度。同时，纳入指数的优质企业得到更为准确的市场定价，有助于企业提升融资效率。

第十五章　汇能促融
服务金融高水平制度型开放的中央对手方

习近平总书记强调，要加强境内外金融市场互联互通，增强国际竞争力和规则影响力，以制度型开放为重点推进金融高水平对外开放。上海清算所作为我国银行间市场的合格中央对手方，锚定国际化发展方向，立足发挥中央对手方在金融市场关键节点作用，通过积极打造互联互通的金融市场格局、营造开放包容的金融市场环境、持续拓展境外参与机构范围，以及深度参与国际金融治理等多个层面的国际化协同发展，服务提升我国金融国际影响力，推动我国金融市场高水平对外开放。

一、中央对手方是服务金融高水平制度型开放的重要纽带

（一）金融高水平制度型开放的内涵思考

金融高水平对外开放的重点是制度型开放。我国的金融开放已从原先着眼于金融资源国际化配置、金融资产跨境持有等散点式、要素流动型开放，有序发展为扩大规则、规制、管理、标准等制度型开放。

金融高水平制度型开放具有丰富和深刻的内涵，包括基于合作需求，加强与相关司法辖区制度规则的对接，获得监管层面的对等认证；加强境内外金融市场互联互通，提升跨境投融资便利化水平，提高我国金融资源配置效率和能力；完善市场准入制度体系，增强国际竞争力，打造国际一流的营商环境；对标高标准国际规则，进一步提高在国际规则标准制定中的话语权和影响力等。

金融高水平制度型开放有着不同于传统模式的鲜明特征。在开放的形式方面，不局限于单一机构的走出去或引进来，而是通过构建和畅通金融资源的内外部循环机制形成全市场整体开放，为实体经济和国内金融发展提供更加全面、

高效、安全的金融服务。在开放的内容方面，不局限于简单的产品、资金等金融要素流动，而是通过参与制定甚至引领国际金融规则标准等的制度型开放，加快构建与国际通行规则相衔接的金融制度体系。在开放的风险管理方面，不是局限于单一机构、业务的特定风险管理，而是通过微观审慎与宏观审慎的协同配合，形成有效的系统性金融风险防范机制，保障我国金融体系在开放过程中的稳健运行。

（二）中央对手方凝聚形成金融高水平制度型开放的优势合力

当前，金融体系已不是传统经济模型描述的一个整体或相互独立个体的集合，而是由相互关联的个体组成的交互网络。国际金融竞争已经逐步从资源禀赋、单一机构的要素竞争，演化为制度标准、整体金融网络的综合实力竞争。①

金融基础设施是金融资源流通的“道路桥梁”，居于金融网络的枢纽位置，集聚多种资源要素，是金融市场高效运行的基础性保障，也是宏观审慎管理和强化风险防控的重要抓手，以中央对手方为切入点完善我国国际金融网络，更能够凝聚合力，更能够统筹开放和安全，更有力支持金融高水平制度型开放，助力加快建设金融强国。②

国际上，中央对手方普遍通过建立多种模式的国际连接来扩大自身国际服务的范围和影响。中央对手方建立的服务网络作为国际金融网络的重要组成部分，也是金融机构参与国际金融市场的重要通道，已经成为各国金融核心竞争力的要件之一。

然而，单一机构力量相对薄弱，即使是体量庞大甚至是系统重要性的金融机构，也可能受制于境内外制度规则差异等原因，在开展境外业务、参与国际中央对手清算时面临重重困难。例如，我国一家系统重要性银行曾长期被阻隔

---

① M. Bardoscia, P. Barucca, S. Battiston, F. Caccioli, G. Cimini, D. Garlaschelli, F. Saracco, T. Squartini, G. Caldarelli. The Physics of Financial Networks [Z]. Nature Reviews Physics, 2021, Volume 3, Issue 7, pp. 490 –507.

Petry, J. From National Marketplaces to Global Providers of Financial Infrastructures: Exchanges, Infrastructures and Structural Power in Global Finance [J]. New Political Economy, 2020 (26): 574 –597.

Silva, T. C., Souza, S. R., & Tabak, B. M. Structure and Dynamics of the Global Financial Network [J]. Chaos Solitons & Fractals, 2016 (88): 218 –234.

② FSB, IMF, BIS. Macroprudential Policy Tools and Frameworks Progress Report to G20 [R]. 2011.

Menkveld, A. J., & Vuillemey, G. The Economics of Central Clearing [J]. Annual Review of Financial Economics, 2021, Vol. 13: 153 –178.

在国际中央对手方——伦敦清算所的大门之外，主要理由是中国的法律体系与其制度体系在法律基础有效性上存在差异。初期，2014 年，该银行只能作为欧美银行的代理客户间接参与伦敦清算所的中央对手清算业务，但是代理清算模式交易成本高、代理业务规模存在限额，使该银行在拓展国际业务面临严重的瓶颈制约。经过 5 年不懈努力，直到 2019 年，该银行的英国子行才正式成为伦敦清算所的清算会员，也是欧美主流清算机构的首家中资清算会员。考虑到该银行的英国子行作为注册在英国的法人实体，能兼容欧美中央对手清算法律体系，此举实质上并未解决中外中央对手清算法律差异（张晨、黄朔等，2020）。①

相比于单一金融机构散点式跨境交易，中央对手方的跨境合作能够替代市场机构来弥合境内外市场的差异，即通过中央对手方跨境互联互通合作来弥合境内外法律合规、业务规则、资质认证等的差异，中央对手方减少和替代众多市场机构单独适应境外市场的制度、合规和经济等成本，进而为境内外市场建立便利联通的渠道。中央对手方等金融基础设施互联互通实现了金融市场底层架构对接，在适用原有法律制度、监管规则和交易习惯的基础上，增强对产品定价、规则制定的影响力，是金融高水平制度型开放的重要方式。

金融基础设施特别是中央对手方的国际化发展，是衔接金融市场、金融制度、金融机构、金融治理等多维度金融要素同步深化开放的关键环节。上海清算所作为全国银行间市场的合格中央对手方和全国唯一一家总部设在上海的中央证券存管机构，积极发挥兼具清算和托管双重职能的优势，从联通境内外金融市场、推进监管制度跨境等效认证、多渠道拓展境外金融机构、融入国际金融行业治理 4 个维度整体服务和推进金融高水平制度型开放发展（见图 15－1）。

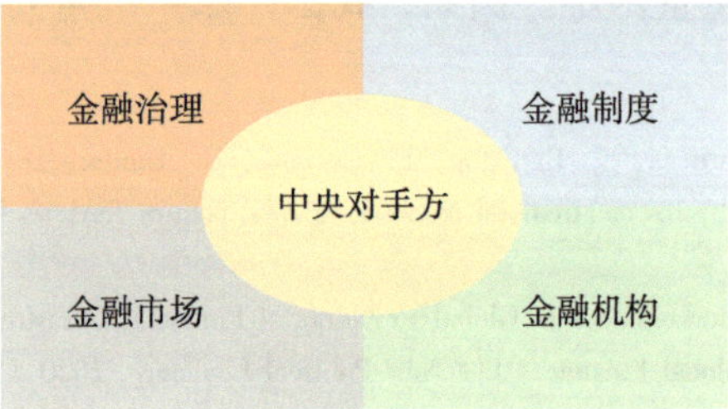

图 15－1　中央对手方作为关键环节 4 个维度推动金融高水平制度型开放

① 张晨，黄朔，等．中央对手清算的理论和实践［J］．国际金融，2020（3）．

二、中央对手方互联互通构建金融市场“一点接入”的重要桥梁

金融基础设施跨境互联互通日益成为金融市场对外开放最重要的渠道。与其他开放路径相比，其核心优势在于通过创新境内外金融基础设施（包括清算结算设施、托管设施、交易设施等）间的相互连接安排，使得境内外投资者可以在不改变现有市场习惯的情况下，通过跨境互联互通机制参与两地金融市场。

尤其是，中央对手方的跨境互联互通能够实现安全与开放的有效平衡。两个或多个中央对手方之间跨境、跨机构、跨系统联合开展交易清结算服务，通过中央对手方之间的合作弥合跨境法律、制度、习惯等的差异，市场参与者无须改变现有市场习惯和清结算安排，即可实现跨境、跨市场交易和全球化资源配置。同时，中央对手方互联互通能够为跨境交易提供合约替代、多边净额结算、担保交收等机制安排，形成了跨境、跨市场的风险防火墙，并通过多防线违约处置机制有效管理境外风险向境内传染，有力支持金融市场安全高效的高水平开放。立足合格中央对手方与中央证券存管机构的双重职能，上海清算所探索建立债券与衍生品有机结合、清算与托管高效联动的金融开放“组合拳”，与国际主要金融基础设施建立“一点接入”的互联互通路径，打造安全、高效的金融开放枢纽，为我国金融市场高水平制度型对外开放及人民币国际化发展提供有力支点。

（一）创新搭建债券市场跨境互联互通渠道

债券通创新建立了金融基础设施跨境双向互联互通渠道，尤其是在提高境内外市场参与便利度、完善清结算托管等基础设施方面的制度创新，为我国债券市场的进一步高水平对外开放奠定良好基础。

1. 发展历程

债券通形成南北双向联通、一二级市场同步联通的债券市场高水平开放局面。为高效支持境内外投资者参与两地债券市场、推动我国债券市场双向开放，上海清算所与香港金融管理局债务工具中央结算系统（CMU）合作推出债券通业务的双向互通。上海清算所与 CMU 两家金融市场基础设施互联互通，共同为债券通项目提供登记托管、清结算服务。债券通在银行间债券市场对外开放中引入了接轨国际市场实践的多级托管模式，同步建立了名义持有人制度，便利

国际投资者在基本不改变原有交易结算制度安排与习惯的情况下，一点接入并投资银行间债券市场所有类型债券。

2017 年 7 月，债券通“北向通”开通，为国际投资者参与我国银行间债券市场开辟了新渠道。上海清算所持续完善“北向通”业务机制，实现 DVP 结算流程优化，并先后推出循环结算服务和灵活结算周期安排，境外投资者直接参与一级市场招标发行及同业存单发行认购、交易结算失败一站式线上报备等服务。截至 2024 年末，上海清算所“北向通”托管余额为 4225.88 亿元人民币，构成了境外投资者参与境内市场的重要渠道。

2021 年 9 月，债券通“南向通”开通，为境内投资者通过香港债券市场投资境外债券提供便捷和高效的渠道。上海清算所不断优化“南向通”业务机制，相继落地包括附选择权的公司行为处理、美国税法下的税务处理等增值服务，进一步保障投资收益和债券权益。

在债券二级市场开放的基础上，上海清算所成功服务境内机构投资者依托“南向通”参与境外债券一级市场认购，并实现了以“南向通”债券作为担保品、支持商业银行开展同业业务合作的跨境担保品管理服务新突破。上海清算所作为境内唯一参与债券通“南向通”的托管基础设施，已成为境内投资者参与境外债券市场的主渠道。

截至 2024 年末，上海清算所 41 家境内机构投资者参与“南向通”业务，境内投资者通过上海清算所持有离岸债券余额约为 5519 亿元，进一步便利了境内机构投资者持有在境外发行并在香港债券市场交易流通的国债、央行票据、外汇基金票据等产品，有序配置全球债券。

2. 业务模式

（1）参与主体

债券通是指境内外投资者通过香港与内地债券市场基础设施机构连接，买卖香港与内地债券市场交易流通债券的机制安排，债券通包括“北向通”及“南向通”。在“北向通”业务下，按照《内地与香港债券市场互联互通合作管理暂行办法》（中国人民银行令〔2017〕第 1 号）等相关规定，包括境外央行或货币当局、国际金融组织、主权财富基金、港澳人民币清算行、跨境贸易人民币结算境外参加银行；境外依法注册的商业银行、保险公司、证券公司、基金管理公司、其他资产管理机构等各类金融机构及其依法合规面向客户发行的投资产品；以及养老基金、慈善基金、捐赠基金等人民银行认可的其他中长期投资者可以通过“北向通”投资境内银行间债券市场。截至 2024 年末，已有 830 家境外机构投资者通过债券通“北向通”渠道参与我国银行间债券市场。

在“南向通”业务下，按照《中国人民银行关于开展内地与香港债券市场互联互通南向合作的通知》（银发〔2021〕235 号），人民银行认可的部分公开市场业务一级交易商、合格境内机构投资者（QDII）、人民币合格境内机构投资者（RQDII）等可以通过“南向通”投资在香港市场交易流通的国际市场债券。截至 2024 年末，上海清算所已经支持公开市场业务一级交易商、QDII 产品等 42 家境内参与者开立债券账户。

债券通推出 7 年来，已有 70 多个国家和地区超过 1100 家机构进入我国银行间债券市场，境外参与者持有内地债券的总规模超过 4.5 万亿元人民币，交易额也从开通首月的 310 亿元人民币，跃升至近期的 10570 亿元人民币，升幅超过 30 倍，有力服务人民币国际化。

（2）业务流程

“北向通”业务流程：境外投资者参与“北向通”业务，由 CMU 在上海清算所开立名义持有人账户，代表其持有债券，并通过 CIPS 办理资金支付。在交易环节，国际投资者可以通过彭博（Bloomberg）、萃达万博（Tradeweb）、MarketAxess 等已接入外汇交易中心交易系统的境外第三方电子交易平台，与境内银行间债券市场参与者进行债券通“北向通”交易，外汇交易中心将交易结果传输至境内托管机构，上海清算所通过与外汇交易中心的连接，接收“北向通”交易数据。在托管结算环节，上海清算所会同 CMU 通过基础设施连接，为境外投资者提供发行认购、登记托管、清算结算、付息兑付等服务（见图 15－2）。

“南向通”业务流程：在交易环节，境内投资者可以通过外汇交易中心同境外第三方电子交易平台的连接与境内做市商进行债券通“南向通”交易，外汇交易中心将交易结果传输至境内托管机构，上海清算所通过与外汇交易中心的连接，接收“南向通”交易数据。上海清算所在 CMU 开立名义持有人账户，分别代各境内投资者持有债券，为境内投资者提供“南向通”托管清结算服务；并授权 CMU 通过指定的资金路径为境内投资者办理“南向通”相关资金结算、付息兑付等业务（见图 15－3）。

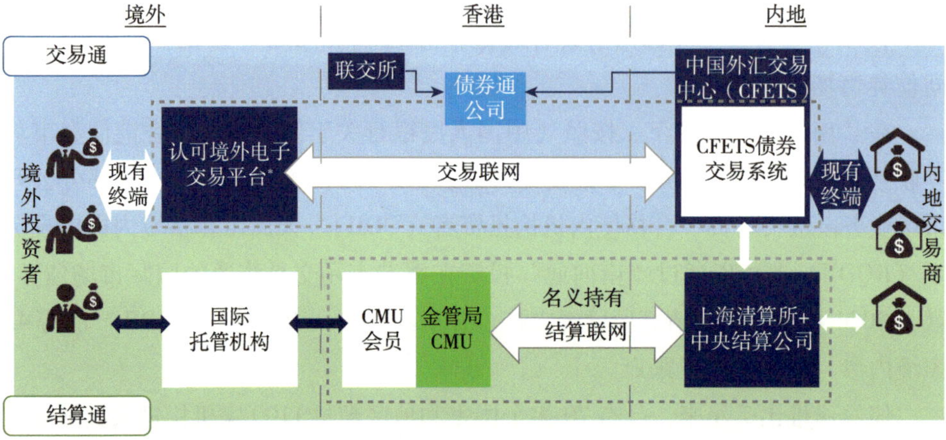

注：＊认可境外电子交易平台包括彭博、Tradeweb 及 MarketAxess。

图 15－2　债券通“北向通”业务模式

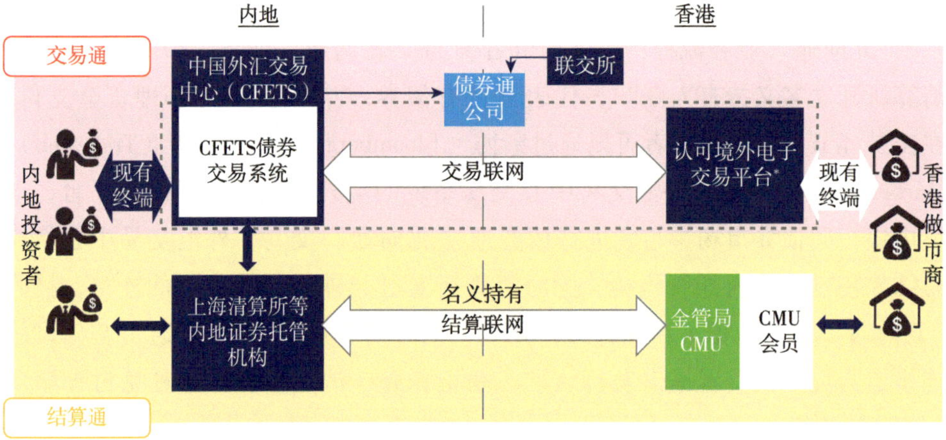

注：＊认可境外电子交易平台包括彭博及 Tradeweb。

图 15－3　债券通“南向通”业务模式

3. 应用场景及案例

“北向通”案例：境外投资者 A 与境内报价商 B 于 T 日买入债券 X，面额 10 亿元，金额 9 亿元，并在 N 日结算。N 日或 N 日前一个工作日，境内报价商 B 通过上海清算所客户端或直连接口对交易数据办理结算确认，境外投资者 A 委托 CMU 办理结算确认。

进入结算处理环节后，上海清算所检查境内报价商 B 的债券 X 头寸是否足额，若足额，上海清算所冻结 B 的 10 亿元面额债券 X。待境外投资者 A 通过 CIPS 向境内报价商 B 完成 9 亿元资金的付款后，上海清算所将 10 亿元面额债券 X 从境内报价商 B 的账户划转至 CMU 在上海清算所开立的名义持有人账户，CMU（及 CMU 成员）依次完成债券 X 的次级结算，最终为境外投资者 A 完成债券持仓变动。境外投资者 A 可以在 CMU（或通过 CMU 成员）查询其债券余额及变动情况，并获取结算交割单、余额对账单相关单据。

“南向通”案例：境内投资者 C 与境外报价商 D 于 T 日买入债券 Y，面额 5 亿港元，金额 4.5 亿港元，并在 N 日结算。N 日前一个工作日，境内投资者 C 通过上海清算所客户端或系统直连完成结算确认，上海清算所将完成结算确认的结算指令提交至 CMU，CMU 将上海清算所与境外报价商 D 提交的结算指令进行匹配。

N 日，CMU 检查境外报价商 D 的债券 Y 头寸是否足额，若足额，CMU 冻结境外报价商 D 的 5 亿港元面额债券 Y。待境内投资者 C 通过 CIPS 向境外报价商 D 完成 4.5 亿港元的资金划转后，CMU 将 5 亿港元面额债券 Y 划转至上海清算所在 CMU 为境内投资者 C 开立的名义持有人账户中。上海清算所根据 CMU 持仓变动结果在上海清算所系统内更新境内投资者 C 的债券账户持仓情况。境内投资者 C 或其指定的托管机构可通过上海清算所客户端或直连接口查询其“南向通”债券账户余额及变动情况，并获取结算交割单等相关单据。

（二）全球首创场外衍生品中央对手方互联互通机制

1. 发展历程

上海清算所立足服务金融高水平开放发展，主动探索与国际主要中央对手方建立“一点接入”的互联互通路径，创新推出了全球首个衍生品市场跨境互联互通项目——内地与香港利率互换市场互联互通合作（“互换通”）。“互换通”由上海清算所与香港场外结算公司、外汇交易中心于 2023 年 5 月联合推出。初期先行开通“北向互换通”，即境外投资者可通过两地金融基础设施的互联互通参与我国银行间利率互换市场。

“互换通”进一步完善了人民币资产生态圈，吸引国际投资者不断增加对境内人民币债券的配置。“互换通”为跨境人民币的支付与结算提供了稳健的基础设施，使境外投资者在境外即可参与在岸人民币衍生品交易，同时继续在其熟悉的法律和监管框架下运作，在交易协议规则、入市交易、清算结算、风险管理等多个环节无须改变其现有交易与结算的习惯，提升境内外投资者参与便利度。

参考国际交易惯例及规则，"互换通"持续优化机制。2024 年 5 月，上海清算所与香港场外结算公司、外汇交易中心联合推出多项"互换通"业务优化措施：一是丰富产品类型，推出以国际货币市场（IMM）结算日为支付周期的利率互换合约，与国际主流交易品种接轨，满足境内外投资者多样化风险管理需求；二是完善配套功能，推出合约压缩服务及配套支持的历史起息合约，便利参与机构管理存续期合约业务规模，降低资本占用，活跃市场交易。"互换通"机制优化引入了更多有助于制度型开放的国际交易惯例及规则，增强了境外机构持有人民币债券的稳定性，持续提升对国际投资者吸引力，进一步促进我国金融市场制度型开放，助力提升上海及香港两地国际金融中心建设能级。

"互换通"的推出是我国金融市场对外开放的重要里程碑。"互换通"将金融市场互联互通扩展到金融衍生品交易领域，与债券通形成协同效应，在支持国际投资者增持境内人民币债券的同时，为其开辟了一条有效管理利率风险的渠道，增强了国际投资者持有优质人民币资产的信心。

2. 业务模式

（1）参与主体

在"互换通"业务中，上海清算所与香港场外结算公司开创了中央对手方跨境互联互通模式，外汇交易中心承担交易基础设施职能。

"互换通"的境外参与者包括银行、基金、证券公司等类型。截至 2024 年末，"互换通"业务已有境内报价商 20 家、境外参与者 74 家。上线以来累计达成"互换通"交易超过 8488 笔，名义本金超过 4.6 万亿元。

（2）产品要素

"互换通"的产品为场外利率互换，纳入了我国场外利率互换市场流动性最好的产品，包括 7 天回购定盘利率（FR007）、3 个月上海银行间同业拆放利率（Shibor_3M）和隔夜上海银行间同业拆放利率（Shibor_O/N），更好地满足国际投资者对冲利率风险的需求、提高其参与积极性，有力发挥债券投资风险管理作用。

（3）业务流程

“互换通”的业务流程，在交易环节，国际投资者可以通过彭博（Bloomberg）及萃达万博（Tradeweb）等已接入外汇交易中心交易系统的境外第三方电子交易平台，与境内报价机构进行北向互换通交易。在清结算环节，上海清算所与香港场外结算公司联合为北向互换通交易提供中央对手清算服务，上海清算所为境内投资者提供服务，香港场外结算公司为境外投资者提供相同的服务。北向互换通交易在经过上海清算所与香港场外结算公司的集中清算检查后，上海清算所与香港场外结算公司于当日对交易进行合约替代。一旦北向互换通交易完成合约替代，境外投资者和境内报价机构将分别面对香港和内地的中央对手方。这一清算过程使境外投资者能够继续在其熟悉的法律和监管框架下运作（见图 15－4）。

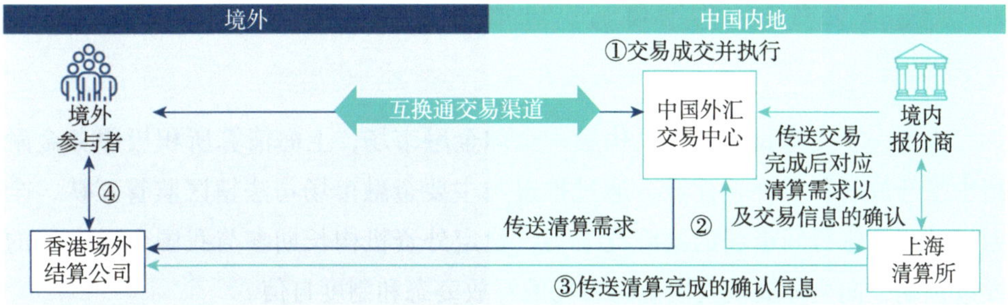

注：①境外投资者与境内报价商在中国外汇交易中心交易系统上执行交易并进行配对。
②中国外汇交易中心向香港场外结算公司和上海清算所双方发送清算请求。
③上海清算所向香港场外结算公司和中国外汇交易中心双方提供最终清算状态确认。
④一旦交易集中清算，境外投资者仅须面对香港场外结算公司。

图 15－4　“互换通”交易清算流程概要

（资料来源：香港交易所官网）

3. 应用场景及案例

某外资银行香港分行持有大量人民币债券资产，与某“互换通”境内报价商达成一笔利率互换交易，境内报价商支付给境外机构的利率为 2%，境外机构支付给境内报价商的利率为基于固定利率 FR007（银行间 7 天回购定盘利率）加上 20 个基点的浮动利率，该外资银行将浮动利率转为固定利率。

从境外机构角度看，一是可以对冲利率风险，通过参与“互换通”交易，将未来 3 年不确定的浮动利率利息收入转换为固定利率收入，有效对冲了利率上升的风险，避免因市场利率大幅波动导致债券资产价值下降。二是资产配置优化，利用“互换通”交易，可根据自身对市场利率走势的判断和投资策略，灵活调整资产负债结构，优化资产配置。如预期利率上升，通过支付固定利率换取浮动利率，可在利率上升时获得更高的利息收益；反之，当预期利率下降时，可进行反向操作。三是拓展业务范围，参与“互换通”交易可以进一步加深对中国金融市场的了解和参与度，为客户提供更多元化的金融产品和服务。

从境内报价商角度看，一是服务境外投资者，满足境外投资者的风险管理需求，提升境内机构在国际金融市场的服务水平和品牌形象，促进跨境金融业务的发展。二是增加市场流动性，通过与境外机构的交易，为人民币利率互换市场带来更多的交易机会和资金流入，提高市场的活跃度和流动性，进一步完善人民币利率衍生品市场的价格发现机制。

三、中央对手方跨境监管认证形成主动对接高标准国际金融规则的重要窗口

为进一步支持我国金融机构融入全球金融市场，上海清算所积极服务金融高水平开放的制度环境建设，通过推进与主要金融市场司法辖区监管互认，全力提升我国银行间市场的国际竞争力，稳定外资机构长期参与我国金融市场的政策预期，向全球展现我国金融市场的开放姿态和制度自信。

（一）全球主要中央对手方均取得多个司法辖区跨境监管认证

在2008年国际金融危机后，强制中央对手清算机制在G20成员司法辖区全面落实，一家中央对手方获得国际司法辖区跨境监管认证，已成为境外机构直接参与本地金融市场的前提条件。中央对手方跨境监管认证，包括业务准入和合格中央对手方资格认证两个层次，前者主要涉及境外市场参与者参与中央对手清算的问题，后者主要涉及境外市场参与者享受资本计提优惠的问题。一家中央对手方获得境外司法辖区监管当局的业务准入和合格中央对手方资格认证，不仅为境外机构直接参与本地金融市场交易打开通路，境外机构还可以享受资本计提优惠，获得显著的资本节约优势。落实《金融市场基础设施原则》国际标准，首先获得本地金融监管当局合格中央对手方认证，是中央对手方跨境认证的基础。国际主要中央对手方均已获得多个司法辖区的业务准入资格，可以在全球主要司法辖区的金融市场提供中央对手清算服务（见表15－1）。

表 15－1　　　国际主要中央对手方获得跨境业务准入资格情况①

序号	中央对手方	所在司法辖区	获准运营的司法辖区
1	澳大利亚证券交易所期货清算公司（ASX Clear Futures）	澳大利亚	5 个（澳大利亚、欧盟、英国、美国、瑞士）
2	芝加哥商业交易所集团（CME Group）	美国	10 个（澳大利亚、加拿大、欧盟、中国香港、日本、墨西哥、新加坡、瑞士、英国、美国）
3	欧洲期货交易所清算公司（Eurex Clearing AG）	德国	8 个（澳大利亚、加拿大、欧盟、日本、新加坡、瑞士、英国、美国）
4	洲际交易所信用衍生品清算公司（ICE Clear Credit）	美国	6 个（加拿大、欧盟、新加坡、瑞士、英国、美国）
5	日本证券清算公司（JSCC）	日本	7 个（澳大利亚、欧盟、中国香港、日本、瑞士、英国、美国）
6	韩国交易所（KRX）	韩国	5 个（欧盟、日本、韩国、英国、美国）
7	伦敦清算所英国公司（LCH Ltd）	英国	10 个（澳大利亚、加拿大、欧盟、中国香港、日本、墨西哥、新加坡、瑞士、英国、美国）
8	伦敦清算所法国公司（LCH SA）	法国	5 个（加拿大、欧盟、瑞士、英国、美国）
9	香港场外结算公司（OTC Clear）	中国香港	7 个（澳大利亚、欧盟、中国香港、日本、新加坡、英国、美国）
10	新加坡交易所衍生品清算公司（SGXDC）	新加坡	4 个（欧盟、新加坡、瑞士、英国）

（二）多区域跨境监管认证营建开放包容的金融市场环境

在人民银行指导下，上海清算所有序推进跨境监管认证，逐步夯实国际业务拓展的制度基础，服务我国金融市场高水平对外开放和上海国际金融中心建设。

1. 夯实境内制度基础

自成立以来，上海清算所持续按照《金融市场基础设施原则》开展机构建设，率先获得我国金融监管机构的合格中央对手方认证，为跨境监管认证打下坚实基础。

① FSB. OTC Derivatives Market Reforms 2022 Progress Report on Implementation [Z]. 2022. 以及各中央对手方官网。

2016 年，上海清算所获得人民银行合格中央对手方资格认定，成为国内第一家由金融监管部门认定的合格中央对手方；同年，上海清算所成为国内第一家开展《金融市场基础设施原则》年度自评估，并公开披露自评估报告的金融基础设施。

从 2017 年开始，上海清算所进一步按照《金融市场基础设施原则》要求，第一家按季度披露包括风险管理、财务信息、系统性能、清算量等内容的中央对手方量化信息，并对全市场提供公开透明的中央对手方对所有清算会员及其客户的交易对手信用风险暴露应计提的虚拟资本要求（Kccp）等参与者计算自身应计提资本的必备信息。

2017 年，在人民银行指导下，上海清算所接受国际货币基金组织和世界银行联合组织的金融部门评估规划显示，上海清算所风险管理安排总体设计良好，符合《金融市场基础设施原则》要求。这些工作成果进一步提升了境外参与者对我国金融基础设施的信心，为上海清算所获得国际跨境监管认证打下坚实基础。

2. 有序获得多个主要司法辖区跨境监管认证

（1）主要司法辖区跨境监管认证要求

欧盟、美国监管机构依靠其自身金融市场的规模和影响力，规定了境外中央对手方开展业务的管理制度，主要通过对其本地具有法人身份市场参与者的限制性管理要求来迫使境外中央对手方执行其相关管理规定，从而实现其对境外中央对手方的管理。欧盟在《欧洲市场基础设施监管规则》（EMIR）框架下，明确欧盟内的中央对手方需要获得业务许可，而欧盟以外的第三国中央对手方在欧盟开展业务必须获得欧洲证券和市场管理局的认可，即成为欧盟认证的第三国中央对手方（TC－CCP）才能为欧盟机构提供服务。

欧洲证券和市场管理局对第三国中央对手方的认证要求包括：一是法律等效，需由欧盟委员会确认该第三国的法律框架为中央对手方的运行提供了一个有效的、与欧盟等效的系统；二是审慎监管，该中央对手方在相关第三国具有合法性，确保完全符合适用于该第三国的审慎监管要求；三是合作安排，欧洲证券和市场管理局应与第三国的监管当局建立合作安排，包括对该中央对手方相关信息的交换、突发事件及时通知、协同监管和现场检查等；四是反洗钱和反恐怖主义融资，第三国需在反洗钱和打击恐怖主义融资方面具备与欧盟同等的水平。

美国商品期货交易委员会规定，向美国法人（US Person）提供互换类衍生品的清算服务必须注册成为衍生品清算组织（DCO）或申请豁免注册成为DCO。其中，注册为美国商品期货交易委员会认可的DCO将受到美国商品期货交易委员会在数据报送等多方面的全盘监管，并且美国监管DCO的核心原则满足美国《商品交易法》（CEA）的相关规则，其原则性的要求与《金融市场基础设施原则》保持一致。

如果美国商品期货交易委员会认为某一DCO母国具有与美国相似的、全面的监督和管理框架，则该DCO可以向其申请有条件或无条件的注册豁免。

非美国清算所获得豁免的要求包括：一是美国商品期货交易委员会认可该清算所母国具备相似的、全面的监管体系；二是该清算所母国监管机构对清算所持续适用的法令、法规、政策或其组合在整体上符合《金融市场基础设施原则》；三是该清算所在所有方面实质性遵守《金融市场基础设施原则》；四是该清算所母国具有良好的监管状态。

（2）主要司法辖区对合格中央对手方资本计提的规定

根据《巴塞尔协议Ⅲ》，通过合格中央对手方（QCCP）进行清算可以享受资本计提优惠。巴塞尔银行监管委员会规定合格中央对手方需要满足3个条件：一是被相关监管机构授予认证（也包括豁免的情形），并获准在特定业务范围开展中央对手清算；二是按照与《金融市场基础设施原则》相一致的标准接受有效监管；三是提供中央对手方应计提的虚拟资本要求、清算会员预缴风险准备资源、中央对手方前置或并置自有资本①（Kccp、DFcm、DFccp）等信息以便完成资本计提优惠相关计算。

在此基础上，欧美对合格中央对手方存在差异化的管理规定：在欧盟方面，在《资本要求指令（第四版）》（CRD Ⅳ）框架下，通过《资本要求条例》（CRR）明确规定，根据《欧洲市场基础设施监管规则》（EMIR）获得业务许可的欧盟内中央对手方和获得认证的欧盟外的第三国中央对手方（TC－CCP）是合格中央对手方，即欧盟的合格中央对手方资本计提优惠实际上是和业务准入相捆绑的，具体由欧洲银行业管理局（EBA）牵头落实。

美国方面，在资本计提优惠方面相对灵活，即使没有在美国注册的中央对

① 中央对手方自身财务资源（如实收资本、留存收益等），这些资源用于吸收其损失的顺位在清算会员缴纳的清算基金之前或顺位。

手方也可以通过适当途径获得合格中央对手方的资本计提优惠待遇，即美国的合格中央对手方资格认证和业务准入是相互独立的。美国货币监理署（OCC）、美联储（FRB）和联邦存款保险公司（FDIC）在落实《巴塞尔协议Ⅲ》的《监管资本要求》（RCR）时明确对于非美国的中央对手方，认定其是否属于合格中央对手方需要银行组织自身进行判断，首先考虑该中央对手方所在国的监管体系是否已经采用了《金融市场基础设施原则》标准，以及其母国监管机构是否将标准运用到对中央对手方的监管中。在判断过程中，银行需要考虑行业组织、律师事务所或咨询公司等第三方的评价，以及支付与市场基础设施委员会和国际证监会组织定期发布的各国对《金融市场基础设施原则》落实情况的评估报告。在这种情况下，中央对手方母国的监管机构认定的合格中央对手方资格是一个有力的支持性证据。

（3）上海清算所跨境监管认证成果丰富

上海清算所相继获得多个主要司法辖区监管认证，逐步构建完善金融高水平开放的制度衔接链条。在人民银行指导下，上海清算所根据服务金融高水平开放的要求，深入推进并先后获得美国、英国、欧盟、中国香港的多种类别跨境监管认证（见表 15－2）。这些司法辖区的跨境监管认证涉及多方面的评估，既包括机构层面的评估，即对上海清算所遵守《金融市场基础设施原则》的情况、风险管理制度的完善性等方面的评估，也包括监管层面的评估，即对母国监管制度是否实施《金融市场基础设施原则》、是否监管等效的评估等。此外，正式认证还需监管机构之间建立合作安排，一般以签署谅解备忘录的方式达成。上海清算所获得主要司法辖区的跨境监管认证，标志着我国在中央对手方的统筹监管、国际合作、机构建设、风险管理等方面，已经走在国际行业前列，有助于我国金融市场的国际拓展，并形成积极正面的国际示范效应。

表 15－2　　上海清算所跨境监管认证情况

认证时间	中央对手方监管认证	认证机构	适用机构和产品
2016 年	获得“不行动函”（临时监管豁免函），正在申请正式认证	美国商品期货交易委员会（CFTC）	向作为美国人或其关联机构的清算会员提供自营交易清算服务 产品范围是在中国强制中央对手清算的互换类衍生品，2020 年拓展至上海清算所清算的所有互换类衍生品

续表

认证时间	中央对手方监管认证	认证机构	适用机构和产品
2021 年	境内第一家获得英国临时合格中央对手方（QCCP）资质	英格兰银行（BoE）	英国法人设立在中国的分支机构及子公司参与上海清算所的清算业务 产品范围是上海清算所清算的所有产品
2022 年	境内第一家获得欧盟“第三国中央对手方（TC－CCP）”认证	欧洲证券和市场管理局（ESMA）	向在欧盟设立的清算会员和客户提供清算服务，也可向在非欧盟地区设立、集团总部受欧盟统一监管的清算会员和客户提供清算服务 产品范围是上海清算所清算的所有产品
2023 年	境内第一家获得中国香港自动化交易服务—中央对手方（ATS－CCP）认证	香港证监会（SFC）	向在香港设立的清算会员提供清算服务 产品范围是“互换通”业务。2025 年 3 月，成功扩展香港 ATS－CCP 认证范围至人民币利率互换、标准债券远期、标准利率互换交易

①美国

2016 年，上海清算所成为境内第一家获得美国商品期货交易委员会“不行动函”（No Action Relief）的机构，可以向美国法人清算会员自营交易提供中央对手清算服务。“不行动函”是美国商品期货交易委员会工作层面签发的、确认在特定情形下不会建议美国商品期货交易委员会对某一实体采取执法行动的正式信函，相对于注册 DCO 和申请豁免注册 DCO 两种长期性的安排而言，“不行动函”申请程序和流程便捷，属于一种临时性的、工作层面的安排。

在人民银行持续推动下，2017 年《中美经济合作百日计划早期收获》将该“不行动函”期限进一步延至 2021 年。2020 年 12 月，上海清算所获得美国商品期货交易委员会“不行动函”延期，并将美国机构可参与的清算产品范围全面拓展至上海清算所提供中央对手清算服务的所有衍生品。2022 年 7 月，上海清算所再次获得美国商品期货交易委员会“不行动函”延期，有效期至 2023 年 7 月。目前，上海清算所正在积极推动获得美国商品期货交易委员会监管认证进程。

②英国

2019 年，上海清算所向英格兰银行提交英国第三国中央对手方（TC－CCP）认证申请，该申请于 2021 年 2 月生效。根据英国《资本要求条例》（CRR II），英资在华机构参与上海清算所中央对手清算业务时，可在风险资本计提中认定上海清算所为“合格中央对手方”，有效期至2025年12月。

③欧盟

2022年9月，上海清算所成为欧盟认证的第三国中央对手方（TC－CCP），欧资机构参与上海清算所中央对手清算业务，可以将上海清算所认定为“合格中央对手方”，享受相关风险资本计提优惠政策。

④中国香港

2023年5月，上海清算所获得香港证监会的自动化交易服务——中央对手方（ATS－CCP）认证。上海清算所作为ATS－CCP可通过“互换通”向香港市场提供清算服务。2025年3月，上海清算所成功扩展香港ATS－CCP认证范围，可向银行间市场开展人民币利率互换、标准债券远期、标准利率互换交易的香港清算会员提供清结算服务。

上海清算所获得主要司法辖区跨境监管认证：一是在机制建设方面，从国际监管层面消除了外资机构深度参与我国银行间市场中央对手清算业务的障碍，展现了我国金融高质量发展中持续扩大国际合作、实现互利共赢的主动作为；二是在业务开展方面，获得主要司法辖区跨境监管认证有利于提升我国银行间市场的国际竞争力，稳定外资机构长期参与我国金融市场的政策预期，向国际市场展现了我国有能力持续为国内外市场参与者提供安全、高效、稳定的金融服务，有助于我国各项金融业务更便捷、更广泛地向国际机构和国际金融市场拓展；三是在示范效应方面，获得主要司法辖区跨境监管认证有利于我国在国际金融领域形成积极正面的国际示范效应，体现了国际社会对我国法律和监管环境的进一步认同，同时促进国际参与者形成和巩固对我国金融市场稳定的政策预期，有助于我国金融基础设施在更多国际司法辖区拓展跨境监管认证工作。

四、中央对手方成为广泛拓展境外市场机构的重要枢纽

上海清算所广泛吸引和拓展境外市场机构参与我国金融市场，不仅是提升国际市场竞争力的战略选择，更是推动我国金融市场高水平对外开放的重要举措；通过广泛吸纳境外参与者，能够不断丰富金融市场结构，提升金融市场流动性，促进金融产品和服务的创新，为全球投资者提供更多元化的投资选择和风险管理工具。

上海清算所采取稳健、有序、务实的国际化发展战略逐步拓展国际清算会

员网络，在获得多个主要司法辖区跨境监管认证的基础上，探索在其他司法辖区开展跨境监管认证的可行性，为拓展国际清算会员网络打好制度基础，积极探索通过更多领域和渠道吸纳境外参与者。

一是在获得跨境认证的基础上，上海清算所帮助境外参与者享受风险资本计提有关优惠政策，同时为境外参与者直接参与上海清算所中央对手清算业务提供便利。

二是合理使用境外相关监管规则，在外汇中央对手清算业务引入首家非中国法人的清算会员，为其他国际机构入市形成示范效应。

三是发掘潜在渠道，通过“北向互换通”与香港场外结算公司合作引入花旗银行、法国巴黎银行、德意志银行等 66 家境外投资者，并与“直接投资银行间市场（CIBM）模式”同步推动，国际机构参与日渐活跃、占比逐步增加，2024 年境外参与者利率互换清算量共计约 4.36 万亿元，同比增长近 137%，占全市场的 13.3%，其中通过“北向互换通”的利率互换清算量为 3.66 万亿元，同比增长约 289%。

四是发掘潜在需求，配合我国债券国际吸引力增加的趋势，拓展标准化利率衍生品标的券种、完善实物交割机制等，推动两只非法人产品作为首批境外投资者在银行间债券市场直投模式下参与业务，更好满足境外参与者的利率风险管理需求。

同时，开辟境外机构直接参与境内集中清算业务的全新路径，实现银行间市场直接参与和互联互通“双轮驱动”。2025 年 4 月，上海清算所国际化进程迈出历史性一步，成功发展中国银行（香港）有限公司（中银香港）成为首家位于境外的清算会员，可直接在银行间市场开展人民币利率互换（含标准利率互换）和标准债券远期的中央对手清算业务。

五、中央对手方是深度参与国际金融治理提升国际话语权的重要阵地

“自主可控安全高效”的金融基础设施体系，不仅是软硬件的技术体系自主可控，更重要的是参与、主导国际金融制度规则、标准等的制定。这需要积极参与国际监管合作、国际金融行业组织治理，提高国际话语权，实现在国际合作、国际金融市场业务标准制定中具备自主可控的影响力，更好服务我国金融安全高效发展。

（一）深入参与全球中央对手方协会的国际行业治理

全球中央对手方协会（CCPG）创立于2001年，是唯一的全球性中央对手方同业组织，已与国际清算银行、金融稳定理事会、国际掉期与衍生工具协会等国际组织，欧洲、美国等各国监管机构建立了密切的对话机制，在全球监管协调和行业标准制定中发挥重要作用。目前，全球中央对手方协会已有42家来自全球主要经济体的会员，包括38家普通会员和4家观察会员。通过提供专业意见和行业监管建议，全球中央对手方协会已成为国际监管组织和各国监管机构的重要合作伙伴，在全球金融治理中发挥着日益重要的作用。

上海清算所作为我国重要的金融市场基础设施，于2013年加入全球中央对手方协会，并自2015年起持续担任全球中央对手方协会执委会成员。

在人民银行的指导下，上海清算所积极参与并支持全球中央对手方协会工作，包括积极参与执委会讨论、牵头相关专业工作委员会、参与协会年度白皮书等，不断提升我国金融基础设施的国际影响力，助力我国金融市场高水平对外开放和强大的上海国际金融中心建设。

一是深度参与国际行业协会治理。每月定期参加执委会会议，每年出席全体会员大会和特别会员大会等，就协会日常运营与发展规划等事项讨论并作出决议，推进国际中央对手方行业的规范化建设，加强国际交流合作，推动共商共建共享的全球治理观念。

二是担任协会量化披露工作委员会、运营工作委员会联席主席，参与研讨上海清算标准、违约处置拍卖、集中清算市场保证金透明度等多项专业议题，并对多项国际清算行业监管政策研提意见，持续提升我国在国际监管协调、国际标准制定等领域的话语权。

三是参与年度白皮书《中央对手清算年度市场发展报告》编写工作。该白皮书是全球中央对手方协会年度最重要的出版物，获得国际监管机构和行业高度重视。上海清算所每年参加该白皮书编审委员会，并为白皮书提供专章案例分析，如中国期货和衍生品法专章介绍（2022）、中国首例金融市场测试案例（2023）、“互换通”专题案例分析（2024）等，向全球宣传展示我国金融市场开放发展最新成果，全力服务提升我国的国际金融影响力。

（二）有力推动制定发布全球首个清算行业国际标准

为进一步提升全球清算行业信息披露标准化程度，在上海清算所推动下，全球中央对手方协会在上海发布其正式运营后的首个国际性清算行业标准——《量化披露实务标准》（以下简称《标准》），业内人士普遍称为“上海清算标准”，进一步提高了上海金融市场在全球金融市场中的影响力和竞争软实力。《标准》是规范全球中央对手方落实国际监管机构有关要求，定期披露业务运行和风险管理等关键量化信息的清算行业国际标准。《标准》的出台，改变了全球行业量化信息披露形式不统一、数据质量不可靠、信息不透明的情况，将规模超500万亿美元的全球场外衍生品市场风险管理状况清晰地呈现在公众视野之中，加强了行业自律规范，提高了金融监管效率，为推进国际金融治理体系建设作出重要贡献。

2020年12月，全球中央对手方协会和上海清算所联合申报的《标准》成功入选上海市首批“上海标准”，成为首批唯一获此殊荣的金融领域团体标准。2024年1月，“上海标准”到期复评，《标准》在披露质量、披露时效等关键性指标方面持续保持国际先进性和创新性，继续获选“上海标准”。

入选“上海标准”以来，上海清算所通过全球中央对手方协会执行委员会、各工作委员会以及与国际监管机构、国际同业的沟通交流，持续推动《标准》优化完善并促进标准在全球范围内应用实施。自从入选“上海标准”，已有39家原先坚持使用自主披露模板的国际机构，开始遵守“上海清算标准”。目前，全球范围内严格遵守“上海清算标准”的国际金融基础设施，已从标准发布初期的10余家扩展至60家。中国、美国、加拿大、德国、英国、日本等国家的中央对手方均已按照“上海清算标准”进行量化信息披露，覆盖全球市场业务规模的99%以上。

《标准》的发布推动了全球中央对手清算行业发展，促进金融市场监管改革和系统性风险防范。《标准》推出前，全球中央对手清算行业量化披露形式不统一、数据质量不可靠、信息不透明，超过500万亿美元的全球场外衍生品市场中风险累积水平、相应的风控措施难以为各利益相关方所了解。《标准》的出台，提高了披露数据的一致性、准确性和时效性，成为跨辖区、跨市场、跨时间比较的统一标杆，是全球中央对手方协会和上海清算所为推进国际金融治理体系建设作出的一项重要贡献。从监管机构到市场参与者，通过跟踪分析回溯测试覆盖率、平仓时间、初始保证金置信区间等《标准》中的关键指标，可对比各中央对手方风险管理能力；通过初始保证金规模、清算基金资本计提参数等指标考量，可计算市场资本占用情况和风险缓释情况。

《标准》的实施助力上海国际金融中心建设，提升上海国际金融中心的全球号召力。《标准》弥补了上海国际金融中心深度参与国际标准制定的短板，体现了上海正在逐步具备协调、推动和发布金融行业国际标准的市场软环境。国际社会对上海金融市场发展的积极认可，对提高上海在全球金融领域，特别是监管规则制定层面的影响力和号召力等具有重要的战略意义。

第十六章　我国场外中央对手清算机制建设的成功实践经验与发展展望

在我国中央对手清算制度框架体系建设中，一个极为重要的标志性事件是，在深刻反思和借鉴2008年国际金融危机教训的基础上，人民银行于2009年迅速成立全球第二家、亚洲第一家新设立的中央对手方——上海清算所，并在场外市场快速建立和全面推广中央对手清算机制，切实为我国金融市场稳健发展保驾护航。

一、把握时机建立场外中央对手清算机制的三重战略考量

（一）提早布局防范系统性金融风险的主动战略作为

2008年国际金融危机后，国际社会经过对危机爆发成因、传导机制等进行深刻反思，形成了在场外衍生品市场全面引入中央对手清算机制的一致共识，并于2009年在G20匹兹堡峰会上成为国际金融监管改革的共同目标。

2008年国际金融危机前，我国的场外市场逐步进入债券、外汇、利率等各类金融现货和衍生品不断创新和快速发展的新阶段。例如，在外汇市场方面，2005年8月、2006年4月、2007年12月，先后推出远期人民币外汇交易业务、人民币与外汇掉期交易业务、人民币外汇货币掉期交易业务；在利率市场方面，2005年6月、2006年2月、2007年9月，先后推出债券远期、利率互换、远期利率协议业务。虽然此时我国场外市场尚处于发展初期，场外交易形式主要是现货、远期等，复杂衍生品相对较少，金融机构参与程度也不十分深入。但随着人民币国际化稳步推进、利率和汇率市场化改革持续深化，主要服务于风险管理的各类场外衍生品市场势必蓬勃发展，从制度和机制建设进行总体布局，提早关注和重视防范系统性金融风险及其管理措施，至关重要。

从场外金融市场实际看，成立独立法人组织形态的专门中央对手清算机构，既是落实国际金融改革目标的举措，又是在我国场外市场建立推广中央对手清算机制的重要途径。2009 年，人民银行建立了我国场外市场第一个中央对手方——上海清算所，填补了我国场外市场中央对手方的机构和制度建设空白，标志着我国金融市场基础设施建设的进一步深化。首先，上海清算所的建立实现了将成熟金融市场行之有效的风控理念、制度、办法等创造性地应用于新兴金融市场，有利于新兴金融市场在更高起点上安全高效发展，避免由于发生风险而引起市场反复波动；其次，专门的中央对手方集中清算各类产品，能促进新兴金融市场不同业务产品之间的互动发展，充分彰显价格发现、资源配置、风险管理等市场功能；最后，中央对手方增强了市场透明度，有利于监管机构及时全面掌握风险信息，防范和化解跨市场、跨产品相互联动作用而可能引发的系统性风险。

（二）深化完善我国宏观审慎政策框架的重要战略举措

对 2008 年国际金融危机的深刻反思，让国际社会普遍认识到政策过度宽松和监管放任甚至缺位是金融危机爆发的重要政策和监管层面原因，由中央银行同时负责货币政策和宏观审慎政策也成为国际金融改革共识。宏观审慎政策主要针对金融稳定和防范系统性风险，具有宏观、逆周期、防传染的基本特点。在国际金融危机后，国际主要经济体普遍重构了金融监管框架，在传统的货币政策基础上引入宏观审慎政策，建立“双支柱”调控框架，强化中央银行在宏观审慎政策框架中的核心地位，强调中央银行对金融基础设施的统筹监管权。例如，2010 年，美国颁布《多德—弗兰克法》，制定了系统重要性金融基础设施标准，规定美联储是系统重要性金融基础设施的主要监管者，负责从宏观审慎角度制定对系统重要性金融机构的审慎监管标准。2011 年，欧洲建立的欧元体系监管政策框架，规定欧洲央行系统（ESCB）负责欧元区内支付、清算、结算、登记托管类金融基础设施的统筹监管。2013 年生效的英国《金融服务法》(2012)，将金融基础设施的监管由金融服务局重新转移至英格兰银行。

人民银行于 2009 年成立上海清算所后，通过机构建设、业务创新、制度完善等，在我国场外市场建立完善了一整套现代中央对手清算业务和制度体系，并参与推动全球中央清算制度标准建设，通过中央对手清算实现穿透式监管和宏观审慎管理，使中央对手清算机制成为我国防范化解金融市场系统性风险的重要政策工具之一，进一步夯实了我国宏观审慎政策框架体系，包括认定上海清算所为合格中央对手方、规定利率衍生品由上海清算所进行中央对手清算、支持上海清算所为场外5大类产品拓展中央对手清算服务，以及推出“互换通”业务便利香港和内地开展人民币利率互换交易，支持上海清算所推动全球中央对手方协会推出“上海清算标准”等一系列举措。2022年，人民银行发布《宏观审慎政策指引（试行)》进一步明确，宏观审慎政策传导机制是通过运用宏观审慎政策工具，对金融机构、金融基础设施施加影响，从而抑制可能出现的系统性金融风险顺周期累积或传染，最终实现宏观审慎政策目标的过程。其中，宏观审慎政策工具包括金融基础设施管理工具，即通过强化有关运营及监管要求，增强金融基础设施稳健性。以重点领域宏观审慎政策实施为切入口，建立中央对手方管理要求等宏观审慎政策工具箱，发挥流动性管理工具的逆周期调节功能。①

（三）全力助推我国金融市场高质量发展的长效战略需要

国际金融市场发展经验表明，场外市场的发展具有两个主要特征：一是场外市场规模远超场内市场，而且这一特征在衍生品市场更为突出和典型；二是拥有中央对手方等比较健全金融基础设施的金融市场，普遍运行平稳、发展活跃。据国际清算银行统计，2009年末全球场外衍生品未平仓合约的名义本金为603.9万亿美元，约是全球场内衍生品未平仓合约名义本金67.4万亿美元的9倍。同时，在国际金融中心城市均有国际影响力的本土中央对手方。

与国际金融市场相比，当时我国场外衍生品市场仍然存在规模较小、产品序列不完备、金融基础设施体系建设不充分等发展中有待完善之处。2009年，我国场外利率和外汇衍生品交易额仅为6.6万亿元，远低于场内市场规模，约为同期交易所期货交易额的5%；当时我国场外衍生品主要是利率类和外汇类，还没有信用类、大宗商品类等国际主要衍生品种类；同时，场外市场的中央对手清算机制、高标准的风险管理体系等仍属于空白领域，急需健全。

① 中国人民银行货币政策司课题组．中央银行在维护金融稳定中的作用［J］．中国金融，2023（2）．

二、既遵循发展客观规律更适合我国国情的中央对手清算发展关键内在逻辑

结合国际场外衍生品市场的3个发展规律，以及我国的3个客观发展情况，中央对手清算机制在我国场外市场的建立拓展呈现出3个维度的关键内在逻辑。国际上，金融衍生品市场发展具有国际性、中央对手清算应用具有强制趋势性、政策监管实施具有跨境延伸性；在我国，场外衍生品市场存在规模体量还较小、各类产品序列还不均衡、市场认识和配套措施尚不到位的实际环境。中央对手清算机制作为一种制度性安排，既遵循发展客观规律更适合我国国情，在我国的建立发展过程中形成了政策引导、需求牵引和供给推动3个关键内在逻辑。

（一）政策引导的内在逻辑

在2008年国际金融危机后，对于具备较大市场规模、较高标准化程度、较高流动性水平的场外衍生品交易，国际金融组织和金融监管机构通过出台一系列中央对手清算强制实施政策的方式，在国际场外衍生品市场推广中央对手清算机制。这种政策引导是国际社会对标准化场外衍生品实行中央对手清算的最直接、最有力、最有效的形式，也是促进发挥中央对手清算在场外衍生品市场监管、防范系统性风险方面示范效应的实际体现。

在我国，场外利率衍生品市场的中央对手清算机制就是政策引导模式。2014年1月，以人民银行发布《关于建立场外金融衍生产品集中清算机制及开展人民币利率互换集中清算业务有关事宜的通知》（银发〔2014〕29号）为标志，我国对人民币利率互换实施强制中央对手清算政策。强制中央对手清算政策能率先在利率互换市场顺利推行，具备以下3个基本条件。

一是业务发展稳定，具备建立中央对手清算机制的初步规模。2006年2月，我国场外市场正式推出人民币利率互换产品，当年交易笔数为103笔，名义本金为355.7亿元。发展至2010年以后，人民币利率互换交易笔数和名义本金已较为稳定，占利率衍生品市场的95%以上。2011年、2012年和2013年，人民币利率互换交易笔数分别为20202笔、20945笔和24409笔，名义本金分别为26760亿元、29021亿元和27278亿元（见图16-1）。

二是产品结构简洁，适于纳入中央对手清算。利率互换的期限结构呈现明显的短期化特征，以2013年为例，1年及1年期以下品种的交易最为活跃，占

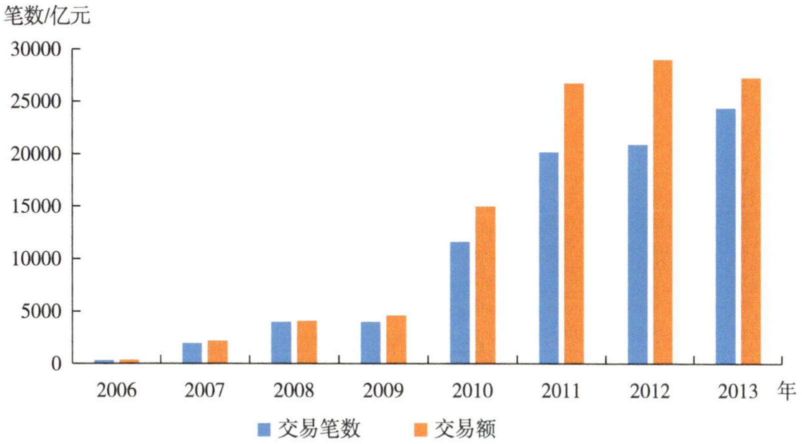

图 16－1　场外市场人民币利率互换交易规模

总成交量的 75.6%。利率互换产品几乎全是浮动利率对固定利率，浮动端最主要的参考利率为 7 天回购定盘利率（FR007）和上海银行间同业拆放利率（Shibor），2013 年，与之相关的交易占比分别达到 65.3% 和 33.3%。

三是参与者范围较大且交易相对集中，符合中央对手清算参与者的特征。一方面，市场参与者类型丰富、数量增多。2010 年 7 月，保监会发布《关于保险机构开展利率互换业务的通知》（保监发〔2010〕56 号），允许保险公司开展利率互换业务；2011 年 4 月，证监会发布《关于证券公司证券自营业务投资范围及有关事项的规定》（中国证券监督管理委员会公告〔2011〕13 号），证券公司也被允许参与利率互换业务。截至 2013 年底，利率互换业务的备案机构为 107 家，类型包括股份制商业银行、证券公司、保险机构、外资银行等。另一方面，利率互换产品交易量相对集中，截至 2014 年 6 月底，有 118 家人民币利率互换备案机构，前 30 家机构的交易额占全市场的 90% 以上。

落实人民银行关于利率互换强制中央对手清算政策，上海清算所作为中央对手方，于 2014 年 1 月、7 月分别推出人民币利率互换中央对手清算和代理清算业务，并持续创新完善各项业务服务。目前，利率衍生品中央对手清算业务覆盖利率互换、债券远期两种产品，并已推出合约压缩、实时承接、合约移仓等创新服务。落实强制中央对手清算政策实现了利率衍生品市场发展的扩容提质，场外利率衍生品交易额增长迅速，中央对手清算比例保持在 95% 以上（见图 16－2）。[①]

① 数据来源：历年银行间市场运行报告、上海清算所年度披露数据。

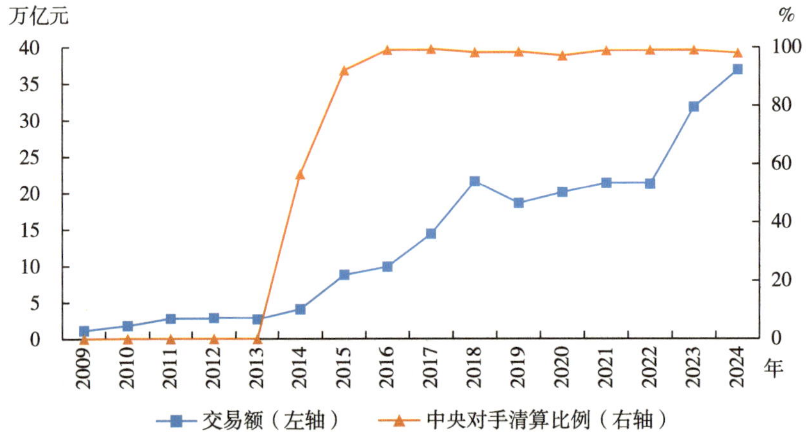

图 16－2　场外利率衍生品交易额和中央对手清算比例

（二）需求牵引的内在逻辑

随着场外衍生品市场的快速发展、市场规模不断扩大、复杂性持续增加，监管机构和市场机构对交易后处理效率和风险管理等都提出了更高的要求，从而自发地产生引入中央对手清算机制的内在迫切需求。这种需求牵引模式在银行间外汇市场体现得最为充分。

1994 年，随着我国外汇管理体制改革，全国统一的银行间外汇市场逐渐形成。早期，外汇市场只能进行即期交易，并实行单一的竞价交易模式，交易系统按照“价格优先、时间优先”原则进行逐笔撮合，交易前台对交易进行集中授信、集中处理。

2005 年 11 月，银行间外汇市场推出以做市商制度为基础的询价交易规则，其中规定询价交易采用双边授信、双边清算，并在此基础上于 2006 年推出人民币外汇即期询价交易①。此后，场外市场先后推出人民币外汇远期、人民币外汇掉期和人民币外汇货币掉期交易业务，外汇市场衍生产品进一步丰富，交易规模快速增长。由于外汇衍生产品形式的多样化以及合约的个性化，市场参与者均选择更具灵活性的询价交易模式。

随着外汇市场的蓬勃发展，市场机构为更好地管理风险、降低交易成本，对在询价交易方式下引入中央对手清算机制的需求不断增加（见图 16－3）。在

---

① 国家外汇管理局．2005 年国际收支报告［R］．2006.

外汇市场已有的人民币外汇即期询价交易净额结算业务基础上，上海清算所作为中央对手方发挥功能作用和风控能力优势，逐步优化合约替代、多边轧差、风险管理、违约处置等核心清算功能，于2014年11月推出人民币外汇中央对手清算业务，正式将中央对手清算模式完全引入外汇衍生品市场，涵盖即期、远期、掉期和期权等产品，同时还将中央对手清算的成功经验拓展到外汇双边清算，推出外币回购双边清算、外汇交易双边集中清算业务等，进一步丰富了双边清算服务内涵、强化了双边清算的安全保障。我国银行间外汇交易、外汇衍生品交易通过中央对手清算比例均超50%，外汇中央对手清算的规模已居全球场外外汇市场首位（见图16－4）。

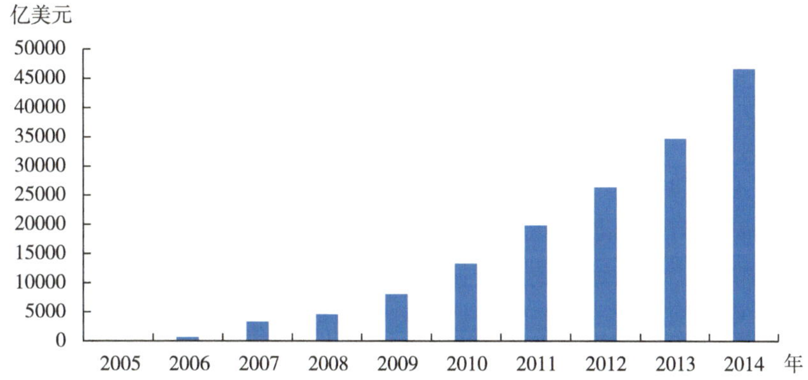

图16－3　银行间外汇衍生品交易额

（资料来源：历年国际收支报告、银行间市场运行报告，上海清算所整理）

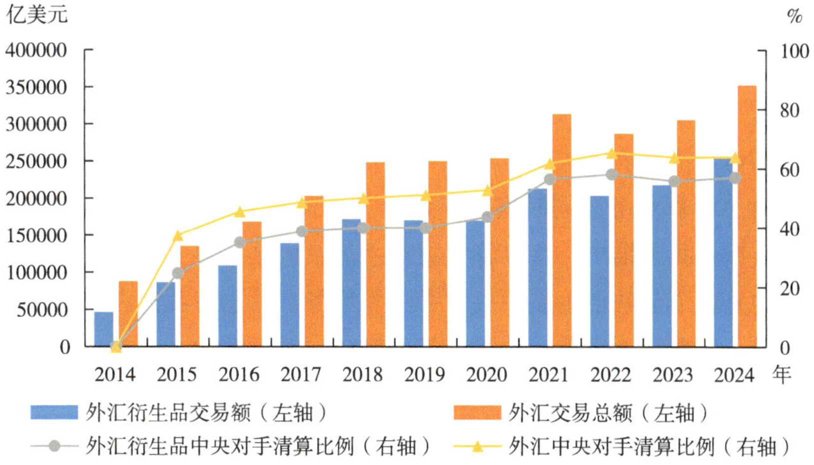

图16－4　银行间外汇交易额和中央对手清算比例

（三）供给推动的内在逻辑

对于部分在我国起步较晚但国际上已有成熟中央对手清算经验的衍生品来说，我国充分发挥后发优势，及时预见未来市场的多元化发展和可能的中央对手清算需求，提供具有前瞻性、创新性的服务供给，并以此为切入点，撬动新兴金融市场完整清算生态的培育和发展。这种供给推动的模式在场外大宗商品市场体现得最为典型和充分。

大宗商品普遍涉及进出口贸易，天生具有国际性，为争取国际定价权、助力人民币国际化，我国迫切需要大力发展大宗商品衍生品。以铁矿石衍生品为例，2008 年瑞士信贷和德意志银行推出了铁矿石的场外柜台交易，2009 年新加坡交易所推出全球首个铁矿石互换清算业务，伦敦清算所、洲际交易所、芝加哥商业交易所等中央对手方也先后推出了铁矿石衍生品业务，与之相对，我国作为全球极为重要的铁矿石消费国却迟迟没有推出铁矿石衍生品。

国际大宗商品衍生品发展经验表明，市场机构迫切需要中央对手清算机制，以在保障市场活力的同时，能够高标准、集中管理对手方风险。例如，在 2008 年国际金融危机中，全球远期运费协议市场出现了客户大面积违约的系统性风险、市场规模急剧收缩，因此在危机后全球远期运费协议市场几乎所有交易都已实现中央对手清算，市场占比从危机前的约 50% 上升到危机后的超过 99%，反映了国际市场机构对中央对手清算机制在平衡交易活力与保障市场稳健运行方面贡献的高度认同。

因此，我国场外大宗商品衍生品市场的发展不仅需要从无到有培育，更需要突出后发优势推进中央对手清算机制；同时，中央对手方既要发挥促进产品创新和活跃交易的作用，又要提供有效风险管理和有力保障交易履约的功能。立足服务实体经济需求的本质，2013 年 4 月，上海清算所推出人民币远期运费协议中央对手清算业务，同时实现了两个方面的创新：一是产品形态的创新，该产品是首次在我国推出，首次将中央对手清算机制拓展到场外大宗商品衍生品市场，也是首个金融衍生品中央对手清算服务，标志着我国在主要的全球化金融衍生品上实现了人民币计价清算零的突破，对于深化上海在全球金融衍生品市场的竞争力，协同推进上海国际金融、国际航运两个中心建设，确立上海全球性人民币产品定价和清算中心地位，都有着非常显著的意义。二是清算模式的创新，不同于需求牵引模式下从双边到中央对手清算的渐进过程，该产品以中央对手清算的创新引领和驱动从交易到清结算的全流程突破。这一具有中国特色、立足实体经济需求的中央对手清算业务的成功创新经验，随后得到了复制推广，目前上海清算所已经在关系国计民生的大宗商品领域建立了覆盖化工、黑色、碳排放、有色、能源、航运 6 个大类共 20 个产品体系，成为我国场外金融市场有针对性地支持实体经济发展的典范，也为后续绿色金融、碳金融的创新探索了一条可行的发展路径。

三、场外市场建立推广中央对手清算机制的重要价值意蕴

（一）助力自主可控安全高效的金融基础设施体系建设

2009 年 11 月 28 日成立的上海清算所，补齐了我国场外市场中央对手方这一关键金融基础设施的短板，标志着我国金融市场基础设施建设的进一步深化，有利于完善交易、清算、结算等环节分工协作的市场架构，防范并隔离清算风险的市场传递，通过与交易前台、结算后台等的密切合作，更好满足市场参与者多元化的需求，促进实现我国金融市场持续创新和稳健运行的均衡发展，更好地推进自主可控、安全高效的金融基础设施体系建设。

作为金融市场体系运行的支撑架构和基础平台，中央对手方为市场所有参与者提供服务，具有“公共产品”的“公共性”“基础性”特征，首先满足“安全高效”的公共利益。“安全”是在保证自身安全和促进更大范围金融稳定的同时，中央对手方具备稳健的风险管理制度安排，可有效管理各类风险；“高效”是确保自身高效运行同时支持培育公平高效的金融市场，高效运行的中央对手方不会影响金融活动和市场结构，有助于提升金融市场运行效率。

中央对手清算相比双边清算具有非常明显的优势，已经成为国际公认的管理场外衍生品市场系统性风险的理想制度安排和政策工具。中央对手清算机制在场外衍生品市场中，一是有助于穿透式金融监管，能够向相关各方特别是监管机构提供对手方、风险敞口等微观层面的高频信息，切实提升市场透明度，助力监管机构根据动态信息有效预防和应对潜在风险；二是有助于构筑防范风险的雄厚风险准备资源体系，通过建立瀑布式风险防范结构，有利于充分吸收个体市场参与者违约所导致的损失，阻断风险传染链条，维护市场信心，防范市场的羊群效应和系统性风险，实现金融市场的平稳运行；三是有助于促进市场活跃创新，中央对手方自身能集聚产品、资源、信息和人才，作为专业风险

管理机构也能降低创新性产品的风险，并能通过良好的制度安排，更好地平衡权利与义务、风险与收益，支持市场向正确的方向创新发展。

上海清算所积极把握国际金融危机后监管体系改革和监管标准重构的契机，以建设自主可控、安全高效的金融基础设施为目标，严格按照以《金融市场基础设施原则》为核心的国际统一标准，建立起规范、完整的中央对手方清算风险管理体系，为金融市场稳健高效运行提供了基础性保障，已经获得境内外监管层面、市场参与者等的广泛认可：上海清算所是国内首家由金融监管部门认定的合格中央对手方，并获得欧盟、英国、中国香港等地监管机构跨境监管认证。国际货币基金组织和世界银行联合组织的金融部门评估规划也认可上海清算所风险管理安排设计良好，符合国际标准。国内开发性金融机构、政策性银行、大型商业银行、股份制商业银行、城市商业银行、农村商业银行、证券公司、保险公司等市场主体均已参与上海清算所中央对手清算，国际系统重要性银行等主要市场机构也广泛通过“互换通”积极参与上海清算所中央对手清算。

（二）健全完善服务实体经济的激励约束机制

上海清算所持续创新优化业务体系，为多种类型金融交易提供中央对手清算服务，通过提供有针对性的金融服务更好满足实体经济的资源配置、价格发现、风险管理等客观需求。从清算机制本身看，中央对手清算可以系统性地降低金融市场运行成本，这也会直接减少实体经济的运行成本。以商业银行与交易对手（信用评级 AAA）签订名义本金为 1 亿元的 5 年期固定/浮动利率互换合约为例初步测算，根据《中央交易对手风险暴露资本计量规则》，双边清算的资本要求为通过中央对手方清算的资本要求的 6 倍。2013 年，国际清算银行衍生品宏观经济影响评估组织（MAGD）开展的研究表明，中央对手清算机制作为核心的场外衍生品改革，宏观经济效益相当于 GDP 的 0.12% 。

即使不考虑净额结算、风险资本计提优惠等成本节约，中央对手清算防范化解金融风险特别是防止发生系统性金融风险的能力，依然具有不可替代的宏观经济价值。在我国应对包商银行因出现严重信用风险被监管机构接管事件中，中央对手清算机制防控金融风险的重要作用得到充分展现。一是上海清算所通过法律意义上的合约替代，成为所有市场参与者的对手方，形成整体市场的风险防火墙，自动切断风险传导链条，防止个体风险向整个市场扩散，避免风险共振。二是上海清算所通过建立实施分层清算会员制度，有效防范会员信用风险。以人民币利率互换中央对手清算业务为例，上海清算所既有 47 家综合清算会员和普通清算会员，也有 294 家代理客户通过被综合清算会员代理的模式参与业务，形成了两道控制信用风险的防线。三是上海清算所将该商业银行涉及的所有合约进行净额轧差，显著降低风险敞口的总体规模。四是上海清算所每日计算全市场衍生品合约的公允估值并进行逐日盯市，做到每日盯市盈亏清零，避免交易各方风险的积累。五是上海清算所建立基于市场风险计量的瀑布模型，严格监测和管理市场风险。确保在 99% 置信度下保证金能够完整覆盖会员违约损失，保证总体风控资源能够覆盖 2 家最大会员同时违约的极端情景下的潜在损失，并且在风险准备资源的计收过程中加入了逆周期因子。通过这次成功的风险应对，充分验证了上海清算所风控模型有效、风险管理体系稳健，能够高效处置风险事件，保障了金融市场平稳运行，其他市场参与者未受到任何影响。

中央对手清算机制的建设，有效激发了我国场外市场的活力，为实体经济注入源源不断的金融活水。上海清算所已为绝大部分场外衍生品提供中央对手清算服务，尤其是，在外汇市场已经建成全球最大、独具“中国优势”的外汇清算平台；在利率衍生品市场已经建立人民币资产利率风险管理平台，同时全球首创推出“互换通”这一中央对手方跨境联通的全新制度机制，更好地满足了国际市场参与者多元化的需求；外汇期权、碳排放等中央对手清算业务的创新走在世界前列，整体助推了场外衍生品市场的蓬勃创新和稳健发展，更好地服务实体经济。

（三）推动支持金融高水平制度型开放发展

随着全球金融市场的发展，金融体系已经成为由相互关联的个体组成的交互网络，金融竞争也从单一市场机构的单打独斗，发展到依托金融基础设施凝聚市场整体合力的国际竞争与合作。我国的金融开放已从原先着眼于国际金融资源引入、金融资产跨境持有等散点式、要素流动型开放，有序发展为配置和集聚全球金融资源、扩大和主导金融规则、规制、标准制定等的高水平制度型开放。

考虑到中央对手方的特征，相较于金融机构单独分散接入国际市场，通过中央对手方互联互通推进金融高水平制度型开放有以下优势：第一，通过一站式接入，为不同制度规则磨合提供“缓冲带”。通过中央对手方接入对方市场，金融交易清算涉及的所有流程都发生在投资者所在地/所在市场，适用原有的法律制度、监管规则和交易习惯，避免了制度摩擦成本，提高了参与效率，促进规则制度的相互衔接。第二，通过整合对接资源要素，畅通金融活动的“大动脉”。中央对手方作为连接市场前后台的金融基础设施，是不同金融机构之间的桥梁，与交易、托管、支付、结算等不同类型金融基础设施及各类金融机构的相互联系是其天然特性，集聚资金、产品、信息等资源要素是其固有特征。中央对手方之间互联互通，相比于少数金融机构之间的点对点连接，更容易凝聚合力，产生协同效应，有力畅通资源要素的流动，增强对产品定价、规则制定的影响力。第三，中央对手清算机制风险可控，为金融市场高效稳健运行筑牢“防火墙”。中央对手方以中央对手清算机制为核心，是金融系统风险防控的关键节点，宏观审慎监管的重要抓手，通过合约替代、多边轧差，分层清算、保证金制度、清算基金制度以及瀑布式风险防范结构等，有效防范系统性风险，以中央对手方为基础的合作安排，风险可控、安全稳健。

上海清算所强化枢纽功能，为金融市场高水平制度型开放贡献力量。例如，创新引领国际的中央对手方跨境互联互通模式。2023 年，上海清算所联合外汇交易中心与香港交易所集团旗下的香港场外结算公司开展了“互换通”合作，在全球首创了衍生品市场中央对手方的跨境联通模式，通过内地与香港金融基础设施连接，便利境内外投资者参与两地利率互换市场。又如，在制度标准方面，上海清算所作为全球中央对手方协会（CCPG）执委机构推动在上海发布首个国际性清算行业标准——“上海清算标准”，已被占全球市场业务规模 99% 以上的国际同业采用，还被欧洲系统性风险委员会纳入其宏观审慎监测体系，有效提高金融市场制度标准质量和我国在国际金融领域的制度性影响力。

（四）支持服务上海国际金融中心和金融强国建设

国际金融中心通常指集聚金融机构、金融交易、相关产业服务，对全球具有辐射影响力的城市或地区。中央对手方居于金融市场的核心枢纽、金融交易的关键环节，连接银行、证券公司等不同类型金融机构、交易支付等上下游金融基础设施，天然聚集了资源资金、数据信息等，增强了国际金融中心的辐射功能，契合了国际金融中心的发展，已经成为主要国际金融中心的标配和竞争焦点。

国际化、高水平的中央对手清算机制是发达国际金融中心的显著特征。美国、欧盟、英国、新加坡、中国香港等主要金融市场，均建立了功能完备、服务广泛的中央对手清算机构，已经成为强大国际金融中心实力的重要标志。一方面，中央对手清算一直是主要国际金融中心应对风险的有效举措，2008 年以来，美国国债市场已发生过 10 多次流动性闪崩事件，2023 年 12 月，美国证券交易委员会通过了美国国债市场实行强制中央对手清算的最终规则，符合要求的美国国债现券和回购交易将纳入强制中央对手清算，充分肯定了中央对手清算的安全与效率优势，强化了中央对手方在金融市场的核心地位。另一方面，国际化的中央对手方对于强大的国际金融中心具有重要支撑作用，欧盟、英国等在金融竞争中，将欧元计价产品中央对手清算作为各自国际金融中心竞争的焦点，持续争夺。英国伦敦依靠伦敦清算所的清算能力，长期占据全球场外衍生品清算中心地位，而且与纽约并列占据国际金融中心排名前两位。根据英国智库 Z/Yen 集团全球金融中心指数（GFCI），2019 年之后，伦敦一直落后于纽约，居于第二位，这与欧盟通过政策措施影响伦敦清算所的欧元清算中心地位和业务具有紧密关系。可见，中央对手清算已经是当前国际金融领域竞争的焦点，是提升国际金融竞争力的重要抓手。

我国在 2009 年将建设上海国际金融中心确定为国家战略的文件《国务院关于推进上海加快发展现代服务业和先进制造业建设国际金融中心和国际航运中心的意见》中指出，完善金融服务设施和布局规划，进一步健全为市场交易服务的登记、托管、清算、结算等统一高效的现代化金融支持体系，提高上海金融市场效率和服务能力。2024 年 8 月，上海市最新修订发布的《上海市推进国际金融中心建设条例》进一步明确，支持金融基础设施运营机构发挥中央对手清算机制作用，提高金融市场资金结算效率，提升上海国际金融中心资产管理和资金集散的枢纽地位。

总体上，上海清算所通过建设国际一流中央对手方，为积极推动上海国际金融中心的建设，支持加快金融强国建设发挥积极作用，包括推进中央对手清算的标准制度和法律法规体系建设，提高上海国际金融中心竞争软实力；建设产品多样、富有韧性的衍生品市场，提高中央对手清算的服务能级；拓展大宗商品清算通的服务深度和广度，增强金融服务实体经济的能力；深化开展金融基础设施互联互通等国际合作，服务建设上海人民币资产全球配置中心；重点发挥中央对手清算的风险防火墙作用，助推上海建设人民币金融资产全球配置中心和风险管理中心等。

四、场外中央对手清算机制的发展展望

上海清算所坚守金融工作的政治性、人民性，胸怀国之大者、围绕中心、服务大局，一是科学谋划发展蓝图，建立和推进“1234”全新发展战略，即锚定“1 个目标”——建设自主可控安全高效的金融基础设施，坚守“2 大功能定位”——服务央行履职与服务上海国际金融中心建设，坚持“3 化发展方向”——国际化、专业化、数字化，推动“4 个更加务实举措”——更加主动地融入全球、更加广泛地联通内外、更加全面地提升能级、更加可控地管理风险。二是深入推动中央对手清算机制立法并首次在监管制度安排中明确，中央对手清算机制写入《上海市推进国际金融中心建设条例》，这是我国首次在地方性法规层面明确中央对手清算机制，金融监管总局正式从制度层面明确合格中央对手方（QCCP）的相关安排，2024 年成为合格中央对手方风险资本计提优惠落地元年。三是中央对手清算的发展优势持续巩固和拓展，上海清算所作为全球最大外汇清算平台地位进一步巩固，利率、信用衍生品中央对手清算平台引导市场机构运用衍生品管理风险、推动市场健康发展作用进一步拓展，债券中央对手清算、大宗商品清算通、大宗商品衍生品与碳金融中央对手清算等平台服务实体经济、支持人民币国际化与绿色发展等积极先导作用进一步发挥。四是跨境互联互通主渠道和关键枢纽地位充分彰显，“玉兰债”实现发行人类型、可持续金融、多地联合挂牌等领域的重大突破，“互换通”“债券通”业务规模迅速增长，奠定“熊猫债”最大发行平台的地位，上海清算所“引进来”“走出去”双向持续发力，作为重要国际金融交流平台的作用更加突出。五是风险管理体系更加健全、风控能力稳步提升，自主设计中央对手清算业务风险管理数据地图，构建全景式、一站式金融市场风险监测体系等，高效为金融市场稳健运行保驾护航。

上海清算所将坚定立足监管所期、努力满足市场所需、全力发挥自身所长，全力加快建设具有国际竞争力和影响力的全球一流金融基础设施，全力助推上海国际金融中心建设和金融强国建设。

建立引领全球行业发展方向的中央对手清算中国制度标准体系。以我国金融制度为依据，根据我国金融市场和中央对手清算实践，并对接国际制度，提出全球中央对手清算行业发展的“中国方案”，建设和推广具有国际影响力的中国中央对手清算制度和标准体系，以“中国智慧”建立中央对手清算的国际标

准制定高地，支持增强我国金融标准制定的国际话语权，提升全球金融治理影响力。

布局通达全球金融市场的中央对手清算互联互通国际网络体系。充分依托我国超大规模金融市场优势吸纳全球金融资源要素，增强中央对手清算机制在国内国际两个市场中的连接桥梁和资源配置枢纽作用，高效联通国内外两个市场、充分使用两种资源，有序扩大互联互通范围、深化联通程度，巩固我国中央对手清算在人民币金融资产清算市场的竞争优势、发展胜势，提升国际市场参与度、全球布局能力和国际竞争力。

打造发展能级、服务质效全面跃升的中央对手清算业务体系。不断探索取得中央对手清算业务的原创性、引领性、战略性重大创新进展，持续增强核心竞争力，充分发挥中央对手清算机制优势，更广泛拓展中央对手清算机制的资源配置、风险管理、市场定价等功能，促进金融市场要素资源高效流动、高效配置、高效增值，为金融高质量发展注入强劲澎湃的动能，全力助推金融强国建设。

筑牢有力防范系统性金融风险的中央对手清算风险管理体系。中央对手方立足符合未来趋势、匹配市场需求、应对前瞻性变化、技术先进可靠的风险管理体系，更积极融入宏观审慎政策框架，做好服务货币政策精准直达实体经济等国家政策的传导器，当好防范阻断金融风险的防火墙、维护金融稳定的压舱石，服务我国金融安全，贯彻总体国家安全观，筑牢金融安全防线。

展望未来，我国场外中央对手清算机制必将务实求新、务实求进、务实求胜，一步一个脚印地走出一条中国特色的中央对手清算实践之路，在加快服务金融强国建设上交出优异答卷，在服务中国式现代化新征程中书写上海清算所的精彩篇章。

术语表

美国国际集团公司	American International Group，AIG
自动交易服务—中央对手方	ATS - CCP
国际清算银行	Bank for International Settlements，BIS
巴塞尔银行监管委员会	Basel Committee on Banking Supervision，BCBS
资本要求条例	Capital Requirements Regulation，CRR
资金管理	Cash Management
中央对手方	Central Counterparty，CCP
中央证券存管机构	Central Securities Depository，CSD
芝加哥期货交易所	Chicago Board of Trade，CBOT
清算	Clearing
芝加哥商业交易所清算公司	CME Clearing
抵押品管理	Collateral Management
商品交易法	Commodity Exchange Act，CEA
美国商品期货交易委员会	Commodity Futures Trading Commission，CFTC
国际支付与市场基础设施委员会	Committee on Payments and Market Infrastructures，CPMI
国际支付与结算系统委员会	Committee on Payments and Settlement Systems，CPSS
信用违约互换	Credit Default Swap，CDS
信用风险缓释凭证	Credit Risk Mitigation Warrant，CRMW
信用支持文件	Credit Support Annex，CSA
关键数据要素	Critical Data Element，CDE
挤兑变现	Dash - for - cash
券款对付	Delivery versus Payment，DVP
衍生品清算组织	Derivative Clearing Organization，DCO
直接清算会员	Direct Clearing Member，DCM
欧洲期货交易所清算公司	Eurex Clearing

续表

欧洲中央对手方清算所	Euro CCP
欧洲隔夜利率平均指数	Euro Overnight Index Average, EONIA
欧洲市场基础设施监管规则	European Market Infrastructure Regulation, EMIR
欧洲多边清算设施	European Multilateral Clearing Facility
欧洲证券和市场管理局	European Securities and Markets Authority, ESMA
欧洲系统性风险委员会	European Systemic Risk Board, ESRB
预期信用损失	Expected Credit Loss, ECL
预期损失	Expected Shortfall, ES
美国联邦储备委员会	Federal Reserve Board, FRB
金融部门评估规划	Financial Sector Assessment Program, FSAP
金融稳定理事会	Financial Stability Board, FSB
美国期货业协会	Futures Industry Association, FIA
综合清算会员	General Clearing Member, GCM
全球中央对手方协会	Global Association of CCPs, CCPG
全球金融中心指数	Global Financial Centers Index, GFCI
高盛集团有限公司	Goldman Sachs
初始保证金	Initial Margin, IM
利率互换	Interest Rate Swap, IRS
国际统一私法协会	International Institute for the Unification of Private Law, UNIDROIT
国际货币基金组织	International Monetary Fund, IMF
国际证监会组织	International Organization of Securities Commissions, IOSCO
国际掉期与衍生工具协会	International Swaps and Derivatives Association, ISDA
ISDA 主协议	ISDA Master Agreement
伦敦清算所互换清算系统平台	LCH SwapClear
法律上独立，操作上混合	Legal Segregation with Operational Commingling, LSOC
雷曼兄弟公司	Lehman Brothers Holdings
欧盟金融工具市场指令	Markets in Financial Instruments Directive, MiFID
美国国家证券清算公司	National Securities Clearing Corporation, NSCC
净额结算	Netting Settlement
不行动函	No Action Relief
非中央对手清算衍生品	Non – centrally Cleared Derivaives, NCCDs
合约替代	Novation
公开要约	Open Offer

续表

支付系统	Payment System, PS
同步交收	Payment versus Payment
金融市场基础设施原则	Principles for Financial Market Infrastructures, PFMI
合格中央对手方	Qualifying CCP, QCCP
风险阵列	Risk Array
风险管理	Risk Management
1934 证券交易法	Securities Exchange Act of 1934
证券结算系统	Securities Settlement System, SSS
结算最终性指令	Settlement Finality Directive, SFD
风险共担	Skin in the Game
环球银行金融电信协会	Society for Worldwide Interbank Financial Telecommunications, SWIFT
合同现金流量特征测试	Solely Payments of Principal and Interest, SPPI
标准风险投资组合分析模型	Standard Portfolio Analysis of Risk, SPAN
无保证金覆盖的潜在损失	Stress Loss Over Margin, SLOM
现期暴露法	The Current Exposure Method, CEM
美国存管信托与清算公司	The Depository Trust and Clearing Corporation, DTCC
美国存托公司	The Depository Trust Company, DTC
交易对手信用风险敞口计量标准法	The Standardised Approach for Measuring Counterparty Credit Risk Exposures, SA – CCR
第三国中央对手方	Third – Country Central Counterparty, TC – CCP
日元无担保隔夜拆借利率	Tokyo Overnight Average Rate, TONA
交易报告库	Trade Repository, TR
产品唯一识别码	Unique Product Identifier, UPI
交易唯一识别码	Unique Transaction Identifier, UTI
美国证券交易委员会	United States Securities and Exchange Commission, SEC
风险价值	Value at Risk, VaR
变动保证金	Variation Margin, VM
世界银行	World Bank

参考文献

［1］阿隆·戈特斯曼，迈克尔·莱布洛克．解读全球金融市场中的系统性风险［M］．银行间市场清算所股份有限公司，译．北京：中国金融出版社，2020.

［2］板谷敏彦．世界金融史——泡沫、战争与股票市场［M］．王宇新，译．北京：机械工业出版社，2018.

［3］蒂娜·哈森普施．全球市场的清算服务：清算行业未来发展框架［M］．张晓刚，尹小为，王宇超，等，译．北京：机械工业出版社，2016.

［4］黄风．罗马法［M］．北京：中国人民大学出版社，2009.

［5］黄亭亭．探索中国特色黄金市场国际化发展之路［J］．中国金融，2024（17）．

［6］李新，周琳杰．中央对手方机制防范系统性金融风险研究［J］．财贸经济，2011（10）：66.

［7］李智军，郭磊，王晗．场外债券市场中央对手方清算业务拓展研究［J］．金融理论与实践，2015（4）：60－61.

［8］刘玄．中央对手方机制在场外衍生品交易监管中的作用——以摩根大通巨亏事件为例［J］．上海金融，2012（6）．

［9］刘胤，吴冠华．场外衍生品强制保证金制度的美欧镜鉴［J］．金融市场研究，2017（12）：68.

［10］马丁·迪尔，等．金融基础设施经济学分析［M］．中央国债登记结算有限责任公司，译．北京：中国金融出版社，2019.

［11］乔恩·格雷戈里．中央对手方：场外衍生品强制集中清算和双边保证金要求［M］．银行间市场清算所股份有限公司，译．北京：中国金融出版社，2017.

［12］赵国富．衍生品市场清算所风险的法律规制——以中央对手方为中心［M］．北京：法律出版社，2018.

［13］郑彧．金融市场基础设施的历史进路及其监管应对［J］．国家检察官学院学报，2022（4）：158－176.

［14］支付结算体系委员会/国际清算银行，国际证监会组织技术委员会．金融市场基础设施原则［M］．中国人民银行支付结算司，译．北京：中国金融出版社，2013.

［15］中国期货业协会．场外衍生品［M］．北京：中国财政经济出版社，2013.

［16］中国人民银行货币政策司课题组．中央银行在维护金融稳定中的作用［J］．中国金融，2023（2）.

［17］中国人民银行上海总部．中国金融市场发展报告 2023［M］．北京：中国金融出版社，2024.

［18］Albert J. Menkveld, Guillaume Vuillemey. The Economics of Central Clearing［J］. Annual Review of Financial Economics, 2021, Vol. 13.

［19］Alex Aronovich, Dobrislav Dobrev, Andrew Meldrum. The Treasury Market Flash Event of February 25［R/OL］.（2021）. https://www.federalreserve.gov/econres/notes/feds－notes/the－treasury－market－flash－event－of－february－25－2021－20210514.html.

［20］Bank for International Settlements. OTC Derivatives: Settlement Procedures and Counterparty Risk Management［R］. Report by the Committee on Payment and Settlement Systems and the Euro－currency Standing Committee of the Central Banks of the G10 Countries, 1998.

［21］Bank for International Settlements. Recommendations for Securities Settlement Systems［Z］. 2001.

［22］Bank of England. Implementation by the Bank of England of ESMA's Guidelines and Recommendations on CCP Interoperability Arrangements: Summary of Feedback Received and Policy Response［R/OL］.（2015）. https://www.bankofengland.co.uk/－/media/boe/files/paper/2015/implementation－by－the－boe－of－esma－guidelines－and－recommendations－on－ccp－response.pdf.

［23］Benos E, Huang W, Menkveld A J, Vasios M. The Cost of Clearing Fragmentation [J]. Management Science, 2023, 70 (6): 3581 – 3596.

[24] Berndsen, R. Fundamental Questions on Central Counterparties: A Review of the Literature [J]. Journal of Futures Markets, 2021, 41 (12): 2009 – 2022.

[25] Bernstein A, Hughson E, Weidenmier M. Counterparty Risk and the Establishment of the New York Stock Exchange Clearinghouse [J]. Journal of Political Economy, 2019, 127 (2): 689 – 729.

[26] Bester H. The Role of Collateral in Credit Markets with Imperfect Information [J]. European Economic Review, 1987, 31: 887 – 899.

[27] BIS – IOSCO. Streamlining Variation Margin in Centrally Cleared Markets – Examples of Effective Practices [R/OL]. (2024). https://www.bis.org/cpmi/publ/d221.htm.

[28] Chris Wright. Developments in Market Clearing and Settlement Arrangements: Some Balance Sheet Recognition and Measurement Issues [Z]. Paper for the 16th meeting of the IMF Committee on Balance of Payments Statistics, Washington D. C. 2003.

[29] CPMI, IOSCO. Public Quantitative Disclosure Standards for Central Counterparties [R/OL]. (2015). https://www.bis.org/cpmi/publ/d125.htm.

[30] CPMI, IOSCO. Responsibility E: A Compilation of Authorities' Experience with Cooperation [Z]. 2019.

[31] CPMI – IOSCO. Resilience and Recovery of Central Counterparties: Further Guidance on the PFMI [R/OL]. (2017). https://www.bis.org/cpmi/publ/d163.htm.

[32] Duffie, D., and Zhu, H. Does a Central Clearing Counterparty Reduce Counterparty Risk? [J]. Review of Asset Pricing Studies, 2011, 1 (1): 74 – 95.

[33] Edward Green. Clearing and Settling Financial Transactions, Circa 2000 [Z]. Paper Presented at the Federal Reserve Bank of Atlanta "2000 Financial Markets Conference", 2000.

[34] ESMA. Final Report: Guidelines and Recommendations for Establishing Consistent, Efficient and Effective Assessments of Interoperability Arrangements [R/OL]. (2013). https://www.esma.europa.eu/sites/default/files/library/2015/11/2013-323_annex_1_esma_final_report_on_guidelines_on_interoperabili-

ty. pdf.

[35] ESRB. CCP Interoperability Arrangements [R/OL]. (2019). https://www. esrb. europa. eu/pub/pdf/reports/esrb. report190131 _ CCP _ interoperability _ arrangements ~ 99908a78e7. en. pdf.

[36] Eurex Clearing. Eurex Clearing Margin Performance during 2020 and Reflection on the Industry Discussion [R]. 2020.

[37] FSB, IMF, BIS. Macroprudential Policy Tools and Frameworks, Progress Report to G20 [R]. 2011.

[38] FSB. Guidance on Central Counterparty Resolution and Resolution Planning [J/OL]. (2017). https://www. fsb. org/2017/07/guidance – on – central – counterparty – resolution – and – resolution – planning – 2/.

[39] FSB. Lessons Learnt from the COVID – 19 Pandemic from a Financial Stability Perspective: Interim Report [R/OL]. (2021). https://www. fsb. org/2021/07/lessons – learnt – from – the – covid – 19 – pandemic – from – a – financial – stability – perspective – interim – report/.

[40] FSB. OTC Derivatives Market Reforms on Implementation Progress for 2022 [R/OL]. 2022. https://www. fsb. org/2022/11/otc – derivatives – market – reforms – implementation – progress – in – 2022/.

[41] FSB. OTC Derivatives Market Reforms: Progress Report on Implementation [R/OL]. (2011). https://www. fsb. org/uploads/r _ 111011b. pdf.

[42] G30. U. S. Treasury Markets Steps Toward Increased Resilience [R/OL]. (2021). https://group30. org/publications/detail/4950.

[43] Gottesman, A., & Leibrock, M. Understanding Systemic Risk in Global Financial Markets [M]. Chichester: Wiley. 2017.

[44] Gregory, J. Central Counterparties, Mandatory Clearing and Bilateral Margin Requirements for OTC Derivatives [Z]. Wiley, Chichester, 2014.

[45] Guillaume Vuillemey. Mitigating Fire Sales with a Central Clearing Counterparty [J]. Journal of Financial Intermediation, 2023, 55.

[46] Holton, Glyn A.. Value – at – Risk: Theory and Practice [M/OL]. 2nd ed. (2013). https://www. value – at – risk. net.

[47] Hsieh DA, Miller MH. Margin Regulation and Stock Market Volatility

[J]. Journal of Finance, 1990, 45: 3-29.

[48] IMF. Global Financial Stability Report [R/OL]. (2010). https://www.elibrary.imf.org/display/book/9781589069480/9781589069480.xml.

[49] IMF. The People's Republic of China: Financial Sector Assessment Program; Systemic Oversight of Financial Market Infrastructures - Technical Note [R/OL]. (2018). https://www.imf.org/en/Publications/CR/Issues/2018/06/26/The-People-s-Republic-of-China-Financial-Sector-Assessment-Program-Systemic-Oversight-of-46024.

[50] IOSCO. Information Repository for Central Clearing Requirements [Z]. 2019.

[51] IOSCO. Suitability Requirements With Respect To the Distribution of Complex Financial Products [R/OL]. (2013). https://www.iosco.org/library/pubdocs/pdf/IOSCOPD400.pdf.

[52] ISDA. 2009 Operations Benchmarking Survey [R/OL]. (2009). https://www.isda.org/2009/04/15/isda-operations-benchmarking-survey-2009/.

[53] ISDA. 2013 Operations Benchmarking Survey [R/OL]. (2013). https://www.isda.org/2013/04/25/2013-operations-benchmarking-survey/.

[54] ISDA. CCP Best Practices [R/OL]. (2019). https://assets.isda.org/media/b53b5127/55872319-pdf/.

[55] ISDA. Interest Rate Swaps: Cleared and Customized [R]. 2020.

[56] ISDA. Product Representation for Standardized Derivatives [R/OL]. (2011). https://www.isda.org/2011/04/14/product-representation-for-standardized-derivatives-upi-utiusi/.

[57] James Moser. What is Multilateral Clearing and Who Cares? [Z]. Chicago Fed Letter, 1994, No. 87.

[58] Jean-Claude Trichet. Issues Related to Central Counterparty Clearing [Z]. Speech at the Joint Conference of the European Central Bank and the Federal Reserve Bank of Chicago on Issues Related to Central Counterparty Clearing, 2006.

[59] Jon Gregory. Central Counterparties Mandatory Clearing and Bilateral Margin Requirements for OTC Derivatives [M]. New York: Wiley. 2014.

[60] Jon Gregory. The xVA Challenge: Counterparty Risk, Funding, Collateral,

Capital and Initial Margin [M]. 4th ed. New York: Wiley. 2020.

[61] Kirsi Ripatti. Central Counterparty Clearing: Constructing a Framework for Evaluation of Risks and Benefits [Z]. Bank of Finland, Discussion Paper, 2004, No. 1.

[62] Kuong JC – F, Maurin V. The Design of a Central Counterparty [J]. Journal of Financial and Quantitative Analysis, 2024, 59 (3): 1257 – 1299.

[63] LCH. Notice – LCH. Clearnet SA Corporate Reference No 2012 – 027 [Z/OL]. (2012). https://www.lseg.com/content/dam/post – trade/en _ us/documents/lch/risk – management/risk – notices/lch – sa/lch – risk – notice – 202012 – 027 – english – version. pdf.

[64] Loon YC, Zhong ZK. The Impact of Central Clearing on Counterparty Risk, Liquidity, and Trading: Evidence from the Credit Default Swap Market [J]. Journal of Financial Economics, 2014, 112 (1): 91 – 115.

[65] Mancini L, Ranaldo A, Wrampelmeyer J. The Euro Interbank Repo Market [J]. The Revivew of Financial Studies, 2016, 29 (7): 1747 – 1779.

[66] Marianne Gizycki, Brian Gray. Default Risk and Derivatives: An Empirical Analysis of Bilateral Netting [Z]. Reserve Bank of Australia, Discussion Paper, 1994, No. 9409.

[67] Michael Fleming and Frank Kean. The Netting Efficiencies of Marketwide Central Clearing [R/OL]. (2021). https://www.newyorkfed.org/research/staff _ reports/sr964.

[68] Michael Moskow. Public Policy and Central Counterparty Clearing [Z]. Speech at the Joint Conference of the European Central Bank and the Federal Reserve Bank of Chicago on Issues Related to Central Counterparty Clearing, 2006.

[69] Murphy, D. OTC Derivatives: Bilateral Trading and Central Clearing [Z]. Hampshire: Palgrave Macmillan, 2013.

[70] M. Bardoscia, P. Barucca, S. Battiston, F. Caccioli, G. Cimini, D. Garlaschelli, F. Saracco, T. Squartini, G. Caldarelli. The Physics of Financial Networks [J]. Nature Reviews Physics, 2021, Vol. 3, Issue 7.

[71] Nahiomy Alvarez, John McPartland. Concentration in Cleared Derivatives: the Case for Broadening Access to Direct Central Counterparty Clearing [J]. The

Journal of Financial Market Infrastructures, 2020, 8 (3) .

［72］ Norman, P. The Risk Controllers: Central Counterparty Clearing in Globalized Financial Markets ［M］. Chichester: John Wiley & Sons, 2011.

［73］ Petry, J. From National Marketplaces to Global Providers of Financial Infrastructures: Exchanges, Infrastructures and Structural Power in Global Finance ［J］. New Political Economy , 2021, Vol. 26.

［74］ Pirrong C. Clearing and Collateral Mandates: A New Liquidity Trap? ［J］. Journal of Applied Corporate Finance, 2012, 24 (1): 67 – 73.

［75］ Rehlon, A. Central Counterparties: What are They, Why do They Matter and How Does the Bank Supervise Them? ［Z］. Quarterly Bulletin, Q2 – 2013.

［76］ Richard Dale. Risk Management in US Derivative Clearing Houses ［Z］. The London Institute of International Banking, Finance and Development Law, Essays in International Financial and Economic Law, 1998, No. 14.

［77］ SEC. Standards for Covered Clearing Agencies for U. S. Treasury Securities and Application of the Broker – Dealer Customer Protection Rule With Respect to U. S. Treasury Securities ［Z/OL］. (2023). https: //www. sec. gov/rules – regulations/2025/02/s7 – 23 – 22.

［78］ Silva, T. C. , Souza, S. R. , & Tabak, B. M. Structure and Dynamics of the Global Financial Network ［J］. Chaos Solitons & Fractals, 2016, Vol. 88 (C): pp. 218 – 234.

［79］ Vuillemey G. The Value of Central Clearing ［J］. Journal of Finance, 2020, 75: 2021 – 2053.

［80］ Wenqian Huang, Haoxiang Zhu. CCP Auction Design ［J］. Journal of Economic Theory, 2024, 217.

［81］ William Hanley, Karen McCann, James Moser. Improving Regulatory Standards for Clearing Facilities ［Z］. Chicago Fed Letter from the Federal Reserve Bank of Chicago, 1996, Vol. 27, No. 101.

后　记

《中央对手清算：理论发展和中国实践》一书由上海清算所党委书记、董事长马贱阳主持编写，凝聚了上海清算所所有编写人员的共同智慧。

各章参与执笔人员主要包括：

吴韵（第一章）；李鑫杰（第二章）；符佳玉、余滔、朱小川（第三章）；韦孟晟、唐燕华（第四章）；李鑫杰（第五章）；唐燕华（第六章）；朱小川（第七章）；符佳玉、余滔、朱小川（第八章）；杜溦、何晓（第九章）；王纾静、金依纯（第十章）；尹曌天（第十一章）；张嵘、李思烨（第十二章）；杨岩（第十三章）；史凌立（第十四章）；贾凡、蹇芮（第十五章）；唐燕华（第十六章）。

同时，中国金融出版社的编辑为本书的顺利出版做了大量的编辑、校对工作。在此一并表示衷心感谢！

当前，国内外中央对手清算的理论和实践正处于快速创新发展和变革的浪潮中，新的挑战和机遇不断涌现，本书是我们在这一领域探索道路上的一个阶段性梳理、思考和总结，难免存在疏漏和不足之处，衷心希望广大读者能够提出宝贵的意见和建议，帮助我们不断完善和进步。我们也将继续努力，深入研究，为推动中央对手清算领域的发展贡献更多力量。

上海清算所

2025 年 5 月 1 日